21世纪高等院校公共管理系列教材



# 社会保障学

陈元刚 主 编
罗静 张军 秦雷 副主编

SOCIAL SECURITY

东北财经大学出版社
Dongbei University of Finance & Economics Press
·大连·

**图书在版编目（CIP）数据**

社会保障学 / 陈元刚主编. —大连 ：东北财经大学出版社，2019.2
（21世纪高等院校公共管理系列教材）
ISBN 978-7-5654-2569-1

Ⅰ. 社… Ⅱ. 陈… Ⅲ. 社会保障-高等学校-教材 Ⅳ. C913.7

中国版本图书馆CIP数据核字（2019）第001309号

东北财经大学出版社出版
（大连市黑石礁尖山街217号 邮政编码 116025）
网 址：http：//www.dufep.cn
读者信箱：dufep@dufe.edu.cn

大连雪莲彩印有限公司印刷 东北财经大学出版社发行

幅面尺寸：185mm×260mm 字数：482千字 印张：21.75 插页：1
2019年2月第1版 2019年2月第1次印刷

责任编辑：石真珍 周 晗 时 博 孙 平 责任校对：孙珍博
封面设计：姜 宇 版式设计：钟福建

定价：45.00元

教学支持 售后服务 联系电话：（0411）84710309
 举报电话：（0411）84710523
如有印装质量问题，请联系营销部：（0411）84710711

# 前　言

社会保障制度自诞生以来，已经走过数百年历史，世界绝大多数国家均建立了适合本国国情的社会保障制度。中华人民共和国成立以后，我国社会保障制度开始建立，特别是改革开放以来逐步发展完善，取得了长足的发展，焕发出勃勃生机。在新形势下，继党的十五大报告首次提出“两个一百年”奋斗目标后，党的十八大报告再次重申：在中国共产党成立一百年时全面建成小康社会，在中华人民共和国成立一百年时建成富强民主文明和谐的社会主义现代化国家。民生保障问题受到党和国家的高度重视。《中华人民共和国国民经济和社会发展第十三个五年规划纲要》（简称“十三五”规划）第十五篇就提高民生保障水平进行详尽谋划，提出“坚持全民覆盖、保障适度、权责清晰、运行高效，稳步提高社会保障统筹层次和水平，建立健全更加公平、更可持续的社会保障制度”。党的十九大报告对提高保障和改善民生水平，加强社会保障体系建设做出战略部署，提出“按照兜底线、织密网、建机制的要求，全面建成覆盖全民、城乡统筹、权责清晰、保障适度、可持续的多层次社会保障体系”。

随着国家建立覆盖全民的城乡统筹的社会保障体系进程的快速推进，社会对于社会保障专业人才的需求日益增加。教育部于1998年颁布的《普通高等学校本科专业目录》中增加了劳动与社会保障专业。从1999年起，全国首批8所高等院校有资格招收劳动与社会保障专业本科学生。到2018年，全国有超过150所高等院校招收劳动与社会保障专业的本科生。但是，在我国，社会保障课程还处于加强建设的发展阶段，学科体系建设还不够成熟、完善。加强社会保障课程建设，建立和完善社会保障学科体系，是当前重要和紧迫的任务。特别是一系列新的社会保障相关法律、政策的出台，对社会保障学教材提出了更高的要求，教材建设需要与时俱进，充分反映时代发展特色。2012年我们组织编写了《社会保障学教程》，本书作为社会保障学科的基础课程或者专业课程，对社会保障学的建设和发展发挥了一定的作用。但时间已经过去6年，各方面情况都发生了巨大变化，尤其是社会保障理论研究和社会保障实践正发生日新月异的变化，为了适应新形势的需要，我们在重庆理工大学重点教材出版基金的支持下，重新组织专业力量编写了本教材。

在内容上，本书较为系统、完整地阐述了社会保障的基本知识，理论部分的阐述力求简明、适中，实践部分的知识注重清晰、实用，观点反映注意积极、稳妥，努力做到将社会保障的理论知识学习、能力培养与人才素质教育融为一体。在结构上，追求逻辑清晰、安排合理，将社会保障领域的热点、难点与前沿理论分析结合起来。在形式上，每章以“案例引入”开头，列明“学习要点”，通过问题带出学习重点，章末列有“本章小结”“关键术语”“复习思考题”“推荐阅读资料”，有利于学生巩固、掌握、拓展学习内容，提升理论素养和实际操作能力。

总体上，本书具有如下四个显著特色：一是作为高等学校社会保障基础课程教科书的定位非常明确，既系统阐述社会保障的基本理论，又与社会保障实践密切结合，内容难易适中，便于教学。二是立足各相关专业基础学科的专业视角，力求引导学生正确理解和把握社会保障的理念和学科知识，突出重点，避免琐碎繁杂，体现知识性与思辨性相结合、理论性与实践性相结合、历史性和现实性相结合、阐述性与启发性相结合的原则。三是充分吸收国内同类教材的优点、国内外社会保障的最新研究成果与应用技术，在篇章结构和体例上有所创新，相关栏目的设计便于学生课前预习和课后复习。四是内容紧跟我国社会保障领域进行大力度改革出台的一系列法律、法规和政策，所用材料符合国家最新规定，便于学生掌握最新的社会保障知识。

本书致力于基础理论知识与应用实践相结合，可以满足学生打好理论基础、培养专业技能的需要，适合劳动与社会保障、公共事业管理、行政管理、人力资源管理、社会工作及工商管理等相关专业作为必修课程教材，也可作为MPA学员、社会工作从业者的培训教材，亦适合对社会保障有兴趣的各界人士阅读。

本书由重庆理工大学劳动与社会保障系主任陈元刚教授担任主编，罗静副教授、张军博士、秦雷副教授担任副主编，重庆理工大学劳动与社会保障系的各位老师为编写主力，重庆工商大学的丁广龙副教授参与编写。具体的写作分工如下：陈元刚和罗静提出全书的总体框架；陈元刚编写绪论和第一、二章；陈元刚和丁广龙编写第三章；张军编写第四、五章；罗静编写第六、八、十四章；张真真讲师编写第七章；秦雷编写第九、十二章；陈东仿讲师和朱静讲师编写第十章；马大来副教授编写第十一章；冯潇讲师编写第十三章；最后由陈元刚教授修改统稿和审定全书。

在本书的编写过程中，编者参考了诸多学者的文献和研究成果，在此表示衷心感谢。同时，感谢东北财经大学出版社的领导和编校人员给予大力支持。

由于时间仓促，书中难免存在不足或错漏，真诚希望专家和读者提出宝贵意见和建议，以便我们今后不断对本书加以完善。

编　者

2018年11月12日于重庆花溪

# 目　　录

# 绪　论

在我国，社会保障学是在经济学、管理学、政治学、社会学、历史学、心理学、法学和人口学等多种学科的基本原理指导下，在总结社会保障工作经验和吸收社会保障有益经验的基础上创立起来的。2011年7月1日，《中华人民共和国社会保险法》（以下简称《社会保险法》）正式实施，我国社会保障事业受到社会广泛关注，相关专业人士迫切希望深入认识和研究社会保障学科。

## 社会保障学的研究对象

社会保障学研究对象的确定是构建社会保障学科体系的首要任务。社会保障，顾名思义，即由社会来保障。人的一生中，生、老、病、死等是需要他人来照顾和保障的，而家庭承担和提供着生育、抚养、养老和照料家人的功能和保障。随着社会发展，人们生活质量提高带来的人口老龄化问题，使家庭的保障功能受到挑战。伴随科技进步和工业化发展，所产生的失业问题，导致劳动者收入减少、生活困难、职业培训难等一系列问题。这些问题是任何单个的社会组织都无力解决的，势必强力依赖于政府参与和帮助。如此，由政府主导建立的社会保障制度应运而生，社会保障制度成为解决诸如人口老龄化、失业和贫困等问题的良方。政府如何组织有限的社会资源，进行合理分配，满足不同群体的基本要求，从而达到解决社会问题、维持社会长治久安的目的？这是社会保障制度的根本所在，同时，它也成为社会保障学研究的基本问题。

社会保障学的研究对象是社会保障过程中形成的各种社会关系和经济关系，它主要研究社会保障政策、社会保障制度、社会保障管理等问题。

社会保障学主要从社会学和经济学的角度研究社会保障问题，研究社会保障与经济社会关系的本质及运动规律的科学。社会保障学要揭示社会保障与经济社会发展之间的内在联系，揭示国家、用人单位和个人之间以及社会成员之间在社会保障过程中所发生的经济关系的本质，揭示社会保障基金扣除缴纳、筹集储存、分配使用之间的内在联系及其关系的本质，并通过上述的研究，发现和提示社会保障关系的运动规律。

社会保障学以社会保障现象和社会保障行为过程中形成的各种经济社会关系，以及制约这些关系产生和发展的规律为研究对象。社会保障作为按劳分配以外的个人消费品分配的一种形式，它在实施过程中客观地存在着错综复杂的经济关系，社会保障学的学科属性与经济学密切相关。这表现在：(1) 社会保障与经济社会发展之间的关系，实质上是社会保障对象与全体社会成员之间的当前利益、长远利益的关系；(2) 社会保障与分配领域中其他分配形式之间的关系，实质上是社会保障对象与不同社会阶层、不同社会集团之间的经济利益关系；(3) 社会保障内部各种具体保障形式之间的关系，实质上是不同保障对象之间的经济利益关系。这些经济关系的核心是分配关系，社会保障是以国家为主体对个人消费品分配的一种特殊方式，是分配领域中的一个特殊渠道，它是以社会保障形式分配消费品过程中产生的人与人之间特殊的分配关系。因此，社会保障在本质上体现了国家、企业和个人之间以及社会成员之间的一种特殊的分配关系。

社会保障作为分配领域的一种经济活动过程，也就是社会保障基金的形成和分配活动过程。没有社会保障基金的形成和分配，也就没有社会保障可言。因此，社会保障基金的形成和分配之间的矛盾，就成为社会保障领域的主要矛盾，它决定着这一领域中其他一切矛盾。例如，社会保障需求总量与国民经济提供保障基金能力之间的矛盾；某一项保障需求（如医疗保障需求）与该项社会保障基金供给之间的矛盾；保障对象与保障基金提供者之间的矛盾等，它们都是社会保障基金形成与分配这一矛盾的不同表现形式。社会保障学的基本任务，就是要从这些众多的、错综复杂的矛盾运动中揭示出社会保障固有的规律，以便运用这些规律有效地发挥稳定社会、促进经济发展的作用。

然而，社会保障问题并不能孤立地从经济学角度进行研究。社会保障是一项复杂的、涉及面广的社会事业，它不仅涉及经济问题，而且也涉及法律问题、政治问题、伦理问题和社会问题等。在以分配关系为主体进行社会保障学研究时，必须注意到其他学科提出的课题，并吸收它们的研究成果。因此，社会保障学愈来愈具有多学科交叉的特点，成为一门综合性的边缘学科。

## 社会保障学的研究方法

社会保障研究的方法体系是由社会保障研究的方法论、社会保障研究的各种具体方法以及社会保障研究的具体步骤、技术、工具和手段等高中低三个层次构成的。

社会保障研究的最高层次是社会保障研究的方法论。这个层次是由哲学方法论、逻辑学方法论和社会保障的学科方法论三个方面组成的。哲学方法论是运用哲学理论观察和处理问题的根本方法的理论体系，它从哲学世界观和方法论高度指明社会保障研究的方向和道路，构成社会保障研究方法体系的基础。逻辑学方法论是一整套科学思维形式和思维方法的理论体系，它为建立和发展社会保障研究的具体方法和技术手段提供了思维方法的指导。社会保障的学科方法论是指各种社会保障专门理论在社会保障研究中的指导地位和作用。在社会保障专门理论的指导下，我们可以使社会保障的理论概念过渡到具体社会保障项目研究运用的概念，从而确定研究对象的范围，制定各种测量指标。

社会保障研究的中间层次是社会保障研究的具体办法。这个层次由一般方法和特殊方法两个方面构成。一般方法主要有比较法、分类法、类比法、归纳法、综合法、演绎法、分析法等。这些方法的特点是：概括程度高，适用范围广，在使用过程中紧密联系，互相借用。特殊方法主要有个案法、典型法、抽样法、问卷法、统计法等。这些方法的特点是，有较大的针对性，实用性强，对所研究的对象深入、具体。

社会保障研究的最低层次是各种专门技术和工具。社会保障研究的专门技术包括观察、访问、定量分析和定性分析等方面。如果进一步划分，观察和访问属于收集资料方面的技术，而定量分析和定性分析则属于分析资料方面的技术。社会保障研究的工具包括观察记录表、问卷表、测验表、统计表等量度工具，以及照相机、录音机、录相机、电子计算机、互联网和多媒体等辅助工具。

社会保障研究方法体系的这三个层次是相互联系、相互制约的。社会保障研究的方法论是整个社会保障研究方法体系的基础，它决定着人们在具体的社会保障研究过程中采用什么具体的办法和专门技术、工具去观察研究社会。同样地，社会保障研究的具体方法和技术、工具的发展变化，也必然促进方法论本身的发展。社会保障研究方法体系正是在这种相互影响和相互制约的过程中不断地完善，从而构成一个严密的科学体系。

除以上社会保障学研究方法体系外，还有一些典型的社会保障学研究方法需要掌握，以便帮助我们达到研究和解决我国社会保障方面问题的目的。这些典型的具体方法包括：

1.辩证唯物主义和历史唯物主义的方法

辩证唯物主义强调一切事物和现象都是相互联系、相互制约的。离开事物或现象之间的联系，就无从考察事物的运动变化规律，同理，社会保障领域的各种保障模式、保障形式、保障范围、保障项目、享受条件、待遇标准等也是相互联系、相互制约的。因此，在研究社会保障时，必须研究社会保障过程中发生的各种经济社会关系，从它们相互联系和制约的关系中，用对立统一的观点分析和处理社会保障经济社会关系中的各种矛盾和问题；用普遍联系的观点分析社会保障各个项目之间，以及社会保障同其他各种社会现象及经济现象之间的联系和影响；用发展的观点考察社会保障发展变化的趋势。

历史唯物主义认为历史的发展和逻辑的发展是一致的，人们的思维进程要符合和反映经济现象、经济关系的历史发展过程，人们的思维逻辑进程要与历史的发展趋势相一致。这就要求我们把社会保障发展的各种历史形式同各种不同社会经济形态中生产力和生产关系的发展状况联系起来进行分析，认识其产生和发展的必然性以及它对当时经济社会发展的客观作用。同时，还要求我们完善和发展社会保障制度的指导思想，使其与社会经济发展水平、社会结构、政治和文化状况相适应。既要从社会保障发展的特殊性出发，又要从社会保障的一般规律出发；既要看到社会主义社会保障与资本主义社会保障具有质的区别性，又要看到社会主义社会保障与资本主义社会保障之间的连续性、继承性；既要注意研究自己民族社会保障发展的历史性，又要重视研究其他民族社会保障发展的历史性。

总之，要一切从实际出发，辩证地、历史地、发展地研究有中国特色的社会主义社会保障制度。

2.理论和实践相结合的方法

理论来源于实践，转过来又服务于实践。在社会保障学的研究中，必须遵循一切从实际出发，理论与实际相结合的原则。我国的社会保障学是近几十年来在我国社会保险、社会救济、社会福利和社会优抚工作长期的实践经验基础上初步总结和概括出来的。特别是我国社会主义商品经济的迅速发展和市场经济体制改革的不断深化，迫切要求社会保障制度同步发展，不仅要完善已有的各项社会保障制度，还要建立新的制度、采取新的措施。对于它们是否符合我国国情，能否促进经济发展和社会安定，必须通过调查研究，从理论上加以总结和概括。

3.比较分析的方法

社会保障是现代化社会的一个重要标志。它在社会化大生产条件下，逐步发展到如今比较完备的地步。总体来看，世界上存在多种不同类型的社会保障制度，它们彼此之间既有相似之处，又有显著的区别。相似之处在于，社会保障的对象大体以中、下层社会成员为主；在保障形式和项目上各国也大同小异，主要由社会保险、社会救济、社会福利等保障形式构成，核心是社会保险，其保险项目主要是养老、伤残、疾病、生育、健康、遗属和失业等。显著区别之处在于，由不同社会制度所决定的社会保障指导思想和指导原则，以及社会保障制度与商品经济、市场机制的关系不同，并由此形成了不同的保障管理体制。

为了推进我国社会保障事业的不断发展，必须认真分析和比较世界各国的社会保障经验，坚持革命性和科学性的统一原则，找出各国经验中可以借鉴的东西，吸收其合理的成分，抛弃其反映资本主义本质的或不适合我国国情的东西，在比较和鉴别中丰富和发展我国社会保障制度。

4.系统分析的方法

在社会保障这个系统内，各个因素、各个环节之间是密切联系、相互作用的。因此，需要把社会保障经济社会关系内部诸因素分解开来，对它们的本质、功能、在系统中的地位和作用以及发展趋势等，分别进行研究和分层次考察，进行由表及里的深入研究，从错综复杂的相互联系中理出系统的头绪，然后在分解的基础上把社会保障经济社会关系中的各种因素结合起来进行综合性整体考察。只有这样，才有可能揭示社会保障经济社会关系发展的基本规律。

## 社会保障学的学科性质

社会保障学是社会科学的重要组成部分，它与其他社会学科有着紧密的联系。在学术界，不同的学者从不同的专业视角研究社会保障，导致对社会保障学科属性的认识存在极大的分歧。

1.社会保障学与其他学科的关系

社会保障学主要是从社会学和经济学的角度研究社会保障问题，是研究社会保障经济社会关系的本质及运动规律的科学。由于社会保障学与其他社会学科都致力于对人类社会的研究，从而它不可避免地会在研究对象、研究内容、研究方法等方面与其他学科相互交叉、相互联系。以下主要对社会保障学与社会学、经济学、政治学、管理学之间的关系进行认识。

（1）社会保障学与社会学的关系

社会是复杂的有机整体，社会总体中的各个方面协调不好就会产生矛盾和冲突，导致社会问题的产生乃至引起社会动荡。社会保障是从社会发展总体出发，以人的基本需要为中心，为解决有关社会问题而制定的社会政策和预防性措施。社会学家们一直致力于对解决社会问题的研究，形成了很多理论，如功能主义理论、社会冲突理论、社会病态理论、贫困理论等，这些理论也无疑构成了社会保障学理论基础的一部分。正因为如此，社会学家从人类社会发展的终极目标和社会公平的视角出发，将社会保障看成社会学的一个领域，强调社会保障行为是社会控制，其内容和任务是解决各种特定的社会问题，以达到社会的有序运行和良性发展。历史上一些著名社会学家的巨著，如柏拉图的《理想国》、莫尔的《乌托邦》等，通常被视为社会保障的理论源泉。如此说来，社会学研究社会问题的观点和方法为社会保障诸问题的研究提供了基本理论和方法。

（2）社会保障学与经济学的关系

政治经济学是研究经济关系的，但它研究的对象是总的经济关系（即生产关系），其中包括生产关系、分配关系、交换关系和消费关系，研究目的在于揭示生产关系的本质及发展变化规律。而社会保障学的研究对象只是经济关系的一部分，是分配关系中的一个特殊部分。政治经济学研究经济运行的一般规律，它着重研究市场经济的运动和发展的动力机制，而社会保障学侧重研究市场经济的稳定机制。在研究满足劳动者的物质需要和社会主义市场经济的运行上，两门学科存在相互联系和交叉的关系。同时，由于社会保障学是在政治经济学的基础上产生的，因此社会保障学要以政治经济学的基本原理为指导，具体地分析社会保障领域中特殊的经济矛盾和经济关系。

社会保障的实施，需要一定的资金作基础，资金运作的基本理论源于经济学。如劳动者个人缴纳社会保险费比例的确定、最低生活标准线或“贫困线”的确定、社会保障基金的收入与支出对资本市场的影响、社会保障基金的收入与支出对积累与消费的影响、社会保障基金支出与国家财政支出的相互关系等问题，没有经济学的基本理论知识，是很难理解和操作的。同时，一些经济学家，如福利经济学的创始人阿瑟·塞西尔·庇古、国家干预主义的提出者约翰·梅纳德·凯恩斯等，对社会保障制度的建立都功不可没。而经济学的边际效用递减论、持久收入假说、生命周期假说、市场失灵论等，是社会保障基金运行的基本理论。可见，经济学是社会保障理论和社会保障制度实践的重要基础。但是，社会保障资金的运作只是社会保障制度这个系统的一个子系统，社会保障制度还涉及社会、政治、历史、文化、法律等子系统。

社会保障从资金的筹集到支付的过程实质上是国民收入的再分配过程，其核心是分配问题，其本质是利益调节行为，而分配关系属于经济关系的范畴，因而很容易将社会保障划入经济学范畴。

（3）社会保障学与政治学的关系

从政治学的角度来看，社会保障实行的根本目的是巩固国家政权。政府对社会保障事务的积极参与对现政权来说是一个“双赢”策略，不仅使政府掌握了更大的经济权力，而且似乎使民众也从中受益，从而有利于政权的巩固。“铁血宰相”俾斯麦[①]极力主张制定社会保险法律的主要目的，就是通过一定程度地满足工人提出的收入保障要求以缓解社会矛盾，加强中央政府的实力，巩固政权。社会保障制度是国家的一项社会政策，它与政治制度紧密联系，总是为一定的政治目的服务。

（4）社会保障学与管理学的关系

管理学者认为社会保障属于管理学特别是公共管理学的研究范畴。公共管理学是一门研究社会公共组织以及社会其他组织对社会公共事务进行管理的过程、原则、规律和方式的学科。由于社会保障与社会成员生活息息相关，并且是社会成员所普遍关注的问题，解决好社会成员的社会保障问题，能够维护公共利益和满足公共需要，有助于提高社会成员的生活质量，推动社会的整体进步与发展，而且社会保障分配的资源往往来自于政府公共财政，从这个意义上说，也可以将社会保障作为公共管理的研究对象。

那么，现实中的社会保障是否作为经济学或社会学或政治学等学科的一个分支，或者作为一个独立的学科发展，在不同国家其认识是不同的。在西欧、北欧的发达国家，社会保障通常是一个多学科均可以研究的领域，研究社会保障的人士及社会保障专业人才的培养并不限于经济学科和社会学科，而是来自多个学科。在美国，社会保险通常被列入经济学范畴。在日本，社会福利学科通常被纳入社会学范畴，而对养老保险等制度的研究则又与经济学尤其是财政学等关系紧密。在德国，社会保障法与社会保障几乎可以画等号，法学家对社会保障制度享有很大的发言权。由此可见，在国际范围内，社会保障并非必然地划归某一传统学科或享有独立学科的地位。

综上所述，我们认为社会保障涉及经济学、社会学、政治学、管理学及法学等多门学科，它需要从多学科角度进行综合研究。

2.社会保障学是一门综合性学科

社会保障学与其他学科相比具有其独特的性质，加之它作为一种制度安排在各国社会发展进程中占有越来越重要的地位，我们认为社会保障应当作为一门相对独立的学科。郑功成认为，将社会保障作为一门相对独立的学科或许更有利于社会保障理论的健康发展。“因为从理论上讲，社会保障从基金筹集到支付的过程实质上是国民收入的分配与再分配过程，它应当属于经济学范畴；社会保障的直接目的是为社会稳定发展服务，是国家通过法律强制实施的社会政策，它又应当属于政治学范畴；社会保障的行为是社会控制，其内容与任务是解决各种特定的社会问题，从而又应该属于社会学范畴；在实践中，社会保障关系只能由独立的法律部门来调整和规范，并需要运用到统计学、管理学及保险学等技术。由此可见，社会保障牵涉面甚广，上述学科均不可能包容它。目前的专业分割式研究正是造成社会保障理论研究表面繁荣、背后危机的深层原因所在。因此，社会保障应当成为一门相对独立的学科，即在经济学、政治学、社会学等多学科的基础上发展起来的一门独立的、交叉的、处于应用层次的社会学科。”

---

① 奥托·冯·俾斯麦（Otto Von Bismarck，1815—1898），普鲁士宰相兼外交大臣，是德国近代史上杰出的政治家和外交家，被称为“铁血首相”。作为普鲁士德国容克资产阶级最著名的政治家和外交家，他是自上而下统一德国（剔除奥地利）的代表人物。

社会保障学是在社会学、经济学、管理学、政治学等多学科的基础上发展起来的一门综合性学科。社会保障学的主要目的是要指导社会保障实践活动，而当代的社会保障实践活动异常复杂，从事社会保障的工作者仅仅掌握某一方面的知识是远远不够的。只有学习并掌握多学科的知识，才能对社会保障实践活动中的各种问题应付自如。以社会保障制度中的社会救助为例，社会保障工作者要确定救助对象、救助标准、救助资源筹集、救助资源分配、救助资源管理等问题，救助对象和救助标准的确定涉及最低生活水平线、救助者所在地平均生活水平、国内生产总值增长率等数据的测算，这里包括了数学、统计学、经济学、政治学等内容。更为重要的是，社会保障要处理的是与人的切身利益有关的各种问题，这些问题的解决又有赖于社会学、心理学、人类学、生理学、伦理学等学科的知识和方法。社会保障活动的复杂性、多样性决定了社会保障学内容的综合性。社会保障学研究领域主要包括社会救助、社会保险、社会福利、社会优抚、公共卫生、社会服务、社会保障理论、国外社会保障、社会保障发展等方面。这些方面可以说都是以研究人的基本生存和生活的满意程度为中心展开的，这就要求我们在研究社会保障中的任何一个问题时，都要结合和利用相关学科的成果进行综合性分析。社会保障学就是这样一门综合性学科，它的建立和发展来自于社会实践的需要，社会保障工作者需要根据社会保障实践中存在的各种活动，在人类已有的知识宝库中广泛获取对自己有用的理论和方法并加以拓展，以指导社会保障事业更好地服务于社会大众。

作为当代社会科学的一个组成部分，社会保障学科确实有着自己完整而严密的体系结构和特有的运行规律，从而具备了相对独立发展的现实基础。回顾社会保障制度的发展，可以发现不同的学派或不同学者的理论观点往往成为当政者制定社会保障政策的依据。例如，德国第一批社会保险法律制度的出台与实施，与德国的新历史学派（又称为讲坛社会主义学派）有直接的关系；而贝弗里奇则以《社会保险及其相关服务》的研究报告为福利国家的建立描绘蓝图；凯恩斯的经济理论对1935年美国颁布和实施的《社会保障法》发挥了重大的作用，等等。现阶段各国当政者在制定有关社会保障政策时仍然会高度重视学者们的意见。我们对社会保障学科做如上理解，并不妨碍其他学科研究和解决社会保障问题并取得相应的理论和政策成果，我们认为这种分析和认识还将有助于中国特色社会主义社会保障制度的构建和研究，促使社会保障理论从分散研究走向系统研究，最终促使其以整体的面貌在社会科学中确立其应有的地位。

## 社会保障学的研究内容

社会保障学研究的领域主要包括社会救助、社会保险、社会福利、社会优抚、公共卫生、社会服务、社会保障理论、国外社会保障、社会保障发展等。

作为一门相对独立的学科，社会保障学所探究的是其他学科无法包容或无法完全包容的理论范畴。目前，社会保障学的理论体系尚未最终确立，其理论框架亦未定型。不过，根据社会科学研究的一般法则、社会保障制度的发展实践以及发达国家对社会保障问题已经取得的研究成果状况，仍然可以从总体上把握社会保障学的基本理论框架。

首先是社会保障基础理论。这一层次除社会保障的一般理论外，客观上还包括福利经济学、社会福利学等和社会保障已经被固定化的知识体系相结合的领域，这些领域堪称社会保障学的理论基石。其中，社会保障发展理论，社会保障结构理论，社会保障基金理论，社会保障与政治、社会、经济的关系理论等，是这一层次理论的核心所在。

其次是社会保障政策理论。这一层次探究的是社会保障各个子系统乃至各个具体保障项目的产生、发展及运行规律，它客观上表现为政策研究。其内容包括社会救助政策、社会保险政策、社会福利政策，以及其他社会保障子系统与各具体项目的政策研究。

最后是社会保障管理理论。社会保障以政府与社会为责任主体，它面向全体国民，可供分配的资源亦是一种公共资源，因此不仅需要强化管理，还要强调公共权力的介入。因此，社会保障学需要特别重视管理理论的研究。这一层次探究的是社会保障法制理论、社会保障管理体制理论和社会保障监控理论等，而政府介入的程度和调控手段以及具体的运行机制构成这一层次理论的核心所在。

## 本章小结

社会保障学以社会保障现象和社会保障行为过程中形成的各种经济社会关系，以及制约这些关系产生和发展的规律为研究对象。社会保障研究的方法体系是由社会保障研究的方法论，社会保障研究的各种具体方法，以及社会保障研究的具体步骤、技术、工具和手段等三个层次构成的。社会保障研究方法体系的这三个层次是相互联系、相互制约的。在国际范围内，社会保障学并非必然地划归某一传统学科或享有独立学科的地位。社会保障学是在经济学、管理学、政治学、社会学等多学科的基础上发展起来的一门独立的、交叉的、处于应用层次的社会学科。社会保障涉及经济学、社会学、政治学、管理学及法学等多门学科，它需要从多学科角度进行综合研究。作为一门相对独立的学科，社会保障学所探究的是其他学科无法包容或无法完全包容的理论范畴。它所肩负的任务，不仅是揭示和阐明社会保障制度产生与发展的一般规律和特殊规律，而且需要为社会保障政策的制定提供科学的依据，使社会保障政策与本国的国情及所处的时代相适应，并保持自身的正常、健康、高效运行。社会保障学的基本理论框架包括社会保障基础理论、社会保障政策理论、社会保障管理理论。

## 复习思考题

1.社会保障学的研究对象是什么？
2.社会保障学的研究方法有哪些？
3.简述社会保障学的学科性质。
4.谈谈你对“社会保障是社会安全网”的认识。

# 第一章

# 社会保障概述



## 学习要点

通过本章学习，准确认知社会保障的内涵与外延，同时正确理解和掌握社会保障的性质、特征、原则与功能，认识社会保障与个人储蓄、商业保险的关系。

案例引入

**员工同意社会保险折现 公司仍需补偿**

单某某系外地农民工，于2014年8月入职了一家劳务公司，双方订立为期3年的劳动合同，同时订立一份“社会保险补偿协议”，约定因本人原因，单某某不要求公司为其缴纳社会保险，公司将每月社会保险费用折现500元支付给单某某，单某某自行承担放弃缴纳社会保险的相关法律后果等。

2016年7月，单某某以公司未依法为其缴纳社会保险为由，提出解除劳动合同并要求公司支付经济补偿金及缴纳工作期间的社会保险费。劳务公司认为，单某某自愿放弃缴纳社保，现在却反过来要求单位为其缴纳社保，且还要经济补偿金，其行为违背了诚信原则，故不同意支付经济补偿金。

仲裁委员会审理后认为，单某某与劳务公司所订立的“社会保险补偿协议”违反法律的强制性规定，应属无效。后经调解，双方达成和解协议，单某某将每月所得500元社会保险补偿返还公司，公司依法为单某某补缴社会保险，并向单某某支付部分经济补偿。

按照《中华人民共和国社会保险法》的相关规定，用人单位与劳动者均负有依法缴纳社会保险费的义务。本案中，劳务公司与单某某签订了“社会保险补偿协议”，单某某每月获得了更多的工资，劳务公司也可以少承担一些社会保险费用，这似乎对两者都有利，但存在单某某在生病、生育、年老等情况下无法获得相应社会保障的巨大风险，从而最终将损害个人、用人单位乃至社会的利益。

本案中，虽然单某某有违“诚信”原则，但由于“社会保险补偿协议”本身不具有法律效力，且用人单位有代扣代缴社会保险费的法定义务，未依法缴纳社会保险费的事实成立，故在单某某以此为由提出解除劳动合同时，劳务公司仍需支付部分经济补偿金。

资料来源 北京市人力资源和社会保障局. 2017年北京市十大劳动争议仲裁典型案例[EB/OL]. [2018-12-17]. http://www.bjrbj.gov.cn/ztfw/dxal/201707/t20170719_66888.html.内容有改动。

讨论：在建立劳动关系时，劳动者如何才能有效保障自身的劳动权益？

## 第一节 社会保障的内涵与外延

人类社会不断发展进步，社会问题更加复杂和突出，社会保障作为社会安全机制，通过提供物质帮助保证社会成员的基本生活；同时，社会保障作为一种收入再分配方式，通过转移支付调节社会成员之间的收入差距，促进社会公平与稳定，实现社会和谐。社会保障涉及国家基本保障、企业补充保障、家庭保障、经济保障以及服务保障等诸多领域，建立和完善社会保障制度，不仅为社会成员提供可靠的“安全网”，而且为经济、政治和文化发展发挥“减震器”作用。选择什么样的社会保障模式、构建什么样的社会保障体系、对不同层次的社会保障如何进行资源的合理配置、分配后的资源如何组织运行、如何实现社会保障基金保值和增值等，都构成社会保障学科丰富的研究内容。本教材所要研究的是一般意义上的社会保障。

## 一、社会保障的内涵

“社会保障”源于英文“social security”一词，又译为“社会安全”。社会保障制度的萌芽，是以1601年英国颁布《伊丽莎白济贫法》为标志的，有关它的思想在更为遥远的历史长河中，但社会保障的概念问世较晚，它最早出自美国1935年颁布的《社会保障法》。由于它简明、概要、表达准确，被国际劳工组织接受，一直沿用至今。1938年，新西兰通过一项法案，把社会救济、社会保险的所有单项法规合并在一起，称为社会保障制度。1944年，第26届国际劳工大会《费城宣言》正式使用“社会保障”概念，现代意义上的社会保障概念逐渐形成。

（一）社会保障的不同定义

从社会保障概念问世以来，由于各国的经济发展水平、社会制度、文化背景以及民族传统等不同，依据的理论体系存在差异，因此国际上还没有形成一个被普遍接受的社会保障的定义。20世纪80年代前，我国在政府文件和学术文章中，虽然也经常使用“社会保障”这个词，但一直未对其做概念上的界定。究其原因，主要是人们在思想和理论上认定，社会主义制度本身就意味着要对全体人民的物质和精神需求满足承担全部责任。因此，社会保障被看成社会主义的经济、政治、社会和其他制度本身具有的社会功能，没有界定的必要。但是，伴随着改革开放，社会发展出现一系列问题，这直接引起人们高度关注社会保障，由于时间还不够长，人们对社会保障概念的界定还处于起步阶段。为了深入理解社会保障的内涵和外延，我们在此对国内外具有代表性的社会保障定义进行分析。

1.德国的定义

社会保障主要是指社会公平和社会安全，旨在为失去劳动能力或因意外而不能参加市场竞争的人们提供生活上的保障，并使他们能够获得重新参与竞争的机会。所谓社会安全，主要是指对那些失去劳动能力或因意外不能参加市场竞争者或者对那些在激烈的市场竞争中的失败者，在生活上提供帮助，使他们不至于陷入贫困境地，并给予他们创造重新参与市场竞争的机会。定义中的社会公平只能是相对的，从经济学的角度讲，社会保障的实施是不同群体收入的再分配，这种再分配能部分实现分配公平的效果。这一定义强调社会保障的目的是提高个人防范生活风险的能力。德国是较早由政府介入举办社会保险、为公民提供较全面社会保障的国家，其社会保障是顺应德国工业化发展进程需要而建立的一种社会安全制度。

2.英国的定义

社会保障是一种公共福利计划，旨在为因失业、年老、疾病或死亡而在收入上蒙受损失的个人及其家庭，通过公共服务、家庭生活补助、医疗保健和各种维持收入的计划提高其福利。在管理学者看来，计划是一种结果，是对未来行动方案的一种说明。英国的公共福利计划描绘的是英国社会保障制度的宏伟蓝图，构建了十分完整的社会保障项目，覆盖英国不同的利益群体，以提高全民的福利。这一定义强调社会保障的普遍性，即以提高全民的生活质量为己任。英国是较早由政府介入实行社会保障制度、为公民提供较全面社会保障的国家之一，其社会保障模式是典型的“福利型”。

3.美国的定义

美国把社会保障视为社会安全网，社会保障就是对生老病死、伤残、孤寡、衣食住行、工作学习等社会问题提供安全保证，使社会保持稳定，并使全体成员免遭或摆脱贫困灾祸，有合理的生活保障，能够安居乐业。这一定义强调社会问题的解决。美国的社会保障强调个人自助精神，这种精神充分发挥人的创造能力，鼓励人们多创造财富，从而免遭或摆脱贫困灾祸。为使社会保障真正起到保证社会稳定的作用，美国的社会保障项目覆盖面非常广泛，不仅仅解决人们因生老病死等生活风险带来的生活贫困问题，还涉及人们的住房、教育、工作等各个方面，其目标是使人们安居乐业。

4.日本的定义

社会保障是一种社会保险制度，是指对于因疾病、负伤、生育、残疾、死亡、失业、多子女及其他原因而形成的贫困，以保险的方式由国家直接负担，从而寻求经济保障；对所有公民确保其最低限度的生活，公民的经济生活享有法定保障的权利。日本的社会保障制度特别强调在经济层面对生活贫困者的保障，其保障资金以保险的方式筹集并由国家直接负担。保险学认为保险是以集中起来的保险费建立保险基金，用于对被保险人因自然灾害或意外事故遭受的经济损失给予补偿，或对人身伤亡和丧失工作能力的被保险人给予物质保障的一种制度。保险实际上体现的是经济关系与民事法律关系的综合。

5.联合国国际劳工局社会保障司的定义

社会保障是指社会采取一系列保护性措施，以帮助人们渡过由失业、年老、疾病、生育、工伤和死亡等而造成工资或收入损失的难关。定义强调社会保障的责任主体是社会，而社会是由政府、市场、非政府组织等构成的。政府是附属于国家的特定行动者，是国家的代言机构，而国家是一种社会制度的总称，它代表的是拥有全体社会成员并具有强制力量的行动者。市场是对资源进行分配、交换以及对社会劳动成果进行消费的场所。非政府组织的社会保障是相对于政府而言的非正式的社会保障力量，由社区保障、社团保障等部分构成，它们分别在各国的社会保障发展中扮演着不同的角色。

6.“救助型”的社会保障模式

“救助型”的社会保障模式强调社会保障是国家和社会依法对社会成员的基本生活予以保障的社会安全制度，即国家对那些处于最低生活水平线以下的人们实施保障。公民在丧失或中断劳动能力，以及遭受各种风险而不能维持最低生活水平的情况下，有从国家和社会获得物质帮助的权利。

“社会保障”一词在其他学者的研究中还有许多定义，迄今为止，国外学者对社会保障概念的解释有30多种，可见它是一个颇有争议的领域。从社会保障的诸定义中，我们可以看到，人们把社会保障看成：①一种确保社会生活安定，促进社会稳定、经济发展的社会机制；②一种社会安全制度；③一种公共福利计划；④一种社会保险制度；⑤一种预防、解决社会问题的安全网；⑥一种经济分配方式；⑦一种法律制度；⑧一种社会政策。这些观点从不同的视角来界定社会保障，仅仅反映了社会保障性质的某个侧面。

在研究和比较对同一概念的不同界定时，既要看到其差异性的一面，又要看到其同一性的一面，没有同一的本质属性，这个概念就失去了存在价值。黑格尔曾说："能区别铅笔和骆驼，那算不上聪明；能区别教堂和寺庙，也不算有很高的比较能力。我们所要求的是要能看出同中之异及异中之同。"基于以上分析，我们认为在对社会保障这一概念进行界定之前，必须把握对其不同界定的共性。

（二）社会保障的定义及基本要点

社会保障的各种不同定义的共同点，主要体现为政府保障社会成员基本生活需求，从而达到促进社会稳定和经济有序发展的目的。因此，社会保障是指以政府为主体，依据法律规定，通过国民收入再分配，对公民在暂时或永久失去劳动能力以及生活发生困难时给予物质帮助，保障其基本生活，以及全面增进全体公民社会福利的一系列有组织的举措和制度安排。其定义的基本要点包括：

第一，社会保障的责任主体是国家或政府。其理由是：首先，唯有国家或政府有能力担当社会保障的主体。国家是对社会进行管理的最高权力机关，政府是具体执行国家权力的行政机构，唯有政府有能力通过国民收入的分配和再分配，对全社会实行社会保障。其次，政府承担社会保障职能最具规模经济，可以降低分散化保障过高的执行成本。再次，实现公平和效率的统一、社会经济的稳定增长，是社会的基本目标，因而国家或政府作为社会保障的责任主体有其寻求稳定和参与发展的内在动因。国家作为社会保障的责任主体，既是责任人，也是决策者和监管者，担负着组织、领导、实施、管理和监督社会保障运行的工作。

第二，社会保障的目标是满足人的基本生活需求和增进社会福利。社会保障的这一目标是基于"生存权是人的基本权利""效率优先，兼顾公平"的要求。国家和社会筹集社会保障资源，并且用货币资金、实物和服务等资源对贫困者和需要者实施保障。社会保障的对象是全体社会成员，社会保障坚持对不同层次的社会成员实施不同的保障原则：一是国家和社会对生活水平达不到最低标准的公民，通过各种途径，提供帮助、照顾、保证和保护；二是对因年老、疾病、伤残、失业、生育、死亡、灾害等原因丧失劳动能力、无生活来源的社会成员提供经济和物质帮助；三是增加公共福利，提高全体社会成员的生活质量。无论是对贫困者实施救助保障，还是提高全体社会成员的公共福利，都是为了保证整个社会更加稳定和和谐，促使社会经济活动更加富有成效，这都体现了社会保障的根本目的。

第三，社会保障实施的依据和保证是相应的社会保障立法。现代社会保障制度是以健全、完备的法律体系作为其支点的，因此社会保障必须以法律形式进行规范和约束。其法律规范的内容包括国家、社会保障职能机构、企业和职工个人及各社会保障主体之间的权利与义务，各项社会保障费缴纳比例及保障津贴给付标准的确定与调整，社会保障职能机构的设置、编制、职能、责任与工作程序，各种社会保障基金的管理与投资营运的原则和办法，社会保障管理费的提取比例、使用范围与开支办法，法律责任等，从而使社会保障制度的运作制度化、规范化。国家通过立法建立包括社会救助、社会保险、社会福利、社会优抚、公共卫生在内的一系列社会保障制度，用于指导、规范社会保障的实施。

在使用过程中，“社会保障”与“社会福利”常常被人们不加区分地混在一起，如《大英百科全书》把社会保障解释成“政府福利计划”。社会福利在美国被解释为一项浩大的社会工程和一种复杂的社会福利制度，其中涵盖社会保障。其实，社会保障与社会福利是有区分的：在内容上，社会保障有广义和狭义之分。狭义的社会保障包括老年保险、工伤保险、失业保险、残疾人保险、疾病和职业病保险、生育保险、遗属保险、家庭津贴，主要限于社会保险和社会救济的范围；而广义的社会保障不仅包括社会保险、社会救济、社会服务，还包含更多的社会福利内容，是更全面的社会保障，在这种意义上社会保障才与西方发达国家运用的社会福利概念相通。然而，在我国把社会福利仅看成社会保障中的一个较高层次的组成部分。

## 二、社会保障的外延

社会保障的外延是与内涵相对应的。国际劳工组织认为社会保障主要承担九个方面的风险，即疾病、生育、老年、残疾、死亡、失业、工伤、职业病和家庭。对这九个方面的保障可以满足社会成员一生的基本生活需求，从而促进社会稳定和经济发展。因此，在1952—1982年间，国际劳工组织将社会保障制度中的内容归并为：社会保险；社会援助或社会救助；由国家财政收入资助的补助金；家属补助金；储备基金；雇主规定的补助年金；围绕社会保障而发展的辅助性或补助性计划。

根据我们给出的定义及国际公认的内容，作为现代国家的社会政策的重要组成部分，社会保障可理解为对贫者、弱者实行救助，使之享有最低生活水准，对暂时和永久失去劳动能力的劳动者实行生活保障，使之享有基本生活水准，以及对全体社会公民普遍实施福利措施，以增进其生活福利，进而实现社会安定，并让每个劳动者乃至公民都有生活安全感的一种社会机制。归纳起来，社会保障一般包括社会保险、社会救助（也称社会救济）、社会福利、社会优抚等方面（它们之间的区别见表1-1），社会保险是社会保障的核心内容。随着社会经济的发展，社会保障还将在增进基本人权特别是福利权方面，不断为提高全体社会成员的生活水平和生活质量做出更大的贡献。

表1-1　**社会保险、社会救济、社会福利和社会优抚的比较**

| 比较项目 | 社会保险 | 社会救济 | 社会福利 | 社会优抚 |
|---|---|---|---|---|
| 保障对象 | 劳动者（国民） | 无法维持生活的人 | 全体社会成员 | 军人及家属 |
| 权利义务关系 | 部分义务对应全部权利 | 受益者单方面权利 | 受益者付出劳动代价 | 受益者单方面权利 |
| 保障水平 | 劳动者及家庭成员的基本生活 | 水平最低 | 部分福利项目达到高水平 | 确保其生活不低于当地平均水平 |
| 管理与实施方式 | 统一、强制性 | 官民结合 | 官民结合 | 政府 |
| 资金来源 | 保险费（税） | 国家财政预算拨款 | 多渠道（官和民） | 国家财政预算拨款 |
| 保障手段 | “投入-返还”式 | 选择性 | 普遍性 | 选择性 |

资料来源　夏敬. 社会保险理论与实务［M］. 大连：东北财经大学出版社，2006.

1993年中国共产党十四届三中全会通过的《中共中央关于建立社会主义市场经济体制若干问题的决定》把社会保障制度纳入社会主义市场经济体制中，并明确指出："建立多层次的社会保障体系……社会保障体系包括社会保险、社会救济、社会福利、优抚安置和社会互助、个人储蓄积累保障。"

中国共产党十九大报告强调："加强社会保障体系建设。按照兜底线、织密网、建机制的要求，全面建成覆盖全民、城乡统筹、权责清晰、保障适度、可持续的多层次社会保障体系。全面实施全民参保计划。完善城镇职工基本养老保险和城乡居民基本养老保险制度，尽快实现养老保险全国统筹。完善统一的城乡居民基本医疗保险制度和大病保险制度。完善失业、工伤保险制度。建立全国统一的社会保险公共服务平台。统筹城乡社会救助体系，完善最低生活保障制度。坚持男女平等基本国策，保障妇女儿童合法权益。完善社会救助、社会福利、慈善事业、优抚安置等制度，健全农村留守儿童和妇女、老年人关爱服务体系。发展残疾人事业，加强残疾康复服务。坚持房子是用来住的、不是用来炒的定位，加快建立多主体供给、多渠道保障、租购并举的住房制度，让全体人民住有所居。"

我国的社会保障分类如图1-1所示。

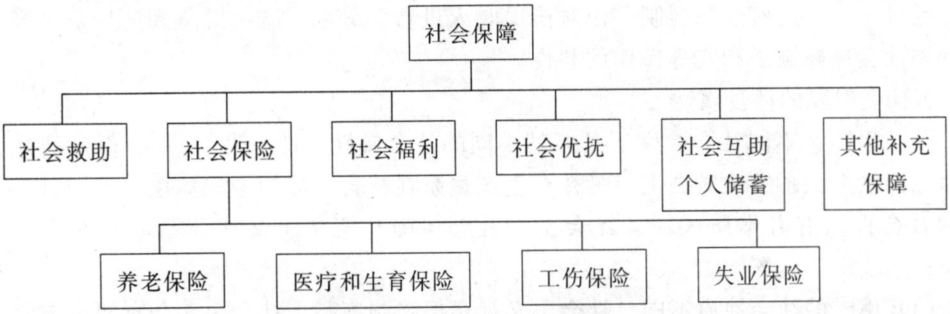


**图1-1　我国的社会保障分类**

## 第二节　社会保障的性质和特征

### 一、社会保障的性质

社会保障的性质是指其内在的质的规定性，它表明社会保障区别于其他社会科学的根本属性。社会保障是一种保证每一位社会成员基本生存权利的"按需分配"形式。社会保障的性质，具体体现在自然属性、社会属性、劳动属性和分配属性等方面。

（一）社会保障具有自然属性和社会属性

1.社会保障的自然属性

从社会保障的最直接的目的来看，它具有自然属性（或一般属性）。从社会保障的一般属性而言，不论是资本主义的社会保障还是社会主义的社会保障，都是共同的，即它是国民收入的一种再分配形式。劳动者的社会保障是劳动力再生产的组成部分，既不是宗教社团的慈善事业，也不是政府济贫的单纯的社会调节，而是一定经济社会形态下的法定的分配制度。社会保障的实施主体是政府，它通过国家立法，以强制手段对国民收入进行再分配，统一筹集资金，以保证满足社会成员在特殊情况下的基本生活需要，达到缓和社会矛盾、确保社会安定的目的。正因为不同社会制度下社会保障的一般属性有共同的地方，所以社会保障制度具有连续性。社会主义社会保障制度是在吸取资本主义社会保障制度的合理因素的基础上发展形成的。社会保障的自然属性具体表现在：

（1）任何国家的社会保障都是主要为处于生活困境或特殊需求状态的社会成员提供基本的生活保障，满足其最基本的生存需要，保证社会成员的生存安全。从社会保障的发展来看，在任何国家，最早出现的、最基本的社会保障项目都是为了满足社会成员最基本的生存需要。例如，标志着现代社会保障特别是社会救助萌芽的英国新《济贫法》认定政府有保障公民生存的义务。

（2）社会保障是不同社会制度的国家普遍运用的社会政策，它是适应社会化大生产客观要求的。在社会化大生产过程中存在自然风险、经济风险和社会风险，这会给一些社会成员带来生存威胁，需要国家和社会通过社会保障制度为他们提供基本的生活保障。

（3）从形态上看，社会保障是国民收入社会化消费的一种再分配方式，是劳动力再生产的组成部分。它是在一定经济社会条件下实施的法定的分配制度，实施主体是政府。通过立法，政府运用强制手段对国民收入进行再分配、统一筹集和使用资金等，这是各国社会保障制度和实务操作的共性。

2.社会保障的社会属性

社会保障在不同社会制度下具有其不同的社会属性（即特性）。社会保障的社会属性由社会生产关系的性质决定，是社会生产关系在社会保障领域的体现。不同社会制度下的社会保障有着本质区别。社会主义社会保障与资本主义社会保障的本质区别表现在：

（1）反映的社会性质不同。社会主义社会保障制度是由社会主义公有制决定的，它是社会主义制度的一个组成部分，反映社会主义分配关系，是在劳动者根本利益一致基础上，解决劳动者物质利益之间矛盾的一种有效方式，体现社会主义制度下劳动者物质利益的一致性。资本主义社会保障制度是建立在资本主义私有制基础之上的，是资本主义经济制度和政治制度的体现，反映和代表占人口极少数的资产阶级的意志和利益。

（2）目的和任务不同。社会主义社会保障的目的和任务是与社会主义生产力发展的要求相一致的，即最大限度地满足全体人民日益增长的物质和文化生活的需要。社会主义社会保障制度的不断完善，是为了推动社会主义经济和其他各项事业的发展，使全体人民彻底摆脱贫困，都过上幸福美满的生活。资本主义社会保障制度的实质是：为资本家榨取高额剩余价值服务，为缓和无产阶级和资产阶级之间的阶级矛盾和冲突、维护资本主义剥削关系、巩固和加强资本主义统治服务。

（3）发展方向不同。社会主义社会保障制度反映劳动者是社会的主人，劳动者之间是团结协作、互助互济的关系，体现着社会主义制度的优越性，有力地促进社会主义制度巩固和发展。而社会主义制度本身确保社会保障事业的发展方向，并随着社会主义生产力的不断提高而不断促进社会保障事业的发展和完善。资本主义国家推行的社会保障制度，只能在一定程度上调节生产关系、缓和阶级矛盾，资本主义的基本矛盾决定资本主义制度必然为社会主义制度所代替，作为资本主义剥削制度的一个组成部分的社会保障必将随着整个资本主义制度的灭亡，而被崭新内容的社会主义社会保障所取代。

因此，资本主义社会保障是建立在生产资料私有制基础上的，是工人阶级同资本家进行长期斗争所争取到的胜利成果，是在保证资本所有者获取最大利润的前提下来规划整个社会保障体制，其社会目的在于缓和社会矛盾，巩固剥削阶级的统治。社会主义社会保障建立在生产资料公有制基础上，通过社会保障保证社会成员在特殊情况下的基本生活需要得到满足和不断提高，使社会主义生产目的得到实现。

（二）社会保障具有劳动属性和分配属性

1.社会保障的劳动属性

有一种观点认为，社会保险属于剩余劳动。其理由是：第一，社会保险基金属于马克思所列举的从社会总产品六项中扣除“为丧失劳动能力的人等设立的基金”的部分。马克思明确指出，资本主义生产方式消灭以后，仍然存在着“为那些由于年龄关系还不能参加生产或者已不能参加生产的人而从事的剩余劳动”。第二，社会劳动是为社会、为自己的劳动。劳动报酬属于为自己的必要劳动，社会保险则是为社会扣除的剩余劳动。我们认为这种观点是值得商榷的。

由于社会保障是一个复杂的组合概念，因此，关于社会保障的劳动属性即它属于必要劳动还是属于剩余劳动的问题，不能一概而论，要分别对社会保障的不同部分进行具体分析。

（1）劳动者及其家属的社会保障（包括职工福利）属于必要劳动。所谓必要劳动，就是花费在直接用于生产者个人及其家庭消费那部分产品的劳动，也就是为维持劳动力再生产所必需的劳动。在社会主义制度下必要劳动采取劳动力再生产费用形式。劳动力再生产费用由三部分内容组成：①维持劳动者自身的劳动力再生产所必需的生活资料；②维持劳动者家属的生活所必需的生活资料；③劳动者的必要教育训练费用。劳动者为个人及其家属谋取劳动力再生产费用而付出的劳动，就是必要劳动。而劳动者的社会保障就是保证劳动者恢复和延续劳动力以及在丧失劳动能力时获得生活必需品的一种手段。例如，医疗保障是恢复劳动者身体健康、使劳动力再生产能够正常进行所必需的；产假补助及子女的社会保障是为了保证劳动力不断更新所必需的；退休养老保障则是在劳动者丧失劳动能力时能使其维持基本生活需要。有人认为，退休职工已经丧失了劳动力，因此退休养老金不属于劳动力再生产的费用，因而不是必要劳动。这种看法是片面的，每个劳动者一生都要经历幼年、成年和老年三个不同时期，劳动力再生产全过程也应该包括成长时期、使用时期和丧失劳动能力后的衰老时期，在这三个时期中的生活需要都是劳动力再生产费用的一部分，因而劳动者的社会保障是必要劳动的一个组成部分，应计入生产和劳务的成本之中。劳动者社会保障与工资、奖金都属于V的部分而不是m的部分，如果工资是$V_1$，奖金是$V_2$，则社会保障是$V_3$。劳动者新创造价值就由（$V_1+V_2+V_3$）+m组成。

（2）没有劳动能力的人和不与劳动挂钩的社会保障项目，如社会救济、社会优抚、社会福利等，属于剩余劳动。例如，对低于平均基本生活线以下的贫困户、贫困者提供的社会救济，为残疾人和无生活来源、无人赡养的社会孤老举办的社会福利事业，虽然其用途也是生活消费，保证满足相关人员的基本生活需要，但由于其资金来源不是由享受者用自己的劳动所创造的，而是由物质生产部门劳动者向社会提供的剩余劳动转化而来的，因而属于剩余劳动范畴。

既然劳动者的社会保障是必要劳动，是劳动者在特殊情况下的基本生活之必需，在安排积累和消费、社会消费基金的比例时，就必须使社会保障基金得到保证，提取后也就不能移用在剩余劳动所承担的项目上去。既然明确了劳动者的社会保障是必需劳动，社会保障基金就应从劳动者创造价值中扣除、储存，而且提供的必要劳动越多，扣除、储存额也越多，享受保险金的数额也应该越多，这就可以将劳动者享受社会保障的权利与扣除、储存社会保障基金的义务紧密地结合起来，从而有利于克服职工中存在的社会保障由国家包下来的依赖思想，鼓励劳动者努力劳动，依靠自己的力量建立社会保障基金，并合理而节约地使用社会保障基金。

2.社会保障的分配属性

关于社会保障的分配属性，人们的看法也不尽一致。有的人认为，社会保障具有按需分配性质，是共产主义分配因素的萌芽；有的人则认为社会保障是按劳分配的继续和延伸。这些看法都是值得商榷的。我们认为：

（1）社会保障不属于按需分配的共产主义分配范畴。社会保障在大多数情况下是根据生存发生困难的社会成员的基本生活需要来进行分配的，它与劳动者提供的劳动在时效上并没有直接联系，因而带有按需分配的色彩。但是，它与共产主义的按需分配存在根本不同。按需分配是在劳动“本身成了生活的第一需要之后，在随着个人的全面发展，生产力也增长起来，而集体财富的一切源泉都充分涌流之后”[①]才能实现的。按需分配具有的特点是：①它建立在生产力高度发展的基础上；②按需分配中的需要是劳动者全面发展、高度发展的需要；③按需分配对需要的满足是最大限度的满足，即各取所需。按照列宁的解释，各取所需就是每个社会成员都可以根据自己的需要，从社会那里“自由地领取”消费品，社会“不必在分配产品的时候规定每个人应当领取的产品数量”。社会保障显然不符合上述按需分配的质的规定性。因为享受社会保障待遇的是在特殊情况下生存发生困难的社会成员，社会所保障的也只是最低限度的基本生活需要，这种需要同按需分配所要满足的全面发展、高度发展的需要是不可同日而语的。而且，社会保障也不是对“每人应当领取的产品数量”不做任何规定，而是实行定向限量的分配。这就是说，社会保障所保证的需要是在生产力还没有高度发展的条件下有限度满足的低标准需要。因此，它不是按需分配的共产主义因素，而是社会主义性质的分配范畴。把低标准的社会保障说成是共产主义的按需分配，就会贬低共产主义，造成理论上和思想上的混乱，刺激一些人提出不适当的诉求，对实际工作造成困难和被动。

（2）劳动者的社会保障不是按劳分配的继续。把劳动者的社会保障（即社会保险）说成是按劳分配的继续和延伸，也是不妥当的。劳动者的社会保障与按劳分配的工资虽然都是个人消费品的分配形式，却是有区别的两种不同分配形式。社会保障是个人消费

① 马克思，恩格斯．马克思恩格斯选集：第3卷［M］．中共中央马克思恩格斯列宁斯大林著作编译局，编译．北京：人民出版社，1995：12.

品分配的一条特有渠道。个人消费品在进行按劳分配之前，要先进行社会扣除，社会保障基金就是社会扣除的一部分，是与按劳分配部分明确划分开的。按劳分配是劳动者在能够劳动时，以劳动为尺度分配个人消费品，把劳动者的劳动量同其得到的报酬最密切地联系起来，等量劳动领取等量报酬。劳动既是劳动者取得消费品的前提条件，又是确定其应得消费品数量的尺度。而社会保障是劳动者不能劳动或失业时，根据其实际基本生活需要进行分配，通过社会保障，给予不能劳动或失业的人以物质帮助。享受社会保障待遇的条件是劳动者因丧失劳动能力和工作岗位而无法提供劳动，既然无法提供劳动，那就根本谈不上以劳动为分配尺度。社会保障是以基本生活需要为分配尺度的，社会保障与按劳分配具有不同的性质和作用，是不能混淆的。

(3) 劳动者的社会保障与按劳分配有一定联系。两者之间的联系在于：

①按劳分配是社会主义社会存在社会保障的一个重要原因。由于社会主义社会生产力发展水平还没有达到产品极大丰富的程度，劳动还是个人谋生的手段，因而个人消费品还不能实行按需分配，而只能实行按劳分配。实行按劳分配，劳动报酬能否取得以及取得多少，是以劳动者能否提供劳动和提供劳动的数量与质量为依据的。当劳动者丧失劳动能力和失业不能提供劳动时，也就不能获得劳动报酬以维持本人和家庭生活。部分劳动者因劳动能力弱、劳动报酬少、赡养人口多，也会面临生活困难，难以维持基本生活水平。这就需要通过社会保障给予丧失劳动能力、失业以及生活困难的职工以物质帮助和保障。社会保障可以在一定程度上缓解按劳分配带来的事实上的不平等。如果个人消费品实行按需分配，个人消费品的取得不与劳动挂钩，而是由社会根据每个人的需要统一分配，那就不会产生因丧失劳动能力而发生生活困难的问题，不会产生事实上的不平等，那样也就没有单独建立社会保障的必要了。

②社会保障分配与按劳分配的物质客体在量的分割上存在相互影响和制约关系。劳动者的社会保障基金是消费基金的一部分，其实物形式就是消费资料，加上通过工资形式分配的个人消费基金，构成直接用于个人生活需要的消费资料总量。在这个总量既定的条件下，用于社会保障的产品增多，用于按劳分配的产品就会减少，这样就会冲击按劳分配，不利于调动劳动者的积极性；反之，用于按劳分配的产品过多，挤占了社会保障的产品，就不能保证丧失劳动能力者的基本生活。认识和掌握两者之间的内在联系或制约关系，有利于有计划地、合理地安排它们之间的比例关系。

③劳动者享受社会保障的权利和待遇标准是以按劳分配为前提和依据的。只有当劳动者向社会履行了劳动义务、提供了劳动以后，他才能取得劳动报酬，也才能享受社会保障。有劳动能力的人不参加劳动，不但现在不得食，将来丧失劳动能力时也不得保。劳动者提取社会保障基金，是以劳动者提供必要劳动为基础的，必要劳动也是按劳分配的基础。一般来说，劳动者提供的必要劳动多，获得的劳动报酬多，扣除、储存的社会保障基金也就多，如企业和职工个人负担的社会保障基金都是按职工工资总额的一定比例缴纳的。这表明按劳分配的工资影响和制约着社会保障基金的数量。社会保障中某些项目的分配和发放也是以劳动者过去提供的劳动及其报酬量为依据的。例如，退休金与工资挂钩，并以原工资为基数发放；病、产假生活保障也与工龄挂钩并以原工资为基数，或是全额或是按一定比例发放。

以上分析说明，劳动者的社会保障与按劳分配是有一定联系的。明确两者之间有一定的联系，有利于使劳动者懂得将享受社会保障的权利和履行劳动的义务与从自己创造的必要产品中扣除、缴纳社会保险金的义务紧密地结合起来，从而可以克服依赖思想，培养自我保障意识。同时，在确定某些社会保障项目的待遇标准及水平时，需要照顾劳动者原有的报酬和生活水平，使之不致下降过多。

（4）社会保障按实际的基本需要分配。社会保障的分配项目中，如工伤保险和养老保险中一定的部分，与劳动者原有的劳动贡献、缴费年限或工作年限、工资额挂钩，体现一定差别，以激励劳动者的劳动积极性，但也有一些项目待遇标准不与劳动者的缴费年限及原工资水平挂钩，如医疗保险主要根据患者实际的基本医疗需求进行分配，而与缴费年限及原工资水平不发生联系，又如失业保障基金的分配主要根据失业者的基本生活需要确定其待遇标准，以保障其基本生活需要得到满足，保护其劳动力不萎缩。社会保障中的社会救助、社会福利项目，则完全根据实际发生的灾害、丧失抚养和赡养人、丧失劳动能力及生活来源等风险进行分配，并按照基本生活和基本医疗需求确定分配标准和水平。

## 二、社会保障的特征

社会保障是国家和社会建立一系列有组织的保障措施和制度的总称。由国家组织和领导的社会保障，具有国家主体性、强制性、再分配性、基本生活保障性、社会性、互济性、储存性和福利性等特征。

1.国家主体性

社会保障的国家主体性是指有关社会保障的各项政策要由国家来制定，并且依靠国家力量来组织实施。现代社会保障的主要特征是政府普遍承担起对社会进行保护的责任，并通过国家立法和国家行政机器对社会保障系统进行规划、组织和管理，社会保障的责任主体是政府。无论哪种模式，各国财政部门都不同程度地主动参与社会保障基金的管理和运营，并且绝大多数国家社会保障基金的筹集、支出和管理都由政府进行，并对社会保障财务负有最后的（并非完全的）责任。正如政府配置资源只需要政府做出配置决策一样，只要是由国家做出的收支决策，则不论执行机关为谁，社会保障仍不失国家主体性，以及该社会保障是国家保障的特性。

2.强制性

国家性和强制性是密切联系的，国家是动员社会财富的最有效机器，是实现社会保障强制性的坚强后盾。社会保障制度关系到全体公民切身利益，作为市场经济的基础性构件之一，它既有延续性和稳定性，又有依据客观情势而修正的变动性。无论是稳定还是变动，都必须以法律规范为依据，并据此确定社会保障各项内容。社会保障是国家依据相关法律和政策强制实施的行为。社会保障的强制性主要体现为：一是社会保障的法制性。居民享受社会保障的权利与国家提供保障的责任或义务均由法律规定，社会保障的具体项目、内容、形式、标准及享受者资格条件均需要制定相应的法规予以明确；每一级管理机构的职能、责任、办事程序，每一项保障资金的征缴、支付、管理与营运原则和方法都应建立在法制化、规范化基础之上。二是社会保障主体的强制性。社会保障面向全体国民，只要符合社会保障有关法律规定，就必须参加并接受社会保障，落实国家制定的各项社会保障政策是具有强制力的。三是社会保障基金筹集方式的强制性。社会保障基金是社会保障事业稳步实施的前提，而从其筹集方式看，主要有两种途径：第一，凭借国家的政治权力，通过税收制度实行强制性课征；第二，通过颁发有关的法令、法规等进行强制性统筹，即采用社会统筹方式来建立基金。

3.再分配性

再分配性是指国家把劳动者个人已经得到或应该得到的一部分收入集中起来进行管理、运营和增值，按照国家立法规定进行再次分配。由国家出面统筹社会财富，保证社会保障所用财力来自全社会，使筹集起来的社会财富在最长时间和最大空间上进行再分配，从而使社会保障的再分配性充分有效地得以实现。

4.基本生活保障性

社会保障是社会按照一定时期生产力的发展水平，对生存遇到困难的社会成员满足基本生活需要予以物质帮助。基本生活保障性是指社会保障所要达到的目标是在社会成员处于生、老、病、残、失业等困难的情况下，社会为其提供最基本的生活需求资助。这部分人的基本生活需要得不到保障，就会危及他们的生存，影响社会安定。当然社会保障水平是随生产力发展水平的提高而逐步提高的。但是，无论在什么情况下，对社会成员由于生存而引起的基本生活需要必须予以物质保证。有社会保障做保证，社会成员就具有安全感，人们就可以在心理上保持平衡，从而可以在安定的社会环境中从事创造性劳动。

国家主体性、强制性、再分配性和基本生活保障性是确立社会保障制度的基本要求。完善的市场经济体制需要健全的社会保障制度，健全的社会保障制度需要充分体现上述四个特征。

5.社会性

社会保障的社会性是指社会保障对象、社会保障基金来源、社会保障管理等具有的社会性。社会化大生产带来了劳动力再生产、分配方式以及生活方式的社会化，家庭和企业已经无法承担其成员的风险保障，要求社会提供保障。社会保障的社会性体现在：社会保障要以国家为主体举办和组织实施；社会保障对象是全体社会成员；资金实行社会统筹和调剂，社会保障基金来源于国家财政拨款、各类社会组织和个人的捐赠和缴费；社会保障实行社会化管理，社会保障管理对全体社会成员负责，并建立全社会统一的法定基本社会保障制度。

6.互济性

互济性体现在社会保障的国民收入再分配功能上。社会救助和社会福利的资金，来自劳动者为社会剩余劳动所提供的资金，体现了劳动者对非劳动者的无偿援助，其互济性十分明显。在社会保险方面，每个劳动者遭遇的特殊情况不同，退休后的寿命期也有差别，对社会保障需要量不同，因而每个劳动者社会保障基金的扣除、储存、分配和使用，在数量上、时效上是不相等的。有的人分配使用的数量可能多于扣除、储存数，其享受社会保障基金是“部分取之于己，部分取之于人”；有的人分配使用的数量少于扣除、储存数，其扣除、储存的社会保障基金是“部分用之于己，部分用之于人”。如此，劳动者社会保障基金只有进行社会统筹，才能充分体现和发挥互济性特点，统筹范围越广，互济性效果就发挥得越充分，社会保障程度也就越高。

7.储存性

社会保障的储存性是其保障性和普遍性的物质基础。社会保障基金是先行扣除、缴纳和储存，然后进行分配和使用。在劳动者能够劳动的时候，社会就将其所创造的一部分价值逐年逐月进行强制性扣除、储存，等劳动者丧失劳动能力和失业后，再根据实际需要进行分配和使用。即使是社会救济和社会福利的保障基金，也应通过扣除或其他途径储存起来建立基金制。社会保障基金如果不进行事先扣除和储存，社会保障就得不到切实可靠的保证。社会保障的储存性意味着，劳动者社会保障基金的分配使用，是将原来储存的社会保障基金返还给劳动者，其实质是“取之于己，用之于己；能劳动时储存，不能劳动时返还”。储存性还意味着，这部分基金形成后，除增值目的外，一般不用于生产，也不采取经济原则进行分配，以便在任何情况下都能使社会保障获得物质保证。

8.福利性

社会保障的福利性是指社会保障体现国家福利政策和福利分配，使公民在生活过程中都能享受到从国家和社会获得物质帮助的基本权利。社会保障的目的是当人们在遭遇疾病、失业、灾害等情况时获得物质帮助，满足其基本生活需求，它不以获取利益为目标。为了保证社会安全，国家即使贴钱也要保证其有效运作。

## 第三节 社会保障的原则与功能

社会保障的基本原则是建立其制度需要遵循的基本准则。它通常包括普遍原则、公平原则、适度原则、统一原则、对应原则和多重原则等。

### 一、社会保障的基本原则

社会保障的基本原则包括：

1.普遍原则

所谓“普遍”，就是“广覆盖”，就是把社会成员中所有符合资格条件的人都纳入社会保障体系中，使他们的生活、劳动、收入都有所保障，即使人们遇上意外情况而陷入困境，也都能够得到社会帮助和妥善解决。

现代社会保障的根本目的就是使基本人权这一崇高理想得以实现，使所有社会成员都能够普遍地享有社会保障权利，这也是一个国家和文明社会对每一个公民所做出的承诺。因此，把全体公民都作为保障对象，无疑是社会保障发展的首要目标。在市场经济条件下，劳动者普遍存在着生、老、病、死、伤、残、失业等风险，这些风险对于劳动者来说是客观存在的、不可避免会发生的，因此社会保障需要普及到全体劳动者以至全体公民，即社会保障需要坚持普遍原则。对劳动者来说，不分城市和农村，不分部门和行业，也不分就业单位的所有制性质或有无职业，只要生存发生困难，原则上都应当普遍地、无例外地给予其基本生活的物质保障。社会成员之间只存在社会保障基金筹集方式、保障项目、保障标准以及采取保障形式的不同，并不存在社会保障有无的差别。"普及再普及"在当今社会已经成为社会保障最重要亦是最迫切的任务之一，把更多的人群纳入社会保障体系中来，并在这个社会大家庭中，通过公助、互助和自助的形式，获得应有的保护，这既是公民权普遍享有的最实际体现，也是社会保障发挥作用、提高全体社会成员安全感和生活质量的重要保证。我国生产力水平明显提升，需要我们做好社会保障规划，尽快实施社会保障全覆盖，把社会保障事业做好。

2.公平原则

实现公平是社会保障追求的主要目标。其公平性表现在：第一，社会保障基金的分配虽然不可能绝对平均，但社会成员在享受社会保障的机会和权利上具有机会均等和利益均享的特征，即凡是生存遇到困难的社会成员，都可以均等地享有获得社会保障的机会和权利。第二，社会保障基金筹集和分配过程体现公平性。通过社会保障基金的筹集，使之在客观上起到限制高收入者收入水平的作用；同时通过社会保障的实施，又能提高低收入者的收入水平，从而缩小贫富差距，促进整个社会收入分配趋于公平。第三，公平分配还体现在社会保障水平要随物价水平、社会经济发展水平、社会平均工资水平以及生活水平的增长而相应地适度增长。

社会保障的公平性原则包含两层含义：

（1）突出的是公平优先。市场经济信奉的是效率至上，因为只有讲求效率，生产力才能迅速提高，社会也才能够有更大的进步。但是，如果过度强调效率和效益，也必然会使一部分人陷入困境甚至遭到市场淘汰，引发社会动荡。因此，市场经济需要有一种弥补机制，来补救市场缺陷和社会不公平，为此，社会保障就承担了如此重任。社会保障突出公平优先，正是针对市场效率至上存在的弊病而言的。在国民收入分配中，由于每个人能力和机遇不同，出现收入差距是正常的，但是，如果这种收入差距过分悬殊，甚至贫富两极分化，那么就必须改变。社会保障本身就是一种极其重视公平的分配行为，它不仅强调权利与义务相对应，而且更强调向社会弱势群体倾斜。由于社会保障强调公平优先，并且在国民收入再分配方面有着特有的功能，因而它能够为实现社会成员之间的公平分配做出贡献。

（2）追求的是社会公平。在广泛的社会生活中，存在着两种不同的公平，即个人公平和社会公平。社会保障追求的是社会公平，虽然社会中个人的境遇会有所不同，对社会保障的贡献也不一样，但最终他们从社会保障中所获得的待遇是基本一样的，这对于某些个人来说可能并不公平，但对社会来说是一种妥善、公平和合理的结果。因此，社会保障的公平原则必须放在社会这个大环境中去衡量，社会公平是社会保障始终追求的目标之一。

3.适度原则

社会保障适度是指社会成员享受社会保障的水平要与公民抵御不可抗拒社会风险的能力相适应，与国民经济、社会发展水平、人口再生产速度相适应，与社会各方面的承受能力相适应。社会保障的发展程度和发展水平不仅是动态的，而且是有节制的，它的发展受到许多因素制约，特别要考虑供求平衡。我们强调适度原则：首先，社会保障发展目标要适度，从实际出发，量力而行，不能好高骛远、不切实际地追求"超度"发展。其次，把社会保障待遇水平适度放在重要位置上。可供社会保障的资源是有限的，它只能根据可以投入的资源总量来设计社会保障发展水平规划。其待遇水平既要保证效率提高，促进经济发展，又要有利于社会公平，促进社会稳定。最后，社会保障发展程度和水平，都必须建立在社会可承受能力的基础之上，即政府、企业和个人都能承受是其前提。

如果我们不坚持适度原则，走向不适度或“超度”，那么，后果将是严重的，不仅社会各方负担加重、财政紧张、企业成本上升、效益下降和生产活力受挫，还会使社会惰性滋长、懒汉思想泛滥，以及社会前进动力被削弱。因此，目前我国在社会保障领域中推行的“基本保障”，正是强调待遇适度和负担适度的最好体现。

4.统一原则

被西方称为“福利国家之父”的贝弗里奇教授，曾经把统一原则视为社会保障最重要的两大原则之一，他的主张得到了国际上的普遍认可。社会保障统一原则之所以被推崇，自然有其独特优势：在经济上，它能够提高工作效率，减少工作环节，降低工作成本；在社会生活上，它能够体现社会公平，减少人为矛盾；在政治上，更有利于国家团结和统一。此外，实行社会保障统一原则，还有利于政府宏观调控和国家政策推行。这里所谓的“统一”，是指在社会保障实施过程中，坚持统一政策、统一管理、统一规则、统一收缴和统一待遇等，也就是要使社会保障各个环节和各个项目始终能够在统一的框架下有计划、有步骤地展开。

实行社会保障统一原则，需要具备政治统一、区域发展比较均衡、经济一体化、国民生活水平差距相对较小等基本条件。许多发展中国家鉴于种种原因，上述条件可能会欠缺，但这并不是舍弃统一原则的理由，仍然应该将“统一”作为社会保障发展的一项重要目标。我国目前东西部之间、城乡之间等都还存在较大的差距，对全国“统一”造成了困难，但这只会促使我们更加努力地去创造条件和消除障碍，因为实现全国社会保障真正“统一”之时，正是我国社会保障真正完善之日。

5.对应原则

所谓“对应”，就是社会保障的权利与义务对应。享受社会保障各种待遇和服务，是每一位公民享有的一项基本权利。但是，这种基本权利又是与义务联系在一起的，也就是享受权利和承担义务相统一。社会保障许多项目都涉及广泛的享受内容和标准，同时，它也规定了必须具备的条件和承担的义务。然而，在社会保障中，权利与义务又不是对等的，也就是说，在社会保障中，可以“多享受权利、少承担义务”，也可以“多承担义务、少享受权利”，这主要由社会保障对象的具体情况确定。社会保障在权利与义务上的这种既有联系又不对等的做法，主要还是与社会保障的出发点有关。社会保障是一种分配行为，它强调公平分配、共同富裕，社会保障正是通过对应原则，对国民收入进行再分配，同时调节社会收入不公和贫富不均，最终改善社会分配状况，从而促进社会和谐和人们的幸福。特别是对应原则，使大部分弱势群体的生存状况有所改善，众多国民在生活中分享到社会经济发展的成果。对应原则是社会保障特有功能的一种体现，也是均衡国民生活状况的一项重要措施。

6.多重原则

所谓“多重”，是指社会保障形式的多层次性和举办主体的多样性，以及社会保障范围和给付标准的多层次性。这些层次既包括政府法定的，也包括企业和个人层次的，更包括众多民间性质的。多重原则是世界各国在社会保障发展过程中历经艰难曲折才总结出的一项重要经验。从推行社会保障多重原则的实践来看，它至少具有以下四个优点：

（1）分散风险负担。如今社会保障涉及面广，责任繁重，所以任何一家机构，即使政府出面，都无法独揽。经验和教训告诉我们，只有充分发挥各方力量，共同承担风险和负担，走多重保障之路，才是唯一正确的。

（2）拓展资金来源。社会保障的范围不断扩大，特别是人口老龄化等原因，促使社会保障基金越来越难以满足需要，即使是政府也难以承担越来越庞大的资金开支，这就在客观上需要发挥多层次保障优势，使保障资金来源多元化，从而挖掘社会资金潜力，发挥各方积极性，以满足日益增长的社会保障资金需求。

（3）满足社会需求。伴随经济社会的发展，国民和社会对社会保障的需求趋向多样化。从满足不同层次、不同收入且不断提高的社会需求出发，社会保障必须朝着多重保障方向发展。

（4）利用民间资源。社会保障具有广泛社会性，来自社会而用于社会是社会保障必须遵循的座右铭。民间资源有着很深的根基，可以说坚实而富有潜力。虽然社会保障一般是政府行为，但是发挥民间积极性、挖掘民间财源、广泛利用民间资源也是社会保障全面走向社会化的一个重要步骤。

随着社会保障向纵深方向发展，多重保障的优点不断显露。目前，多重保障正朝着三个方面发展：第一，多元化的保障主体，即政府、社会（公共和民间团体）、企业和个人都可以成为社会保障中某些项目的主体。第二，多渠道的筹资形式，即在社会保障筹资形式中，不仅有财政拨款、企业和个人缴费，还有社会捐助、个人捐款、发行彩票等，社会保障资金满足度不断提高。第三，多层次的保障结构，即在社会保障结构中，既有国家法定层次，又有社会补充层次，还有个人自助层次，甚至商业性的层次也被引入其中。层次愈丰富，保障力度就愈大，保障范围就愈广。由社会各方共同构筑对象各异、水平不一、形式多样的社会保障框架，将有利于社会保障的整体发展和国民社会保障水平的实质提高。

## 二、社会保障的功能

从社会保障产生与发展的历史来看，社会保障制度既是市场经济的产物，又是市场经济发展中的一项重要制度保证。社会保障制度为各国经济发展、社会稳定发挥了应有的功能和作用。其功能和作用表现在：

1.稳定功能

社会保障的稳定功能，即社会保障的政治功能，是指社会保障依法对社会成员基本生活权利予以保障，它通过国民收入再分配调节人们的物质利益关系，从而发挥社会稳定机制作用。

社会作为一个系统，保持良性运行和协调是一种理想状态，事实上，社会运行有其自身的规律和特点，它不可能完全依照人们的理想设计来运行。任何社会都有一些不稳定因素存在，不论这些不稳定因素是低量度的还是高量度的，总会对社会稳定和发展产生一定的负面影响。特别是低量度的不稳定因素，如缺乏控制或控制不当，就有可能发展成为高量度的不稳定因素，从而造成社会震荡。在日常生活中，疾病、人口老龄化、自然灾害、失业、工伤事故的发生不以人的意志为转移，同时也属于低量度的不稳定因素。如果说一部分社会成员的基本生活需要都不能得到满足，国家不能在一定时空范围内妥善解决问题，社会就有可能因失调而出现动荡。为使社会稳定、和谐发展，社会必须借助一定的手段去满足这些社会成员的基本需求。社会保障作为社会稳定机制的重要组成部分，在抑制社会冲突和社会动荡、解决社会问题等方面发挥着重要作用。

19世纪晚期德国推行了确保国家政权的社会政策，其中，就建立了以社会保险法为主要制度的社会稳定机制，使工人解除疾病、伤残、步入老年的后顾之忧，有了基本生活保障，缓和了劳资矛盾，为德国的国家体制发展创造了稳定的社会环境。20世纪30年代，一场暴风雨式的严重经济危机席卷了西方工业化国家，失业人数剧增，民不聊生，社会不宁，面对这种情况，西方工业化国家相继建立了以社会保障为主要内容的社会稳定机制，绝大多数国家走出了经济危机，稳固了国家政权。

为社会成员提供各种社会保障的直接政治目的，是维护社会秩序，减少社会冲突，保证经济和社会生活正常运转。一个国家要长治久安和稳定发展，根本前提是使社会成员的基本物质生活获得保障。社会保障通过国民收入分配与再分配建立相对稳定的社会保障基金，以此给生活上承受重大困难的社会成员给予帮助，可以消除社会不安定因素，减少或避免社会动荡，达到稳定社会和促进社会安定的目的。因此，西方学者把社会保障誉为“精巧的社会稳定器”、“安全网”或“减震器”，它是社会稳定机制的重要组成部分。

2.调节功能

现代社会保障作为国家实施的重要社会政策，是调节收入、缩小贫富差距、缓和社会矛盾的重要手段。市场经济强调给予每个社会成员公平参与竞争的机会，但绝不保证每一个竞争者都能胜出，由此不可避免地产生竞争中的弱者、失败者、贫困者。但是，如果整个社会一味地两极分化，势必造成社会不安定。因此，需要对弱者、失败者等社会成员给予帮助和保护。其解决办法是：国家通过社会保障向社会弱势群体提供最基本的帮助，为无劳动能力者或老弱病残者提供相对公平和均等的机会，使暂时或永久丧失劳动能力者能够同正常人一样生活下去，缩小和有工作能力者的收入差距，产生相对公平感，弱化不稳定因素。社会保障制度帮助社会强化公平感，增强社会成员对失范行为的自我控制力和应对生活中突发事件的自我调节能力。

社会保障通过国家立法，以社会保障税和其他形式的税收将高收入者的一部分收入转移支付给低收入者，力求实现收入均等化。在市场经济中，主要的分配原则是效率优先原则，市场经济本身没有自发实现平等的机制，缓解这一矛盾的方法就是先按效率优先原则进行分配，再通过政府的收入政策来解决收入不公问题，在一定程度上实现收入分配平等化。主要的收入分配政策有两个：一是税收政策，主要是通过累进所得税制度来缩小收入差距。这是通过对富人征收重税来实现收入分配平等化。二是社会保障政策，就是通过为有困难的社会成员提供补助来实现收入分配平等化。实施各种形式的社会保险、制定最低工资标准、向失去工作能力者和失业人员发放一定标准的补助金，都有助于改善人们的生活条件。

社会保险基金的筹集、支付及投资活动，本身就是一种国民收入分配和再分配活动，它必然会对国民经济运行产生调节作用。社会保障制度的客观作用已经不仅仅体现在为人们提供基本生活保障上，它同时已经成为各国调节投融资和平衡经济的重要手段。

3.补偿功能

社会保障的补偿功能，即社会保障的经济功能，是指劳动者和其他社会成员在因风险暂时或永久失去收入来源时，通过社会保障获得一定程度的经济补偿或物质帮助。社会保障的补偿功能主要体现在社会救助和社会保险两个方面，其中社会保险尤为明显。将社会保障主体筹集起来的社会保障资金用于补偿部分社会成员的损失，其理论依据是保险的“集众多的力量，分担个别意外的损失”的原理。由于在一定时间内发生风险的成员总是少数，由社会各方和全体社会成员分担社会少数成员的损失、为发生风险的成员提供补偿就成为可能。保障公民基本生活是社会稳定和经济发展的前提，也是社会保障的核心功能。社会保障制度的建立，使劳动者的体力、智力劳动得到必要补偿，帮助解决劳动者因各种原因遇到的生活难题，保障人们的基本生活，消除后顾之忧，使人们专心致力于生产劳动，释放出更大的生产能量，从而推动社会生产发展和社会进步。

4.促进经济和社会发展功能

国家通过社会保障制度参与国民收入再分配，必然会对经济运行及社会生产产生影响，主要表现为通过实施某些社会保障项目，促进社会总供给和社会总需求趋向平衡。有学者形象地把社会保障这一作用比作“经济蓄水池”：当经济衰退时，随着贫困人口增多和用于社会救济的费用增加，社会保障基金就自动流入社会，消费需求增加；当经济高涨时，有关社会保障项目支出相对减少，社会保障基金积累相应增加，使现实的经济需求量转化为今后的需求量。社会保障的这一作用促进了社会生产的良性运行。

社会保障能够为经济发展创造良好的经济条件并提供精神动力。第一，通过提供基本生活保障，社会成员不但有了生活上的保证，而且能力能够得到应有的培养和提高，从而保证劳动力再生产过程延续。社会保障特别是养老、失业、生育和医疗、工伤等保障制度的建立，可以使全社会范围内的劳动力队伍更新换代制度化、正常化，保证劳动者的身体健康和劳动能力，从而为社会发展创造良好的经济条件。第二，社会保障有利于劳动力合理流动与配置。建立和完善社会保障体系的最终目标是建立覆盖全社会的统一的社会保障体系，从而保证劳动力资源合理配置。第三，社会保障基金长期积累和投资运营有助于完善资本市场。第四，劳动者有了社会保障，解除了后顾之忧，生产积极性得到激发，有助于劳动生产率提高和全社会经济增长。

在现代社会，随着人口结构变动和人类寿命延长，人口老龄化成为影响未来社会发展的重要因素。养老保障制度的建立和完善可以较好地解决老年人口的生活保障问题。这一目标的实现，还会淡化中国人“养儿防老”的意识，有助于人口出生呈现男女结构合理化的态势。

社会保障制度的普遍推行，还有助于社会主义精神文明建设。社会保障是以互助共济为主要行为方式的制度，体现着社会成员之间互助、互济、合作的关系，其实质就是“我为人人，人人为我”。社会保障在横向上是各社会成员之间彼此互助互济，在纵向上则是不同年龄劳动者代际赡养和抚育，实现代际互助互济。这种互助互济有利于社会成员之间相互团结，有利于代际沟通，有利于社会体制、道德观念的维护和延续，可以促进社会成员、社会各阶层为共同利益而努力工作。这是先进道德观的体现，有利于协调人与人之间的社会关系，形成团结互助、同舟共济的良好社会风气。这为在更大范围内形成互助合作、同舟共济、关心集体、敬老爱幼、扶贫帮困等的社会风尚提供社会物质条件。劳动者参加社会保险，遵循权利与义务基本对等原则，是劳动者眼前利益与长远利益、个人利益与集体利益的统一，这对于增强劳动者的责任感、培养集体主义精神具有积极意义。此外，社会保障还具有为国家积累基金、融资等功能。随着社会保障制度的日益发展，其功能和作用还将不断被赋予新内容。

5.增进国民福利功能

社会保障的最初含义是“救贫”和“防贫”，即保证所有社会成员至少都能享有最低生活水平。随着经济发展和社会进步，社会保障的内容在不断扩充，现代社会保障不仅承担着“救贫”和“防贫”的责任，还要为全体社会成员提供更广泛的津贴、基础设施和公共服务，从而使社会成员尽可能地充分享受经济和社会发展成果，不断提高物质生活和精神生活质量。

## 第四节 社会保障与个人储蓄、商业保险的关系

为了更加深入地理解社会保障的经济含义，必须认清社会保障与个人储蓄、商业保险的界限，明确它们之间的有机联系。

### 一、社会保障与个人储蓄

1.社会保障与个人储蓄的区别

社会保障基金和个人储蓄是通过国民收入再分配完成的。社会保障基金主要来源于企业（或组织单位）和劳动者个人的缴款，另外有一部分来源于财政拨款。社会保障基金在劳动者有劳动能力时按照法律规定强制筹集，当受保障人发生事故（如退休、伤残等）时，政府依法向其提供物质帮助，社会保障基金含有事先储蓄以防意外之需的道理，但这种储蓄与个人储蓄是不同的。

（1）二者的强制性不同。社会保障基金的储蓄具有强制性，在企业（或组织单位）和个人创造的国民收入最终实现之前，必须为社会保障基金做出扣除，社会保障基金的形成是强制性储蓄。然而，个人储蓄是在个人取得收入后，由于消费存在时差所形成的

部分货币资金沉淀。劳动者根据个人意愿，将手中的货币自愿存入银行，以备将来需要，它没有强制性。个人储蓄最大的特点是随意性，储蓄的时间、金额的多少都由个人决定。

（2）二者的资金运行结果不同。社会保障基金是作为共同准备基金而存在的，受保障人个人无权单独处理。支付给个人的社会保障津贴也不与其当初的缴款数额发生必然联系，受保障人通过社会保障得到的物质利益，有时远远超过其所缴纳的款额。然而，个人储蓄是个人单独形成的预防性资产，可以随时提取，所提取的只能是个人存入的本金及衍生的利息。

（3）二者的功能和意义不同。社会保障基金的形成与运用，以保障基本生活消费为目的，受保障人按规定缴纳的款项是国民收入分配过程中的必要扣除，是个人对社会应尽的义务。个人储蓄以满足个人将来消费需要为目的，完全是一种个人行为，只有财力有余者，才具备储蓄能力。个人储蓄是不能替代社会保障的。

2.社会保障与个人储蓄的联系

社会保障与个人储蓄除了存在区别外，也有着共性和联系，主要表现在：

（1）通过筹集社会保障基金和实行个人储蓄，可以将一部分消费基金转化为积累基金，促进经济的增长。为了实现长远的发展目标，必须合理引导消费，将更多的资金用于长期性投资建设。为了完成这一任务，除了重视税收、信贷手段之外，还需要重视社会保障基金和个人储蓄的作用。通过筹集社会保障基金和实行个人储蓄的渠道，既可以推迟一部分当前消费，为长期经济增长目标提供建设资金来源，又可以从中获得利息收入，扩大社会保障基金规模，增加个人储蓄金额，利国利民。

（2）筹集社会保障基金与实行个人储蓄相结合，有利于受保障人的生活水平不因风险事故而受大的影响。社会保障强制性储蓄的意义在于保证人们在遇到生、老、病、死、伤、残、失业等情况时，能够获得基本生活保障。如果人们希望在遇到特殊事故时不至于使生活水平过分下降，就需要有比社会保障更多的收入来源，其最主要的来源就是自己的个人储蓄。个人储蓄虽然不具备社会保障的功能，但就保证个人生活安定而言，两者是有共性的。因此，在保证社会保障基金足额筹集的同时，要鼓励人们为老年退休或预防意外事故而增加个人储蓄。

正确认识社会保障同个人储蓄之间的区别与联系，对借鉴国际经验、实行具有中国特色社会主义的社会保障制度有着十分重要的意义。我们需要在改革和完善社会保障制度的过程中，采取适当形式，合理筹集社会保障基金，同时还要大力发展个人储蓄，特别要鼓励人们增加长期性个人储蓄，使其为推动经济增长、增进社会福利发挥更加积极的作用。

## 二、社会保障与商业保险

社会保障制度完善的国家，其商业保险也都非常发达。这是因为它们都可以对社会成员的生活起到保障作用，从而推动经济社会发展。商业保险较之社会保障（主要是社会保险）制度出现得更早，社会保险于1883年在德国首先出现，而商业保险可追溯到12世纪，其历史更悠久。在商业保险的险种中，与社会保障有着密切联系的是人身保险，它是一种以人的寿命和身体为保险标的的保险，被保险人所领取的给付费用，并非完全依靠保险费收入，而是商业保险公司将收取的保险费进行投资运营，用获得的利润和保费作为保险基金，当受保人发生意外事故时，就用保险基金给付。因此，这种商业性的人身保险对维持劳动力再生产、保持社会安定有很大的作用。

1.社会保障与商业保险的联系

就我国目前的情况而言，社会保障的内容包括社会救济、社会保险、社会福利和社会优抚四大方面。其中，社会保险是社会保障最重要、体量最大的主体性内容。而就社会保险而言，目前人们认识或界定的宽窄也不同。广义上的社会保险包括商业保险在内，而狭义上的社会保险则把商业保险排除在外。《中华人民共和国保险法》采取狭义区分的方法，明确地把社会保险与商业保险区分开，该法是专门针对商业保险而制定的。目前保险实业界的人士大多认为商业保险是整个国家社会保障体系中的一个重要组成部分，是社会保险的重要补充。但无论理论上怎样区分，有一点是明确的，即商业保险和社会保障（社会保险）之间，在其产生的历史条件、历史过程、基本功能和社会目的上都有着天然不可分割的联系。

作为社会保障主要组成部分的社会保险和作为商业保险组成部分的人身保险，都具有保障经济发展和社会安定的作用。这就决定了它们之间存在必然的联系，同时也决定了二者在国民经济中必须共同发挥作用，才能有效地保证人们老有所养、病有所医、死亡有抚恤，并且可以享受到多种形式、多个层次的经济补偿。此外，需要充分发挥社会保险和人身保险集聚社会资金的作用，特别应当看到社会保险中的养老保险项目、人身保险中的人寿保险项目都是期限较长并且有储蓄性的项目，可以提供长期、稳定的建设资金来源，国家有计划地发展社会保险和人身保险，不仅有利于控制消费需求的方向，而且可以有目的地把一部分消费基金转化成为实现长期经济目标服务的建设资金，这对于当前和长远的经济、社会发展无疑是十分重要的。

2.社会保险与商业保险的区别

既然如此，为什么在商业保险不断发展的情况下，还要实行社会保险呢？两种保险虽然都有“保险”二字，但严格意义上（狭义）的社会保险和商业保险之间，因其各有特殊性，所以有着明显的区别。其区别在于：

（1）责任主体不同。社会保险的责任主体是国家和政府，由国家和政府来组织实施，并由政府来承担保险义务；社会保险是国家通过国民收入的分配为社会成员提供的基本生活保证，国家财政是社会保险的后盾，为之负有最后的责任，如果保险基金有盈余，可以不断周转使用，如果发生入不敷出的情况，则由财政予以弥补，从而使社会成员能够获得稳定的保障。而商业保险的责任主体是经营性的保险企业或相应的经济实体，并由它们来承担相应的保险义务；作为商业保险组成部分的人身保险，则是一种金融活动，必须通过先收后付的方式进行企业化经营，才能保证保险基金的来源。如果保险公司经营不善，发生亏损，则只能宣告破产，受保人缴纳的保费可能会受到损失，受保人也就难以获得稳定的安全感。

（2）实行原则不同。社会保险一般由政府通过行政的和法律的手段采取强制统一的原则；社会保险是一种强制性的制度，凡在法律规定范围之内应当给予保障的家庭和个人，都享有受保障的权利，同理，凡应参加社会保险的社会成员，均须依法投保，履行社会保险的义务，对无故拒交或迟交保险费的要征收滞纳金，甚至追究法律责任，但不在法律规定范围内的社会成员，即使自愿参加，也不能获得社会保障待遇（如：有些国家对收入超过一定标准的社会成员不实行社会保险）。而商业保险一般采取投保人自主自愿的原则（不排除有些特殊险种的例外）；作为商业保险组成部分的人身保险，则属于任意保险，它以人的生命或身体为保险对象，并且以人的年龄和健康为选择条件，保险人和受保人双方均有自由选择的权利，并无法律上的强制规定。

（3）受益对象不同。社会保险的受益对象是法律或政策准许的受保群体的所有成员；而商业保险的受益对象是投保者本人或保险合同约定认可的人员。

（4）资金来源不同。社会保险的资金来源由国家、企业、个人三者共同分担，各方的负担比例因项目不同、经济承担能力不同而各异，有些项目（如失业保险）主要由国家和企业出资。作为商业保险组成部分的人身保险，其保险费则是根据共同承担风险的原则，以一定时期的死亡概率、预定利率和预期利润等进行精算后，全部由被保险人缴纳；交付保险费是人身保险投保人应尽的基本义务，而且保险费中不仅仅包含死亡、伤残、疾病等费用，还包括保险人的营业与管理费用，投保人必须全部承担。人身保险的收费标准一般较高。

（5）价值关系的选择、性质和目的不同。虽然社会保险和商业保险都存在经济效益和社会效益相统一的问题，但社会保险是由国家立法强制实施的，属于政府行为，其出发点和着眼点主要是社会公益性和社会福利性，是一种福利事业，具有非营利性质；而商业保险是一种商业行为，具有以营利为目的的性质，在兼顾社会效益的同时把它的产业经营性和企业营利性作为重要目的。社会保险按照法定标准向社会成员提供基本生活保障，其所包括的项目涉及生、老、病、死、伤、残、失业等各个方面，人生历程中只要发生上述范围内的意外事故，都能得到相应的保障；社会保险不以营利为目的，其出发点是确保劳动者的基本生活、维护社会稳定、促进经济发展。作为商业保险组成部分的人身保险，则是按照保险契约向受保人提供保险给付的，加之有些项目风险大，保险公司从其营利目的出发并不举办（如失业保险），人身保险实行权利与义务在金钱上对等的原则，多投多保，少投少保；商业保险的根本目的是获取利润，只是在此前提下给投保者以经济补偿。

3.社会保障与商业保险相互促进

如上所述，商业保险与社会保障之间有着天然不可分割的关系，同时二者又有自身的规律和特点。这样它们在功能和作用上就必然可以相互促进、相互影响，主要体现在：

（1）随着国家对社会保障越来越重视，以及社会保障体系日益健全和完善，商业保险必将迎来更为良好的社会环境和发展机遇。国家也势必会在社会保险和商业保险之间做出更加合理的分工，使之相互协作和配合。

（2）随着我国社会保障水平和人民生活质量的提高，人们必将逐渐认识和接受商业保险，为商业保险开辟广阔的前景，形成巨大的潜在市场。

（3）商业保险业的不断开拓和健康发展将直接促进社会保障体系的健全和完善。

（4）商业保险业的迅速发展，将为国家积蓄更为雄厚的财力资源以支持各项社会保障事业尽快发展。

## 本章小结

社会保障是以国家为主体，依法律或政策规定，通过国民收入分配和再分配，对社会成员的基本生活权利予以保障的一种制度。社会保障的外延一般由社会保险、社会救济、社会优抚和社会福利四部分组成。其中，社会保险是社会保障的主干部分，居于最主要的地位，并且占很高的比重。社会保障的性质体现在自然属性、社会属性、劳动属性和分配属性等方面。由国家组织和领导的社会保障具有国家主体性、强制性、再分配性、基本生活保障性、社会性、互济性、储存性和福利性等特征。社会保障的基本原则通常包括普遍原则、公平原则、适度原则、统一原则、对应原则和多重原则等。社会保障具有稳定功能、调节功能、补偿功能、促进经济和社会发展功能与增进国民福利功能。社会保障的总目标是通过保障和改善国民生活、增进国民福利来实现整个社会的和谐发展。社会保障与个人储蓄、商业保险等其他收入分配范畴既有区别，又存在有机的联系，它们相互之间各司其职、相辅相成，共同构成社会安全网。

## 关键术语

社会保障（social security） 社会保险（social insurance） 社会救助（social assistance） 社会福利（social welfare） 社会优抚（social special care） 社会保障基金（social security fund） 个人储蓄（personal savings） 商业保险（commercial insurance）

## 复习思考题

1. 什么是社会保障？你是怎样理解其内涵和外延的？
2. 论述社会保险在社会保障体系中的重要地位。
3. 简述社会救助、社会保险、社会福利和社会优抚之间的区别。
4. 简述社会保障的性质和特征。
5. 社会保障有哪些基本原则？
6. 结合实际分析社会保障具有哪些功能。
7. 试述社会保障与个人储蓄、商业保险的关系。

## 推荐阅读资料

[1] 庇古. 福利经济学 [M]. 朱泱，张胜纪，等，译. 北京：商务印书馆，2003.
[2] 贝弗里奇. 贝弗里奇报告 [M]. 劳动和社会保障部社会保险研究所，译. 北京：中国劳动社会保障出版社，2004.

[3] 森. 集体选择与社会福利 [M]. 胡的的，胡毓达，译. 上海：上海科学技术出版社，2004.

第三代社会保障卡在湖北武汉首发

# 第二章 社会保障制度



## 学习要点

通过本章学习，了解和把握社会保障制度的现状和发展趋势、社会保障法律制度的含义和关系，熟悉社会保障模式、社会保障体系和社会保障管理体制，掌握社会保障水平指标。

案例引入

## 新加坡的中央公积金制度

1953年，新加坡颁布《中央公积金法令》。当时，新加坡还是英属殖民地，除去国家公务员和大商人的雇员外，其他群体几乎没有正式的养老保险，人民生活困难，老年生活难以保障，急需正式的养老保障制度。1955年7月，新加坡成立中央公积金局（Central Provident Fund Board，CPFB）专门负责公积金管理，这标志着新加坡中央公积金型社会保障制度的正式建立。中央公积金制度建立伊始，还只是一个简单的储蓄式养老保障制度，要求雇主和雇员共同缴费，为雇员年老退休后提供最低的待遇保障。几十年来，随着新加坡社会经济的发展和人民生活水平的提高，中央公积金制度逐步发展演变成为一个包括养老、住房、医疗、家庭保护等方面内容的综合性的社会保障制度；同时，新加坡还根据各个时期的具体情况，制定了一些规定或补充办法逐步完善和扩大公积金的使用范围，以适应当时社会和个人的需要。

回顾新加坡中央公积金制度的发展历程，它大致可以分为两个阶段：第一阶段是单一养老保障项目阶段（1955—1965年）。这段时间新加坡政治动荡，政府工作的重点在于理顺各方面的关系，维护社会稳定，在中央公积金制度建设方面着力不多。第二阶段是保障项目扩展和完善阶段（1965年至今）。1965年新加坡独立以后，开始扩展中央公积金的功能。1968年10月政府开始实行“居者有其屋”的公共建屋计划，允许参与者动用公积金储蓄购买政府组合房屋（简称“组屋”）。这是新加坡政府首次动用公积金储蓄以实现国家的政策目标。1986年新加坡政府允许公积金参与者将公积金储蓄投资于有风险的金融资产。

新加坡中央公积金制度的主体框架：

（1）个人账户。个人账户又分为：一是相当于工资30%的部分为普通账户（ordinary account），设立于20世纪70年代，积累的公积金可用于购置政府组屋、人寿保险、子女教育支出、信托股票投资等；二是相当于工资4%的部分为专用账户（Special Account），设立于1977年7月，积累的公积金用于提供养老保障，且只限于养老和特殊情况下的紧急支付，一般在退休前不能动用；三是相当于工资6%的部分为医疗储蓄账户（meditative account），设立于1984年4月，积累的公积金用于公积金参与者及其直系亲属支付住院、门诊医疗服务费用以及缴纳疾病保险费等。

（2）资金筹集。中央公积金缴费一部分来自于雇员，一部分来自于雇主。国家对公积金不征税，并为公积金的支付提供担保。缴费按照不同比例计入各个账户。

（3）投资管理。中央公积金实行完全积累。公积金主要投资于政府债券，从1955年以来，公积金收益率一直略高于通货膨胀率。目前，中央公积金的投资分为：第一部分投资于国内的住房、基础设施建设以及部分国外资产，由新加坡政府投资管理公司（GSIC）负责。第二部分是中央公积金投资计划（CPFIS），该计划允许公积金参与者将普通账户和专门账户中超过一定比例的公积金通过购买股票（限于蓝筹股）或共同基金的形式投资于资本市场。第三部分是保险计划基金。新加坡中央公积金包括住房保险、家属保险、大病医疗保险等保险计划，保险计划基金的投资主要外包给资产管理公司，可投资于定期存款、可转让存款凭证、股票和债券等。

资料来源 李志明，邢梓琳. 新加坡的中央公积金制度 [N]. 学习时报，2014-06-16.

讨论：结合材料分析“新加坡的中央公积金制度”的意义。

## 第一节 社会保障制度的构成及发展趋势

社会保障是一项服务对象众多、涉及面广、项目繁杂、经费庞大的社会事业，需要进行立法，并制定科学和完善的社会保障制度，使社会保障事业的发展和运行实现法制化、制度化和规范化。

### 一、社会保障制度的基本内容

社会保障制度涉及为基本生活发生困难或遭受伤病等的社会成员提供物质和医疗保障的立法、条例和规章制度，同时还涉及中央和地方、国家与企业（单位）、单位与个人、有关部门与社会保障管理机构之间在义务与权利及管理权限等方面的有关法规制度。其基本内容包括：

1. 社会保障法规及其实施办法的制度

社会保障法规及其实施办法的制度包括社会保障的实施对象、享受条件、支付标准、资金来源、管理方式以及有关部门的职责权限等。一般来说，这方面的管理权限集中在中央政府。但是，地方政府在某些社会保障项目方面也有一定权限。例如，社会救济标准、困难补助标准等，地方政府可以根据各地的财力状况自行决定。目前，我国针对社会保障制度已经颁布了专门的法律——《社会保险法》，它指导着我国社会保险事业的规范有序发展。其他有关社会保障的法律正在抓紧制定。

2. 社会保障对象的管理制度

社会保障对象的管理制度包括对受保对象的登记、调整、建卡和建账等制度；政策咨询、账户查询、监察检查、争议仲裁等制度；为老年人、残疾人、社会救济对象等享受社会保障的社会成员提供社会福利设施的制度；有计划地扶持贫困户和优抚对象发展生产、脱贫致富的制度；登记失业人员，将失业人员组织起来进行职业培训和生产自救等制度。这方面的管理体制既需要各级政府的专门机构负责实施，也需要动员社会力量，广泛吸收工会、妇联、老龄问题委员会、退管会等团体和群众组织参加管理。

3. 社会保障资金的管理制度

社会保障资金的管理制度包括为社会保障基金的筹集，各种养老金、补助金、救济金、困难补助等的发放，以及社会保障储备基金的投资与增值等制定的一系列制度。一般来说，社会保障的各项支付工作主要由社会保障的专门机构负责，但是，一些与在职劳动者有关的社会保障项目，如疾病生活保障、补充保险、职工困难补助等，必须依靠单位管理。社会保障基金的筹集、储备需要同财政结合起来纳入财政预算，接受财政监督。

4. 社会保障的组织和管理

明确中央和地方各级政府在社会保障体系中的责任。中央制定统一政策，统一管理制度，地方政府负责组织实施，建立独立于企事业单位之外的、保障对象管理和服务真正社会化的保障体系。企事业单位只履行依法缴纳社会保险费的义务，不再承担基本社会保险金的发放工作和社会保障对象的日常管理工作，退休人员、失业人员与企事业单位脱钩，由社区组织统一管理，社会保险金实行社会化发放。加强社区组织和社会保障中介组织的建设，强化社区服务功能，提高社区管理和服务水平。依托社区组织为退休人员提供生活和其他服务，帮助失业人员再就业。运用信息化技术手段，建立统一的、覆盖全国的社会保障网络。社会保障资金的缴纳、记录、核算、支付以及查询服务，都要纳入计算机管理系统，逐步实现全国联网，建立功能齐全、覆盖面广、规范透明的社会保障信息网络。

以上四方面的管理制度和运行机制的有机结合，构成一个统一协调的社会保障管理制度。科学管理和严格的社会保障制度，保证国家各项社会保障政策顺利实施，并充分发挥其社会稳定机制作用。

## 二、社会保障制度的分类及共同特点

1. 社会保障立法制度的类型

享受社会保障是社会成员应享有的一项重要权利。为了确保社会成员享有这项基本权利，一般都由国家立法，通过法律加以保证。现代社会保障制度的国家立法，最早形成于19世纪末的德国。后来欧洲其他一些国家也仿效德国制定了社会保障法律，并在财政上给予援助。由此，社会保障进入立法时代。社会保障立法有两种类型：一是国家统一立法，统一规定项目和待遇，如美国就是这种做法。二是国家分项立法，分项规定项目和待遇。大多数西方国家都是采用这种办法。许多国家对于某些体力和脑力劳动者，如公务人员、教师以及国有企业的职工，以单行法规建立保障制度。各国在制定社会保障法律时，往往根据实际情况将某几类性质相近的保障项目合并立法（如将生育并入疾病保障立法）；或根据国家财力情况，从社会保障的项目中挑选出某些急需解决的问题先立法。但是，直至第二次世界大战期间，社会保障制度还未形成专门体系。1952年国际劳工组织制定《社会保障的最低标准公约》（第102公约）。这个公约总结各国社会保障制度的内容，提出一些基本保险标准，从而使社会保障制度以国际立法形式固定下来。

2.社会保障方式的类型

（1）西方社会保障待遇一部分为自助性的保障待遇，即要由自己缴纳一部分保险费的保障待遇，通常称为“社会保险”；另一部分为赈济性的保障待遇，即国家资助的保障待遇，通常称为“社会援助”或“国家援助”。

（2）对受保人及其供养亲属提供经济保障，有两种方式：一种方式是以现金发给补助金，通常称为收入保障措施；另一种方式是提供服务，主要是安置住院、医疗及生活照顾等，通常称为实物及服务补助措施。两种方式，有时只能享受一种。

（3）按照收入保障措施实行现金补助的各种办法，可以归纳为三大类：

第一，与工作相关联的保障制度。受保障人享受年金或其他定期补助的权利，直接或间接取决于受雇或劳动工龄的长短，至于家属津贴费和工伤保障则直接取决于是否存在雇佣关系。个人领取的年金（包括养老金、伤残金、遗属抚恤金等），通常与受保人在事故发生前的收入水平有关。这种保障方式是强制性的。

第二，普遍保障制度。其范围包括全体居民或公民。凡在这个国家居住满一定期限的居民或公民，都有按照立法统一规定的标准享受现金补助的权利。不少发达国家都实行这种保障制度。

第三，以经济状况为依据的保障制度。这种制度通常是根据最低生活需要制定出一个最低生活标准，低于最低生活标准的，发放补助金。现在多数国家将这种制度和与工作相关联的保障制度结合在一起。

此外，某些国家还采用政府制定的“储蓄保险基金制”。它实际上是一种强制储蓄制度，依法要求雇主和雇员各缴纳一定的保险费，专款专用。当雇员发生法定保险事故时，将其全部储蓄的保险费连同利息一起发给受保雇员。有的国家还实行“雇主责任保险制度”。这种制度由国家立法规定，雇主对雇员实行某些项目的保险负有法律责任。目前，除工伤保障外，这种保险制度已由社会保险制度代替。

3. 社会保障制度的共同特点

各国的社会保障制度虽有差异和不同的特点，但归纳起来有以下一些共同点：

（1）实施范围普及。市场经济较发达的国家，其社会保障实施范围一般来说是广泛的，凡是劳动者不论其在哪一种所有制经济中劳动，也不管是城镇还是农村的劳动者，以及个体劳动者、自由职业者，以至全体社会成员均包括在社会保障的安全网之中。当然，这一普及过程也经历了较长时间。

（2）以国家为主体举办、采取立法手段强制建立。自19世纪80年代德国俾斯麦政府举办社会保险制度以后，社会保障与国家举办、国家立法紧密地联系在一起。即使是新加坡等实行完全个人账户公积金制的国家，也是通过立法，强制要求用人单位和个人按规定缴纳公积金。当然，社会保障以国家为主体举办，不是完全由国家出资，除社会救济、社会福利主要由国家出资外，其余的社会保险基金主要由企业和个人缴纳。

（3）社会保障资金多渠道筹集。由国家举办法定的基本社会保险基金，除工伤保险外，多数国家实行个人、用人单位和政府三方共同负担，个人和单位缴纳的社会保险费大体上是各占50%，有的国家单位缴纳比例略高一点，有的国家个人缴纳部分略多一点。当企业（雇主）和雇员缴纳的社会保险基金收不抵支时才由政府予以补助，即所谓“政府最后出台”。

（4）多层次的社会保障制度。这主要是指社会保险中的养老保险和医疗保险。如养老保险制度，不少国家实行三个层次的制度：第一个层次是国家立法规定的低有保证、高有限额的强制性的基本保险；第二个层次是各种企业自定的企业年金保险；第三个层次是个人年金保险，有的叫“退休储蓄计划”。

（5）统一集中的管理体制。在管理上，一般是自上而下设立单独的管理机构，对社会保障或社会保险实行统一集中管理。这种单独的管理机构，可能是全面性的独立管理机构，实行自上而下的垂直领导，也可能隶属于中央某一个部门，接受部门监督。某些国家，在集中统一管理的前提下，地方也享有一定的管理权限。

## 三、社会保障制度的发展趋向

2008年国际金融危机爆发之后，世界社会保障发展的总趋势为：①社会保障覆盖面整体扩大，中等收入国家，特别是新兴经济体，是世界社会保障发展的主要拉动力。②各国社会保障差距依然明显，但差距在逐渐缩小。③走向广覆盖和多样化，逐步形成多支柱的社会保障体系。

国际劳工组织的相关报告表明，全球社会保障在发达国家、新兴国家和发展中国家的发展趋势各不相同：发达国家在社会保障领域整体呈现出削减之势；反之，以中国和巴西为代表的新兴国家则呈现出制度建设和快速发展之势。低收入国家则根据工业化进程的快慢开始着手建立与工业化相关的社会保障制度，不完善和碎片化是基本特征。

尽管当今世界在不断发展变化，但社会保障问题的基本模式没有改变，只是在不同的地区有不同的体现。社会保障问题在欧盟表现为“基本模式+移民问题+公民融入”问题；在东亚表现为“基本模式+民主”问题；在非洲表现为“基本模式+反艾滋”等问题；在拉美表现为“基本模式+反腐败”问题。

目前发达工业化国家在社会保障领域有两个截然相反的趋势：一是民众要求福利增加；二是国家要求福利削减。

在养老方面，经济合作与发展组织（Organisation for Economic Co-operation and Development，OECD，简称经合组织）国家的改革主要集中在两方面：第一，通过延长退休年龄、改变养老金计发方式和降低养老金替代率等方式来改善财务状况，确保其在长期内可持续；第二，提高养老金的充足性，如拓展自愿性的养老支柱等。

欧债危机爆发后，各国特别是欧洲国家的社会保障政策普遍收紧，一些国家提高了退休年龄，67岁退休普遍成为新趋势，退休年龄由先前的“男高女低”过渡到了普遍拉齐。

美国公共支出的占比在危机后下降了，但其整体的社会支出水平不低，尽管如此，和欧洲国家相比，美国政府的作用还是相对较小，其市场的作用更大。所以说，欧洲国家是福利国家，美国则是福利社会或者小福利国家。美国和欧洲国家的理念不同，它强调工作是最大的福利，国家只为贫困和弱势群体兜底，中产者要靠市场、靠就业、靠工资。

拉美国家在金融危机后的改革趋势首先是倒回去调结构，即纠正以前的做法，把早先私有化了的养老金重新国有化，譬如阿根廷。原因在于私有化之后，由于金融市场的动荡，拉美国家的养老金覆盖率下降了一半。其次是引入非缴费型的制度，用以弥补缴费型制度的不足。最后是改进社会保障基金的投资管理体制。整体而言，拉美国家的福利政策呈现周期性的摇摆。

概括而言，大部分OECD国家都在下调福利，只有新兴国家下调幅度不明显，此外还有少量的国家没有改革。

在全球化时代，社会保障体制不再是对国家内部的劳动力市场和就业进行规制的问题，而是要应对更为复杂的因流动性、就业弹性和政治经济不确定性所导致的不可预期的后果，这一挑战是前所未有的，由于各种要素的流动，发展打破了边界，而流动是挡不住的。社会保障不单纯是社会政策问题，而应上升到发展战略的高度，应思考怎样的制度才是适合流动的、怎样的制度才能应对当今世界的新挑战。

总体而言，社会保障具有一个压倒性的改革趋势，就是全球许多国家都在继续实施社会保障改革以便适应长期性的结构性挑战。为应对人口老龄化带来的挑战，很多国家不得不把退休年龄与预期余命结合起来，采取积极的劳动力政策，让有劳动能力的人继续留在劳动力市场，同时修订待遇给付计发方式，使代际公平原则不至于受到伤害。①

## 第二节 社会保障法律制度

社会保障法律制度是整个社会保障制度得以规范和有效运行的客观依据和准则。现代社会保障立法源于19世纪末叶欧洲工业发达国家，至今已有100多年的历史，现在遍及世界各大洲的发达国家和发展中国家，几乎都以立法建立起实施范围大小不一、包含项目多少不等的社会保障制度。

### 一、社会保障法律制度的含义

社会保障法律制度是指由国家立法机关和行政机关制定的、用以调整社会保障关系、规范社会保障行为的法律规范的总和。社会保障法律制度是一个国家法律体系的有机组成部分，它是由一个多层次的法律系统组成的。

（1）社会保障法律制度是一个独立的部门法。每一个独立的部门法，都有其特定的调整对象，社会保障法律制度调整的是国家、单位和个人之间的关系。

（2）社会保障法律制度是一个有机统一的系统。社会保障法律制度是一个大系统，它往往由多个子系统构成，每个子系统调整社会保障的不同方面。在社会保障法律与其他法律之间也存在相互协作的关系。

（3）社会保障法律制度是一个多层次结构体系。社会保障法律体系不是由一部法律或同一层次的法律构成的，而是由多部法律、法规、条令、条例等构成的多层次体系。在这个体系中，最高层次是宪法，这是建立社会保障制度的法律依据；其次是由国家立法机关通过的社会保障法律及可以适用于社会保障领域的其他法律，它们是建立社会保障制度的基本依据；再次是由国家行政机关颁布的行政法规，它们是社会保障制度的具体实施依据；最后，还包括地方政府根据国家相关社会保障法律、结合地方的情况制定的相关社会保障法律的实施细则或者地方相关社会保障法规。

### 二、社会保障法律的特征

凡是依据社会政策制定的，用以保护某些特别需要扶助人群的生活安全，或用以促进社会成员福利的立法，便是社会保障法律。在国外，社会保障法律亦称为社会立法。社会保障法律所具有的特征包括：

① 彭姝祎．世界社会保障发展走向——“中国社会保障学会世界社会保障研究分会2016年年会”综述［J］．欧洲研究，2016（3）．

（一）社会性

社会性是社会保障法律的最基本特征。首先，社会保障对象具有普遍性。全体社会成员均是社会保障对象。随着经济社会的发展，社会保障项目不断增多，待遇不断提高。其次，社会保障责任和义务社会化。社会保障法律通过在国家、用人单位和公民个人之间合理分配保障责任和义务，共同筹措社会保障基金，分散社会成员生活风险，形成风险共担的社会保障机制，使人人得到保障。再次，社会保障法律直接涉及社会公共利益，具有社会公益性。社会保障法律对于社会成员中包括老年人、未成年人、残疾人、疾病患者等在内的弱者，提供社会关照与扶助。国家总是给予处于弱势的当事人一方以特别保护，这是社会保障法律的一个突出特点。在社会保障法律关系中，国家在兼顾劳资双方基本权益的同时，需要进行适当的干预。诸如工作时间，工资待遇，休息权，卫生与安全保障，雇用者应为劳动者交纳工伤、失业、医疗、养老保险金等，不论劳动合同是否约定，用人单位都必须给予满足。

（二）义务在先、权利在后，权利不可继承

在社会保障法律关系尤其是有关社会保险的法律关系中，权利义务关系的形成需要一个过程，表现为“先义务、后权利”。一个退休工人领取养老金的数额和时间，需要根据他缴纳养老金的时间长短和数额多少来决定。不仅如此，法律还严格限定，只有在事先设定的法律事实出现后，权利人才能开始享受权利，即事实在先、权利在后。例如，享受工伤、医疗保险，权利人只有在工伤、疾病的事实确实已经发生后，才能得到救助和补偿。当然，社会救助法律关系和优抚法律关系中不存在“先义务、后权利”，而由国家直接提供保障，只要设定的事实发生，保障和受保障的权利义务关系即成立。

社会保障法律的实现路径是依靠提供物质帮助的方式保护公民生命权。例如，对社会抚恤的规定，从表面上看，领取抚恤金的人与死者具有继承关系，但是，抚恤金不同于奖金，是国家和社会赋予死者近亲属的法定权利，而不是死者留下来的遗产，所以不存在继承。相反，正是因为领取抚恤金者是特定个人，对没有或不需要死者抚养的人来说，就不存在抚恤金问题。领取抚恤金，对受领者来说，是社会给予他的权利保障。

（三）特定的技术性

社会保障法律是采用法律手段集合社会力量保障社会安全。社会保障的运营，需要以数理计算为基础，涉及许多技术性规定。大数法则、平均法则等是其中最典型的代表。大数法则使危险分散到最小程度，费率降低到最低限度。

（四）实体法与程序法的统一体

社会保障法律的调整对象，是社会保障领域中的各种社会关系，它既规定了保障主体的权利与义务，也规定了保障法律关系正常运行的必要条件与程序。因此，各国的社会保障法律都不是单纯的实体法或程序法，而是两者兼备。

## 三、社会保障法律关系

（一）社会保障法律关系的定义和特征

社会保障法律关系是指社会保障法律在调整社会保障关系过程中形成的社会保障主体之间的权利和义务关系。

社会保障法律关系具有的特征：

（1）社会保障法律关系只存在于特定的社会保障活动过程中。社会保障活动大致可以分为两类：一类是社会保障经办活动（主要是社会保险基金收支和营运活动），另一类是社会保障行政管理活动。

（2）社会保障法律关系体现了较强的国家意志。在社会保障法律关系中，当事人必须按照法律预设的目的、标准和程序进行规范化操作和运行。

（3）社会保障法律关系具有明显的强制性。在社会保险、社会救助等法律关系中，法定的义务具有较明显的强制性，与商业保险法律关系和慈善捐助法律关系有着显著的区别。

（4）社会保障法律关系中的社会保障管理经营主体具有明显的主导性。作为行政机关的社会保障管理监督机构，行使行政职权，与行政对象发生行政管理和被管理的关系；而社会保障经办机构承担社会保障（主要是指社会保险具体业务）收支、管理和运营基金的责任，并承担使基金保值增值的责任，在与用人单位、受保人的关系中处于主导地位。

（二）社会保障法律关系的分类

社会保障法律关系可分为社会保障行政管理法律关系和社会保障经办法律关系两大类。

1.社会保障行政管理法律关系

这一类社会保障法律关系是政府社会保障管理职能的体现。承担社会保障管理监督职责的中央和地方各级政府及其职能部门相互之间依法发生的行政管理法律关系，社会保障职能机关与行政对象（主要是用人单位和个人）依法发生的行政管理法律关系，归入此类。

2.社会保障经办法律关系

这一类法律关系是社会保障业务关系的体现。《社会保险法》规定了劳动者的社会保险和福利，其中也规定了社会保险基金经办机构、社会保险基金监督机构、用人单位和劳动者的权利和义务。社会保险基金经办机构与用人单位和劳动者之间的法律关系，以及社会保险基金经办机构依法管理、运营基金所产生的法律关系，即属此类。

（三）社会保障法律关系的要素

法律关系均由主体、内容和客体三要素构成，社会保障法律关系也是如此。

1.社会保障法律关系的主体

社会保障法律关系的主体是指在社会保障活动中，依法享有权利、承担义务的当事人。在我国，社会保障法律关系的主体主要包括：

（1）国家。国家参与社会保障活动是世界各国的通例。国家财政是社会保障基金的重要来源。国家是社会保障事业的行政管理者和监督者，以及社会保障争议的裁决者。在社会救助、优待抚恤等方面，国家还是社会保障待遇的直接给付者。所以，国家是社会保障法律关系的当然主体。

（2）社会保障职能机构。社会保障职能机构包括社会保障行政主管部门、社会保障经办机构和专门设立的社会保障监督机构。它们是社会保障法律关系的重要主体。

（3）用人单位。《社会保险法》和《中华人民共和国劳动法》规定用人单位必须依法参加社会保险，缴纳社会保险费，并根据本单位的实际情况为劳动者建立补充保险。此外，用人单位还是劳动者应缴保险费的代缴人。

（4）社区组织。在社会救助、社会福利等多种场合，社区组织（村民委员会、居民委员会和福利机构等）参与社会保障活动。

（5）公民。公民是社会保障对象和社会保障待遇的享受者，也是社会保障费用缴纳义务人。

2.社会保障法律关系的内容

社会保障法律关系的内容，是指社会保障法律关系主体依法享有的权利和承担的义务。

社会保障权利是指社会保障主体依法为某种行为或不为某种行为的可能性。它既表现为权利人自己为某种行为的可能性（如用人单位依法为劳动者建立补充保险），也可以表现为权利人可以要求义务人为一定行为或不为一定行为（如社会保险基金经办机构要求用人单位、劳动者缴纳保险费，社会保险基金监督机构要求有关机构和个人不得挪用社会保险基金），在权利受到侵犯时有权请求有关国家机关予以保护（如对逾期不缴纳社会保险费的单位，社会保险管理机构可以申请人民法院强制执行）。

社会保障义务是指社会保障主体依法为一定行为或不为一定行为的必要性。各社会保障主体的义务是法定的，并且各有各的义务。社会保险行政管理部门的主要职责是制定政策和规划，进行监督和指导；社会保险经办机构既承担收支、管理和运营基金的义务，又承担使基金保值增值的义务；用人单位和劳动者则承担缴纳社会保险费的义务。如果义务人不履行其义务，则将依法承担法律责任。如企业不依法缴纳社会保险费，应按日加收应缴数额一定比例的滞纳金。任何单位和个人挪用社会保险基金的，对主管人员和直接责任人员，根据情节轻重，给予行政处分；构成犯罪的，依法追究刑事责任。

社会保障法律关系多种多样，在不同的社会保障法律关系中，主体所享有的权利义务各不相同。在社会保障基金筹集关系中，公民个人是义务主体，而社会保障基金经办机构则是权利主体；在社会保障基金发放关系中，公民个人是权利主体，而社会保障基金经办机构则是义务主体。

3.社会保障法律关系的客体

这里的客体是社会保障法律关系主体的权利和义务所共同指向的目标（对象）。社会保障法律关系的客体基本上分为两类。

（1）物。“物”指能为人们控制和利用的物质资料和充当一般等价物的货币。各国社会保障多数体现为“金钱给付”，社会保障权利义务主要指向一定数量的货币，但有时也直接体现为实物，如救助物资和福利用品等。

（2）行为。“行为”指主体为达到一定目的所进行的活动，基本上体现为各种社会服务，如为盲、聋、哑等残疾人以及老年人、未成年人提供的各种福利服务，为待业者提供的就业训练，为妇女、未成年人提供的医疗保健服务等。

（四）社会保障法律关系的产生、变更和消灭

1.社会保障法律关系的产生、变更和消灭的概念

社会保障法律关系的产生是指依据有关的法律规定和形式，明确双方当事人的权利和义务，确立一个具体的社会保障法律关系。当一个雇员达到法定退休年龄时，他将离开企业，领取养老金，他与养老保险经办机构的法律关系即产生。当雇员被辞退时，依据失业保险法律的有关规定，到一个就业服务机构进行登记后，他和就业服务机构之间的失业保险法律关系就产生了。

社会保障法律关系的变更是指社会保障法律关系当事人的权利、义务内容的改变。社会保障法律关系的变更并不是主体的改变。例如，设在某社会保险机构中的个人养老保险账户，常常会因为该受益人的工作变换和异地迁徙引起该个人账户养老保险缴纳记录的变化。

社会保障法律关系的消灭是指现存社会保障法律关系的解除和终止。社会保障法律关系的终止是因该社会保障法律关系期限届满，预期的目标已经实现，或者因不可抗力原因主体消失，引起该社会保障法律关系的消灭。

社会保障法律关系解除是经双方协商同意，或在法定条件出现后由单方提出消灭该社会保障法律关系。

2.社会保障法律关系的产生、变更和消灭的法律依据

社会保障法律关系的产生、变更和消灭的发生，必须依据一定的事实。能够引起法律关系产生、变更和消灭的事实是法律事实。法律事实分为法律行为和法律事件。法律行为是当事人有意识进行的各种活动，包括合法行为和违法行为。退休时领取养老金为合法行为；如果受益人死亡，他人冒领其养老金为违法行为。法律事件是当事人意志之外发生的事情，如年老、患病和工伤。如果受益人死亡，其个人账户中的养老金储蓄余额可以由合法继承人继承。

## 第三节 社会保障制度模式

社会保障制度从建立到现在已有100多年的历史，世界各国的社会制度不同，经济发展水平不一样，文化和历史各异，社会保障制度的实施有先后之别，因此，在确定社会保障的目标模式、保障水平与范围等方面必然存在着差异。我们依据社会保障资金筹集和供给方式的不同，可以将目前世界各国的社会保障制度大致分为五种模式：救助型、保险型、福利型、国家保障型和自助型。

### 一、救助型社会保障制度

救助型社会保障制度是国家通过社会保障的有关措施保证每个社会成员在遇到各种风险事故时获得救助，使其不陷入贫困，并对已处于贫困的成员发给社会保障津贴，以维持其基本生活的社会保障制度。

该模式的基本特征为：①政府通过立法明确实施救助的依据。公民申请和享受社会救助是其依法应享有的权利，它不附带屈辱条件，不同于慈善和资本主义初期的济贫。

②社会救助费用列入财政支出，其资金来源于国家税收，个人不缴纳保险费。③救助的对象是因天灾人祸或失业而陷入贫困的公民、弃婴、孤儿、残疾人和老年人。④救助的标准为低标准，以维持生存为限。

这种模式是工业化开始前后所实行的单项或多项救助制度。目前这种模式主要在一些发展较为迟缓的非洲国家实行。按社会保障的标准来衡量，它是属于社会保障制度的初级的、不成熟和不完备的模式。

## 二、保险型社会保障制度

保险型社会保障制度是强调社会保险在整个保障体系中居于中心地位的制度。保险型社会保障制度是由雇主和雇员定期交纳社会保险费，不足部分由政府补贴，使投保者享受社会保险金的一种社会保险模式，又称强制投保型或“传统型”社会保障模式。保险型社会保障制度是在工业化取得一定成效、有雄厚经济基础的情况下实行的。其目标是国家为公民提供一系列的基本生活保障，使公民在面临失业、疾病、伤残、生育或死亡而需要特别支出的情况下得到经济补偿和保障。

该模式的主要特征是：①政府通过有关社会保障立法明确实施的依据。②保障费用由个人、雇主、政府分担，实行强制保险。个人缴纳保险费，雇主为雇员缴纳社会保障费，各国政府以不同标准拨款资助，公民只有履行交付保险费的义务后才享有领取社会保障津贴的权利。③资金来源多元化，形成社会保障基金，增强社会保障功能。④保险对象覆盖面广，主要是社会劳动者。⑤社会保障的项目多少不一，在一定程度上解除了人们在遇到生、老、病、死、伤残、失业风险时的后顾之忧，其保障给付标准是保障公民基本生活。

该模式起源于德国，随后为西欧国家、美国和日本所仿效。德国是实行保险型社会保障制度的主要典型。我国目前企业单位实施的社会保障制度模式也属于这种模式。

## 三、福利型社会保障制度

早在第二次世界大战期间，英国就出现了代表福利主义思潮的贝弗里奇的“构想”，并以此为依据建立了全民福利型的社会保障制度。第二次世界大战以后，由于经济恢复和发展，在欧洲掀起了福利主义思潮。

福利型社会保障制度是在经济较发达、整个社会物质生活水平大幅度提高的基础上实施的一种比较全面的保障模式，又称福利国家型社会保障制度。其目标是“对于每个公民由生到死的一切生活及风险，诸如疾病、老年、生育、死亡、灾害，以及鳏、寡、孤、独、残疾人都给予安全保障”。

该模式的主要特征是：①社会保障政策是福利国家的一项主要政策，依法实施，并设有多层次的社会保障监督机构监督执行。②保障对象是全体社会成员，强调福利的普遍性、人道主义和人权观念。③福利支出基本上由企业和政府负担，个人不缴纳或低标准缴纳社会保障费。④保障标准较高，保障项目齐全，一般包括“从摇篮到坟墓”的一切保障。⑤社会保障的目的主要是维持社会成员一定标准的生活质量，加强个人安全感，而不完全是预防和消灭贫困。

该模式起源于英国，其后在北欧流行，以瑞典为典型。这种“从摇篮到坟墓”的高水平保障，是依靠高税收、高财政赤字来维持的，这种福利制度已经影响到了福利国家的经济发展。

## 四、国家保障型社会保障制度

国家保障型社会保障制度是社会主义国家以公有制为基础的属于国家保障性质的社会保障模式，又称政府统包型社会保障制度。其宗旨是“最充分地满足无劳动能力者的需要，保护劳动者的健康并维持其工作能力”。它曾经为巩固社会主义制度以及保障国民的主人翁地位和基本生活需要发挥过重要作用。

这一模式的主要特征为：①通过国家宪法将社会保障确定为国家制度，公民所享有的保障权利是由生产资料公有制保证的，并通过社会经济政策实施取得。②社会保障支出由政府和企业承担，其经济来源由全社会的公共资金无偿提供，个人不交保障费，国家事先做了社会保障费的预留和扣除。③保障对象是全体公民。宪法规定，每一个有劳动能力的人都必须积极参加社会劳动，对无劳动能力的一切社会成员提供物质保障。④工会参与社会保障事业决策与管理。

该模式的首创者与代表是苏联和东欧前社会主义国家，中国在改革开放前也曾实行这种类型的社会保障制度。目前，澳大利亚、新西兰等实行国家保障模式。

## 五、自助型社会保障制度

自助型社会保障制度是一种个人缴纳保险费的社会保障制度，它是以自助为主、以促进经济发展为目标的保障模式，又称强制储蓄型社会保障制度。目前，世界上有新加坡、智利、马来西亚等国家推行相似的制度。

自助型社会保障制度的基本特征为：①除公共福利和文化设施由政府提供资助外，保障费用由雇员和雇主负担。个人享受的待遇和自己的努力程度及存款多少紧密地联系在一起，而且公积金存款越多，所享受的养老金、医疗保健等待遇也越多。②保障水平取决于社会保障基金的实际投资收益率。社会保障基金的积累，是沉淀下来的金融资产，其投资收益率的高低决定缴费职工未来领取养老金的多少。③财政转移支付资金比较少。只有在养老保险基金管理公司出现亏损的情况下，政府才支付最低额度的投资收益担保。④社会保障基金有政府运营和私人运营两种管理模式。新加坡对社会保障基金的投资运营采取政府集中运营管理的方式，而智利则采取私人分散运营管理的方式。

这种模式也存在一些问题和不足：①它不是现代社会保障制度，只不过是一项强制性储蓄计划，在社会成员之间没有互济特征；②它提供的保障水平参差不齐，特别是对年轻成员和低薪雇员的保障水平较低；③过度储蓄降低了人们的消费水平，限制了国内有效需求的满足；④过高的缴费水平降低了人们储蓄的可能，不利于形成多层次的社会保障体系，同时，高额投保费增加了企业产品成本，易削弱其在国际市场上的竞争力。

## 第四节 社会保障体系

### 一、社会保障体系的含义

社会保障体系是指国家通过立法对社会成员给予物质帮助所采取的各种相互独立而又相互联系的社会保障子系统的总和。也就是说，社会保障体系是由各项社会保障子系统所构成的整体。世界各国都从本国国情出发建立了各有特色的社会保障体系，但各国的社会保障体系结构仍然有其共性。现代社会保障体系一般由社会救助、社会保险和社会福利构成，它们的地位和作用各不相同；此外，一些国家还把社会互助保险、个人储蓄积累保险以及商业保险等作为社会保障的补充，归入社会保障体系。社会保障体系随着社会进步、经济发展以及各国国情和政治方针的变化不断地发展变化。

### 二、社会保障体系的特征

由于各国的社会经济文化、生活水平、居民需求和传统习惯不同，其社会保障体系的内容和项目、保障范围和受益程度也不尽相同，各有特点。但是，不论是发达国家还是发展中国家，其社会保障体系结构都有共同的特征：

1.层次性

（1）社会保险是社会保障体系的核心层次。社会保险是预防现实风险的直接保障项目，社会保险对象主要是社会成员中的劳动者，具体讲就是工薪阶层。在经济发达国家，工薪阶层连同其家属在人口群体中占有很大比重，社会保险对劳动者来说是经济上的第一道防护措施。在中国，社会保险也是面向工薪劳动者的，同样在社会保障体系中处于核心层次。

（2）社会救助是社会保障的辅助层次。社会救助是社会保障体系的最后一道防线。社会保险不能完全涵盖所有社会成员，如无收入、无生活来源、无家庭依靠并失去工作能力者，生活在国家的“贫困线”以下和生活在最低生活标准以下的家庭或个人，以及遭受自然灾害和不幸事故者，都需要通过社会救助，达到社会保障的最低目标。

（3）社会福利是社会保障体系的最高层次。由于各国的经济发展水平及基本国情不同，其社会福利内容差异很大，但从社会福利在社会保障体系中的地位来看，都属于增进国民福利、改善国民物质及其他生活条件的社会保障事业，是最高层次的社会保障。

2.完整性

社会保障体系是一个完整的体系。从社会保障体系来看，社会救助面向贫困阶层；社会保险面向工薪阶层；社会福利覆盖面最广，公共福利面向全体公民，职工福利面向企业、行政事业单位职工；优抚安置面向军人及其家属。从总体上看，目前我国已经形成了比较完整的社会保障体系，具备了社会保障的完整性特征。

3.法制性

一般来讲，各国都制定了社会保障相关的法律法规，即把社会保障实施范围与对象、享受保障基本条件、资金来源、支付标准、管理办法，以及社会保障运行中国家、单位、个人三方面的责任、权利和义务等都以法律法规的形式确定下来，这就使社会保障的各项制度及其实施过程都有法可依，使社会保障具有明显的法制性特征。

4.社会性

社会保障体系的社会性特征，体现为社会保障体系的总体具有普遍性，除社会救助范围有限、社会优抚针对特定阶层外，社会保险和社会福利涵盖了全体社会成员。就社会保障的性质来看，各项保障均具有社会属性。在现代市场经济国家，社会保障体系的发展与完善，是国家政府为了弥补市场机制的缺陷而建立的一项社会性系统工程，是发展市场经济的重要外部条件。所以，社会性是社会保障体系的重要特征。

5.福利性

社会保障体系的福利性特征，表现为社会保障体系各环节一般都不以营利为目的，从广义上讲都属于福利性的社会事业。政府不仅对被救助、保险、优抚及享有福利者给予资金给付，而且还提供医疗护理、伤残康复、教育培训、职业介绍以及各种社会服务。同时，社会保障项目一般由政府机关管理，有些项目直接由国家财政预算开支，享受者普遍受益。所以，社会保障体系一般具有福利性特征。

## 三、中国社会保障体系构建的原则

1.坚持与国民经济发展水平以及各方面承受能力相适应的原则

社会保障必须从国情出发，保障人民的基本生活需要，需要与国民经济发展水平以及各方面承受能力相适应。从综合国力上看，我国是一个名副其实的大国，是国际上不可忽视的一支重要力量。但是按人均计算，2017年我国人均GDP为59 262元，约为8 826美元，我国的人均生产力水平还处于世界中等水平。所以，在建立和完善社会保障体系的过程中，必须充分考虑生产力发展水平及各方面的承受力，充分考虑不同地区、不同类型的劳动者关系，一切从实际出发，实施不同的社会保障项目，把包括社会保险、社会救济、社会福利、优抚安置和社会互助、个人储蓄积累等在内的多层次社会保障体系的各个环节有机协调起来，优势互补，各展其长，以更好地发挥社会保障作用。

2.坚持在发展生产基础上逐步扩大保障范围的原则

在2010年全国第六次人口普查中，居住在乡村的人口为6.74亿人，占50.32%[①]。从城乡结构看，2017年我国城镇常住人口为81 347万人，比上年末增加2 049万人；乡村常住人口为57 661万人，比上年末减少1 312万人；城镇人口占总人口的比重（城镇化率）为58.52%，比上年末提高1.17个百分点。我国要建立和完善社会保障体系，按照公平性和统一性原则，就必须进一步做好我国社会保障体系的构建规划工作，建立起衔接城乡的统一的社会保障体系。随着经济体制改革和市场经济的深入发展，我国社会保障需要向普遍化方向发展，社会保障项目要扩大覆盖面，惠及包括农民在内的全体人民，使全体人民都享受到社会经济发展的成果，使社会保障逐步实现全民化。

3.坚持国家性与法制性统一的原则

现代社会保障体系的产生与发展、组织与实行，都是由国家在政治上、经济上给予

① 国家统计局. 2010年第六次全国人口普查主要数据公报（第1号）[R]. 2011-04-28.

支持。各项社会保障制度的推出是通过国家专门机构实现的；社会保障体系各环节都要按照国家既定政策付诸实施；社会保障体系各方面和各环节的资金都离不开国家财政的支持；社会保障体系各方面和各环节在一国之内总是由国家统一管理等。这些都说明社会保障体系具有国家性。社会保障的法制性原则表现为各项社会保障制度的制定、实施都要通过立法程序来进行。显然，立法也是由国家权力机关进行的，从而使社会保障体系的国家性与法制性密切结合在一起。

4.坚持公平与效率相结合的原则

社会保障体系的公平原则，从总体上讲就是通过社会保障的给付，使人们的生活差距有所缩小，使失去生活来源者、遭遇不幸者及特殊阶层得到一定的生活保障。作为社会保障体系的核心部分的社会保险，使暂时或永远失去劳动能力或虽有劳动能力但无工作岗位的失业者也能获得补偿收入，这就使在业者与暂不在业或永久失去工作的劳动者在收入和生活上不致出现过大的差距，并尽可能缩小差距，比较普遍地体现了公平原则。社会保障体系的效率原则是指范围对象合理、给付标准合理的社会保障，有助于经济效率的提高，因为它能够调动劳动者的积极性，并为生产力发展创造一个良好的社会环境，有利于经济稳定协调发展。社会保障体系本身体现公平与效率统一的原则，从总体上讲是把公平看成手段，把效率作为目的，二者在客观上不可分割。从不同保障项目看，有的主要体现公平，如社会救助，有的则侧重于效率，如社会保险，或者说社会保险体现为效率优先，兼顾公平。

5.坚持补偿性与福利性统一的原则

从总体上讲，社会保障体系都带有福利性：社会福利是一项普遍福利，社会优抚是一项特定福利，即便是社会救助和社会保险，除去给予被救助者和被保险者以资金和物质的救助和补偿外，还通过其他机构给予他们各种各样的服务，这些都表明社会保障体系具有明显的福利性。一般来讲，社会保障体系的补偿性原则具体体现为：社会救助的补助性原则；社会保险的收入补偿性原则；社会福利从另一个角度讲，实际上是国民的一项普遍性补助，是劳动者的“第二工资”；社会优抚体现为国家对军人及其家属的一定数量补偿。所以，补偿性原则也是社会保障体系的普遍性原则。因此，在社会保障体系全面运行过程中，必须坚持补偿性与福利性统一的原则。

6.兼顾国家、单位、个人三者利益，坚持权利与义务相对应的原则

在我国社会保障建立之初，社会保障基金主要来源于国家和单位，个人负担比例很小。社会保障基本上是人们的一种权利。但是，随着社会保障对象范围的逐步扩大，以及社会保障水平的提高，国家财政对社会保障支出难以支撑，单位负担沉重不堪，单纯依靠国家和单位交纳费用来推行社会保障遇到了阻力。因此，新的社会保障体系吸收西方国家强调个人责任的经验，明确权利和义务有机结合，兼顾国家、单位和个人的利益，合理划分政府与单位、个人之间的责任边界，实现政府与市场职能的合理分工，该由政府承担的责任不能回避，同时避免政府包揽过多。

7.坚持目标兼顾原则

社会保障制度建设必须兼顾社会目标、经济目标和政治目标，兼顾长期目标和短期目标。合理的制度设计要尽可能在不同目标间达成平衡，着力避免过分注重单一目标而

忽视其他目标或不断在各种目标间摇摆的倾向。

### 四、中国社会保障体系的构成

社会保障体系形成于现代市场经济国家，虽然各国的社会保障体系不尽相同，形成了不同的社会保障模式，但社会保障体系的基本构成是大致相似的。我国的社会保障体系的构成内容大体如图 2-1 所示。

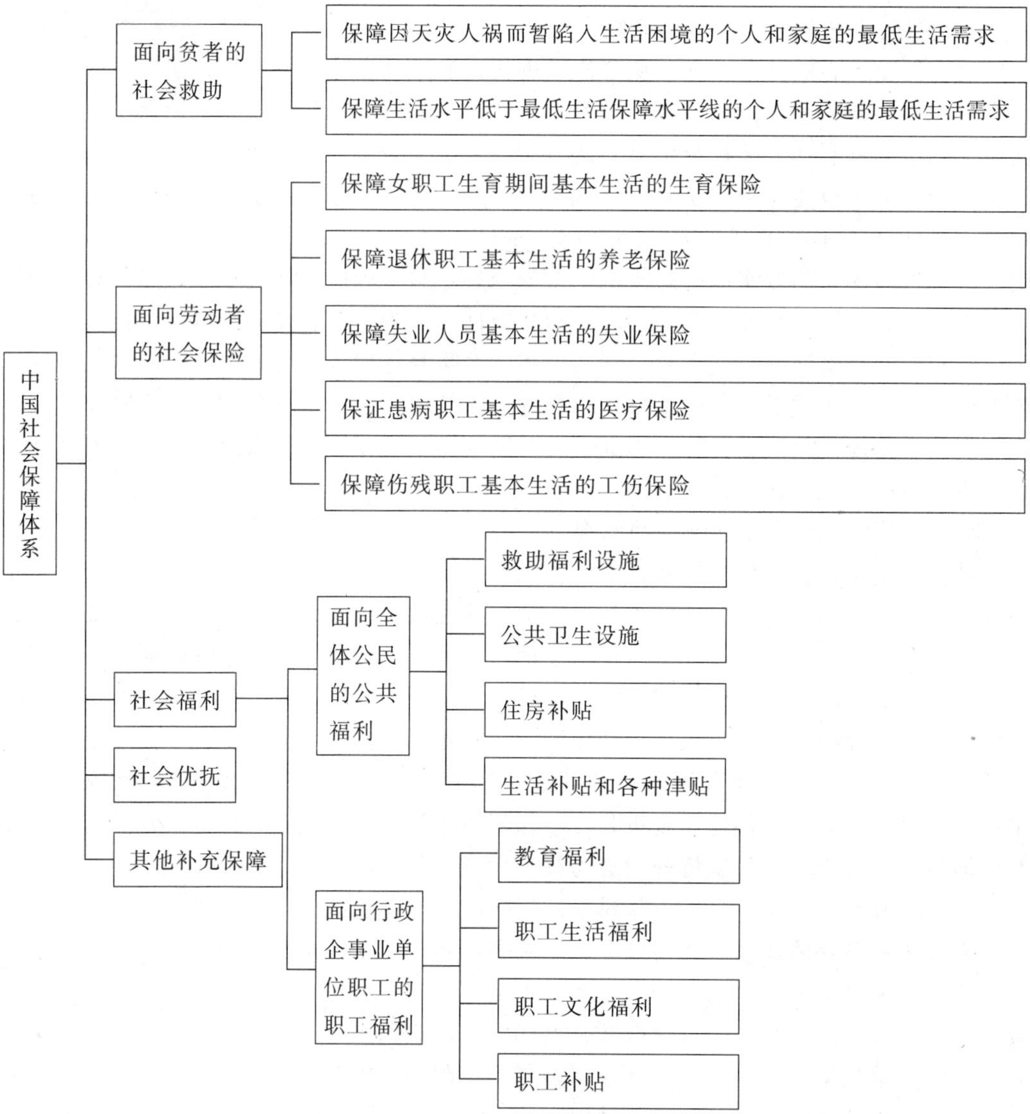


图 2-1　中国的社会保障体系

## 第五节　社会保障管理体制

社会保障管理体制是国家设立的社会保障行政机关和经办机构对社会保障事业进行

宏观指导和微观管理的体制和具体措施。它在整个社会保障制度中占有重要地位，是社会保障制度正常和有效运作的基础。

## 一、社会保障管理概述

1.社会保障管理的概念

社会保障管理是指由国家和地方政府、社会组织或专门的社会保障机构，制定和实施有关的社会保障的法规政策，并采取一定的方式、方法和手段，对各种社会保障事务进行计划、组织、协调、控制与监督等活动的总称。社会保障管理的内涵包括：①社会保障管理不同于生产管理，它是一种社会事务和社会政策管理，致力于提供公共服务和公共产品，它是实施社会保障制度的组织保证。②社会保障管理是政府的一项基本社会管理职责，它是国家上层建筑的重要组成部分。③社会保障管理主要通过制度、法律和行政三大手段来实现。值得指出的是，社会保障管理是综合性的系统活动，其中的各种机构、制度和管理方法之间存在密切的联系。合理的机构、制度与管理方法在社会保障运行过程中，通过复杂的关联而相互影响，能够产生激励机制、约束机制和监督机制，从而有利于社会保障体系建立健全与发展，有效地发挥其经济和社会功能。

2.社会保障管理的内容及趋势

社会保障管理的内容主要有：

（1）社会保障的行政管理

社会保障的行政管理指的是中央和地方政府制定社会保障法律法规和政策，进行相关决策并监督实施的过程。社会保障的行政管理包括：第一，拟定国家社会保障发展规划和计划，科学制定社会保障政策，统筹处理地区和人群之间的利益和矛盾。第二，制定社会保障法律法规和政策，并以此来确定社会保障实施范围和对象，享受保障基本条件，社会保障资金来源，基金管理和投资办法，待遇支付对象和标准，社会保障中有关方面（国家、单位和个人）的责任、权利、义务及违法责任等。在立法过程中，中央政府制定社会保障基本法，地方政府则制定子法、实施细则和各种条例。第三，设置社会保障管理机构及其人员配置，并贯彻、组织和实施各项社会保障法律法规，负责监督和检查实施情况和效果。第四，受理社会保障方面申诉、调解和仲裁。第五，建立和完善社会保障信息化、社会化服务体系。

社会保障管理机构一般分为两个层次，即中央机构和地方机构。中央机构是全国统一领导和指挥的权威性、决策性机构，它承担的主要职责是制定社会保障法律和发展规划、组织与兴办社会福利公共设施、信息收集、调查研究、监督执行等。地方机构是中央机构在各个地区的分支及下属机构，负责贯彻全国统一的社会保障政策和计划，监督统一的政策和计划在本地区的执行情况，并及时收集信息，做好信息反馈等工作。

（2）社会保障的基金管理

社会保障的基金管理指由专门的社会保障基金管理机构对社会保障基金的管理模式、运行条件等进行规划和监督。它主要包括：社会保障基金筹集和支出，社会保障基金投资运营等。社会保障基金筹集一般是由国家、单位和个人按一定比例缴纳社会保障费用，还包括私人和社会团体的捐助。社会保障基金支付，即给予受保人各项社会保障待遇，如养老金、失业金、医疗保险费、各种救助金和困难补助等。社会保障基金运营管理包括社会保障基金的日常财务和个人账户管理，以及基金投资运营，以实现基金保值增值。

社会保障基金是由国家、单位、个人共同负担的，三者理应有相应的管理权。但从基金管理的专业化和效率出发，社会保障基金管理一般由专门的基金管理机构负责。这种基金管理机构不同于政府机构或私人企业，而是由国家、单位和受益人代表组成的非营利组织。

社会保障基金管理的目标在于：确保基金完整与安全，防止基金贬值，实现基金保值，争取基金增值；满足给付需要，避免发生支付危机；保持高效率。社会保障基金管理遵循的原则主要有：依法规范运行；坚持收支两条线；集中统一管理。

（3）社会保障对象的管理

社会保障对象的管理是指对社会保障享受对象提供必要服务。具体来说，在职社会保障对象，主要由其所在单位提供有关服务，对他们的管理也主要由其所在单位负责。而对于特殊的社会保障对象，如退休者、鳏寡孤独者、失业者、生活困难者、伤残者等，则需要由专门机构提供特殊服务。社会保障对象管理不但包括提供物质保障，还包括提供日常生活和健康方面的服务，提供参与社会活动和就业方面的机会和可能，以及提供精神和心理慰藉等。随着社会保障管理社会化趋势的发展，这项复杂烦琐的管理工作更加依赖于社会力量来完成。

以上社会保障管理的三方面的内容是紧密联系的。实施行政管理的政府执行制定政策、宏观管理的职能，是社会保障的立法系统；对社会保障基金的管理和运营形成社会保障管理的执行系统；对社会保障对象的管理，则是社会保障管理的服务系统。

3.社会保障管理的发展趋势

第一，法制化管理趋势。作为国家意志的表现，社会保障的组织管理不能仅仅依靠行政官员的主观意愿和态度，而必须要有强制性的、权威性的制度作为保证，即法律制度。多年以来，世界各国都非常重视社会保障立法工作，并不断强化其法制建设。各国逐步建立了依法管理的社会保障管理制度，约束了政府和参保人的行为，使所有职工和其他劳动者乃至全体公民能够参加国家社会保障计划，享受社会保障有关待遇，并依法缴纳社会保障有关费用，从而从根本上保障受保人的利益。

第二，集权与分权相结合的发展趋势。从世界各国发展的一般趋势来看，社会保障管理体制是逐渐由独立分散管理转向由政府集中统一管理的，以确保社会保障管理的系统性、一致性和协调性，从而更有利于实现社会公平与公正。但是，为了提高效率、降低成本和贴近服务对象，许多国家的社会保障业务的管理则趋向分散化，以便与受保人保持密切联系，及时了解群众的情况和问题，为群众提供方便和提高服务质量。

第三，社会保障管理对科学技术进步的依赖。社会保障涉及面广，涉及对象和事务多，非常复杂，业务性很强，这决定其必须实行科学化和专业化管理。目前，科学化管理的核心就是实现管理的网络化、信息化和智能化，通过计算机系统收集、存储、处理资料，进行统计和财务管理，计算、发放支付待遇，以及制订计划、规划和大数据分析等。另外，各国的社会保障管理部门还借鉴新的管理理论和方法，以及私营机构的管理经验来推动传统管理模式的变革。

第四，民主化趋势。民主化管理的核心是建立和健全监督机制。社会保障管理直接关系着社会成员的切身利益，关系着国家和社会的稳定和发展，而要保证社会保障事业持续发展和各项法规政策贯彻实施，就必须健全监督机制，实行民主化管理。监督可分为行政监督和社会监督两个方面。为了加强监督，首先必须建立专门的社会保障监督机构，行使行政监督职责。其次要疏通各种渠道，加强来自广大群众、新闻媒体和社会各方面的监督，以增强决策透明度和政策实施的准确性、公平性。同时，在社会保障管理的各部门、各环节之间，要做到明确分工、政事分开，以便于各司其职、相互监督。

## 二、社会保障管理体制

社会保障管理体制是社会保障管理机构、管理内容和管理方式等方面的总称，它主要由管理目标、管理主体、管理客体、管理方式等基本要素组成。社会保障管理的目标是追求社会保障的有效性和经济性。所谓有效性，是指通过实施社会保障，可以使失业和贫困人口不断减少，社会成员的医疗、养老需求等能够得到保障，人们的物质、精神满足程度不断提高，实现社会稳定。所谓经济性，是指在社会保障实施过程中，以较少成本得到最大效益，实现效率优化。社会保障管理主体是指从事社会保障管理活动的人和机构，包括各级政府和立法机构，各种职能管理部门、各种经办机构、各种社会监督机构等。社会保障管理客体即社会保障的全过程，它包括社会保障目标模式选择、政策法规制定、社会保障活动具体实施、社会保障监督、信息反馈及有关分析等。通过对社会保障实行全过程、全方位的科学管理，提高资源利用效率，以期用最少投入取得最大效果，从而实现社会保障管理目标。健全的社会保障管理体制是保证社会保障整体效能的一个中心环节。

1.社会保障管理体制的概念

社会保障管理体制的概念有广义和狭义之分。广义的社会保障管理体制，是指国家为实施社会保障事业而设置和制定的从中央到地方的各级各类社会保障管理机构、管理内容以及管理方式的总和，如社会保障立法、社会保障规章制度和方法、机构设置及其职能权限划分、社会保障基金管理监督和社会保障业务经办。其中，社会保障管理机构是其核心部分。狭义的社会保障管理体制，是指社会保障机构设置及其职能权限划分。社会保障管理体制是否科学、合理，不仅关系到社会保障能否充分而有效地发挥作用，而且关系到经济建设能否顺利进行，整个社会能否稳定。

2.社会保障管理体制的机构设置

社会保障管理体制与一国的生产力发展水平、社会经济制度、国家政体以及现实国情有密切关系。世界上存在各种模式的社会保障管理体制。然而，无论建立什么样的管理体制，都必须遵循效率原则和公平原则，既能高效率地为受保人提供良好服务，又能体现公平原则，使社会保障的行政、经办与监督权力平衡，保证受保人的利益和安全。

（1）国外社会保障管理机构的设置

国际劳工局在发表的《展望21世纪：社会保障的发展》报告中提出，合适的方式应该是对社会保障实行集中统一的管理体制，并在各个地区设立分支机构以处理各种具体的社会保障问题。世界各国社会保障大都从分散管理开始，尽管在社会保障管理中统一管理有许多优点，但由于种种原因，实施起来有很多困难，迄今为止，绝大多数国家都采取由政府部门和半自治或自治机构合作管理的方式（见表2-1）。

表2-1　部分国家（地区）社会保障管理机构设置情况表

| 国家（地区） | 主管社会保障事务的政府部门 | 主要的全国（地区）性半自治或自治机构 |
|---|---|---|
| 英国 | 社会保障部、卫生部、就业部、国内税务部 | |
| 法国 | 卫生和社会保障部、社会事务和就业部、联合征收机构、财政部 | 全国养老基金会、全国疾病保险基金会、全国家属津贴基金会等 |
| 德国 | 联邦劳工和社会事务部，家庭、青少年、卫生部 | 联邦劳工协会、联邦保险协会等 |
| 美国 | 社会保障署、财政部、劳工部、联邦人事局 | 联邦老年和病残保险信托基金、联邦残疾保险信托基金、蓝十字-蓝盾医保组织等 |
| 加拿大 | 卫生和福利部、人力资源开发部、国家税务局 | 就业与移民保障委员会 |
| 新加坡 | 国家劳工局 | 中央公积金局 |
| 荷兰 | 劳工部、国民收入部、财政部 | 社会保险委员会、社会保险银行等 |
| 俄罗斯 | 社会保障部、财政部、卫生部 | 全国工会和产业工会组织等 |
| 巴西 | 社会保障与社会救助部、劳工部、卫生部 | 全国社会保险机构等 |
| 智利 | 劳动和社会福利部、卫生部、社会保障总监 | |
| 澳大利亚 | 社会保障部、公众服务与卫生部、就业与工业关系部 | 劳工赔偿委员会或理事会等 |
| 南非 | 社会服务部、劳工部、卫生部 | |
| 埃及 | 社会保险部、卫生部 | |
| 日本 | 厚生省、劳动省、卫生和福利省 | 全国劳动者共济组合联合会、国家公务员互助公会联合会 |
| 韩国 | 卫生福利部、劳工事务部 | 全国医疗保险联合会等 |
| 中国： | | |
| 内地 | 人力资源和社会保障部、民政部、退役军人事务部、应急管理部、财政部、国家医疗保障局 | 中国残疾人联合会等 |
| 香港 | 劳工处、社会福利署 | 香港社会服务联会等 |
| 澳门 | 社会工作局、社会保障基金、澳门退休基金 | |
| 台湾 | “内政部”“铨叙部”“国防部” | 台湾劳工保险局等 |

（2）社会保障管理体制机构设置的原则

①法制性原则。社会保障管理体制的机构设置首先体现法制性，即要依据相应的法律法规来设置管理机构，做到依法设置，依法审定行政编制，并对其责、权、利等方面做出明确规定。管理机构依法办事，在其职权范围内行使权力，任何社会保障工作的管理和服务人员都不能违反有关法规和政策。管理机构贯彻落实国家的法律、法规、方针、政策，维护社会保障管理的权威性。

②公平与效率原则。社会保障管理机构维护社会保障制度公正，在运行过程中既要保护全体社会成员的合法权益、做到法律面前人人平等，又要在解决纠纷和处理事务时，以事实为根据、以法律为准绳，做到秉公办理、不偏不倚。社会保障管理机构要增强社会保障管理透明度，就必须使社会成员熟悉自己的权益，方便他们参与其中。社会保障管理体制的效率性，包括管理机构职责分明、政令统一、管理成本最低化和管理资源配置最优化。这就要求管理机构设置要以有效地管理和促进社会保障制度实施并快速有效地处理和协调运作过程中出现的问题为目的，因此，机构设置一定要统一、精简，行政机构和业务机构一定要分工明确，确保必要的人员和设备，同时也要提高管理人员素质，做到管理科学化。

③集中管理与分散管理相结合的原则。政府是社会保障制度最终责任承担者，因此，政府机构有必要对社会保障事务实行统一集中管理，同时为了使设置的行政管理机构与下属分级管理机构协调合作，增强管理工作的统一性和灵活性，就要使集中统一管理与分散管理相结合。

④与相关系统协调一致的原则。社会保障体制与其他社会体制和经济体制在运行中需要保持协调一致。在社会保障体制内部，管理系统需要与社会保障法制系统、实施系统以及监督系统保持协调一致。在社会保障管理系统内部，不同的管理机构在明确职责、分工负责的基础上保持某种程度的分工协作。其目的在于减少制度摩擦、提高效率、促使管理目标顺利实现。

⑤行政管理和业务管理分离的原则。社会保障工作是一项覆盖范围广、政策性强的工作，涉及国家、单位、个人三方面利益，因此一定要遵循行政管理与业务管理分离原则，以免行政管理部门干预正常的社会保障业务。在中央机构及地方机构之下设置类似的业务机构，专门负责社会保障基金筹集、支付和管理。

⑥属地化管理为主、系统直属管理为辅的原则。由于各项社会保障事务直接面向社会成员，多是由一定区域内设置的管理部门或业务机构组织实施，实现区域范围内的福利共济性，因此，社会保障管理表现出属地管理为主、系统直属管理为辅的特色。由中央政府或国家社会保障主管部门制定统一的原则和政策，各地区管理部门和业务机构具体执行和实施，并承担主要管理职责，即地方政府直接负责。

（3）社会保障管理体制设立的管理机构

社会保障管理的组织机构是指为负责社会保障政策法规的贯彻、监督和检查，维持社会保障制度正常运行而设立的权力和办事机构。它一般包括社会保障决策主管机构、社会保障业务经办机构、社会保障基金运营机构和社会保障监督机构。

①社会保障决策主管机构。社会保障决策主管机构主要是各级政府机构中管理社会

保障事务的相关政府部门。其主要任务是为立法机关提供必要依据，帮助其制定相关法律，并可依法制定相应法规、政策和规划，在对社会保障事务的管理和协调中拥有决策权，并负责贯彻实施和监督检查等工作。从国际经验看，主司社会保障事务的行政管理机构首先是劳动部门，其次是社会保障部门，再次是社会事务部门，由社会事务部门单独管理社会保障的国家和地区很少，在大多数情况下，它是与劳动部门并立形成双重职能部门格局。也有的国家和地区由财政部门负责管理社会保障，但大多是人口少的国家和地区。另外，卫生部门在医疗项目上参与较多。

②社会保障业务经办机构。社会保障业务经办机构是隶属于又相对独立于各级社会保障行政主管机构的一种公共事业部门，其主要职责是社会保障参加者（受保人）的资格审定、登记，社会保障基金收缴，社会保障基金日常财务和个人账户管理，社会保障待遇计算、发放，以及为投保人提供各项社会化服务。

从国外情况看，在福利倾向较强的国家里，政府直接经办社会保障，如澳大利亚由社会保障部负责老年、失业和家属津贴项目管理；英国由社会保障部经办国民社会保障；古巴由国家劳动与社会保障部门管理受保人登记等业务；日本在厚生省设立社会保险司，在地方政府设立社会保险处，负责老年项目管理。在另外一些国家，非营利组织（或非政府机构）也可以负责经办业务。例如，智利、哥伦比亚、印度尼西亚、韩国等国家的经办机构即属于非营利性的管理机构。

③社会保障基金运营机构。社会保障基金运营机构是隶属于又相对独立于各级社会保障行政主管机构的一种具有法人地位的金融部门，其主要职责是进行社会保障基金投资、运营，实现基金保值增值。从行政组织层次上看，它和业务经办机构属于一个层次。它可以由社会保障基金会独立运作，也可以由专门的基金公司运作。各个国家社会保障基金运营机构的具体情况不尽相同。从社会保障基金组织的组成形式看，许多国家基金管理组织的最高权力机构是由受保人、政府和雇主三方代表组成的理事会，也有的加上工会代表组成四方理事会。基金组织作为自治管理机构独立于政府。

④社会保障监督机构。为了保证社会保障制度有效建立和正常运作而建立的监督管理制度称为社会保障监督体系，它包括社会保障监督机构和监控机制。建立和健全社会保障监控机制，在维护社会成员的社会保障权益、及时纠正社会保障管理与运行中出现的问题、保障社会保障可持续发展等方面具有重要意义。社会保障监督机构是依法成立并在法律范围内对社会保障管理和实施行使监督职能的组织。不同类型的国家由不同性质的机构负责社会保障监督。一般来说，社会保障监督机构包括行政监督机构、专门监督机构、司法监督机构以及社会监督机构四种类型，分别承担不同的监督职能。

第一，行政监督机构。行政监督是指政府有关职能部门根据其管理职能，代表国家对社会保障制度的运行进行的监督。执行行政监督的机构都是政府的职能部门，都将监督社会保障事务纳入自己的工作范畴，并按照本部门的工作程序、工作手段行使监督权。中国的社会保障行政监督机构主要包括各级人民代表大会及其常委会、人力资源和社会保障部门、民政部门、财政部门、审计部门、监察部门、金融管理部门、其他部门。审计部门与社会保障机构不存在直接关系，而是通过其审计工作监督社会保障机构是否遵守了社会保障法律制度。

第二，专门监督机构。专门监督机构是官民结合或民间成立的监督机构，反映非官方的意见。专门的社会保障监督机构是独立于政府的公共部门，机构成员由政府代表、企业代表、职工代表和专家学者组成，主要职责是对社会保障政策法律执行情况、基金筹集、基金管理运营、待遇给付、服务质量等诸环节和机构实施全面监督，包括监督政府行为。

第三，司法监督机构。行政监督机构和专门监督机构能够纠正社会保障运行过程中的失误，但对一些争议、违法行为的处理缺乏权威性，这就需要由司法部门出面解决。司法部门利用法律赋予的权力对社会保障事务实行司法监督。

第四，社会监督机构。社会监督是指非官方的、非专门的、社会保障监督系统之外的其他方面的监督，是群众性、社会性、非强制性的监督。社会监督机构是非官方的社会组织，主要包括工会组织、企业及劳动者团体、社会舆论组织（包括电视、报刊、广播等各种大众化的社会传媒）。

社会保障监控机制包括日常监督和预警监督。日常监督是指对社会保障事务的日常运行进行监督。预警监督属于中长期趋势监督，指通过预测来防止社会保障危机的出现。社会保障的监控必须坚持日常监督和预警监督相结合的原则，以保证社会保障制度长期顺利运行。

3.社会保障管理方式

根据各国经济、政治、文化和历史背景等因素的不同，各国所采取的社会保障管理方式有所不同，根据政府在社会保障事务中的介入程度以及责任大小，其可以分为：

（1）政府直接管理

这种方式是由政府设立专门的管理机构统一集中管理全国社会保障事务，有助于保障受保人利益和社会稳定，维护社会公正，它具体可以分为两类：

①政府内设立一个专门的部或者委员会，下设分支机构，纵向统一管理全国社会保障工作。如在英国，社会保障部是全国最高的社会保障行政主管部门，各地设立社会保障局，县市设立社会保障处，统筹负责全国社会保障事务。

②由政府的几个部门进行多头管理。如在日本，中央设立厚生省管理全国养老、遗属、残疾、医疗等保障项目，职业保障局管理失业、工伤等保障项目。

（2）半官方自治管理

这种方式是由政府成立一个统一的协调机构，负责协调全国社会保障事务，并指定一个或若干个中央政府部门实施统一监督，而具体的管理工作则由半官方、半独立的行业或地区社会保障管理机构来负责。如在法国，公共健康与医疗保障部负责社会保障的监督工作和颁布法律，全国疾病保障基金会、全国老年保障基金会、全国家庭补贴基金会及其各自的各级地区性分支机构，分别负责管理全国的疾病保险、养老保险和家庭补贴等保障项目。

（3）商业保险管理

这种方式是在政府社会保障主管部门的监督下，实施一种强制性储蓄保险，按照固定缴费率征缴保险基金。基金的管理、投资和营运均由独立的、具有半官方性质的基金会负责。如新加坡，在国家劳工局监督下，实行社会保障中央公积金制度，由半官方性质的中央公积金局负责管理和组织实施养老、医疗和住房等社会保障项目。又如智利，

1980年后，其社会保险制度改革为完全由个人缴费、强制个人储蓄、以个人账户为中心，并且由私营机构管理经营的方式。这种方式由政府监管并承担一定的财政责任，管理比较简便，效率比较高。

4.社会保障管理的主要类型

（1）集中管理式

集中管理式是把各个社会保障项目全部统一于一个管理体系，建立起一套统一的社会保障管理机构，对社会保障各项目资金进行统一管理。这种管理模式最成功的代表是新加坡的中央公积金制度。

集中管理的优点在于：①有利于社会保障管理统一规划、统一监督、统一管理，可以避免由多头管理带来的诸多矛盾；②有利于社会保障业务和基金的集中管理、社会保障各项目和环节之间的协调，并可以使社会保障资金在一定范围内调剂使用，提高资金使用效益；③有利于降低社会保障管理机构的管理成本，把管理费用控制在一个合理的范围内，提高管理效率；④方便用人单位和受保人，把所有的社会保障资金集中在一起征缴，并由社会保障机构负责资金支付，减轻企业社会保障工作负担。

集中管理也有一定的局限性，这种管理体制以国家行政管理为主，受行政干预，容易产生腐败问题。另外，这种管理体制在人口众多、幅员辽阔的国家难以实施，并且可能不利于调动政府有关部门的积极性。

（2）分散管理式

分散管理式是指不同的社会保障项目由不同的政府部门管理，并各自建立一套执行、监督机构，各社会保障项目之间是相互独立的，资金不能相互融通，即政府把社会保障管理工作分散到各有关部门，使之独立负责一项社会保障工作，并各自建立起一套保险执行机构、资金运营机构及监督机构，各保险之间是相互独立的，资金不能相互通融使用，呈现出强烈的多部门、分散化现象。

分散管理的优点是：①管理机构拥有较大自主权，可灵活适应发展需要，制定详细规划；②可以根据现实情况，由管理机构及时调整社会保障项目。

分散管理的局限性在于：①管理机构多、人员多，管理成本高；②因机构庞杂容易导致工作重复，给社会保险机构及用人单位、受保险人带来诸多麻烦；③容易造成多头管理、条块分割、块块分割，政策不统一，行为不协调。

分散管理模式最典型、运作最成功的是德国的社会保障管理体制。德国的养老、医疗、工伤保险机构作为独立法人，实行自治管理，不隶属于政府机构。失业保险机构则由雇主、雇员和政府代表三方组成代表大会进行管理。政府只是设立专门机构对社会保险进行监督，并根据各类保险机构的不同情况进行必要的财政平衡。

（3）集散结合管理式

集散结合管理式是指将相关的社会保障项目集中起来统一管理，而将特殊的项目单列，由专门部门分散管理。这种类型的优势是：①可以体现社会保障的社会化要求，同时也可以兼顾个别项目的特殊要求；②有利于降低管理成本，提高管理效率。这种类型兼具上面两种类型的优点，也在一定程度上避免了两者的缺点。日本采取了这种类型的管理体制。在日本，养老保险和医疗保险由厚生省负责，失业保险由劳动省负责，各个政府部门对社会保险实行分别管理、相互独立的原则。

## 三、我国的社会保障管理体制

1998年，国务院进行机构改革。根据第九届全国人民代表大会第一次会议批准的国务院机构改革方案和《国务院关于机构设置的通知》(国发〔1998〕15号)，设置民政部。民政部仍是主管有关社会行政事务的国务院组成部门，其职能做如下调整：机构改革后的民政部将农村社会养老保险职能交给劳动和社会保障部；划入的职能有：①民办非企业单位的登记管理工作由民政部负责；②将国家经济贸易委员会承担的组织协调抗灾救灾的职能交给民政部；③国务院退伍军人和离退休干部安置领导小组、国务院勘界工作领导小组撤销后，其工作由民政部承担。同时，组建劳动和社会保障部，统一管理我国的社会保障事务。新的劳动和社会保障部划入的社会保险职能有：人事部承担的机关事业单位工作人员社会保险职能、民政部承担的农村养老保险职能、卫生部承担的公费医疗管理职能、原国务院医疗保险制度改革小组承担的医疗保险制度改革职能。至此，我国基本统一的社会保障机构建立起来。

2008年3月，根据第十一届全国人民代表大会第一次会议批准的国务院机构改革方案和《国务院关于机构设置的通知》(国发〔2008〕11号)，设立人力资源和社会保障部(为国务院组成部门)，将原人事部、原劳动和社会保障部的职责整合划入人力资源和社会保障部，不再保留人事部、劳动和社会保障部。根据国务院机构改革的部署和要求，人力资源和社会保障部从2008年3月底开始组建工作，基本实现了原人事、劳动和社会保障部两个职能部门的有机统一和彻底整合，达到了优化组织机构、规范机构设置、完善运行机制、提高行政效能的目标，对平稳有序地推进全系统的各项工作发挥了重要作用。在第十三届全国人民代表大会第一次会议召开前，我国的社会保障管理体制如图2-2所示。

- 国务院
  - 人力资源和社会保障部
    - 就业促进司
    - 军官转业安置司
    - 农民工工作司
    - 劳动关系司
    - 工资福利司
    - 养老保险司
    - 失业保险司
    - 医疗保险司
    - 工伤保险司
    - 农村社会保险司
    - 社会保险基金监督司
    - 调解仲裁管理司
    - 劳动监察局
  - 民政部
    - 优抚安置司
    - 救灾司
    - 救助司
    - 社会福利和慈善事业促进司
  - 财政部——社会保险基金预决算

**图2-2　第十三届全国人民代表大会第一次会议前我国的社会保障管理体制**

党的十九大对深化机构和行政体制改革做出重要部署，要求统筹考虑各类机构设置，科学配置党政部门及内设机构权力、明确职责。党的十九届三中全会通过了《中共中央关于深化党和国家机构改革的决定》和《深化党和国家机构改革方案》。2018年3月，第十三届全国人民代表大会第一次会议批准了国务院机构改革方案。

第一，组建退役军人事务部。为维护军人军属合法权益，加强退役军人服务保障体系建设，建立健全集中统一、职责清晰的退役军人管理保障体制，让军人成为全社会尊崇的职业，方案提出，将民政部的退役军人优抚安置职责，人力资源和社会保障部的军官转业安置职责，以及中央军委政治工作部、后勤保障部有关职责整合，组建退役军人事务部，作为国务院组成部门。其主要职责是，拟定退役军人思想政治、管理保障等工作政策法规并组织实施，褒扬彰显退役军人为党、国家和人民牺牲奉献的精神风范和价值导向，负责军队转业干部、复员干部、退休干部、退役士兵的移交安置工作和自主择业退役军人的服务管理、待遇保障工作，组织开展退役军人教育培训、优待抚恤等，指导全国拥军优属工作，负责烈士及退役军人荣誉奖励、军人公墓维护以及纪念活动等。

第二，组建应急管理部。民政部的救灾职责，国家安全生产监督管理总局的职责，国务院办公厅的应急管理职责，公安部的消防管理职责，国土资源部的地质灾害防治、水利部的水旱灾害防治、农业部的草原防火、国家林业局的森林防火相关职责，中国地震局的震灾应急救援职责，以及国家防汛抗旱指挥部、国家减灾委员会、国务院抗震救灾指挥部、国家森林防火指挥部的职责整合，组建应急管理部，作为国务院组成部门。其主要职责是，组织编制国家应急总体预案和规划，指导各地区各部门应对突发事件工作，推动应急预案体系建设和预案演练；建立灾情报告系统并统一发布灾情，统筹应急力量建设和物资储备并在救灾时统一调度，组织灾害救助体系建设，指导安全生产类、自然灾害类应急救援，承担国家应对特别重大灾害指挥部工作；指导火灾、水旱灾害、地质灾害等防治；负责安全生产综合监督管理和工矿商贸行业安全生产监督管理等。

第三，组建国家医疗保障局。为完善统一的城乡居民基本医疗保险制度和大病保险制度，不断提高医疗保障水平，确保医保资金合理使用、安全可控，统筹推进医疗、医保、医药“三医联动”改革，更好地保障病有所医，方案提出，将人力资源和社会保障部的城镇职工和城镇居民基本医疗保险、生育保险职责，国家卫生和计划生育委员会的新型农村合作医疗职责，国家发展和改革委员会的药品和医疗服务价格管理职责，民政部的医疗救助职责整合，组建国家医疗保障局，作为国务院直属机构。其主要职责是，拟定医疗保险、生育保险、医疗救助等医疗保障制度的政策、规划、标准并组织实施，监督管理相关医疗保障基金，完善国家异地就医管理和费用结算平台，组织制定和调整药品、医疗服务价格和收费标准，制定药品和医用耗材的招标采购政策并监督实施，监督管理纳入医保范围内的医疗机构相关服务行为和医疗费用等。同时，为提高医保资金的征管效率，将基本医疗保险费、生育保险费交由税务部门统一征收。

第四，调整全国社会保障基金理事会隶属关系。为加强社会保障基金管理和监督，理顺职责关系，保证基金安全和实现保值增值目标，方案提出，将全国社会保障基金理事会由国务院管理调整为由财政部管理，承担基金安全和保值增值的主体责任，作为基金投资运营机构。

总的来看，这次国务院机构改革贯彻落实党的十九大和十九届三中全会精神，落实坚持和加强党的全面领导的要求，适应新时代我国社会主要矛盾变化，聚焦发展所需、基层所盼、民心所向，按照优化协同高效的原则，既立足当前也着眼长远，对社会保障事业发展进行了系统化的规划和科学化的机构设置，理顺了职责关系，必将为全面贯彻落实党的十九大部署的社会保障任务提供有力的组织保障。

我国的社会保障制度是由中央政府和各级地方政府共同负责的。中央政府的职责是，制定全国统一的法规、政策和标准，对困难地区提供资金帮助；中央政府管理社会保障事务的主要机构是人力资源和社会保障部、民政部、退役军人事务部、应急管理部、国家医疗保障局和财政部等。各省、市、县政府设有同样的行政管理机构，根据中央的统一政策制定本地法规、政策和标准，筹集社会保障基金，发放社会保障待遇。

经过多年的改革，原有的行政社会保障体系已被打破，新的社会保障体系正在建立之中，尚不健全。中国共产党第十四届中央委员会第三次全体会议通过的《关于建立社会主义市场经济体制若干问题的决定》充分认识到了社会保障管理体制改革的重要性，就社会保障管理体制改革指出了明确的方向和改革的思路。该决定指出："建立统一的社会保障管理机构。社会保障政策要统一，管理要法制化。社会保障行政管理和社会保险基金经营要分开。社会保障管理机构主要是行使行政管理职能。建立由政府有关部门和社会公众代表参加的社会保险基金监督组织，监督社会保险基金的收支和管理。"上述决定中有关社会保障体制改革的思路可以概括为以下几个层次：①行政管理。政府成立统一的人力资源和社会保障部门，其主要职责是进行宏观管理，拟定法规，制定政策、规划，调查研究和检查监督。②业务经办。设立不依附于政府行政管理部门的具有法人资格的业务经办机构，进行业务管理。主要任务包括筹集、管理、给付保险基金及其他相关服务。③基金运营。主要是实现社会保险资金征集、支付及保值增值。社会保险基金经办机构在保证基金正常支付和安全性、流动性的前提下，研究制定国家宏观政策指导下的社会保险基金投资经营的渠道和办法，确保社会保险基金的保值增值。④社会监督。主要是由企业、职工和社会保障管理部门以外的政府部门三方代表组成的社会保障监督委员会，代表投保人的利益，对社会保障政策、法规执行情况和基金管理工作进行监督，确保自身的合法利益。随着我国社会主义市场经济体制的逐步完善，我们必须立足当前，着眼长远，逐步建立和完善具有中国特色社会主义的社会保障管理体制。

## 第六节　社会保障水平

社会保障水平是衡量社会保障"量"的特征的一个重要指标。社会保障水平以量化指标方式，衡量和评价一国社会保障制度自身内部机能和运行状况，对宏观经济影响与效应分析、社会保障制度改革及新制度设计，都具有十分重要的意义。

## 一、社会保障水平及其指标

社会保障水平是指一定时期内一国或地区社会成员享受社会保障的高低程度。社会保障水平指标是指为了衡量和表现社会保障水平而选取的变量。西方国家一般把社会保障总支出占国内生产总值（GDP）的比重作为衡量社会保障水平的主要指标，其计算公式为：

社会保障水平=社会保障支出总额÷国内生产总值×100%

其中，社会保障支出总额是指一定时期内一国或地区实际支出的各种社会保障费用总和；国内生产总值（GDP）是指在一国境内一定时期本国居民与外国居民生产或提供的最终产品和服务价值的总和，它实际上是经济活动带来的新增价值总和；二者之间测定的数学分析表达式为：

$$S=S_P/W \cdot W/G\times100\%=S_P/G\times100\%$$

其中：S代表社会保障水平率；$S_P$代表社会保障支出总额；W代表工资收入总额；G代表国内生产总值（GDP）。

社会保障支出总额占国内（地区）生产总值的比重，集中地反映了一国或地区的经济资源用于提高居民社会保障待遇水平的程度。同时，这样一个指标用比例的形式，消除了量的不同可能带来的不可比性，有利于不同国家和地区、不同时期之间进行横向和纵向的比较，在实际统计中，也比较容易获得数据，因而被广泛用作衡量社会保障水平的主要指标。

在具体衡量一国或地区的社会保障水平时，除了考虑社会保障总支出占国内（地区）生产总值的比重外，还应考虑人均的社会保障待遇水平、社会保障覆盖面与社会保障自身的制度结构等多项指标，这样才能对该国或地区社会保障的实际水平做出客观全面的判断与评价。

同时，可以从动态角度对社会保障发展状况进行衡量，其衡量指标主要采用社会保障水平发展系数。社会保障水平发展系数是从社会保障增长率与经济增长率之间的变动关系角度出发，进一步考察社会保障水平发展的一般规律及与经济发展之间的适应性关系。其数学分析表达式为：

$$CSS=R_{SP}/R_{GDP}=(\Delta S_P/S_P)/(\Delta GDP/GDP)$$

其中：CSS代表社会保障水平发展系数；$R_{SP}$代表社会保障水平（SSL）增长率；$R_{GDP}$代表国民经济发展水平增长率。

社会保障水平发展状况与经济发展之间的适应性关系可以分为两种情况：适应状态和不适应状态。一般而言，对比较成熟的社会保障制度而言，通过对社会保障水平发展系数的分析，可以判断其不适应状态包括三种情况：

当$CSS<0$时，表明社会保障水平增长与经济增长呈反向变动。

当$CSS=0$时，表明社会保障水平在原有基础上没有发展，即零增长。

当$CSS>1$时，表明社会保障水平的增长超越了经济的增长，社会保障水平的增长有些过度，距离1越远，则过度越严重。这种状态长期发展下去会产生严重的负面效应，并给社会经济发展埋下隐患。

社会保障水平发展状况与经济发展之间的适应状态包括两种情况：

当0<CSS<1时，表明社会保障水平增长与经济增长呈现正向变动，社会保障水平是增长的，但其增长速度低于国民经济增长速度，从社会经济发展理性分配的角度来看，二者之间处于基本适应状态。

当CSS=1时，表明社会保障水平同经济发展同步增长，二者之间处于最佳适应状态。

## 二、社会保障水平的制约因素及特点

社会保障水平的制约因素主要有：

（1）经济规模与经济发展水平。一国或地区所能提供的经济资源总量，作为社会保障支出的最终来源，其规模必然从根本上制约社会保障水平的高低。

（2）政治、社会结构。西方国家的多党竞争政治制度，使得各党派为了争取选民的支持而承诺较高的社会保障水平，这不可避免地导致了社会保障水平攀升的“登台阶”效应。我国的城乡二元社会结构造成社会保障制度分割和城乡社会保障水平差异较大。

（3）制度年龄和人口结构。制度年龄是指社会保障制度建立的时间长度。制度年龄越长，社会保障水平越高；反之，社会保障水平越低。社会保障水平与一国人口结构有着密切的关系，伴随着全球人口老龄化浪潮的到来，社会保障水平将不可避免地抬升。随着时间推移，所有的社会保障制度将趋向“成熟”。

（4）历史、人文等特殊因素。社会保障水平的高低受到一国或地区独特的历史、人文因素的影响。瑞典之所以成为“福利国家橱窗”，是因为瑞典长期选择一种独特的“混合主义”的经济政治模式，宣扬政府对社会生活进行干预以及政府的责任。美国是一个充分宣扬个性自由的国家，至今没有建立如其他发达国家一样包罗万象的完整的社会保障体系，这在表面上与其强大的经济实力不相符。

在多种因素共同作用下，社会保障水平呈现以下特点：

（1）动态性特征。社会保障水平随着经济发展、人口结构变动、制度成熟而变动。

（2）刚性特征。社会保障水平具有刚性增长特征，表现为社会保障规模只能扩大不能缩小，项目只能上不能下，水平只能提高不能降低。世界各国的社会保障实践几乎都证明，缩减社会保障支出、降低社会保障水平，会引起社会动荡不安。

（3）社会保障水平客观上存在一个“适度区域”。过低或过高的社会保障水平，对于社会保障制度自身运行和社会经济发展都会产生不良影响。确定社会保障的适度水平是社会保障制度建设的一项基础性工作，在衡量、评价和调整社会保障制度运行中起着重要的指导性作用。

## 三、社会保障水平“适度”的标准

社会保障水平既包含“量”的内容，又包含“质”的特征。“量”是社会保障支出占国内生产总值的比重，反映社会保障水平高低。但是，对于一国或地区在一定时期内的社会保障水平相对于经济社会发展和自身要求是否“适当”，则需要进行具体的分析判断，这也代表了社会保障“质”的方面。社会保障水平是“质”与“量”的统一。

判断社会保障水平适度与否的标准不是单一的，需要考虑的因素有：社会保障制度是否保证了公民具有一定的经济生活水平并能抵御不可抗拒的社会风险；社会保障支出是否与国民经济和社会发展水平相适应，是否与社会各方面承受能力相适应；社会保障结构是否与国民经济产业布局相适应；社会保障水平是否有助于促进就业与统一的劳动力市场形成，等等。总之，社会保障水平“适度”的判断标准，概括起来，即社会保障制度在保证公民一定经济生活水平的基础上，对国民经济发展起到积极促进作用，同时能够实现自身运动周期平衡，维持社会保障制度良性运行。对于社会保障适度水平的判断，要坚持理论研究分析与实际效应研究分析相结合，不能把国外的判断直接搬到对本国社会保障水平的分析中来，需要有一个具体分析、比较、鉴别和改造运用的过程。

### 四、社会保障适度水平的测定

人们对于社会保障“公平与效率”“稳定与发展”“利益维持与利益调整”等问题的认识总是存在差异，从而无法形成对社会保障适度水平的统一认识。尽管如此，我们认为，基于社会保障与经济发展的实际状况，形成一个相对一致的测定社会保障适度水平的标准是有意义的，也是可能的。

社会保障适度水平的测定方法有多种，基本的方法包括实证分析方法和理论分析方法。实证分析方法主要是基于历史资料对社会保障水平做出评价的方法。对经济发展的影响和效应，是判断社会保障水平适度与否的重要标准。经济发展是多种因素交互作用的结果。根据对各历史阶段经济运行状况及影响因素的分析，可以相对分解出社会保障因素对经济运行的影响，进而判断社会保障水平适度与否及适度的社会保障水平应该是多少。

社会保障水平是动态的，因此社会保障适度水平也应是动态的。为了较为准确地确定各国各个时期的社会保障适度水平，需要运用理论分析的方法。这种方法要求以社会、经济、人口理论为依据提炼出与社会保障水平相关程度较高而又有统计可能的变量，如GDP的增长率、国民收入的增长率、人口老龄化率、劳动就业数、工资规模等，借助经济学中的基本经济模型、函数，构造出社会保障水平的数理测定模型。根据各国特定时期的数据，推算出社会保障水平适度范围，并根据实际状况，验证模型可信度和有效性。有关专家通过这种方法对西方市场经济国家的社会保障适度状况进行了研究，得出的结论是：西方国家从20世纪70年代初期到中期，陆续达到并超出社会保障适度水平上限。

## 本章小结

社会保障制度涉及为基本生活发生困难或伤病等的社会成员提供物质和医疗保障

的立法、条例和规章制度，同时还涉及中央和地方、国家与企业（单位）、单位与个人、有关部门与社会保障管理机构之间在义务与权利及管理权限等方面的有关法规制度。社会保障制度的基本内容包括：社会保障法规及其实施办法的制度、社会保障对象的管理制度、社会保障资金的管理制度、社会保障的组织和管理。世界社会保障发展的总趋势为：①社会保障覆盖面整体扩大。②各国社会保障差距依然明显，但差距在逐渐缩小。③走向广覆盖和多样化，逐步形成多支柱的社会保障体系。社会保障法律制度是指由国家立法机关和行政机关制定的，用以调整社会保障关系、规范社会保障行为的法律规范的总和。社会保障法律的特征有：社会性；义务在先、权利在后，权利不可继承；特定的技术性；实体法与程序法的统一体。依据社会保障资金筹集和供给方式的不同，可以将目前世界各国的社会保障制度大致分为救助型、保险型、福利型、国家保障型和自助型等五种社会保障制度模式。社会保障体系是指国家通过立法对社会成员给予物质帮助所采取的各种相互独立而又相互联系的社会保障子系统的总和。社会保障体系的特征有：层次性、完整性、法制性、社会性、福利性。社会保障管理体制是国家设立的社会保障行政机关和经办机构对社会保障事业进行宏观指导和微观管理的体制和具体措施。社会保障水平是指一定时期内一国或地区社会成员享受社会保障的高低程度。一般把社会保障总支出占国内生产总值（GDP）的比重作为衡量社会保障水平的主要指标。在具体衡量一国或地区的社会保障水平时，除了考虑社会保障总支出占国内生产总值的比重外，还应考虑人均的社会保障待遇水平、社会保障覆盖面与社会保障自身的制度结构等多项指标。从动态角度对社会保障发展状况进行衡量，其衡量指标主要采用社会保障水平发展系数。社会保障水平要坚持“适度”的标准。

## 关键术语

社会保障制度（social security system）　社会保障制度改革（the reform of social security system）　社会保障法（social security act）　社会保障制度模式（social security system model）　社会保障体系（social security system）　社会保障管理体制（social security management system）　社会保障水平（social security level）　社会保障水平指标（index of social security level）

## 复习思考题

1.社会保障法律关系由哪些要素构成？
2.社会保障制度模式的类型有哪些？
3.简述社会保障体系的特征。
4.简述社会保障管理的含义和内容。
5.试论社会保障管理机构的设置。
6.阐述社会保障适度水平的确定。

## 推荐阅读资料

[1] 中华人民共和国社会保险法（2010年10月28日第十一届全国人民代表大会常务委员会第十七次会议通过，2011年7月1日起施行）

[2] 中华人民共和国慈善法（2016年3月16日第十二届全国人民代表大会第四次会议通过，2016年9月1日起施行）

2018年定点扶贫县大病救助项目顺利实施

# 第三章

# 社会保障制度发展历史



## 学习要点

通过本章的学习，了解社会保障的产生和演变过程、西方社会保障制度的发展演变情况，熟悉我国社会保障制度的建立与发展概况，把握世界各国社会保障制度模式及其特点，全面理解我国与世界各国社会保障制度的异同，深刻认识世界各国社会保障制度模式对我国的启示及借鉴意义，正确理解经济全球化对我国社会保障的影响以及我们应当采取的对策。

案例引入

福利国家的橱窗——瑞典

瑞典位于北欧大陆斯堪的纳维亚半岛上，是世界上最典型的福利国家，被誉为“福利国家的橱窗”，瑞典政府为全体国民真正建立了“从摇篮到坟墓”的全方位的社会保障制度，其不仅保障的覆盖面很宽，而且保障的水平也很高。探究其独特的福利文化渊源，我们可以发现路德教义的“合作”集体主义福利文化是瑞典社会保障的国家化制度模式形成的重要福利文化基础。

在路德教义的影响下，瑞典形成了“合作、协调、团结、公正”的民族特性和文化传统，并深刻影响了社会民主党的价值观念。社会民主党是瑞典最为重要的政党，也是执政时间最长的政党。其执政的理念奉行“中立”的政策，对内实行“团结、合作”的政策，强调“公正”与“平等”的价值理念，致力于建立完善的高水平的覆盖全民的福利国家，并由国家供给福利资源。而瑞典的福利国家模式也最初来自于社会民主党的“人民之家”的理念。1928年，瑞典社会民主党党魁汉森在国会演讲中提到“一个好的社会运作起来像个好家庭”，而这个好家庭是一个“人民之家”。在这个家庭里面所存在的价值观念是合作、博爱、自由、平等。在此，平等意味着减少大量的不公平与不平等，自由是指人民拥有社会的、政治的和法律的权利，而博爱则在强调利他主义的同时自己也从中受益。随着“人民之家”的价值理念在社会民主党的实践中具体实施，瑞典社会民主党的价值理念逐步清晰。在社会理想方面，社会民主党认为社会发展是一个循序渐进的过程，主张通过社会改良来实现社会主义。他们在肯定市场作用的基础上，主张政府干预经济，提倡混合多元的社会主义。在对待社会福利方面，社会民主党强调平等与民主化，认为福利国家的发展是工业文明和政治民主发展的必然结果。福利国家能够通过和平的手段达到消除贫穷和实现平等的社会目标，并能够实现劳资间的合作，培养团结、协调的互助合作精神和社会一体化的价值理念。社会民主主义追求“合作、协调、团结、公正”的主张事实上构成了瑞典社会民主党的指导思想原则和追求的价值目标，并通过长期执政将其有机地结合到瑞典的社会保障制度安排中去，形成了独具特色的国家化的社会保障模式。

资料来源　张军. 社会保障制度的福利文化解析：基于历史和比较的视角［M］. 成都：西南财经大学出版社，2010：245-246.

讨论：瑞典社会保障制度是什么模式？

## 第一节　社会保障的产生与演变

### 一、社会保障思想渊源

1.西方国家早期的社会保障思想

国外对社会保障的认识最早出现在古代的巴比伦。西方国家对社会保障影响比较大的有空想社会论和宗教思想两方面的思想。

（1）空想社会论。公元前400多年前，古希腊的人们就幻想着建立一个没有私有制、没有压迫与剥削、人人自由平等、生活幸福的社会，并著书立说来阐述自己对理想社会的主张。柏拉图的《理想国》讨论了民主、宗教、教育、男女平等等问题，反对私有制，强调分工与互助，追求公产制度与财产公有，主张消除暴力与贫困对立，即平等和社会秩序和谐等，对后来的空想社会主义产生了重大影响。莫尔（1478—1535）是空想社会主义的创始人，他在《乌托邦》中批判了当时的英国社会，宣称私有制是万恶之源，并描绘了一个没有剥削、财产公有、分配公平的理想社会。空想社会论对社会保障理论发展的贡献在于揭示了社会矛盾的根源是社会的不平等，从而主张实现社会公平、促进社会成员协调发展，这正是现代社会保障最基本、最深刻的思想基础。

（2）宗教思想。宗教教义在客观上表达了博爱、互助、平等的思想，如佛教倡导布施和助人，基督教强调在施爱予他人中体验幸福的境界，为社会保障理论的形成与社会保障实践的发展奠定了道德基础。宗教思想对社会保障而言：①奠定并强化了社会公平与社会互助等道德基础；②提供了制度安排最初的方法示范；③补充了现代社会保障制度的不足。因此，宗教思想的影响不仅是理论方面的，也是实践方面的。从社会保障的目的和精神出发，有人认为，现代社会保障的渊源可追溯到《圣经》中关于利他主义的道德说教，现行的保障方式是若干世纪以来人类为了使人与人之间的关系更加人道而进行不懈努力的成就，是扶弱济贫的道德理论弘扬的结果。

2.中国早期的社会保障思想

中国早期朴素的社会保障思想可以追溯到2 000多年前的春秋战国时期。中国早期的社会保障思想主要有：

（1）大同社会论。家文化代表人物孔子在《礼记·礼运篇》中说："大道之行也，天下为公。选贤与能，讲信修睦。故人不独亲其亲，不独子其子，使老有所终，壮有所用，幼有所长，鳏、寡、孤、独、废疾者皆有所养。"这一大同社会的构想广泛涉及养老、医疗、救助等现代社会保障的内容。东晋陶渊明在《桃花源记》中描述了一个大家共同劳动、安居乐业的世外桃源。康有为于1902年完成了《大同书》，描绘了有关养老院、教育与医疗福利，即社会公益事业的经费来源等。孙中山提出民生主义，即"人民的生活，社会的生存，国民的生计，群众的生命"。

（2）社会互助论。春秋战国时期，墨子就有实现人民老有所养、孤幼有所依、无饥无寒和安居乐业的思想。孟子主张"出入相友，守望相助，疾病相扶持，则百姓亲睦"。孙中山认为"进化之动力在互助而不在竞争"。

（3）仓储后备论。仓储后备论是一种主张建立谷物积储以备灾荒并救济贫民的社会思想。早在夏朝，国家就非常重视粮食的积蓄，以防水旱之灾。"国无九年之蓄，曰不足；无六年之蓄，曰急；无三年之蓄，曰国非其国也。"贾谊上书汉文帝："管子曰：'仓廪实而知礼节'。民不足而可治者，自古至今，未之尝闻。"历朝历代统治者还将仓储后备论变成具体的救灾措施，并使之成为常备之策，如常平仓、义仓、惠民仓等。

（4）赈济说。赈济说影响最为深远。所谓赈济说，即主张用实物（主要是粮食与衣物布帛等）和货币救济遭受灾害或生活极端困难无以生存的社会成员，以保障其最低限度的生活需要的一种保障思想。赈济说发展到后来，不仅为统治者所采用，而且发展成为赈物、赈款、以工代赈三大具体方略，并在中国社会保障史上一直占有特别重要的地位，发挥了很大的作用。

## 二、传统的社会保障方式

保障起源于风险的存在。安全是人类生存的一项基本需求，而保障是保护人们的生命、健康、安全不受侵害的各种行为及措施。社会保障在进入资本主义社会前，主要经历了氏族保障、主从保障和家庭保障等经济保障过程。在人类社会的发展历程中，保障方式经历了以下几种：

（1）氏族保障。在原始社会，生产力水平极低，消费品严重缺乏，导致了平均分配、共同消费劳动成果等现象的出现。由于生产力水平低下，劳动产品只能勉强维持原始人类最基本的需要。因为食物没有保障，人吃人的现象经常出现。那时，整个社会群体的存在更多地依赖于人类生活的自然条件，因此谈不上个体的保障问题。后来，为了保证部落的存活，确立了重点制的氏族部落保障原则。首先，让有劳动能力的成年男子吃饱，因为氏族存活要靠他们去猎取食物；其次，让这些人的妻子吃饱，因为她们能养育后代，保族留种；最后，才轮到孩子和老人，老人最具有牺牲性，在灾荒时期，他们甚至选择自杀。这种做法揭示了原始社会保障形式的一些最基本原则：个人的保障需求与群体的保障需求是高度统一的；生产的目的与保障的目的是高度统一的，没有结构与功能的分化；保障的手段是单一的，全部社会产品都拿来统一分配，多则同饱，少则同饥。

（2）主从保障。随着生产力的发展，出现了剩余产品，社会保障具有了物质基础。随着社会分工的发展和交换的扩大，私有制代替了原始社会公有制，逐渐进入了奴隶社会。在奴隶社会，虽然劳动者生产的产品有一定的剩余，但这时劳动者失去了自由和独立性，成为奴隶主占有的对象，是奴隶主占有的会说话的工具，任凭奴隶主肆意毒打和屠杀，奴隶的基本生活需要难以得到保障。这时，奴隶的生活保障成为奴隶主如同保养农具、喂养牲口一样的“生产需要”。奴隶的生活保障完全由其主人奴隶主负责，这种保障形式被称为主从保障。封建社会里的农民，除了少数自耕农以外，大多数是佃农或雇农，他们残留着不同程度的对地主的人身依附关系，因此仍然存在着某些主从保障的形式。

（3）家庭保障。所谓家庭保障，是指由家庭提供的对家庭成员的生活保障。封建农业社会是自然经济占统治地位的小生产方式，家庭既是生产实体，又是消费实体，是社会的基本经济细胞和人们最基本的生活单位。在我国几千年的封建社会里，支配着人们伦理观念的是“三纲五常”。家里的长辈由其子孙孝敬和赡养，也就是说，在小生产条件下，劳动力的再生产、对劳动力的保护及对丧失劳动能力者的赡养，是以家庭为单位，由家庭亲属给予，并通过“养儿防老，积谷防饥”的方式实现的。这种依靠血缘关系由分散的家庭或家族提供的对其家庭成员的生活保障，就是家庭保障。家庭保障成为这一时期经济保障的主要形式。由于它建立在生产力水平低下的小生产基础上，保障能力很弱，难以抵御严重的风险。虽然产业革命摧毁了以家庭为基本生产单位的自然经济基础，传统的家庭结构也逐渐走向解体，但时至今日，家庭保障一直延续了下来，家庭保障仍然是社会成员一生中的重要保障机制。

（4）互助保障。对贫困者给予救济，最早可以追溯到人类社会初期产生的社会成员之间的互助行为。互助互济行为是人类社会得以繁衍和生存的条件。由于风险的不可避免，在劳动者之间逐渐产生了一些相互救济的互助会。

（5）慈善救济保障。慈善救济在古今中外都很盛行，对穷人施以财物的救济行为往往都打着慈善的旗号，带有浓厚的宗教色彩。随着人类社会的发展，社会用成文或不成文的社会规范将社会互助固定下来，便有了慈善事业。宗教出现后，这类社会规范又被纳入了宗教教义中，于是有了宗教慈善事业。慈善救济和互助保障在一定程度上对缓解当时社会条件下一部分遭遇社会风险的社会成员的生存危机问题起到了一定作用。

（6）国家救济保障。国家通过征税或征粮的形式取得一部分社会积累，在发生重大灾害事故、局部地区的生产处于停顿或崩溃的情况下，国家对其进行救济。在中外各历史时期，都发生过不同程度的国家对灾民的救济活动。

（7）社会保障。社会保障是国家和社会通过立法实施的、以国民收入再分配为手段、对社会成员的基本生活权利提供安全保障的社会行为及其机制、制度和事业的总称。它是现代社会对遭遇各种风险的社会成员实施基本生活保障的一种制度安排。其保障对象的社会化、制度实施的法制化、保障项目的多样化、国家责任的强化以及国家和公民在提供社会保障和享受社会保障方面的权利义务关系的明确化等基本特征，与此前的各种保障方式形成了明显的区别。它在更大的社会范围内，通过社会化的保障机制，依法对有需要的社会成员提供基本生活保障。

综上所述，社会保障制度是人类文明发展的产物。有了人类社会，就有了对保障的需求，有了对社会性保障机制的需求，才产生了各种保障方式。在中国古代，对于老弱病残和鳏寡孤独的照顾有多种方式，有宗族设立的公产、义田和义仓，也有政府设立的常平仓等。但总体上来说，这些救济措施大多是临时性的、局部的，作用有限。历代政府施赈和实行其他救济的目的主要是在天灾人祸中安抚百姓，同时，以小农为主体的自然经济特性也缺乏形成现代意义上的社会保障制度的经济基础。因此，人类社会早期存在的保障方式还不能称为社会保障，其抵御社会风险的能力还是极为有限的，它们与现代社会保障有着诸多本质的区别，只能看作是社会保障的雏形。

## 第二节　西方社会保障制度的历史变迁

社会保障制度是人类社会发展和社会进步的结果，它是近现代社会的产物，也是现代社会文明的重要标志。从1601年英国颁布的《伊丽莎白济贫法》算起，以英国1834年颁布的新《济贫法（修正案）》（以下简称“新《济贫法》”）为标志，社会保障制度已有近200年的历史。社会保障制度现在已推行到世界160多个国家和地区，成为各国政府治国安邦的一项基本手段。西方社会保障制度经历了萌芽、形成、发展、成熟和改革调整五个阶段。

## 一、社会保障制度的萌芽阶段

这一阶段的主要标志是英国1834年新《济贫法》的颁布与实施。

在人类社会初期，人们相互间的互助互济行为是人类生存繁衍的条件，后来社会用成文、不成文的社会规范将其固定，有了慈善事业。但当时的慈善事业是与自然经济相适应的，还不是真正意义上的社会救济。在社会经济由自然经济向市场经济过渡期间，面对日益增多的贫困和社会问题，世俗的慈善事业及宗教已经无力满足社会的保障需求。在15至16世纪之交，国家介入慈善事业，使其变成一项社会政策，接管宗教团体掌管的慈善事业，产生了由行政人员组成的官方济贫机构。

工业革命的兴起和推广，使人类社会发生了巨大的变化。英国作为工业革命的发源地，在16世纪开始了"圈地运动"，其结果导致大量失去土地的农民涌进城市。农民在摆脱了土地的束缚的同时，也失去了生活保障，城市中无产者的失业、伤残、疾病、年老丧失劳动能力等就成了重要的社会问题。在这种情况下，政府传统性的惩罚和抑制措施已经难以解决问题，社会动荡不安。

"圈地运动"以后，为消除失业、流浪和贫困现象，稳定社会秩序，1601年英国颁布《伊丽莎白济贫法》，把已有的救济贫民的惯例方法用法律的形式规范和固定下来，并由官方划出一条贫困救济线，以立法强制征收济贫税，凡抗拒不缴者以违法处置并可拘禁于监狱；以习艺所为机构，收容并组织贫民生产劳动；对身强力壮的贫民组织劳动；同时努力为失业者提供工作；对贫穷人家的孩子进行就业训练；对老年人、患病者进行收容；政府指派管理人员进行管理。《伊丽莎白济贫法》规定了就业保障、财政补贴、福利救济的保障形式，对于那些官方认为"懒惰而不值得救助的穷人"，则仍然规定用严酷的手段惩罚他们。当时的英国政府意识到了贫困和失业对社会秩序的威胁，认识到了必须由政府采取某种措施来缓解这些社会矛盾。该法表明政府第一次正式承认在解决贫困问题上应尽的职责，建立了初步的救济行政制度与救济工作方法。《伊丽落白济贫法》颁布与实施的社会意义在于使社会保障体系的最低层次的措施——社会救助——第一次以立法形式公之于世，对于那些处于绝境的社会成员来说，有权利向国家和比其更富有的邻居伸出手来、请求帮助。

19世纪前后，英国的工业化和社会近代化至现代化的进程，使社会发生了两个突出的变化：一是人口预期寿命的延长，这导致了老龄人口阶层的形成，并日益成为突出的社会问题，因而需要国家从整个社会发展政策的角度来考虑。二是社会生产方式和劳动组织方式的突出变化，导致社会劳动者尤其是城市化后的主要靠工薪维持生计的城镇劳动者，在他们因年老体弱、生病、生育、工伤事故或失业时，就失去了收入保障。虽然这两个变化是渐进的，但是当问题出现后，传统的家庭保障和慈善机构解决问题的能力的有限性就显露出来。为了整个社会发展更加有序，1834年英国颁布新《济贫法》，其基本原则是确立保障公民生存的义务，认为救济不是消极行动，而是一项积极的福利举措，由接受过专门训练的社会工作人员从事此类工作。同时，新《济贫法》还规定成立济贫法管理局，负责济贫工作。新《济贫法》将社会救助第一次以立法的形式确定下来，使社会救助成为一种制度。但新《济贫法》仅仅满足了社会成员的最低生活需要，是社会保障的最低纲领。新《济贫法》为欧洲其他国家建立社会保障制度提供了借鉴，如瑞士于1847年和1871年制定了《济贫法》、挪威于1845年颁布《济贫法》等，为社会保障制度确立了国家承担最终责任的原则。新《济贫法》的意义在于，它标志着社会保障制度在政府的积极干预下，开始迈入法制法、专业化的轨道，标志着社会保障制度迈入了一个新的时期。然而新《济贫法》中对申请救助的贫民要求的条件较为苛刻，规定领取救济金的人必须接受三个条件：丧失个人尊严，接受救济者被认为是不体面的；丧失个人自由，必须禁闭在贫民习艺所，不得外出；丧失政治自由，接受救济者被取消选举权。

## 二、社会保障制度的形成阶段

这一阶段的主要标志是德国俾斯麦政府于1883年建立的社会保险制度。

西方社会保障制度的形成阶段自1883年德国颁布了世界上第一部《疾病社会保险法》开始，一直持续到20世纪30年代。这半个世纪间，现代社会保障制度的两项基本内容——社会救助和社会保险制度——在西方开始逐渐形成并得到普及。

欧洲济贫法的实施，是慈善救济向社会救济的转化，是国家作为社会保障主体的开始，但真正意义上的社会保障制度则是伴随着工业革命后生产社会化和市场经济的建立而产生的。德国是世界上最早以立法形式推出社会保险计划的国家。1870年，德国爆发严重的经济危机，导致工人阶级斗争的迅猛开展，工人群众强烈要求国家以立法形式给予工人以经常性生活保障，随之而来的是社会主义思想在工人中广为传播，以及1875年社会主义工人党成立并在1877年的国会选举中取得巨大进展。德国工人运动由于得到马克思主义的指导，并有一套比较完整的斗争理论和一个比较成熟的战斗组织，因而使德国容克地主和资产阶级深为惊恐。在这一局势下，1881年威廉一世颁布皇帝诏书，要采取若干“保护”的社会措施，推行社会改革，申明工人在患病、发生事故和老年经济困难时应该受到保障，他们有权要求救济，工人保障应当由工人自行管理。这个诏书颁布以后，1883年6月15日，《工人疾病保险规定的准则》用法律形式加以颁布。

在此复杂的形势下，俾斯麦政府又出台了由国家建立疾病保险、意外事故保险和老年与残废保险等法案：1883年5月31日，国会通过《疾病社会保险法》，规定对全体从事经济性工业活动的工人一概实行强制性疾病社会保险，保险费的2/3从工人身上征集，1/3由企业主缴纳。1884年6月27日，国会正式通过《工伤事故保险法案》，规定在工作中发生事故的人或死难者家属，可以从那些实行事故保险的同业工伤事故保险联合会得到抚恤金。1888年11月27日，国会通过《老年和残疾社会保险法草案》，对工人和低职位官员一律实行老年和残疾社会保险，保险资金来自国家、工人、企业主三方，工人、企业主要各自负责保险费的一半，退休工人的退休收入依据工人原工资收入等级和地区等级而定；只有证明确实失去谋生能力者，才有资格享受残疾社会保险待遇，而且得缴足5年保险费；年满71岁且缴纳保险费在30年以上者，才能享受退休养老社会保险待遇。以上三部社会保障法强调权利与义务的统一，规定以缴费作为享受保险待遇的条件，其待遇与收入相关联，并确定了使受保人的最低基本生活得到保障的目标，同时也规定保险费用由国家、单位（雇主）和个人三方面负担。这些原则为以后很多国家建立和发展社会保险制度奠定了基础。上述法令的颁布，标志着世界上第一个最完整的社会保险体系的建立，社会保险制度由此产生。

德国是世界上第一个实行社会保险制度的国家。德国社会保险制度的建立，在社会保障制度发展过程中具有重要的意义，对其他国家社会保险制度的建立起到了借鉴与示范作用。法国在1898—1910年建立和实施了工伤、失业和老年三项社会保险制度；瑞士在1908—1913年实行了疾病、工伤和老年三项社会保险制度；挪威于1854年通过了《穷人法》，1884年建立并实施了防治职业伤害保险，1900年颁布了《社会援助法》，1911年试行《病人权益法》等，这一系列法规使挪威初步建立了社会保障体系。到20世纪初，欧洲国家普遍建立了社会保险制度，至此，社会保障制度在西方资本主义国家逐渐形成，并走向成熟。

## 三、社会保障制度的发展阶段

这一阶段的标志是美国于1935年颁布与实施的《社会保障法》。

20世纪30年代，资本主义世界发生了严重的经济危机，企业破产、工人失业等社会问题十分严重，西方国家社会矛盾日益尖锐。为了稳定经济，资本主义国家依据凯恩斯主义，进行经济干预。美国因大危机导致了严重的预算危机，原来的职业养老金计划也受到冲击。富兰克林·罗斯福在推行新政中寻求刺激经济增长与创建失业保险体系之间的均衡，于1935年8月14日通过了《社会保障法》，其宗旨是“增进公共福利，通过建立一个联邦的老年救济金制度，使一些州得以为老人、盲人、受抚养的和残疾的儿童提供更为可靠的生活保障，为妇女保健、公共卫生和失业补助法的实行做出妥善的安排”。

《社会保障法》的基本精神包括：一是社会保障是大机器生产的客观需要，也是一项取代以往“家庭保障”的新的重大社会政策；二是它以“普遍福利”为核心，目的是消除人们对“未知危险的恐惧和担心”；三是社会保障实施的初期，具体项目包括失业补贴、老年补助、母亲补助和公共卫生服务；四是实行“以工代赈”的现代社会救助，实行以地方管理为主的失业社会保险，实行带强制性的多层次老年社会保险；五是社会保险必须促进自我保障意识的建立，即保险资金取之于民、用之于民；六是社会保障项目必须逐步展开。

《社会保障法》初步奠定了美国当代社会保障体系的框架和基础。它的诞生，使慈善性和临时性的援助让位给了正义性和永久性的资助制度，标志着私人慈善主导资助活动时代的终结；结束了长达3个多世纪的济贫法的历史及其地方政府责任原则，使联邦政府承担起了为所有公民提供经济保障的责任。此外，美国的《社会保障法》对于世界其他国家社会保障制度的形成也产生了很大的影响。到1940年，世界上已有60多个国家设立了工伤保险、医疗保险、家庭津贴等社会保障项目，社会保障制度迅速发展。

## 四、社会保障制度的成熟阶段

这一阶段的主要标志是英国《贝弗里奇报告》的提出与被采纳。

在第二次世界大战之后，社会保障制度在世界范围内得到了进一步发展与完善。1942年，受英国首相丘吉尔的委托，“福利国家之父”贝弗里奇拟定了《社会保险及其相关服务报告书》（又称《贝弗里奇报告》），试图制订一项统管人们一生的公共保障计划，他主张用一种崭新的、更加完善的社会保障制度，将英国变为一个“福利国家”，社会保障覆盖全体英国公民，为他们提供“从摇篮到坟墓”的完备的社会保障。贝弗里奇在其报告中提出：“国家对于每个公民从‘从摇篮到坟墓’即由生到死的一切生活与危险，诸如疾病、灾害、老年、生育、死亡以及鳏寡孤独残疾等，都给予安全保障。”他认为获得安全保障是公民的社会权利，也是国家承担的社会义务；社会统一管理社会保障项目，由国民收入再分配来实施社会保障；社会保障只为被保障人提供稳定可靠的基本生活保障；社会保障的对象为全体公民，保障项目涉及公民生活的各个基本方面；社会保障的原则是统一受益标准，统一收费与管理，适当受益，满足最低需求，全面普遍实施，实行区别对待。根据上述精神，英国政府以实现充分就业和社会福利为纲领，先后通过了一系列重要立法，并于1948年宣布建成了公民“从摇篮到坟墓”均有保障的“福利国家”。此后，西欧、北欧、北美、大洋洲国家和地区，也先后宣布实施“普遍福利”的政策，随着社会福利事业的发展，社会保险也进一步得到加强，社会优抚工作则因第二次世界大战造成的伤亡更加广泛地开展起来，西方社会保障制度进入了全面发展完善的阶段，到20世纪60年代，成为现代西方社会保障制度发展的黄金时期。

《贝弗里奇报告》的提出与被采纳，对于战后社会保障制度的发展与完善发挥了极其重要的作用，使社会保障待遇首先被作为公民的一项基本权利得以确立，较为完整的现代社会保障制度的结构与轮廓得到开创性的界定，它不仅为英国战后重建社会保障制度奠定了决策的基础，而且成为西方发达国家在战后发展与完善社会保障制度模式的重要依据。

与此同时，东欧和亚洲的社会主义国家则依照苏联模式，建立了以国家保险为特征的社会保障制度。随后，世界上许多发展中国家也先后建立起社会保障制度。社会保障成为世界公认并为各国共同采用的经济社会政策。

在社会保障制度迅速推行的国际背景下，国际劳工组织于1952年6月28日在日内瓦国际劳工会议上通过了《社会保障最低标准公约》（第102号公约）。该公约将社会保障制度细分为：医疗照顾、疾病和生育补助；失业救济；家属津贴；工伤保险；残疾、老年和遗属补助。《社会保障最低标准公约》是社会保障的国际性文件，并被视为社会保障制度发展史上的里程碑，同时也是社会保障制度日趋国际化的重要标志。

## 五、社会保障制度的改革调整阶段

20世纪70年代后，受世界石油危机的影响，西方发达国家的经济发展进入“滞胀”时期，社会保障制度也陷入困境，因此，从20世纪80年代初开始，现代西方社会保障制度进入改革调整阶段。

1.西方社会保障制度改革调整的原因

（1）效率与公平两者难以兼顾。从长期来看，公平与效率是统一的，没有持续的效率提高就没有公平的物质基础，没有公平的增长也不可能有效率地提高。但是在短期内效率的提高与公平的增长并不同步，两者容易产生矛盾。在注重公平时可能影响了效率，或者在强调效率时又忽视了公平。20世纪80年代前，西方发达国家的社会保障侧重于公平而忽视效率，其后果是国家财政负担日益严重，个人、企业发展和创新的动力不足，严重制约了经济发展。“福利国家”面对高福利所带来的种种弊端，不得不进行社会保障制度的改革与调整。

（2）经济发展对社会保障的制约。社会保障制度的正常运行取决于经济的健康发展，社会保障制度的发展和完善始终受到经济状况的制约，只有经济稳定增长，才能为社会保障制度提供坚实的物质基础，所以，社会保障与经济增长应协调发展。1960—1975年间，英、法、德、意、比等各国GDP年均增长率为2.6%～4.6%，而社会保障开支的增长率在5.6%～9.1%之间。[①]英国福利支出1982年比1972年增长4.6倍；1991年，法国医疗费用占GNP的比重已经高达10%；德国社会保障开支1985年以后一直占GNP的30%；美国1990年福利开支占GDP的比重也达到30%。[②] 20世纪60年代以来，发达资本主义国家社会保障快速发展超出了经济所能承受的范围。这种不协调的发展在特定的环境下暴露出来，给经济增长和国家宏观调控能力带来负面影响，因此，必须进行社会保障制度的改革调整，其目标是寻求建立一个与社会经济发展相适应、协调的社会保障制度。

（3）人口老龄化的巨大压力。人口问题与社会保障制度之间有着密切的联系，一个国家的人口状况，特别是人口总量和人口结构直接影响新该国社会保障制度的正常运行。世界最先进入老年型国家的是法国，之后，其他欧洲国家也纷纷进入老年型国家的行列。老年人口绝对数量和相对比重的提高，给发达国家带来一系列社会经济问题，这些问题对社会保障产生严重的负面影响，主要表现在劳动适龄人口减少和老化、老年抚养率提高、国家和企业的负担越来越重，特别是国家财政支出日益沉重。

（4）失业率居高不下的影响。20世纪80年代以来，西方一些国家的失业人数居高不下，失业率都维持在两位数。失业危机对社会保障特别是对失业保险造成了直接影响。一方面，失业人数的增加使得享受失业保险的人数越来越多，需求增加；另一方面，失业人数剧增使纳税者越来越少，社会保障资金的供给越来越少，加重政府和社会的负担。失业问题成为西方“福利国家”最棘手的难题之一。

（5）财政危机与社会危机的影响。西方“福利国家”人口老龄化、退休人员增多、医疗费用上涨、失业队伍剧增、失业津贴增加，导致社会保障支出膨胀，造成沉重的财政负担；社会保障机构庞大、管理不严，造成社会保障资金使用效率低下；过高的福利保障容易造成“不干或少干可照样生活”的社会观念，高福利、高补助的社会保障制度也助长了国民的依赖心理。一些人不愿从事报酬低、社会地位低、工作难度大的职业，宁愿失业享受救济，或提早退休领取退休金。这种状况一方面导致了大量社会人力资源的浪费，另一方面也降低了经济效益和效率，从而出现“贫困陷阱”和“失业陷阱”的问题。

2.西方社会保障制度改革调整的内容

为消除高福利所带来的社会弊端，自20世纪70年代以来，西方发达国家相继走上

---

① 李琮．西欧社会保障制度［M］．北京：中国社会科学出版社，1989：37.
② 林义．社会保障制度的国际比较［J］．经济学动态，1993（3）：50-54.

了社会保障制度的改革调整之路，对原有的社会保障制度做了不同程度的改革和调整。

（1）修订社会保障规章制度，削减社会保障总支出。主要措施包括：适当减少支付范围，缩小某些社会保障项目的覆盖面，改“普遍性原则”为“选择性原则”，重点帮助低收入者；降低社会保障金的发放标准，降低支付水平；严格享受津贴的资格条件，促进相关人员的劳动欲望，减少非正常失业人口；缩短失业津贴的有效期；压缩医疗开支；加强对享受福利者的经济调查，以确保发放给那些需要的人。

（2）加强管理，提高资源的使用率，减少不必要的浪费。主要措施包括：改革管理模式，如一些国家正努力实现社会保险一元化，力求通过一元化来统一给付和负担，消除因保障种类庞杂而带来的负面影响，而另一些国家则试图下放权力，将统一管理改为分散管理；加强政府监管，采取加强立法监管等积极措施，努力降低医疗费用开支；社会保障组织管理社会化，在全社会内由社会保障专门机构负责筹集资金、支付保障津贴、实施对社会保障对象的管理。

（3）实行私营化，扩大福利提供领域的市场经济成分。政府采取积极措施，鼓励私人机构参与社会保障管理与运营，作为“福利国家”社会保障的一个补充。在养老保险方面，政府提供各种优惠政策，鼓励社会及私人承担一部分老龄人口的赡养义务，从而减轻政府的财政负担。在医疗保险方面，各国积极发展私营医疗。在失业保险方面，失业保险基金的管理由政府逐步向民间或私营部门转移，扩大私营保险基金的自营收入范围，允许基金投资的多元化。

（4）调整保障项目收支结构，注重个人和企业负担，减轻政府压力。20世纪90年代以来，社会保障资金的财政来源已经发生了一些变化，“福利国家”正在试图减轻雇主的资金负担，以便在具有更高失业率和面临更激烈的外部竞争的情况下，抑制高额的劳动成本，增强企业的国际竞争力，以利于企业为政府创造稳定的财政资金来源。

（5）改变社会保障制度结构，建立多层次的，国家、企业、个人多方参与的综合体系。

除了采取以上各项开源节流措施外，各国政府更加注重社会保障质量的提高。例如，英国布莱尔政府曾提出发展社会保障新思路，重点不再是增加社会津贴，而是增加社会服务，向社会提供更好的公共服务，如提供教育和保健等公共产品、采取措施进行职业培训等。

综上所述，西方国家社会生产力水平发展到一定的高度，社会拥有一定的剩余产品可供扣除，并建立起一套完整的收入分配调节制度，是西方社会保障制度产生与发展演变的经济条件；西方社会各阶级、各集团政治力量的对比决定着经济利益和社会权利的分配，阶级矛盾日益尖锐化，工人阶级为维护自身权益进行坚决的斗争，是推动西方社会保障制度产生与发展演变的社会政治条件；工业化大生产使工人失去土地保障，市场经济发展及其周期性规律强化了人们对社会保障的需求，是推动西方社会保障制度产生与发展演变的社会现实原因。正是基于以上这些经济的、社会的、政治的原因和条件，西方社会保障制度才得以在西方国家形成和发展起来。经过多年努力，西方发达国家在社会保障制度改革中取得了一定的成效，但与建立一个有效的、完善的保障体制和机制的目标距离还很远。目前，各国仍在根据本国的特点和条件，不断地对社会保障制度加以改革和调整。

## 第三节 中国社会保障制度的历史变迁

### 一、中华人民共和国成立之前的社会保障活动概述

在中国古代社会，受制于当时的社会经济与政治条件，虽然没有产生现代意义上的社会保障概念，但产生了类似于社会保障的文化思想和行为活动。传统的社会保障最早可以追溯到古代社会成员之间自发产生的互助、互济、赈灾、赈穷等形式，这在当时恶劣的生存条件下，成为人类社会生存和发展的一个重要条件。从一定意义上讲，当时的社会救济、赈灾活动可以说是社会保障行为活动的萌芽。据史料记载，周代有“保息六政”——“慈幼、养老、赈穷、恤贫、宽疾、安富”。汉代设“社仓”——民众捐谷物，政府贷给粮食，各方设仓储存，以待灾年救济邻里贫户。孔子的《礼记·礼运·大同篇》中包含了大同思想。《孟子·梁惠王》中有“老吾老以及人之老，幼吾幼以及人之幼，天下可运于掌”。这些原始的、朴素的社会保障思想体现了社会保障在中国古代社会的萌芽，这在当时的社会条件下不可能完全付诸实施，但它们在调整人们的行为关系、维护当时的社会稳定方面能够发挥一定的作用。

在中国封建社会，历代封建王朝开展了一些类似于现代社会保障的活动。例如，在救灾方面，宋神宗年间，曾“诏募民修农田水利”，诏令“灾民灭蝗除害，得蝻五升，或蝗一斗，给细色谷一升。蝗种一升，给粗色谷二升。给价钱者，依中等实直”。在救济方面，宋代设常平仓、惠民仓、福田院、广惠仓等，有养老、恤孤、济贫之用。元代设养济院，收养“诸鳏寡孤独、老弱残疾、穷而无告者”。清代地方上亦举办有社仓、义学、施医局、施粥厂等。历代封建王朝还重视优抚政策的运用，其优抚对象主要是军人及其家属。

在国民党统治时期，国民党政府也曾就职工养老、医疗、工伤、死亡、生育等颁布过一些社会保障方面的法令和规定，但是由于当时军阀割据，政局不稳，政令不畅，加之官僚买办资本的抵制和民族资本的弱小，这些法令、规定并没有真正得到实施。在20世纪30年代，中国共产党在创建了革命根据地之后，也仿效苏联模式，颁布了一些社会保障制度，然而由于脱离实际，待遇标准过高，缺乏实施的经济基础，探索没有获得预想的效果。中华人民共和国成立前夕，东北解放区实行了公营企业社会保险，这是新生的人民政权实行的第一个统一制度、统一管理的劳动保险制度。

### 二、中华人民共和国成立后社会保障制度的建设历程

1.社会保障制度的初创时期（1949—1956年）

1949年10月1日，中华人民共和国成立，为新中国社会保障制度的创建奠定了基础。《中国人民政治协商会议共同纲领》明确规定，“革命烈士和革命军人的家属，其生活困难者应受国家和社会的优待。参加革命战争的残疾军人和退伍军人，应由人民政府给予适当安置，使能谋生立业”，并要“逐步实行劳动保险制度”。

1951年2月26日，政务院正式颁布了《中华人民共和国劳动保险条例》（以下简称

《劳动保险条例》），具体规定了职工在疾病、伤残、死亡、生育及年老后获得必要物质的办法，同时规定职工供养的直系亲属也可享受一定的社会保险待遇。《劳动保险条例》经过1953年、1956年两次修订，扩大了劳动保险实施范围，提高了部分待遇标准，实施范围包括城镇机关、事业单位之外的所有企业和职工，从而成为新中国社会保障制度中最重要的一项制度。全国企业职工的参保总数达到1 600万人，签订社会保险项目集体合同的职工也达700万人，这些职工占当年国营、公私合营、私营企业职工总数的94%。在管理体制上，依据《劳动保险条例》的规定，企业基层工会负责社会保险基金的收缴、发放。各省、市工会组织，各产业工会全国委员会或地区委员会对所属企业基层工会负指导督促的责任。各级人民政府工会机关负责监督社会保险金的收缴、发放，并处理有关社会保险事件的申述。在筹资模式上，《劳动保险条例》实际上确立了以企业单方付费为基础的现收现付筹资机制。《劳动保险条例》将社会保险金划分为两大块，即企业基层工会管理的社会保险基金与全国总工会管理的社会保险总基金。另外，《劳动保险条例》还具体规定了养老保险和医疗保险的给受资格和待遇水平。

1952年6月27日，政务院颁布《关于全国各级人民政府、党派、团体及所属事业单位的国家工作人员实行公费医疗预防的指示》，这一规定在报销范围上高于企业水平，但在供养直系亲属待遇方面则低于企业水平，不享受供养直系亲属的医疗补助。在病假期间工资待遇方面，1952年9月12日政务院颁发了《关于各级人民政府工作人员在患病期间待遇暂行办法》。上述原办法和修改后的新办法在待遇水平上均高于企业。1952年公费医疗制度启动时，该医疗保险计划覆盖国家干部400万人。公费医疗制度自此建立。1955年12月29日，国务院发布《国家机关工作人员退休处理暂行办法》《国家机关工作人员退职处理暂行办法》等法规，首次对国家干部享受养老金的资格与待遇水平做了规定，国家机关、事业单位职工退休、退职制度由此确立。

1956年6月30日，第一届全国人民代表大会第三次会议通过了《高级农业生产合作社示范章程》，确立了面向乡村孤老残幼的“五保”制度。在这一时期，中央政府及其职能部门还就社会福利事业、社会救济工程、生活困难补助等社会保障问题发布了一系列的规范性文件。

至此，我国已初步建立起了一套全国统一的社会保障制度。在城镇，有企业职工的劳保制度和国家机关工作人员的劳保制度；在农村，有农民专业合作社章程。同时还发布了社会福利、社会优抚以及社会救助等工作在政策上的规定。在这一时期，我国社会保障制度的主要特点是以国家（通过中央政府）为主要责任主体、城乡单位共同负责并一起组织实施的较为完整的社会保障制度。统计数字显示，至1957年末全国支付的保险福利费（含养老金、医疗费）总额为27.9亿元，占职工工资总额的17.9%。

2.社会保障制度的调整时期（1957—1966年）

1957年，“三大改造”任务完成，国家转入有计划的社会主义经济建设时期。为适应新形势发展需要，中央政府开始对社会保障制度进行调整与完善，在退休制度方面颁行了《关于工人、职员退休处理的暂行规定》《关于工人、职员退职处理的暂行规定》等法规，首先对养老保险制度进行调整，将企业职工养老保险与国家干部养老保险纳入到一个共同的公共养老保险计划之中，在退休、退职的条件、待遇、标准上也都做了修正。但自1958年以后这一趋同的进程因种种原因而中止。

1962年2月，国务院颁布了《关于精简职工安置办法的若干规定》等法规，并开始在中国农村普遍建立起县、乡（公社）及村（生产大队）三级医疗保健网，合作医疗制度在广大乡村建立起来。

这一时期，卫生部、劳动部也对公费医疗和劳保医疗进行了改进，还在职业病保障方面规定了职业病的范围和职业病患者的医疗办法。针对企业劳动保险医疗和国家机关公费医疗中存在的浪费现象，1965年卫生部和财政部颁发了《关于改进公费医疗管理问题的通知》；1966年劳动部和全国总工会联合发布了《关于改进企业职工劳保医疗制度几个问题的通知》。这两个文件分别对劳保医疗与公费医疗制度进行了调整，象征性地引入个人负担机制。与此同时，这一阶段还调整了学徒的社会保险待遇；对病、伤、生育假期进行了规定；规定了职业病范围和职业病患者的保险办法；建立了异地支付社会保险待遇的办法。

同时，国家对社会救济、农村“五保”保障和军属优待制度也进行了相应的调整，军人的退休制度也得到确立。

这一阶段的社会保障制度主要是在原有各项基本制度的基础上不断进行调整完善，改进保障的内容，扩大保障的范围，修订社会保障的待遇标准。此时的社会保障制度仍然延续着创立时期的格局，国家（主要体现在中央政府）承担着主要责任，各单位共同承担相关责任。

3.社会保障制度的受挫时期（1967—1976年）

在这一时期，社会保险的管理机构被撤销，如工会、劳动部、民政部、卫生部、人事部等机构长期处于瘫痪状态；负责企业职工社会保险管理的中华全国总工会停止活动；负责国家机关干部社会保险管理的内务部被撤销；中华人民共和国成立以来建立的各种社会保障法律法规和制度实际被废止，社会保障工作无章可循；社会保障基金被停止提取，退休费用的社会统筹被取消；在中央政府宏观管理层面上，社会保险体系出现“真空”状态。

1969年2月，财政部发布《关于国营企业财务工作中的几项制度的改革意见（草案）》，规定国营企业一律停止提取劳动保险金，原在劳动保险金中开支的劳动保险费用改在企业营业外列支，形成待遇标准按照国家政策规定执行，所需费用由企业实报实销的“企业保险”模式，至此，社会保险变成了企业保险，完全失去了社会统筹的功能，社会救济和社会优抚工作也受到了严重干扰，社会保障制度的责任重心由国家转向单位，企业办社会的现象日益严重，社会保障在很大程度上走向自我封闭的单位化、企业化。另外，这还造成了正常退休制度的中断。这一时期结束时，企业职工应退而未退者达200万人，机关事业单位职工达60万人。

4.社会保障制度的恢复时期（1977—1986年）

1978年，党的十一届三中全会召开，为我国社会保障事业的全面恢复和健康发展提供了良好的政治和经济条件，同年通过的《中华人民共和国宪法》在第四十八条、第四十九条、第五十条分别对劳动者的福利、养老、疾病医疗和丧失劳动能力的物质帮助以及对残疾军人、烈士家属等的生活保障问题做出了原则规定。1978年6月2日，国务院颁布的《国务院关于安置老弱病残干部的暂行办法》和《国务院关于工人退休、退职的暂行办法》，是传统养老保险制度在新的历史时期的复归和延续，对老弱病残干部及工人退休、退职后的安置、退休待遇等做了明确的规定。1980年10月7日，国务院发布《关于老干部离职休养的暂行规定》，离休制度由此确立，并与一般退休制度一起构成了中国的退休养老制度。

1979年1月8日，财政部、民政部联合发出《关于调整军人、机关工作人员、参战民兵民工牺牲、病故抚恤金标准的通知》。1980年6月4日，国务院颁发了《革命烈士褒扬条例》。

1982年12月4日，五届人大五次会议修订通过的《中华人民共和国宪法》第四十三条中规定了国家发展劳动者休息与休养的设施及休假等福利问题，第四十四条规定了国家机关与企事业单位职工的退休保障，第四十五条规定了公民在年老、疾病或者丧失劳动能力的情形下有从国家和社会获得物质帮助的权利（包括社会保险、社会救济、医疗卫生、优抚事业、各种社会福利等），第四十六条规定了公民受教育权利，第四十八条规定了妇女权益问题，第四十九条规定了老人、妇女、儿童保护等。由此可见，1982年通过的《中华人民共和国宪法》对公民的社会保障权益的规范是相当广泛的。

1984年6月，劳动人事部、中华全国总工会在全国推广北京市关于扩大职工劳保医疗制度改革试点经验，对所采取的试行部分医药费与个人利益挂钩的办法给予肯定。1984年4月，卫生部、财政部在进一步加强公费医疗管理的通知中指出，公费医疗制度改革在保证看好病、不浪费的前提下，在具体管理办法上可以考虑与享受单位、医疗单位或个人适当挂钩。同时指出，不宜把公费医疗经费包干给个人。

1984年10月20日，中共十二届三中全会通过了《关于经济体制改革的决定》，打开了社会保障制度改革的大门。1986年4月12日，六届人大四次会议通过的《国民经济和社会发展第七个五年计划》不仅首次提出社会保障的概念，而且还单独设章阐述了社会保障的改革和社会化问题，社会保障社会化作为计划经济时代国家负责、单位包办保障制度的对立物，被正式纳入国家发展计划；1986年7月12日，由国务院发布《国营企业实行劳动合同制暂行规定》和《国营企业职工待业保险暂行规定》，不仅明确规定国营企业用劳动合同制取代计划经济时代的“铁饭碗”，规定合同制工人的退休养老实行社会统筹，并由企业与个人分担缴纳保险费的义务，而且初步建立了失业保险制度的框架，从而具有显著的制度创新特征；1986年11月10日，由劳动人事部颁发的《关于外商投资企业用人自主权和职工工资、保险福利费用的规定》，强调外资企业必须缴纳中方职工退休养老基金和待业保险基金，意味着国家在承认经济结构多元化的条件下，对劳动者社会保障权益的维护，并开始消除社会保障单位化的烙印。

上述有关社会保障的文件的发布与实施，表明中国社会保障制度自此进入了制度重构的恢复时期。

5.社会保障制度的不断深化改革时期（1987—2000年）

从20世纪80年代末90年代初开始，随着中国市场化的改革进程加快，原来计划经济体制下形成的社会保障体系已经跟不上时代的需要。为此，1993年党的十四届三中全会《关于建立社会主义市场经济体制若干问题的决定》（以下简称《决定》）提出：

建立多层次的社会保障体系，对于深化企业和事业单位改革、保持社会稳定、顺利建立社会主义市场经济体制具有重要意义。20世纪90年代，我国着力改革了职工基本养老保险制度和基本医疗保险制度，重建了社会化的工伤、生育保险制度，始建了失业保险制度。

（1）第一阶段（1987—1992年）

这一阶段的重点是为国有企业改革配套和缓解乡村贫困问题，原有的社会保障制度在延续，但新型的社会化保障机制开始建立。在这一阶段提出了社会保障社会化原则，并通过中央政府的推动取得了进展，国家责任得到了适度控制和调整，改变单位包办社会保障事务的做法成了改革的重要内容，个人亦开始承担有象征意义的缴费责任等，这些变化预示着社会保障社会化开始替代社会保障单位化。这一阶段社会保障改革的重点在总体上是为国有企业改革配套和缓解贫困地区的乡村贫困问题，但单纯强调为国企改革配套亦使城镇社会保障制度改革目标走向片面化，正是这种片面化造成了社会保障制度改革日益滞后于经济改革与社会发展的需要。

1991年6月，国务院发布《关于企业职工养老保险制度改革的决定》，开始尝试性地社会养老保险结构的改革实践。在养老保险的筹资方面，确定社会养老保险费用由国家、企业和职工三方共同筹资，职工个人按本人工资的3%缴纳养老保险费。在制度结构上，确定探索建立国家基本养老保险、企业补充养老保险和个人储蓄性养老保险相结合的多层次养老保险体系。在这个多层次的养老保险体系中，第一个层次是基本社会养老保险，它是核心，由国家立法，在全国统一强制实施，适用于城镇各类职工。第二个层次是由用人单位依据自己的经济情况自主决定、量力举办的企业补充养老保险，它对第一层次具有补充作用，是多层次养老保险体系的重要组成部分。第三个层次是职工个人储蓄性养老保险，个人根据经济能力和不同需求自愿实施。当时制定这个制度模式的目的是想通过企业补充养老保险和个人储蓄性养老保险的方式调动多方面的积极性，适当分散国家的经济负担，并能够适当积累起一定的基金，促进经济发展。

（2）第二阶段（1993—1997年）

在第二阶段，社会保障成为市场经济体系的重要支柱，新旧社会保障制度并存，此消彼长。这一阶段以党的十四届三中全会通过的《决定》中对社会保障改革提出明确要求与原则规范为主要标志。社会保障社会化自此成为改革追求的主要目标，并越来越多地体现在政策实践中，但原有的社会保障制度亦未明确宣布废除，因此，这一阶段是原有社会保障制度和新型社会保障制度并存、此消彼长的时期。在这一阶段，国家已经确定经济改革的目标模式是市场经济体制，社会保障制度被确认为市场经济正常运行的维系机制，社会保障亦被称为市场经济体系的五大支柱之一。《决定》的第十六至二十八条中明确要求“建立多层次的社会保障体系”，并确认了“社会保障体系包括社会保险、社会救济、社会福利、优抚安置和社会互助、个人储蓄积累保障”及“城镇职工养老和医疗保险金由单位和个人共同负担，实行社会统筹和个人账户相结合”等重要内容。

1993年11月，党的十四届三中全会通过的《决定》正式决定实行社会统筹和个人账户相结合的社会保险制度。其中，一个最重大的突破是关于个人账户的设置；“社会统筹和个人账户相结合”实际上就是社会统筹和积累制的结合。另一个突破是要求建立统一的社会保障管理机构，社会保障行政管理和社会保险基金经营要分开。社会保障管理机构主要是行使行政管理职能；社会保险基金经办机构在保证基金正常支付的安全性和流动性的前提下，可依法把社会保险基金主要用于购买国家债券，确保社会保险基金的保值增值。《决定》明确提出“养老保险实行社会统筹与个人账户相结合”（简称“统账结合”）方案供各地选择试点。同年，国务院颁布了《国有企业职工待业保险规定》，将覆盖面扩大到国有企业的全部职工。

1994年1月23日，国务院颁布《农村五保供养工作条例》，农村五保供养工作自此走向规范化。同年4月，经国务院批准，国家体改委、财政部、劳动部、卫生部联合发布《关于职工医疗制度改革的试点意见》，在城市开始推进职工医疗保险制度改革，医疗保险开始取代公费医疗和劳保医疗制度。国务院决定在江苏省镇江市和江西省九江市按照“统账结合”模式进行职工医疗保险制度改革试点。经过3年多的试点与探索，取得初步成效，主要是保障了职工的基本医疗，遏制了医疗费用的过快增长，财政、单位和个人的负担相应减轻。同年，还先后制定并公布了《国家八七扶贫攻坚计划（1994—2000）》《关于深化城镇住房制度改革的决定》，扶贫工作与住房制度改革步入一个新的发展时期。此外，劳动部、民政部等还颁布了一系列有关社会保险、最低工资保障、福利彩票管理等方面的行政性法规。

1995年3月，国务院发布的《关于深化企业职工养老保险制度改革的通知》具体确定“社会统筹与个人账户相结合”的实施方案，确定“统账结合”是中国城镇企业职工基本养老保险制度改革的方向。该通知提出，到20世纪末，基本建立适应社会主义市场经济体制要求，适用于城镇各类企业职工和个体劳动者，资本来源多渠道，保障方式多层次，社会统筹与个人账户相结合、权利与义务相对应，管理服务社会化的养老保险体系。但在实际运行中，由于对探索建立一种新社会保障制度存在认识上的差异，也由于在具体操作中遇到了地方与中央、行业与地方，不同省份各市、县之间的利益不一致，形成了城镇职工养老保险制度多种方案并存的破碎局面，结果导致了在全国产生了上百种改革方案，也导致了地区之间养老金水平相互攀比，中央难以管理、调控，职工跨地区流动困难等问题。这些现象在一定程度上暴露出中国养老保险制度改革的深层次矛盾和改革的复杂性。

在“两江”试点的基础上，1996年4月，国务院又选择了57个城市，扩大医疗保险制度改革试点。各试点城市在“统账结合”的制度框架内，对新型医疗保险制度的管理模式、运行机制进行积极探索，以期取得更加系统、全面和成熟的经验。

1997年7月，国务院颁布《关于建立统一的企业职工基本养老保险制度的决定》，为解决养老保险制度多种方案并存的问题，采取了以下果断的措施：①在养老保险费的筹集方面，按职工工资的11%建立养老保险个人账户，其中个人缴费最终上升到8%，企业缴费划入的部分最终降低到3%。②在企业缴费的控制方面，企业缴费（含划入个人账户部分）的费率不得超过工资总额的20%。③养老金由基础养老金和个人账户两部分组成。④将11个行业统筹划归地方社会保险机构管理。至1997年末，11个参加行业统筹的在职职工人数为1 400万人，占国有企业职工总数的15.8%，离退休人员360万人，占参加统筹企业离退休人数的13.2%。⑤为了加速养老保险制度改革，国务院还决定在行业统筹移交地方统一管理的同时，加大推进省级养老保险统筹的力度，确立了基本养老保险基金省级调剂金制度的推进计划，确定到2000年，在省、自治区、直辖市范围内，要基本实现统一企业缴纳基本养老保险费比例，统一管理和调度使用基本养老保险基金，对社会保险经办机构实行省级垂直管理。新型养老保险制度建设取得重要进展。

此外，国务院还颁布了《关于在全国建立城市居民最低生活保障制度的通知》(1997)、《关于卫生改革与发展的决定》(1997) 等，促使城镇贫困救济政策走向制度化，卫生体制改革被正式列入改革日程。

因此，这一阶段的社会保障制度改革随着经济改革步伐的加快而加快，它体现了为市场经济改革服务，以养老保险改革和医疗保险改革为重点的特色。

(3) 第三阶段 (1998—2000年)

社会保障逐渐成为我国一项基本的社会制度，社会保障制度日趋完善。1998年3月，新一届中央政府在保留民政部的同时，新组建了劳动和社会保障部，相对统一了社会保障管理体制，社会保障全面走向社会化，成为改革旧的社会保障制度和建设新型社会保障制度的明确目标，超越了片面为国有企业改革配套和单纯为市场经济服务的观念，开始将社会保障制度作为一项基本的社会制度安排来建设。在这一阶段，国务院先后颁布了《关于实行企业基本养老保险省级统筹和行业统筹移交地方管理有关问题的通知》(1998)、《关于建立城镇职工基本医疗保险制度的决定》(1998)、《失业保险条例》(1999)、《城市居民最低生活保障条例》(1999)、《住房公积金管理条例》(1999)、《社会保险费征缴暂行条例》(1999) 等一系列法规或法规性文件，并成立了全国社会保障基金理事会，劳动和社会保障部、民政部等亦制定了一批有关社会保险、社会福利、社会救助方面的法规性文件，规范与指导社会保障制度的全面转型。

在"社会统筹和个人账户相结合"的制度模型下，由于改革前退休的"老人"，以及改革前参加工作、改革后才退休的"中人"缺乏积累，这造成统筹账户存在巨大支付缺口，各地社保部门均调用个人账户资金用于当期支付，个人账户有名无实，长年"空转"。挪用个人账户造成的新债，加之远未偿还的"隐性负债"旧债，一起将偿付责任推向了未来。个人账户的长期空转不仅严重打击了个人缴费的积极性，而且背离了"统账结合"的改革方向。

《失业保险条例》(以下简称《条例》) 实际上架构了一个新的失业保险体系：①覆盖范围扩大至城镇所有企、事业单位职工，将职工与干部纳入到一个共同的失业保险计划之中；②通过引入个人缴费机制，确立了新的供款模式；③设置了新制度的财务稳定保障机制，《条例》要求建立市一级层次上的基金统筹机制，并授权地方政府建立失业保险调剂金；④确立了弹性受益基准。

1998年底，国务院召开了全国城镇职工医疗保险制度改革工作会议，决定从1999年初开始对已实行了40余年的城镇医疗保险体系进行全面改革。在这次会议上，中央政府以征求意见稿的形式推出了未来社会医疗保险制度的基本框架。该方案的主要内容包括：①突破了旧制度以职业性质确定受益对象的传统，将覆盖范围扩展至城镇所有在职劳动力。②确立了“统账结合”的供款机制。③确立了统筹基金的起付标准和最高支付限额。超过统筹基金最高支付限额的医疗费用，则通过个人的商业投保行为来解决。④新制度实行社会化、属地化管理，同时以地级以上行政区划为统筹单位，统一执行政策、统一管理。

总之，在这一阶段中，我国社会保障制度改革与建设取得了初步成效，社会保障制度体系框架基本形成。在制度主体上，实现了从“企业保障”向社会保障的转变，解决了“企业保障”引发的企业社会保障负担畸轻畸重的问题。在制度模式上，创造性地建立了“统账结合”的制度模式，并通过开展做实养老保险个人账户试点，推动养老保险由完全现收现付制向部分积累制的模式转变，增强了社会保障制度应对人口老龄化的能力。在筹资机制上，从国家单一责任转变为国家、企业、个人三方责任共担，增强了制度的支撑能力。在保障层次上，建立了以社会保险、社会救助、社会福利为基础，以基本养老、基本医疗和最低生活保障制度为重点，以慈善事业、商业保险为补充的多层次社会保障体系，实现了由单一层次向多层次保障体系的转变，满足了人民群众多样化的社会保障需求。社会保险覆盖范围不断扩大，待遇水平稳步提高，越来越多的人民群众享受到了改革发展成果。

6.中国特色社会主义的社会保障制度建设（21世纪以来）

进入21世纪后，这一进程进一步加快，各项社会保障制度逐步健全，覆盖面迅速扩大，资金实力明显增强，待遇水平稳步提高，管理服务日益规范，形成了具有中国特色社会主义的社会保障体系框架。

（1）第一阶段（2000—2009年）

2000年，国务院决定选择辽宁省进行完善城镇社会保障体系试点，颁布了《关于印发完善城镇社会保障体系试点方案的通知》，决定从2001年7月开始在辽宁省进行完善城镇社会保障体系试点工作。试点的内容主要有两个方面：第一，将个人账户的规模从11%降到8%；第二，逐渐将个人账户由个人全部“做实”，到2003年11月底，全省参加企业基本社会养老保险人数687万人，累计征收做实个人账户资金83.6亿元，个人账户计清率为99.9%。辽宁省试点的核心内容是将一直“空账”运行的个人账户“做实”，实行真正的“半积累制”。辽宁省试点的其他内容还包括：完善城镇企业职工的基本养老保险；解决下岗职工的安置，结束旧的劳动关系，完成再就业中心向失业保险并轨工作的历史使命；实施城镇居民最低生活保障；推进城镇企业职工的基本医疗保险；探索社会保障筹资的途径和管理方法；推进社会保险的社会化管理。目标是建立独立于企业、事业单位之外，资金来源多元化、保障制度规范化、管理服务社会化的社会保障体系。

2003年，党中央、国务院决定，在黑龙江和吉林两省进行扩大完善城镇社会保障体系试点工作，提出在总结辽宁省试点经验的基础上，通过两省的试点，为完善我国城镇社会保障体系进一步积累经验。

2004年3月召开的十届全国人大二次会议通过宪法修正案，正式将建设同经济发展水平相适应的社会保障制度写入了《宪法》，标志着社会保障制度正式成为国家发展必要的基本制度安排。因此，在这一阶段，国家仍然继续主导着社会保障改革并承担着直接的、重要的责任，构成社会的各个方面（如企业、机关事业单位、慈善公益团体及社会成员个人）共同分担社会保障责任，社会保险、社会救助、社会福利等各项社会保障制度的规范性建设和管理、服务社会化取得了显著的进展。

2005年12月，国务院发布《关于完善企业职工基本养老保险制度的决定》，从2006年起又将试点改革扩大到除东三省之外的八个省、自治区、直辖市，包括天津、上海、山东、山西、湖北、湖南、河南和新疆。

2006年，中共十六届六中全会从构建社会主义和谐社会的战略高度，明确提出到2020年建立覆盖全民的社会保障体系。2007年，党的十七大报告再次提出加快建立覆盖城乡居民的社会保障体系。这标志着中国社会保障制度建设进入了一个新的历史阶段。到2020年，中国政府要在一个十几亿人口的大国做到全民保障。这不仅是中国人民的福音，也是对世界养老保障制度的一个重大贡献。同时，这个任务也是十分艰巨的，需要更多的智慧和付出更多的努力。

到2006年末，全国基本养老保险、基本医疗保险、失业保险、工伤保险和生育保险参保人数分别达到18 766万人、15 732万人、11 187万人、10 268万人和6 459万人，有2 241万城市居民和1 509万农民享受最低生活保障，5 400万人参加农村养老保险。2006年，五项社会保险基金总收入8 626亿元，总支出6 472亿元，年底累计积累8 239亿元。为应对将来人口老龄化可能带来的资金支付压力，国家建立了具有战略储备性质的全国社会保障基金，目前已积累3 300多亿元。

2007年底，《中华人民共和国社会保险法（草案）》提交全国人大常委会审议，草案确定了“广覆盖、保基本、多层次、可持续的方针”，明确了我国社会保险制度的基本框架，对社会保险的覆盖范围、社会保险费征收、社会保险待遇的享受、社会保险基金的管理和运营、社会保险经办机构的职责、社会保险监督以及法律责任等方面做了规定。2007年10月15日，中国共产党第十七次全国代表大会在北京召开。党的十七大以来，我国社会保障制度改革进入了一个新阶段，确立了我国社会保障制度改革的目标是建立覆盖城乡居民的社会保障体系。

21世纪前十年，我国相继出台相关政策：《关于完善城镇社会保障体系的试点方案》（2000）、《工伤保险条例》（2003）、《农村医疗救助制度》（2003年）、《劳动保障监察条例》（2004）、《新型农村合作医疗制度》（2004年开始试点）、《城镇居民基本医疗保险制度》（2007年试点）、《农村最低生活保障制度》（2007年）、《城乡医疗救助制度》（2009年）、《新型农村社会养老保险制度》（2009年试点）和《城镇居民社会养老保险制度》（2011年试点）。

（2）第二阶段（2010—2015年）

“十二五”是改革开放以来社会保障改革力度最大、投入规模空前、发展速度最快、惠及民生最广的时期。“十二五”可以说是中国新型社会保障体系从长期渐进的试验性改革状态走向成熟、定型的重要过渡期。

①社会保障改革与制度建设全面推进。

第一，综合型社会救助制度基本形成。社会救助是整个社会保障体系的基础性制度安排。在以往改革的基础上，国务院于2014年2月21日公布、同年5月1日实施的《社会救助暂行办法》（以下简称《办法》）正式确立了中国综合型的社会救助制度。《办法》将“托底线、救急难、可持续”作为社会救助工作的基本原则，它是中国社会救助事业发展的一个里程碑，对保障公民的基本生活、促进社会公平、维护社会和谐稳定具有重大现实意义。2015年，国务院又决定全面建立临时性的急难救助，使综合型社会救助制度进一步健全。

第二，普遍性养老金制度得以确立。“十二五”期间，在继续推进职工基本养老保险制度建设的同时，以2009年启动并于2010年加速推进的农村居民养老保险试点为先导，2011年启动城镇居民养老保险试点，到2012年底时实现了基本养老保险制度对城乡居民的全覆盖。2014年2月21日，国务院下发《关于建立统一的城乡居民基本养老保险制度的意见》，将新型农村社会养老保险和城镇居民社会养老保险合并实施，建立了全国统一的城乡居民基本养老保险制度。2015年1月14日，国务院发布《机关事业单位工作人员养老保险制度改革的决定》，实现了机关事业单位传统的退休金制度向社会养老保险制度转型，并与企业职工基本养老保险制度的原则、框架及实质内容保持了一致性，这一改革决定对于消除公职人员与企业职工养老金差距巨大的“双轨”制根源并最终形成统一的社会养老保险制度具有十分重大的进步意义。至此，中国普遍性养老金制度全面建立。

第三，全民医保体系基本建成。一方面，“十二五”期间，在继续推进职工基本医疗保险改革的同时，中央政府持续加大投入，全面推进城镇居民基本医疗保险制度建设与新型农村合作医疗发展，这三项基本医疗保险制度在“十二五”期间覆盖了全国95%以上的人口，实现了基本医疗保险制度覆盖全民的基本目标；另一方面，针对城乡居民重特大疾病缺乏保障并导致因病致贫等不良社会效应的现实，2015年8月，国务院办公厅印发《关于全面实施城乡居民大病保险的意见》，到2015年底大病保险覆盖所有城乡居民基本医保参保人群，大病保险支付比例达到50%以上，这是对全民医疗保险制度的完善。

第四，社会福利事业稳步发展。2013年9月，国务院发布《关于加快发展养老服务业的若干意见》，标志着养老服务业进入全面发展时期。2014年4月18日，民政部印发了《关于进一步开展适度普惠型儿童福利制度建设试点工作的通知》。2015年9月22日，国务院印发《关于全面建立困难残疾人生活补贴和重度残疾人护理补贴制度的意见》，建立面向残疾人的社会福利制度取得重大进展。2013年12月6日，由住房和城乡建设部联合财政部、发改委发布通知，从2014年起各地公共租赁住房和廉租住房实行并轨，统称为公共租赁住房，此项政策是完善住房保障体系的重要举措。

第五，发展补充保障的政策已经明朗。一是发展补充养老保险的政策已经明朗。2013年7月发布《关于鼓励社会团体、基金会和民办非企业单位建立企业年金有关问题的通知》，2013年12月发布《关于企业年金、职业年金个人所得税有关问题的通知》，国家在推进机关事业单位养老保险制度改革的同时确立了建立职业年金制度，并自2014年1月1日起实施企业年金、职业年金、个人所得税递延纳税优惠政策，这为补充层次的养老保险得到健康发展提供了基本依据。二是2014年8月10日印发《关于加快发展现代保险服务业的若干意见》，对建成与中国经济社会发展相适应的现代保险服务业具有重大意义。三是2014年12月18日发布《关于促进慈善事业发展的指导意见》，它为国家立法机关制定《中华人民共和国慈善法》(以下简称《慈善法》)提供了有利的条件。

此外，2015年8月17日发布了《基本养老保险基金投资管理办法》，这意味着养老保险基金长期贬值的困局将得以解脱，基金保值增值的目标可以通过更加宽松的投资方式与投资渠道得到保证。

上述事实表明，“十二五”时期确实是中国社会保障改革与制度建设全面推进的时期，也是中国社会保障从长期试验性改革状态逐渐走向成熟、定型发展时代的重要过渡时期。

②社会保障法制建设与立法机关的作用明显加强。

在“十二五”期间，中国社会保障改革与制度建设的一个重大进步就是专门的社会保障法律开始得以制定与实施，相关社会保障法律得以完善，行政机关向立法机关报告社会保障事项并接受其监督逐渐走向常态化。“十二五”期间，社会保障法制化建设取得的重要进展有：

第一，实施《社会保险法》。该法于2011年7月1日正式实施。《社会保险法》的出台有助于推动中国社会保障事业的法制化，增强社会保障制度的权威性和稳定性。

第二，制定与实施《中华人民共和国军人保险法》(以下简称《军人保险法》)。2012年4月27日，第十一届全国人大常委会第二十六次会议通过了《军人保险法》，它是中华人民共和国成立以来国家专门就军人保险事务制定的第一部法律。

第三，制定新的有关社会保障的刑法解释。《全国人大常委会关于〈中华人民共和国刑法〉第二百六十六条的解释》于2014年4月24日发布，该解释为打击社会保险及其他社会保障领域中的违法犯罪行为提供了明确的法律依据，对于维护社会保险基金安全、促进社会保障事业健康发展有重要意义。

第四，大幅修订《中华人民共和国老年人权益保障法》(以下简称《老年人权益保障法》)。2013年7月1日，《老年人权益保障法》正式实施，两部配套性规章——《养老机构设立许可办法》和《养老机构管理办法》同步施行，确立了中国特色社会养老服务体系的基本框架，它的实施对于保障老年人的权益具有重要意义。2015年4月24日，《老年人权益保障法》第四十四条修正案，扫除了民间资本进入养老服务业的法律障碍，预示着养老服务业发展将进入官民并重的新时代。

第五，国务院还制定或修订了一批社会保障行政法规。《军人抚恤优待条例》于2011年8月1日正式实施。《社会救助暂行办法》于2014年5月1日起实施。国务院还根据《社会保险法》修订了原有的《工伤保险条例》，并于2011年1月1日正式实施，进一步完善了工伤保险制度。此外，2016年3月16日通过了《慈善法》，它开启了慈善事业大发展的新时代。

第六，国家立法机关对社会保障制度运行的监督作用明显加强。一是将社会保险基金纳入国家立法机关监督范围。2013年3月8日，首次将社会保险基金纳入中央预算口径管理，接受国家立法机关监督。二是开展社会保障专题询问，推进立法机关组成人员对政府部门组成人员的直接对话并让其接受公开监督。2014年12月28日，第十二届全国人大常委会第十二次会议举行联组会议，审议国务院关于统筹推进城乡社会保障体系建设工作情况的报告并开展专题询问。与此同时，国家立法机关几乎每年都要听取国务院有关社会保障领域的工作报告，行使相应的监督权。

综上，社会保障改革与制度建设已经不再单纯是政府部门的事情，而是伴随着立法机关越来越深的介入，已经进入了走向法制化时代的初级阶段。

③公共投入的力度和惠及民生的广度前所未有。

“十二五”期间，社会保障改革与制度建设发展最为重要的成果就是，在持续加大政府公共投入力度的条件下，整个社会保障水平有了大幅度的提升，越来越多城乡居民的生活后顾之忧得到解除或者减轻。在“十二五”期间，国家财政用于社会保障与就业的一般公共预算支出（主要是社会保障支出）合计达到7.2万亿元，是“十一五”期间累计支出3.3万亿元的2.2倍，年均增长15.0%；用于医疗卫生和计划生育的一般公共预算支出（主要是医疗保障与公共卫生支出）合计为4.6万亿元，是“十一五”期间累计支出1.7万亿元的2.7倍，年均增长17.1%。上述两大类指标的增长幅度均快于全国公共财政支出13.8%的增长速度。进入“十二五”后，国家对社会保障的公共投入保持了逐年大幅增长的态势。“十二五”期间各项社会保险的参保人数均较“十一五”期末有较大幅度增加，其中养老保险参保人数增长近5亿人，医疗保险基本实现了全民覆盖，社会保障卡持卡人数超过了8.6亿人。2015年，职工基本养老保险金已经实现了11年连续增长10%，人月均2 200多元。2015年11月，中共中央、国务院印发《关于打赢脱贫攻坚战的决定》，决心要在2020年前消灭区域贫困并解决好绝对贫困人口问题，其中突出强调最低生活保障制度要为最困难的2 000万群众兜底脱贫。国家发布的《关于建立社会救助和保障标准与物价上涨挂钩的联动机制的通知》《关于进一步规范城乡居民最低生活保障标准制定和调整工作的指导意见》，标志着中国城乡低保标准动态调整机制正式建立。中国的社会救助制度惠及的城乡居民逾亿。到2015年末，公共房屋满足15%的城镇居民的住房需求。

各省、市、县（区）都设立了专业化的社会保障管理机构，目前有专业人员16万人；借助互联网、大数据等信息技术，不断提高社会保障领域的公共服务能力建设，强化电子社保应用，优化、简化经办服务流程，提高服务效率和质量，公共服务链条延伸到街道、乡镇、社区、村。便捷可及、覆盖城乡的社会保障公共服务体系基本建成，为人人享有优质高效的社会保障服务提供了强有力的支撑。

综上所述，“十二五”期间的社会保障已经成为全民参与分享国家发展成果的基本制度安排。中国政府高度重视社会保障工作，坚持“全覆盖、保基本、多层次、可持续”方针，着力加强社会保障制度建设，不断扩大社会保障覆盖范围，稳步提高各项社会保障待遇水平，强化公共服务体系建设，中国的社会保障事业取得显著成就。

（3）第三阶段（2016年以来）

“十三五”展望：全面建成新型社会保障体系，也就是中国特色社会主义的社会保障体系从长期试验性改革状态经过全面深化改革走向成熟、定型。“十三五”期间社会保障改革与发展的目标任务，就是具有先进的建制理念、明确的发展目标、完整的体系结构、合理的责任分担机制，真正建成符合制度客观规律、适应中国国情的更加公平、更有效率、更可持续的现代社会保障体系。

## 第四节 中西社会保障制度模式比较及借鉴

### 一、中国与世界各国社会保障制度的比较

第二次世界大战以后，亚洲、非洲、拉丁美洲等的国家广泛建立了社会保障制度。与此同时，欧洲国家和美国都把重建和发展社会保障事业作为缓解战后经济和社会危机的措施，并希望以此促进国民经济的恢复和发展。目前，世界各国社会保障制度模式大体可以分为：救助型保障模式、投保资助模式、福利国家模式、国家保障模式和强制储蓄模式。中国的社会保障制度与这些保障模式既相联系又相区别。

（一）中国与世界各国社会保障制度的相同点

1.社会保障的基本原则相同

社会保障的基本原则主要包括：

（1）社会均等化的分配原则。无论是我国还是发达国家，都把社会保障看成是国家和社会为使法定保障对象的基本生存权得到保障而为其提供资金、物资或服务的行为。人人都能享受到社会保障，享受的机会是平等的。

（2）强制保险原则。任何一位社会成员只要符合社会保障的有关规定，都必须参加社会保障并受其保障。任何单位和个人只要符合有关社会保障税法和社会保障基金统筹法令、法规的缴纳条件，都必须依法缴纳保险税（费），否则将受到法律的制裁。

（3）多方集资原则。社会保障事业的发展，不仅要靠国家财政的大力支持，而且要靠社会各界的鼎力相助，广泛开拓筹集资金的渠道。

2.社会保障的基本功能相同

社会保障的基本功能包括：

（1）保障功能，即为满足人们基本生活需要提供物质保障，全体社会成员，不论男女老少，也不分工作职业或生活区域，当其基本生存权利受到威胁时都能够机会均等地享受社会保障的物质帮助。

（2）调节功能，即在实施社会保障过程中，发挥其调节社会经济生活的作用，一方面表现为对经济进行宏观调控的“内在稳定器”，以“熨平”经济波动周期，实现经济均衡发展目标；另一方面表现为通过社会保障的再分配作用，缩小社会成员之间的贫富差距，促进整个社会收入公平分配目标的实现。

3.保障主体、保障对象、保障内容基本相同

在社会保障主体方面，都是以国家为主体，由国家或政府设立或委托专门部门承办和管理，为贯彻实施国家某些社会政策和经济政策服务。在社会保障对象方面，各国都是以企业、事业单位的劳动者及其家属为保障对象。在保障内容方面，世界各国社会保障制度的内容也基本相同。社会保障制度基本由社会保险、社会救济、社会福利、优抚安置、社会互助和个人储蓄积累等部分组成，社会保险包括养老保险、失业保险、医疗保险、工伤保险等。在社会福利和优抚安置方面，主要是对孤、老、残、幼等有特殊困难的社会成员和对社会做出特殊贡献的社会成员及其家属实行基本生活保障。

4.社会保障经费由雇主、雇员和政府三者承担

世界各国的社会保障经费来源基本相同，主要由雇主、雇员和政府三者按比例共同承担，国家、企业、个人三方界限清楚，互不错位，即使企业破产倒闭，个人所应享受的社会保障也不受影响。这是从综合的社会保障经费来源而言，具体到每个社会保障险种情况又有一定的差异。比如，对于医疗保险，大多数国家由雇主、雇员和政府三方负担，但有的国家只有雇主和政府（如瑞典和丹麦）或只有雇员和政府（如澳大利亚和新西兰）两方面负担；对于失业保险，除了英国、澳大利亚、新西兰等国全部由政府负担，意大利由雇主和政府负担外，大部分国家都由雇主、雇员和政府三方负担。我国目前社会保障经费主要由政府、企业、劳动者三者按比例共同承担，做法与各国情况基本相同。

（二）中国与世界各国社会保障制度的不同点

1.社会保障制度的目标选择与价值取向不同

一些老牌“福利国家”的社会保障制度把公平放在突出位置，为实现“收入均等化”，主要通过对高收入者征收累进所得税，再以转移支付方式转移给低收入者和无收入者，其结果是贫困人口比重有所下降，社会矛盾有所缓和，但并未真正实现“收入均等化”目标，反而使其陷入“福利危机”而难以自拔。实行国家保障模式的国家把公平目标混同于平均主义加以追求，不但牺牲了效率，而且助长了社会成员的懒惰情绪和依赖思想，最终造成国家财政转移支付负担过重，公民的社会保障水平普遍不高。而投保资助模式和强制储蓄模式在目标选择上更侧重于效率，强调自助性、权利与义务对等，既增强了个人自我保障意识，使体制具有活力，又在很大程度上减轻国家财政负担，而且把一部分消费基金转化为积累基金，增加对生产的投入，促进经济发展。我国社会保障制度的根本目标是增进社会福利，促进社会公平，实现社会稳定，并促进经济发展，国家通过国民收入的分配和再分配，为保证劳动力再生产提供基本的物质条件，同时，也把它作为引导消费、调整经济结构的重要措施。

2.经济基础与国情不同，社会保障的范围不同

西方发达国家的社会保障制度是建立在市场经济充分发展、生产力水平很高的基础之上的，其社会保障几乎囊括了人的生、老、病、死、伤、残的各个方面，达到无所不“保”、无所不“包”的程度。西方发达国家大都受到人口低出生率的困扰，为了必要的人口数量和劳动力资源，所以十分重视采用鼓励生育的家庭津贴和儿童津贴制度。日本存在严重的人口老龄化问题，因此，十分重视老年人的福利保障，除了建立养老金、退休金制度外，老年社会服务和福利设施都比较齐全。实行福利型社会保障制度的西方国家对每个公民“从摇篮到坟墓”都给予安全保障，保障项目绝大部分都由国家负担。我国的市场经济体制初步建立、生产力发展水平不高，虽然社会保障项目较齐全，但保障水平较低，加之长期以来的“二元制”结构、制度分割、发展不均衡等问题，导致同一保障项目在筹资模式和待遇水平上存在较大的差异，社会成员享受社会保障服务的机会不均等，社会保障服务体系不健全，目前还不能充分满足广大社会成员的保障需要。

3.社会保障资金的来源与分配形式有所不同

目前，世界上建立社会保障制度的国家有170多个，其中，140多个国家开征了社会保障税，规范的税收制度为各国社会保障制度的顺利实施提供了稳定的资金来源。各

国社会保障基金的分配形式有三种：一是现收现付制。其以近期横向收支平衡为原则，容易实现社会成员之间的互助共济，管理相对简便，管理成本低，不易受通货膨胀影响；但适应性不强，稳定性差，受人口老龄化的冲击较大。二是完全积累制。其以远期纵向收支平衡为原则，强调谁积累谁受益，具有较强的激励作用，能保证稳定可靠的资金来源，但积累的保障基金易受通货膨胀的影响，测算复杂，管理难度大；三是部分积累制，以近期横向收支平衡和远期纵向收支平衡相结合为原则，兼具以上两种形式的优点，因而受到越来越多国家的推崇。我国目前没有开征社会保障税，社会保障资金的来源主要由政府、企业、劳动者三者按比例共同承担，企业和个人以缴费的方式筹集社会保障基金；社会保障基金分配实行部分积累制，但是还不够完善。

4.社会保障管理体制与服务体系的完善程度不同

西方国家社会保障管理体制较复杂，有的实行集权管理，有的实行分权管理，有的实行行政管理与业务管理合一，有的则两者分离，其管理体制比较完善，社会化管理与服务水平比较高。例如，英国实行的是中央集权制；德国和法国既有中央最高行政管理机关，又有自治团体及社会保障理事会等组织；日本设有卫生福利部和劳工部作为最高行政机关分别集中管理，各层次均有专门机构；美国实行中央和地方分权，联邦、州和地方各级政府及各团体组织都设有管理机构，具有高度的自治权。我国组建了人力资源和社会保障部，相对统一了社会保障管理体制，社会保障走向社会化成为改革旧的社会保障制度和建设新型社会保障制度的目标，将社会保障制度作为一项基本社会制度安排来建设，并且按照国家信息化建设的统一规划，启动了“金保工程”建设，以提高社会保障的信息化管理服务水平。但从总体上讲，我国的社会保障管理体制还不够完善，社会保障服务体系还不健全，社会化管理与服务水平还不够高。

## 二、世界各国社会保障制度模式对我国的启示及借鉴

（一）以建设新时代中国特色社会主义理论为指导，正确认识社会保障中政府、市场、社会与个人的关系

1.构建我国社会保障制度必须以建设有中国特色社会主义理论为指导

西方发达国家社会保障制度模式的理论基础是新自由主义、新历史学派、福利经济学和福利国家思想。构建我国的社会保障体系必须以建设新时代中国特色社会主义理论为指导，深入探讨社会保障中的政府、市场与社会的关系，社会保障与个人自由等一系列原则性问题。就现阶段国情来说，我国正处于新常态发展时期，经济实力明显增强，但短时间内经济发展水平的现状还不能完全满足社会保障制度上的“全民公平”要求，这就需要我们本着社会公平正义与共享发展成果的原则，以逐步缩小制度上的不公平为目标，实事求是地发展和完善我国的社会主义社会保障制度。

2.明确政府在社会保障方面的立法和监督责任，建立健全社会保障法律体系

西方国家的社会保障法律体系完善，政府制定政策法规的功能非常强大，改革进程中政府也不断加强自身的监督管理功能。我国社会保障法制化建设进程还比较缓慢，目前社会保障领域的法律依据主要是《社会保险法》等，社会保障法律体系不健全，不能适应经济社会发展的需要，影响了社会保障事业的健康发展，因此，必须明确我国政府

在社会保障方面的立法和监督责任，建立健全我国社会保障法律制度。

3.强调社会保障中权利与义务对等，加强社会保障基金的市场化运作

目前需要增强社会成员的自我保障意识，强调权利与义务对等，兼顾“公平与效率”，减轻财政负担，增进社会福利，实现社会稳定，促进经济发展。需要把就业作为实现社会保障权利的一个条件，将社会保险金额度与个人的工作收入、缴费额度和年限挂钩，激励社会保障对象尽可能自力更生、多劳多得，避免产生不劳而获的懒惰依赖思想和“福利病”。在社会保障基金投资管理与运作方面，要强化市场化投资管理与运作，开辟多种投资渠道，选择投资对象，优化组合投资，规避投资风险，实现社会保障基金的保值与增值。

（二）确立社会保障制度的普遍性原则，逐步提高社会保障水平，使之与生产力发展水平和经济实力相适应

1.确立社会保障制度的普遍性原则，扩大社会保障覆盖面

西方发达国家的社会保障坚持普遍性原则，社会保障覆盖面广，社会保障项目多，社会保障水平高。我国过去的社会保障是以个人身份和职业为基础的，个人身份和职业标志在很大程度上决定了个人享受社会保障的状况，社会成员享受社会保障不够公平、不够平等。我们要深化社会保障制度改革，贯彻社会保障的普遍性原则，使全体社会成员享受社会保障服务的机会均等化，同时，根据地区、行业、职业和城乡等具体情况，加快扩大社会保障的覆盖面。

2.科学合理地界定社会保障水平，适当增加政府的社会保障支出预算

西方国家的社会保障水平一般都比较高，政府在社会保障资金供给方面安排了大量的转移支出，支持社会保障事业发展。由于我国是发展中国家，生产力水平还不够高，加上人口众多，城乡差别较大，因此，社会保障制度改革与建设要充分考虑我国的基本国情，遵循社会保障水平与经济承受能力相适应的原则，科学合理地界定社会保障的分配层次和总体水平。随着经济发展，要适当增加政府的社会保障支出预算，并将其制度化，定期拨付资金，以满足社会保障的需要。

3.选择部分积累制分配社会保障基金，实行社会保障待遇弹性支付机制

目前，人口老龄化是困扰发达国家和部分发展中国家社会保障事业的一个严重问题。我国也面临严峻的人口老龄化问题，所以，应选择部分积累制分配社会保障基金，以满足现阶段支出的需要，同时为人口老龄化积累一定的储备基金。实行社会保障待遇弹性支付机制，个人的保障待遇与经济发展和个人收入水平反向关联、弹性支付，经济发展状况不好，个人收入水平越低，社会保障待遇标准越高，反之则越低。这样，既可以发挥社会保障均衡收入差距功能，实现收入公平分配的目标，又可以形成随经济波动自动调节社会保障需求的支付机制。

（三）借鉴国外成功经验，开征社会保障税，为社会保障提供稳定的资金来源

1.我国开征社会保障税具有客观必然性

首先，开征社会保障税，深化社会保障制度改革，有利于转换企业经营机制，建立现代企业制度。其次，开征以在职职工劳动报酬为征税对象的社会保障税，从根本上割断企业社会保障费用负担轻重与退休职工多少之间的联系，有利于解决目前国有企业与

非国有企业在养老、医疗等费用上负担不公的矛盾，使各类企业公平地参与市场竞争。再次，开征社会保障税，以法律形式保证社会保障基金的收缴，不仅可以增强个人的自我保障意识，树立正确的社会保障观念，而且有助于克服社会保障基金征集过程中的主观随意性和分散性，既保证社会保障基金及时、稳定、足额地筹集，也大大地减轻了国家和企业的负担。最后，开征社会保障税筹集资金，筹资成本相对较低，也便于国家自上而下地对其进行管理和监督。

2.我国开征社会保障税具有现实可行性

首先，中华人民共和国成立以来，随着我国经济的发展，社会保障事业逐步发展，尤其是进入21世纪以后，随着经济体制改革的逐步深入和社会保障体制改革的不断推进，在职工养老保险、公费医疗、失业保险等方面进行了改革和探索，使社会保障基金筹集初具规模，客观上为社会保障税的开征提供了较好的基础。其次，“供给侧”改革以来，我国经济有了比较快速、稳定的发展，企业经济效益不断提高，人民收入水平不断增长，企事业单位职工工资总额和城乡居民储蓄存款迅速增加，为开征社会保障税提供了税源保证。再次，我国已有比较健全的税收征管体系，不仅能完全胜任社会保障税的征管工作，而且在向纳税人征收其他税款的同时一并征收社会保障税，既提高工作效率，降低筹资成本，也便于自上而下地进行全系统的监督和管理。此外，我国可借鉴世界各国开征社会保障税的成功经验，以提高我们的征管水平。

（四）关于中国社会保障制度模式的选择问题

从世界各国社会保障制度模式的比较来看，以新加坡为代表的储蓄保险模式固然有激励性强的优点，但互济性差；福利国家模式强调公平，但牺牲了效率；投保资助模式有比较多的优点，比较适合中国国情。因此，我国应该主要学习借鉴投保资助模式的一些经验与方法，探索和构建我国社会保障制度的基本目标模式。

1.学习借鉴投保资助模式所遵循的公平与效率相结合原则

我国目前的社会保障制度不完善，主要表现在它仍然没有充分地体现公平性与效率性原则，如城乡的社会保障内容与水平存在着很大的差异，地区及部门之间也存在很大的不同，虽然这些差别是目前我国客观现实的一种反映，但长期持续下去，必然会影响到我国社会保障制度的公平性，阻碍我国社会保障制度效率的提升。因此，我们要进一步深化社会保障制度改革，学习借鉴投保资助模式所遵循的“公平与市场效率相结合”原则，使我国社会保障制度逐渐改变目前的分散、不公平、缺乏效率的状况。

2.学习借鉴投保资助模式对社会保障制度的管理经验与方法

美国的社会保障制度实行投保资助模式，在管理体制上实行多层次、社会化的管理体制模式，其管理效率很高。我们可以学习借鉴其管理经验与方法，建立我国多层次、社会化的社会保障管理体制，提高管理效率，把那些在管理上具有较多共性的养老保险、医疗保险，以及不实行积累筹资，但与养老保险有密切联系的其他社会保险交给中央级的人力资源和社会保障等部门实行集中管理，把那些与促进就业、工伤预防密切相关，不实行积累筹资的失业保险、工伤保险交给地方级的人力资源和社会保障等部门管理，从而较好地处理集中与分散、统一性与独立性的关系。

3.学习借鉴投保资助模式筹集社会保障资金的方法与手段

实行投保资助模式的国家一般是以强制方式为主，以社会保障税为主要筹资手段，能够筹集稳定的社会保障资金，满足社会保障的需要。我国目前采取由政府、企业和个人三方承担，由企业与个人缴费的方式，执行刚性不足。我国必须改革社会保障资金的筹集方式与手段，充分发挥政府在社会保障体系中的主导作用，研究开征社会保障税，以规范的方式、法律的手段筹集社会保障资金，为社会保障提供稳定的资金来源，以满足全体公民的社会保障需求，使社会保障制度的作用得以充分发挥。

4.学习借鉴投保资助模式在社会保障内容和保障水平上的经验

从实行投保资助模式的美国来看，它的社会保障内容很多，但各项目的覆盖面、保障水平远不如福利国家模式，这主要是出于提高效率的考虑。我国的社会保障制度建设需要学习和借鉴投保资助模式在社会保障内容和保障水平上的经验，根据我国的经济发展水平，考虑社会保障对提高效率、促进经济发展的影响，合理确定社会保障内容、保障范围和保障水平，防止产生懒惰情绪和依赖思想，坚持社会成员在社会保障中权利与义务对等，增强个人的自我保障意识，减轻国家财政支出负担，真正建立一个兼顾公平与效率、科学合理的社会保障制度。

## 第五节　经济全球化下中国社会保障制度加快发展

经济全球化发展，既给中国社会保障制度建设带来新的挑战，也是促进中国新型社会保障制度建设的巨大推动力量，它对中国社会保障事业的发展正产生重大而深远的影响。

### 一、加快建立完善的社会救助体系

经济全球化主要表现为商品和要素的全球流动，具体表现在贸易自由化、全球生产体系、资本跨国流动、劳动力跨国流动等方面。经济全球化为收入分配和财富占有的不平等带来了更多的条件和机会，也成为现阶段中国社会分化的重要推动力量。中国融入经济全球化，对外经济贸易的发展造成地区间经济发展的不平衡，带来地区之间、城乡之间和行业之间收入差距的拉大，进而影响整个社会阶层结构的变动，加大了地区、城乡和行业之间的不平等，使贫富差距越来越大。在全球化冲击下，随着产业结构的调整，企业职工失业，一部分人由原来的中产阶层下降为城市贫民阶层，物质生活水平降低，身份地位整体下移，由于种种条件限制，他们无法通过自己的努力和家庭的帮助重新获得向上流动的机会，从而沦为社会弱势群体，他们迫切需要得到政府和社会的救助。社会救助政策能够最低限度地满足弱势群体的生活需求，迅速缓解困难状况，缓和社会阶层间的矛盾和冲突。西方发达国家的社会救助开支在社会保障中所占比例较大。在美国、英国等发达国家，社会救助经费在社会保障开支中的比例高达1/3以上，受助人数占总人口的1/10以上，救助经费分别占国民生产总值的1.6%和3.9%。我国于1992年开始实行城市居民最低生活保障制度，现在已有大批城乡贫困群众进入了社会救助范围。我国通过深化社会保障制度改革，进一步建立起完善的、覆盖城乡的、统一的社会救助体系。

## 二、加强社会保障立法建设

在经济全球化加速发展的背景下，作为市场经济必不可少的社会保障制度，要能够发挥“稳定器”“安全网”的作用，必然要求有规范完备的社会保障立法。我国的社会保障法律体系不够完备，社会保障法律规范不甚统一，社会保障立法层次较低，社会保障立法的内容亟待完善；社会救济、社会福利和优抚安置的立法相当欠缺；社会保障工作在许多方面只能靠政策规定和行政手段推行，使社会保障制度失去了应有的稳定性、可靠性和延续性；在社会保障方面发生争议纠纷进行仲裁或提起诉讼时，仲裁机构和人民法院无法根据有效的法律规定对社会保障争议进行仲裁或判决。因此，随着经济全球化的加速发展，我国必须加强社会保障立法建设，大力推进社会保障立法工作，尽快出台社会保障法，形成以社会保障法为中心，以社会保险法、社会救济法、社会福利法、社会优抚法、社会互助法等为基本内容的社会保障法律体系。通过加快社会保障制度的立法进程，促使各项社会保障制度走向法制化，实现可持续发展，使社会保障这个“稳定器”和“安全网”持续发挥作用，实现其自身可持续发展的同时，维系国民经济的可持续发展。

## 三、建立健全城乡统筹的社会保障体系

在经济全球化的冲击下，中国广大农村居民成为社会中较为脆弱的群体，对社会保障的需求更为迫切。农村地域上的封闭性、生产生活方式的单一性、传统的家庭保障与土地保障功能的弱化，使农村居民生产生活的脆弱性更大，我国必须加快农村社会保障制度建设，逐步建立健全城乡统筹的社会保障体系：一是建立健全城乡统筹的社会救助制度，把城乡居民尤其是农村居民中的贫困人口纳入救助范围。建立健全城乡统筹的社会救助制度成为我国社会保障制度建设的首要任务。二是改革和完善农村医疗保障制度，切实解决农村居民看病难、看病贵、看不起病的问题，提高农村居民的健康水平。由于一些地方出现农民因病致贫、因病返贫的现象，因此，改革和完善农村医疗保障制度成为我国社会保障制度建设的当务之急。三是在城镇化、农村劳动力快速转移的进程中，我国的社会保障制度应该从过去的城乡二元社会保障结构向城乡一体化的社会保障模式转变，统筹解决城镇、农村和转移劳动力的社会保障问题，最终实现社会保障城乡一体化的目标。

## 四、构建社会保障与风险管理机制

经济全球化意味着各国经济部门与世界市场的联系日益紧密，由此而来的一些外部冲击和不确定性增大，这将对开放程度较高的产业部门以及就业于这些部门之中的劳动者产生负面影响。面对经济全球化的冲击，社会经济运行不稳定和失业率持续攀升呈现出从发达地区到不发达地区，从传统农业、工业到现代产业，从城市到乡村不断推进的态势，人们对社会保障的需求会日益增加。此外，经济全球化带来的风险，还包括可能直接激化资本与劳工的矛盾，并给现行社会保障制度的稳定性带来挑战，必须尽快改革与完善我国社会保障制度，构建社会保障与风险管理机制，以应对全球化的社会风险。

进一步改革与完善现行社会保障制度的结构，填补制度缺失，增强其有效性，提高其覆盖面，让全体国民能够享受公平均等化的社会保障服务；建立覆盖城乡全民的、综合型的社会救助制度，免除城乡居民因生活困难而遭受的生存危机；建立覆盖全民的、完善的医疗保障体系，免除城乡居民因“看病贵”“看病难”而产生的疾病医疗恐惧；构建多元化的、健全的养老保险制度，解除全体国民养老之忧。总之，尽快使我国社会保障体系走向完备，真正成为全体国民可靠的生活“安全网”、经济与社会的“稳定器”。随着国家经济发展、社会不断进步，人的需求全面发展，城乡居民对社会保障的需求不断提高，要不断提高城乡居民的社会保障水平，使其与国家经济与社会发展水平相适应。我们的最终目标是建设新时代中国特色社会主义福利社会，让全体国民真正过上后顾无忧、幸福富足、自由平等、体面尊严的高质量的幸福生活。

## 本章小结

西方国家对社会保障影响比较大的有空想社会论和宗教思想两方面的思想。中国早期的社会保障思想主要有大同社会论、社会互助论、仓储后备论和社会救济说。在人类社会的发展历程中，保障方式主要经历了氏族保障、主从保障、家庭保障、互助保障、慈善救济保障、国家救济保障和社会保障等。社会保障作为一种制度是近现代的产物。从1601年英国颁布的《伊丽莎白济贫法》算起，西方社会保障制度经历了萌芽、形成、发展、成熟和改革五个阶段。目前，各国仍在根据本国的特点和条件，不断地对社会保障制度加以改革和调整。中华人民共和国成立后的社会保障制度在近70年以来，经历了初创、调整、停滞、恢复、改革和全面创新六个发展阶段。经过长期的摸索和实践，并吸取国外经验，我国已初步建立了以社会保险、社会福利、社会救助和社会优抚制度为主体的社会保障体系。随着我国经济和社会的发展，社会保障制度将逐步规范和完善。中国与世界各国社会保障制度的相同点：社会保障的基本原则，社会保障的基本功能，保障主体、保障对象、保障内容，社会保障经费由雇主、雇员和政府三者承担等方面；中国与世界各国社会保障制度的不同点：社会保障制度的目标选择与价值取向，经济基础与国情，社会保障的范围，社会保障资金的来源与分配形式，社会保障管理体制与服务体系的完善程度等方面。世界各国社会保障制度模式对我国具有启示及借鉴意义。经济全球化下中国社会保障制度面临一系列新的挑战，同时也促进中国社会保障制度日趋完善。

## 关键术语

社会保障制度（social security system）　社会保障制度模式（social security system model）　社会保障税（social security tax）

## 复习思考题

1. 西方社会保障制度的历史演变过程分为哪几个阶段？各阶段的主要标志是什么？

2.西方社会保障制度改革调整的原因是什么，其改革调整的内容有哪些？

3.简述中华人民共和国成立后社会保障制度的创立与发展过程。

4.世界各国社会保障制度模式有哪些，这些模式各有什么特点？

5.我国与世界各国社会保障制度相比较有什么相同点与不同点？

6.世界各国社会保障制度模式对我国有什么启示及借鉴意义？

7.你认为我国社会保障制度模式应当如何选择？

8.试述经济全球化对我国社会保障的影响及对策。

## 推荐阅读资料

[1] 郑功成. 中国社会保障改革与发展战略 [M]. 北京：人民出版社，2011.

[2] 郑功成，等. 中国社会保障制度变迁与评估 [M]. 北京：中国人民大学出版社，2002.

人力资源和社会保障部、财政部关于继续阶段性降低社会保险费率的通知

# 第四章

# 社会保障的理论基础



## 学习要点

通过本章的学习，了解社会保障是建立在多学科交叉渗透基础之上的一门新兴学科领域，能够正确理解和把握从社会学、经济学、政治学和伦理学等相关学科来解析社会保障理论，深刻认识社会保障所具有的多学科理论基础性，正确理解社会保障制度内在的“理论”问题以及运用社会保障理论解决社会保障现实问题。

**案例引入**

**案例一　　威廉·贝弗里奇之《贝弗里奇报告》**

1941年，英国成立社会保险和相关服务部际协调委员会，着手制订战后社会保障计划。经济学家贝弗里奇爵士受英国战时内阁财政部长、英国战后重建委员会主席阿瑟·格林伍德先生委托，出任社会保险和相关服务部际协调委员会主席，负责对现行的国家社会保险方案及相关服务（包括工伤赔偿）进行调查，并就战后重建社会保障计划进行构思设计，提出具体方案和建议。

第二年，贝弗里奇爵士根据部际协调委员会的工作成果提交了题为《社会保险和相关服务》的报告，这就是著名的《贝弗里奇报告》。报告正文共分六个部分。第一部分概要介绍了部际协调委员会的工作过程和整个报告的主要内容。第二部分审视了英国当时保障制度存在的诸多问题。第三部分重点讨论待遇标准、房租问题、老年问题及伤残赔偿途径问题。第四部分介绍了社会保障预算。第五部分为社会保障计划。该部分首先论述了社会保障计划所赖以存在的三个假定，提出通过社会保险、国民救助和自愿保险三个层次保障人们不同需要的重要观点。同时，在明确养老金、保险金、补助金及补贴等基本概念的基础上，将全部国民分为雇员、从事有酬工作的人员、家庭妇女、其他有酬工作的人群、退出工作的老年人、低于工作年龄的子女等六个群体，分析了各群体的不同保障需求，并就其参保的待遇、缴费等有关问题进行了系统阐述。第六部分为社会保障和社会政策。在该部分详细讨论了子女补贴、全方位医疗康复服务和维持就业问题，提出把消除贫困作为战后的基本目标，即社会保障计划的目标是：确保每个公民只要尽其所能，在任何时候都有足够的收入尽自己的抚养责任，满足基本的生活需要。

在《贝弗里奇报告》的基础上，英国政府于1944年发布了社会保险白皮书，基本接受了《贝弗里奇报告》的建议，并制定了《国民保险法》《民卫生保健服务法》《家庭津贴法》《国民救济法》等一系列法律。如1946年颁布的《国民保险法》基本采取了报告的建议，规定参保人必须按照年龄、性别和婚姻及就业状况不同缴费，在业人员待遇按照同等比例确定，失业、生育、疾病、丧偶和退休等各项福利待遇都是如此。

1948年，英国首相艾德礼宣布英国第一个建成了福利国家。贝弗里奇也因此获得了“福利国家之父”的称号。《贝弗里奇报告》和英国福利国家社会保障制度的实施，影响到了整个欧洲。瑞典、芬兰、挪威、法国、意大利等国也纷纷效仿英国，致力于建设福利国家。

讨论：《贝弗里奇报告》对现代社会保障制度的建设和发展有什么作用？

**案例二　　兄弟分蛋糕**

兄弟二人为分蛋糕产生争执，哥哥说：“我是哥哥，个子大，能吃，我要大块。”弟弟说：“我是弟弟，我小，你应该让我，我要大块！”争执惊动了妈妈，妈妈不动声色，拿来一把刀，对哥哥说：“你是哥哥，你来切蛋糕。”对弟弟说：“你是弟弟，哥哥切好的蛋糕你先挑。”这时候好戏来了，哥哥颤抖着手切蛋糕，唯恐切歪了；弟弟瞪大眼睛，唯恐看不准选错。但结果是两个人都很开心！更重要的是：妈妈和兄弟两个都希望得到这个开心的结果。

> 讨论：假定我们接受所有的人都应分得相等财富的观点，面对一个大蛋糕，由谁来分？应该怎么分？

现代社会保障并非单纯的社会制度安排，它牵涉到整个社会经济资源的分配与社会公正、政府责任等，其成败在表面上看取决于现实制度安排与政策实践，实际上却深受一定的理论流派与价值偏好的影响。早期的社会保障深受宗教伦理的影响，而进入现代社会后，公平与正义日益成为社会成员普遍追求的目标，社会保障制度安排更是成为整个社会关注的焦点，并在社会经济发展中占据越来越重要的地位，这样的格局正是经济、社会、政治、文化及伦理道德诸因素共同作用的结果。因此，社会学、经济学、政治学、伦理学等学科也就很自然地共同构筑了社会保障学坚实的理论基础。

## 第一节　社会保障的社会学理论

社会学关注的是社会公正与社会和谐问题，社会学家正是基于这一视角来观察并研究社会发展进程中的问题的，通过一些社会学家的努力使得社会保障理论得以不断发展，成为支撑社会保障的理论基础。在此，本节选择西方福利国家社会保障的社会学理论做一简单介绍。

20世纪40年代以来，福利国家成为西欧社会的时代精神和基本制度，福利已经成为西欧社会中占主导地位的国家功能。什么是福利国家？福利国家是一种国家制度，它强调国家应该承担满足国民基本的教育、健康照顾、经济和社会安全需求的责任。这种制度把福利看作是国家的最主要特征，强调国家要为国民的福利负责，国家必须具备基本的福利功能并为实现其目的而发挥作用。因而，福利国家的出现成为20世纪最重要的社会福利现象。它的出现与第二次世界大战有直接的关系。在反法西斯的斗争中，为了更广泛地团结人民共同与奉行战争政策的纳粹主义进行斗争，当时的英国首相丘吉尔提出了用“福利国家”反对纳粹主义的“战争国家”的政治构想，以激励人民抗击法西斯的决心。战争最危急的1939年至1942年期间，英国政府委托著名的经济学家贝弗里奇着手研究福利国家的制度与政策，形成了《社会保险和相关服务》的报告，即著名的《贝弗里奇报告》，勾画出了福利国家的基本蓝图。二战以后，许多欧洲国家正是按照这个报告的构想，建成了福利国家制度。如果说战争为福利国家制度的建立提供了一个契机，福利国家理论的积累和制度的设计则直接催生了福利国家制度。在这个过程中，贝弗里奇、蒂特马斯、马歇尔是福利国家理论建设中不可忽视的重要人物。他们关于福利的理论共同构成了福利国家的理论基础。

### 一、《贝弗里奇报告》

贝弗里奇认为，政府有能力也有责任提高国家的效率、减少浪费、降低人民的不满情绪、增进个人福利。它可以通过行政的和组织的方法来实现这个目标，帮助人们更有效地成为自由社会的成员。政府的介入范围既取决于需要纠正的混乱秩序的程度，也取决于政府自身的行动意愿。贝弗里奇认为，英国战后重建的最主要任务是革除“五恶”，即贫困、疾病、无知、肮脏和懒惰。要完成这个基本任务，就必须通过对现有社会制度进行改革来实现。为此，《贝弗里奇报告》重新设计了英国的社会保障体系，建立起了福利国家的制度框架。贝弗里奇所设计的福利国家的基本目标是实现充分就业，让每一个国民都能够享受到国家所给予的从生到死、抵御所有各方面风险的安全保障，并且要根据国家的经济发展水平，不断扩大国家的责任范围，提高人民的福利水平。这实际上是对国家职能的重新设计，将国家的政治职能、经济职能与福利职能相融合，从而成就了福利国家制度的基本框架。

《贝弗里奇报告》首先批评了现有的社会保障制度。它指出，英国现有的社会保障制度存在许多缺陷。第一是制度设计缺乏系统性和整体性，各种福利政策之间缺乏联系，一个政策处理一种社会问题，而不考虑社会问题的相关性，结果使各种社会保障措施彼此没有衔接，对社会问题的处理只是头痛医头、脚痛医脚，甚至出现有的社会问题的解决措施重复，有的问题又成为政策盲点的现象。这些情况不利于社会问题的解决，更不利于社会福利的发展。第二是社会保障覆盖人口范围太小，社会保障内容不完善，不能对全体国民提供有效的社会保障服务。当时的国民保险只包括了人口中的小部分人，而其他人只能靠政府救济维持生活；人们生活中的许多风险并未包含在社会保险之中。第三是社会保险标准太低、不一致，并且保障的时间太短；社会保障管理混乱，机构杂乱，浪费极大。如在养老金的申请、公共救助和失业救济等方面，当时的制度存在四种不同的对申请人家庭进行收入调查的规定，这些规定使社会保障制度的实施变得非常复杂。根据上述情况，社会保险和相关服务部际协调委员会对英国国民的生活状况做了详尽调查。《贝弗里奇报告》的基本目标是建立全面的社会保障制度，以消除人民基本需求的匮乏；对那些因失业、疾病、意外变故而使他们的收入中断的国民提供收入保障，对因年老而退休的国民、因抚养的人去世而使受抚养的人生活失去依靠的国民，以及因生育、死亡和婚姻变故而使生活陷入困境或增加额外负担的国民，社会保障制度必须提供基本的保障，以形成一个覆盖全体国民的基本生活需要领域的社会安全网。

## 二、蒂特马斯典范

蒂特马斯作为社会政策学科的创立者，其名字甚至已经成为社会政策、福利国家的代名词。其关于社会政策和福利国家的阐述被称为“蒂特马斯典范”。蒂特马斯认为，工业社会需要国家福利制度以满足个人和社会的需要，因为工业化社会及其变迁带来纷繁复杂和无处不在的负福利与社会成本问题。蒂特马斯这里说的工业社会带来的负福利和社会成本问题，与当今人们所说的风险社会实际上是同一个概念。在风险社会中，个人是无力独自抵御各种社会风险的。如果国家不进行干预的话，在放任的自由市场经济秩序中，弱势群体必然受到不公正待遇，市场则会进一步加剧社会不平等，进而增加社会成本。从这个意义上来说，国家干预、福利国家制度都是工业社会对经济与社会变迁的回应。

在蒂特马斯看来，社会政策是“社会对其识别到（或识别不到）的社会需求或问题的反映”。“政策”一词可以用来表示一系列指挥行动实现既定目标的原则，这个概念表示关于手段和目标的行动。政策是行动，这是蒂特马斯对政策的基本规定。社会政策是社会的行动，是社会对社会需求和问题的集体行动，是集体以集体行动的方式来满足集体的需求，解决集体所遇到的问题。既然社会政策是集体行动和集体需求的反映，那么这个行动的倾向性就将决定社会政策的取向。基于对社会政策的基本界定，蒂特马斯认为社会政策并非是以利他主义为基础的，而是具有其自身的价值选择的。蒂特马斯认为，社会政策是整个政治环节中的一环，并非天然地存在于社会机制当中。社会政策也不是必然行善的，或者以福利为本，必然为贫民服务的。在蒂特马斯看来，社会政策并非一开始就是从利他主义价值基础出发的，“利他主义、关怀他人、关切平等”是实践的结果，是不同利益群体之间利益平衡的结果。蒂特马斯关于社会政策的讨论还有一点是值得注意的，那就是社会政策作为一种社会行动，它必须植根于社会现实的基础上。用蒂特马斯的话说，政策的概念只有在我们（社会、群体或组织）相信自己有能力促成某些变化的时候，它才有意义。这是对社会政策作为一种集体行动的进一步阐述。也就是说，作为一种集体行动，如果要实现其行动的目标，就必须考虑其在一定社会中得以实现的可能性。社会政策目标的设定不能超越社会可以为其行动提供的基本条件；否则，社会政策就会成为空泛的条文或口号。因此，对一个好的社会政策来说，不仅要有平等、公正的理念贯穿其中，而且要有与社会发展状况相适应的可行性，甚至要具备可操作性，否则就毫无意义。

## 三、公民权利理论

公民权利理论是现代福利国家制度的一个重要理论基础，也是现代社会福利思想的理论基石。托马斯·汉弗莱·马歇尔按照社会发展历史将公民权利划分为三种：民事权利、政治权利和社会权利。民事权利也可以称为民权，它是个人作为独立个体自由地支配自己所必须拥有的权利。用马歇尔的话来说，民事权利的元素是由个人自由所必需的权利组成的：人身、言论、思想和信仰自由，拥有财产和签署有效契约的权利，以及法律权利。民事权利维护的是个人的自由和一个人在权利上与他人的平等地位，它通过约定的法律程序来捍卫人们所拥有的这些权利。政治权利是指参与行使政治权力的权利，如作为带有政治权威的团体中的一名成员，或者是作为这样一个团体成员的选举者。这些权利是通过议会和地方政府的委员会来实现的。公民的政治权利的作用就在于它使所有的社会成员都平等地拥有了选举权，因而使公民能够参与到社会政治事务中，不仅承担起社会的政治义务，而且有了更多的权利。马歇尔认为，如果没有社会权利的实现，公民权利将是不完整的，民事权利和政治权利也不能真正实现。

正如马歇尔指出的那样，受教育的权利基本上不应看作是儿童上学的权利，而应看作是成年公民接受教育的权利。教育对于民事权利的实施所具有的特殊现实意义就在于民事权利是旨在为通情达理之人和知识分子使用而设计的，教育是民事自由所必需的前提。公民权利作为一个完整的概念，它是对现代社会生活中的个人与社会、个人与国家的关系以及个人自由的条件的阐述。在马歇尔看来，公民权利首先是和个人自由相联系的概念，民事权利的元素保证了每一个公民都能够有充分的自由来处理个人事务。而自由作为民事要素要能够发挥作用，必须要有平等的政治权利来保障公民有机会、有条件参与到与他的生活相关联的政治事务中去；要对社会承担一定的义务，不仅要对自己，而且要对他人或所有社会成员负责，并通过参与政治事务来不断发展和扩大自己的权利。社会权利则是保障性的权利，它关系到人民生活是否真正幸福，实现社会福祉的障碍能否消除，以及由民事权利和政治权利所规定的个人权利能否实现的问题。社会权利的实施，最终为公民权利的实现清扫了障碍，并使公民权利的其他元素作为具有社会战略意义的要素确定下来。没有社会权利或社会福利的公民权利，将是不完整的公民权利。

## 第二节 社会保障的经济学理论

社会保障制度安排其实是一种社会价值的选择，而经济学中的选择理论则充当着社会保障制度安排的理论基础。经济学对社会保障第二个特别重要的基础性贡献在于为社会保障理论与政策实践的发展提供了具体的理论方法。本节简单介绍经济学中对于国家干预与自由竞争选择的三种自由主义经济学理论。

### 一、自由主义时期的社会保障理论

亚当·斯密崇尚经济自由，他认为只有在自由竞争的条件下，才能使财富的创造最有效率、最大化，才能满足个人对幸福的追求，并且使之与社会幸福相协调。在他看来，经济学关心的是个人幸福，而道德哲学关心的是人类幸福，两者并不矛盾。亚当·斯密在他划时代的著作《国富论》中提出，市场经济是“富国裕民”的康庄大道。他认为市场机制是一只“看不见的手”，它在合理地配置资源。他认为“用不着法律干涉，个人的利益关系与情欲，自然会导致人们把社会的资本尽可能按照最适合全社会利害关系的比例，分配到国内一切不同的用途”。每个人只要不违反“正义的法律”，都应给予“完全自由”，让他们选择“自己的方法”，“追求自己的利益”，以其“劳动及资本”同任何人任何阶级进行自由竞争，通过“看不见的手”来推动个体利益和社会福利的共同增长，进而实现社会福利水平的提高。这样，无须政府监督，就可以自发地实现增进国民财富的目的。

古典经济学派主张自由放任主义，认为市场机制可以实现社会经济的协调发展，反对政府对经济社会的任何干预，反对进行收入再分配。在他们看来，市场分配的结果是最合理的，正是由于政府的介入才使分配出现不合理现象，因此，他们反对进行社会救助。英国1601年颁布的《伊丽莎白济贫法》是世界上首次出现的国家在社会保障方面的立法，与中世纪宗教机构提供的福利具有完全不同的性质。虽然在教区范围内实施，宗教机构在其中仍保持着其传统的影响，国家没有提供财政上的支持，也没有直接设立管理机构，但是，立法统一了各教区的济贫制度，并由国家督促各教区实行，具有一定的进步意义。斯密则认为《伊丽莎白济贫法》严重阻碍了居民的自由流动，阻碍了劳动者对就业的自由选择，对劳动者就业极为不利，力主废除《伊丽莎白济贫法》，还劳动者的自由选择权。由于英国古典经济学派极力否定社会救助的作用，阻碍了英国社会保障制度的建立。

## 二、凯恩斯主义的社会保障理论

1929—1933年，资本主义国家的经济大危机使得原来占统治地位、以市场自由经营为中心内容的新古典经济学说顿时衰落。在此背景下，凯恩斯主义应运而生。凯恩斯主义是以英国资产阶级经济学家凯恩斯的经济学说为基础、主张通过国家干预经济和有效需求管理来实现充分就业和经济增长的理论体系。

针对“有效需求不足”为痼疾的“病根”，凯恩斯主义从考察决定生产、就业和收入的因素入手，提出有效需求原理以及消费倾向、资本边际效率和流动性偏好三个基本心理规律，进而分析消费与投资两个方面有效需求不足的内在结构。在凯恩斯理论体系中，对社会保障影响最深的是有效需求理论及其政策主张。凯恩斯主义提出的国家干预不是对市场机制的完全否定，而是对市场机制缺陷的弥补和修正。他们主张通过累进税和社会福利等办法重新调节国民收入的分配，通过财政转移支付，对失业者、贫困者给予救济，从而刺激总需求。在凯恩斯主义的国家干预思想中，社会保障占有相当重要的地位。在他们看来，国家出面建立社会保障制度主要基于两点原因：一是提高消费倾向；二是稳定宏观经济，社会保障的“自动稳定器”作用可以“熨平”经济波动。但凯恩斯主义所关心的问题是维持社会再生产的连续性，实施的一系列社会福利措施只是为了刺激需求和保护生产，以实现充分就业，其政策并非出于对民众福利的真正关心，因此，在此基础上建立的社会保障制度是一种充分强调个人责任、国家承担有限责任的社会保障制度，提供的社会保障仅是“有限保障”。

## 三、新自由主义的社会保障理论

新自由主义的有关社会保障理论是在20世纪中后期兴起的一种强调个人的自由和责任，反对国家干预经济的主张。其代表人物主要有哈耶克、弗里德曼和布坎南。这里我们主要介绍弗里德曼的社会保障理论。米尔顿·弗里德曼（1912—2006）是现代货币学派的创始人和最主要代表人物。货币学派是一个反对凯恩斯主义的新自由主义学派，以制止通货膨胀和反对国家干预为主旨。弗里德曼参照“正所得税体系”设计了一个补助穷人的“负所得税方案”，让低收入者依据各自的收入得到政府向其补贴的不同的负所得税。这种帮助穷人的方法之所以被称为“负所得税”，主要是强调它与现行的所得税之间在概念和方法上的一致性。负所得税就是政府界定出一个最低收入线，收入高于这条线的人，高出部分按照一定比例向政府交税；低于这条线的人，差额部分按一定比例从政府得到补贴。

按照弗里德曼的理解，实行负所得税，可以达到以下福利目标：第一，它可以使公共基金集中用于穷人。它帮助人们就是因为他们是穷人，而不论他们是因为年老、残疾，还是因为失业或其他什么原因。第二，它将贫穷的人当作认真负责的人来对待，而不是当作无能的、受国家保护的人来对待。第三，它使穷人有自助的能力。另外，负所得税使公共基金集中用于穷人，可以减少耗费，能避免那些代价高昂的福利机构的介入，避免这些官僚机构滥用社会保障资金。

## 第三节 社会保障的政治学理论

政治学关注的核心领域是国家与社会、民主与法制、人权与主权、政党与政权、政府与市场、决策与行政、发展与稳定。在这些核心领域中，几乎均与社会保障有着密切的联系。下面介绍国家和政党有关社会保障的政治学理论。

### 一、政治需要的社会保障理论

政治学研究的最重要目的无疑是社会控制，无论采取的是威权强制还是其他教化人民的策略，都是为了达到政治意识形态的统一和行为规范的一致，因此，从传统社会到现代社会，社会保障均与政治存在密不可分的关系。一方面，政治需要社会保障作为实现目标的工具和手段，离开了社会保障的维系，政治的目的将难以实现；另一方面，社会保障的发展也需要政治的推动，并对政治产生相当的影响。从中国古代的救荒救灾到英国济贫制度的建立，再到英国福利国家的建议，均隐含着政治的需要与政治目标，因此，可以得出这一基本结论——政治与社会保障是相互需要的，在一定的条件下，政治决定社会保障的发展，而社会保障也可能影响政治。

在古代专制政治下，国家机构为政权独裁者垄断，人民毫无发言权，社会保障完全取决于统治者的意愿，社会保障成为统治者的恩赐。在统治者开明的时候，社会保障措施可能会发生一定的效力；反之，在社会动荡的年代，社会保障就没法发挥基本的稳定社会的功能。这是一种被动式的保障，其目的是巩固和维持社会秩序，内容局限于低层次的救济，它的运行是人治而非制度化，它的效果取决于统治者的意愿，因此，在这种政治下不具备现代社会保障所需要的条件，从而也不可能真正产生现代社会保障制度所产生的效果。在民主政治的条件下，社会保障制度的发展则取决于多数国民的意愿。西方国家的民主政治是议会政治，议员与总统需要经过竞选程序并发布自己的政见，赢得选民的选票方能当选；在中国，则是实行人民代表大会制度，人民代表由各地区选举产生，国家主席及政府总理由全国人民代表大会选举产生。因此，民主政治能使人民通过自己选举出来的代表或代表自己团体利益的政党集团来影响立法与政策的制定，国民的社会保障权益很自然地会上升到法律的层次并受到法律保护。承认政治对社会保障的需要与影响，并不意味着社会保障是为政治服务的，因为作为社会成员的安全保障机制，社会保障的根本目标应当只能是保障社会成员的协调发展和整个社会的发展进步。因此，应该避免社会保障被政治家当作工具来运用，这是政治的悲哀，也是社会保障的悲哀。

### 二、政党政治的社会保障理论

政党政治是政治学研究的核心范畴之一。政治对社会保障的影响，表面上是通过立法机关与行政组织来进行的，但其实质上却具政党、各利益集团乃至政治家互相角力的结果和操纵的结果。因为民主政治的最大特色就在于政党政治及各种利益集团的推动，因此，政党对社会保障的看法客观上对社会保障制度的发展起很大的推动作用。

政党政治通过议会或控制政府来实现自己的政治主张和社会政策，其对社会保障的看法直接影响着社会保障政策的制定与实施。比如，美国的民主党和共和党是全美两大政党，民主党人认为，社会成员的困境是制度的不完善或社会环境恶化造成的，政府应当着力改善环境、提供机会，同时承担起照顾人民生活的责任，因此，设立社会保障制度是完全必要的。而共和党人却与民主党的认知存在着较大的差别，他们在经济上反对政府干预，在福利上较民主党明显保守。1992年，民主党推举出来的总统克林顿承诺"每个美国人都能享受到医疗保健"，但他上任后在社会保障问题上向共和党人做出妥协，致使他的福利改革严重受挫。共和党的小布什上台后，减税与削减社会福利成为他的改革目标，他更是提出了控制公共养老金计划而为每个美国人建立个人账户的动议，无疑遭到了民主党人的强烈反对。在政党政治下，议会通常成为争论社会保障或福利问题的场所。例如，在20世纪末，日本众议院卫生福利委员会的议员们讨论备受争议的养老金法案时，执政党与反对党的议员打成一团，争议的内容主要是将削减公众养老金的5%，并将退休年龄从60岁延长到65岁，该法案虽经通过，但反对党发誓要抵制到底。①正如克莱因教授所言："社会政策的决定因素建立在阶级之间以及其他追求利益集团之间的权利关系基础上，而不是建立在意识形态和大众偏好的幻境之中。"②

## 第四节　社会保障的伦理学理论

社会保障是生产社会化的产物，是经济发展到一定时期的产物，但并非相同的经济发展水平一定会产生相同的社会保障。任何一国的社会保障制度生成的背后都有着复杂的经济、政治、社会和文化伦理等方面的原因，其中文化伦理方面的原因属于深层次的、起着决定性和基础性作用的因素，但为短期的、表面的经济、政治和社会等方面因素所掩盖。本节对公平与效率的抉择、互惠与团结的基准点、罗尔斯的公平正义原则与社会保障之间的关系进行了简要分析。

### 一、公平与效率的抉择

公平与效率的抉择是一个古老的问题，同时也是一个充满争议的问题。有关公平与效率的取舍是社会保障制度设计中永远无法回避的原则性问题。公平与效率的抉择通常被认为是经济学的研究范畴，但它绝不是一个单纯的经济学问题，在社会学和伦理学研究中也有其研究的主题。

公平作为人类共同追求的永恒的价值思想，并不仅仅存在于社会收入的分配中，而是涉及社会生活的多个方面。所谓公平是一个多维度的概念，但它基本上是关联互动中的人们对其社会状况的心理预期和价值判断。从共时性关联角度讲，公平包括了经济公平、政治公平、社会公平等；从历时性关联角度讲，公平包括起点公平、过程公平和结果公平。由于社会保障在形式上是通过收入再分配的方式来实施的，因此，研究者通常将社会保障的公平问题局限在经济公平方面。但是，社会保障的决策和实施过程并非一

① 郑功成. 社会保障学——理念、制度、实践与思辨［M］. 北京：商务印书馆，2000：239.
② 经济合作与发展组织秘书处. 危机中的福利国家［M］. 梁向阳，等，译. 北京：华夏出版社，1990：21.

个单纯的、简单的经济过程，而是一个充满矛盾的、复杂的政治过程和社会过程，因此，我们研究社会保障的公平问题就不能局限于经济公平，而应当同时研究其政治公平和社会公平问题。

效率是经济学的一个核心概念，是指通过资源的有效配置和利用，达到福利最大化。宏观意义上的效率可分为三个阶段：第一阶段是资源最优配置的效率，通常用实现了“帕累托效率”或“帕累托标准”来描述；第二阶段是可持续的综合效率，仍体现了人类对效率的追求，但增加了生态、环境对效率的制约条件，丰富了效率的内涵；第三阶段是网络经济的效率，也称“后工业效率”，指通信和计算机的网络化使传统效率发生了质的飞跃。这里所谓的效率标准，即“帕累托标准”，不仅是一个经济学标准，而且是一个伦理学标准。从伦理学上看，“帕累托标准”本质上是一个个人主义和自由主义的价值观。因为按照福利经济学的两条基本定律，“每一个竞争的配置都是帕累托最优；每一个帕累托最优的配置都是建立在禀赋商品某种分配基础上的竞争配置”。因此，竞争性的市场机制能够实现“帕累托最优”，而主张竞争性的市场所暗含的价值判断正是个人主义和自由主义伦理。

从伦理学的视角看，社会保障中的公平与效率的抉择实际上就是社会民主主义价值观和个人主义价值观之间的抉择。在社会民主主义价值观占统治地位的国家（如瑞典），其社会保障制度的设计和实施中会强调公平原则；而在个人主义价值观占统治地位的国家（如美国），其社会保障制度则会采纳效率优先的原则。美国是一个典型的自由市场经济国家，竞争意识深入人心，因此，虽然其社会保障制度的创建离不开政府对市场经济的干预，但是它在实施这项制度时特别重视避免对市场竞争规则的破坏；美国实施社会保险的目的正是要防止人们成为需要公共救助的贫困者，以便保护其所珍视的个人主义和自由主义价值观。

## 二、互惠与团结的基准点

社会保障是一种制度化的社会“互惠”行为，这一互惠行为的稳定实施依赖于参与者在道德上的认识和共识。那么，在社会交往中哪些参与者之间会达成互惠的道德认同呢？社会保障的传统实践“是以一个有确定界限的塑造空间为前提的，不仅社会政策的成本，而且社会政策的收益都在这个塑造空间内表现出来”。这一塑造空间可以小到一个村庄，大到整个现代民族国家。考夫曼指出：“资本主义的市场经济，只有当其不断产生的风险和日益扩大的经济不平等及其消极后果始终被置于某种道德经济的联系中时，才显示出合法性，这种道德经济确保全体国民在普遍的互惠关系的意义上共享这一个经济形势的各种好处。”[①]考夫曼在这里强调的是“道德经济”的重要性，但是一个私人资本主义的市场经济社会究竟如何才能产生道德经济呢？对于这个问题，现代社群主义者可能会求助于“民族精神”，而新自由主义者则会求助于“法治国家”。无论是基于哪种解释，当代福利国家的成功实践促使社群主义者和新自由主义者均采纳了民族国家的“道德经济”的假设。由此可见，社会保障关系的建立和正常发挥功能是基于这样一

① 考夫曼．社会福利国家面临的挑战［M］．王学东，译．北京：商务印书馆，2004：121.

种占主导地位的信念，即相信确实存在着普遍的互惠关系，因此，归根到底所有参加者都能以自己的方式从这种制度安排中受益。但是，这样的制度化互惠观念首先涉及的是一个从政治上定义的“国家”。在某种程度上，我们可以将考夫曼的观点视为对社群主义观点和新自由主义观点进行折中处理的结果，他指出：“国家的功能尤其在于通过建立和控制自己的边界，保证普遍化了的对互惠关系的期待覆盖有确定界限的、原则上可以预见的地域，在这个地域中，可以实行协调一致的经济和社会政策。此外，由于共同的传统和教育部门的努力，该地域的居民显示出高度的文化同质性，能对重要的规范性观念达成共识。因此，互助意愿的主要前提条件便产生了，这些前提条件通过相应的‘民族国家意识’而被进一步强化（民族精神观念）。”①

“团结”一词源于拉丁文，含有“坚定的、持久的、可靠的、可信赖的”等意义。因此，对团结的要求实质上包含着对其他人的可靠性的要求，对他们承认现存的规范和随之产生的义务的要求，对他们的合作意愿及其致力于共同利益的要求。在团结以这种实践意义存在的场合，它就起到社会调控的作用。它激励人们设身处地地为其他人着想，也就是亚当·斯密在《道德情操论》中所说的“同情”，用更现代的说法是“移情”，并相应地在平衡自身利益与他人利益的基础上采取行动。团结始终把“自己人”包括在内，而在现代社会究竟谁是“自己人”呢？这个问题实际上涉及了所谓的“团结的基准点”，即团结互助的人际范围边界。社群主义者特别强调有组织的社团的作用，社群主义的“团结基准”理念基本上属于迪尔凯姆的“机械团结”。按照“机械团结”的概念，团结是建立在社会中个人之间的同质性基础上的一种社会联系，它产生和存在的基础是“集体精神”。而新自由主义者把“集体精神”视为团结的结果。团结的“集体精神”来自于主导社会保障实践的互助和互惠思想：人们相互认同，认识到大家都有可能遭遇风险损失，因此应该针对这种可能性共担风险。但是，与其说这种“集体精神”是制度形成的原因，不如说它是制度运行的结果。通过社会保障“将风险共担行为制度化，就可以强化人们的共享与社区价值观念，这样全民项目就建立在广泛共享的多重合法性基础上，这些基础包括人们的公正观念，因为人们通过互助与互惠思想被融入共同的社会公民权利中”②。

## 三、罗尔斯的公平正义原则

20世纪70年代，美国著名政治哲学家约翰·罗尔斯从公平正义入手，全面、系统、深刻地论证了自由与公平、个人与国家、机会与结果等广泛的社会政治问题，力图为现代西方社会重建“公平正义”的道德基础。他的《正义论》一书对西方政治哲学产生了重要的影响，引发了西方学界对“公共理性”与社会行为、个人权利与社会共同体要求、个人价值与社会正义、社会多元与社会统一、自由与平等、民主与秩序等重大理论问题的广泛讨论，从而形成了当今西方社会政治哲学繁荣发展的局面。

正义论体现的是这样一种社会观——公平和正义是自由而平等的人们之间的关系，这种关系使自由而平等的人会一直赞同公正是他们应当遵循的原则。罗尔斯试图在他的

---

① 考夫曼．社会福利国家面临的挑战［M］．王学东，译．北京：商务印书馆，2004：122-123.
② 皮尔逊．福利制度的新政治学［M］．汪淳波，译．北京：商务印书馆，2004：492.

理论中，在人的自由和平等两方面都做到公正。为此，他设计了一种能够使所有的人都处于平等、自由的原始状态。在选择大家能够一致同意的正义原则时，每个人都是自由的，即每个参与者都可以提出任何他认为大家有可能采纳的原则，没有任何人可以对他人拥有的这种自由施加限制。同时，每个人也都是平等的，没有人可以强迫别人接受自己的观点，或占别人的便宜。由于在确定公正原则时有了这样一个公平的出发点，公正是建立在这个公平的基础上的，所以，罗尔斯称自己的正义论为公平的正义。罗尔斯从人都处在“无知的面纱”中的“原始状态”出发，推出正义的两条根本原则。第一条原则：“每一个人都有平等的权利去拥有可以与别人类似的自由权并存的最广泛的基本自由权。”第二条原则：“对社会和经济不平等的安排应能使这种不平等不但可以合理地符合每一个人的利益，而且与向所有人开放的地位和职务联系在一起。”罗尔斯的第一条原则称为自由原则，用于确定和保障公民的平等自由。罗尔斯认为正义的核心就是平等，在他看来“正义即公平”。具体来说，公平是指社会权利、利益的公平分配。罗尔斯把社会成员所承担的责任、义务和享有的权利统称为基本利益。可见，平等地享有自由权利是罗尔斯正义论的首要原则。第二条原则称为差别原则，它规定了经济和社会福利领域的不平等权利的适用范围和条件，要求社会利益和经济利益的不平等分配应该对处于社会最不利地位的成员最有利。这条原则实质上是要求国家应该对社会成员的社会经济差别予以调节，使之最大限度地改善最差者的地位。在这两条原则中，自由原则是首要原则，差别原则是建立在自由原则基础上，从属于自由原则的。只有在贯彻自由原则的前提下，才能贯彻差别原则，绝不能牺牲前者以满足后者。

罗尔斯正义论的两条原则反映出个人和国家的关系问题是正义论要论述的根本问题。其实这一问题也是一切政治哲学都要讨论的根本问题，但罗尔斯的正义论在对待个人和国家关系问题上，为政府的制度建设提供了更为深刻、合理的理论依据，是古希腊的正义思想和近代资产阶级思想家的正义思想不可企及的。

## 本章小结

社会保障并非单纯的社会制度安排，它牵涉到整个社会经济资源的配置与社会公正等，其制度的发展取决于制度安排与政策实践，但实质上受到一定的理论流派与价值偏好的影响。因此，研究社会保障理论有必要了解对其产生重要影响的理论流派，这正是开启不同社会保障制度安排内幕的钥匙。社会保障是在多学科基础上发展起来的新兴、交叉学科。社会学、经济学、政治学、伦理学都对社会保障的理论产生一定的影响，因此，这些学科体系中对社会保障的理论分析构成了社会保障的理论基石。

## 关键术语

福利国家（welfare state） 贝弗里奇报告（Beveridge Report） 公民权利理论（civil rights theory） 看不见的手（invisible hand） 有效需求管理（effective demand management） 负所得税（negative income tax） 政治需要（political needs） 政党政治

（party politics）　公平与效率（fairness and efficiency）　互惠与团结（reciprocity and solidarity）　公平正义（fairness and justice）

## 复习思考题

1.社会保障的理论基础来自于单一学科的支撑吗？

2.试比较分析经济学、社会学、政治学和伦理学对社会保障制度的不同影响。

3.公平与效率能够在社会保障制度选择中得到整合吗？

4.试分析政党政治如何影响一国社会保障制度的制定。

5.试分析罗尔斯公平正义的两个原则。

## 推荐阅读资料

[1] 贝弗里奇. 贝弗里奇报告［M］. 劳动和社会保障部社会保险研究所，译.北京：中国劳动社会保障出版社，2008.

[2] 罗尔斯. 正义论［M］. 何怀宏，等，译.北京：中国社会科学出版社，2001.

[3] 巴尔. 福利国家经济学［M］. 郑秉文，穆怀中，等，译.北京：中国劳动社会保障出版社，2003.

[4] 林义. 社会保险制度分析引论［M］. 成都：西南财经大学出版社，1997.

[5] 张军. 社会保障制度的福利文化解析——基于历史和比较的视角［M］. 成都：西南财经大学出版社，2010.

负所得税的含义及计算公式

# 第五章

# 社会保障的运行机制



## 学习要点

通过本章的学习，了解社会保障体系是一个结构完整的系统工程，包括实施机制、监控机制、预警机制和机制调整，熟悉我国社会保障运行机制的内在构成和基本特点，把握世界各国社会保障运行机制模式及其特点，深刻认识世界各国社会保障运行、实施和监控机制对我国的借鉴和启示意义，正确理解世界社会风险一体化对我国社会保障运行机制的影响以及应当采取的预警防范措施。

案例引入

**无须为欧美福利病吃药**

联想“教父”柳传志在中欧国际工商学院的一席讲话，不仅在现场引起了争论，还通过网络在公众心中激起了波澜。柳传志表示：“欧洲过度的福利制度造成社会慢慢变成一个养懒人的社会。我不希望这种风气‘传染’给中国。”柳传志还认为，正是高福利制度，使欧洲某些国家竞争能力被减弱，而且还“压制了企业家精神”，妨碍企业创新。经济衰退也根源于此。

关于高福利与企业创新的关系，笔者自惭没有发言权。不过还好，反正有丁远教授这样的学者现场争鸣；而福利的话题，笔者相信每一个公民都有表达愿望的权利，因为这远不只是专业问题。

无须担忧欧洲的弊病传染中国。与欧洲人相比，中国人特别是普通百姓，离“高福利”还有十万八千里！提这个问题还早得很。所以不能拿欧洲人的享受来比拟中国人的节俭。

欧洲高福利养懒人的弊端，在中国根本就不可能发生。中国的劳动者不是懒惰而是勤劳，欧美人50多岁便可提前退休，许多中国人60岁退休时还希望被返聘；欧美人为了福利债台高筑，希腊人只管眼前的高福利一分也不能少，为此不怕赶走别人的援助，而中国人省吃俭用高储蓄，宁可饿死也要还清外债；西方人可以动辄罢工，中国人则拿工作岗位当神敬。所以中国与欧洲在这方面一点都没有可比性。

欧洲过度的福利养了懒人，中国能否因此就不建设福利制度？是否该继续奉行以往的高积累、高税收、财富集中于政府手中的国富民穷、大国小民政策？回答当然是否定的。

当前，我国正致力于实现共同富裕，并开始摸索建设社会福利体系。因此，对于欧美福利之“过”，我们除了要吸取其教训之外，更应该虚下心来，去学习和借鉴人家的长处，以尽快弥补自己的不足之处。毕竟人家维持了近一个世纪的幸福，绝对不会是根本性的错误。

资料来源　李富永. 无须为欧美福利病吃药［N］. 中华工商时报，2011-11-03.

讨论：适度普惠型社会福利制度的内涵体现在哪些方面？中国是否应该走西方的福利社会道路？

对一个国家或地区而言，仅有社会保障法制规范和以政府为责任主体的管理机制是不够的，还需要有高效、合理的实施机制与严格的监控手段。作为社会政策工程，社会保障的运行过程客观上包括项目设置、资金筹集、基金管理、待遇支付等诸多环节，每一环节均需要以法律、法规、政策的规范作为操作依据，并在政府的管理或监控下采用相应的措施或手段，面向符合条件的全体社会成员实施。

运行过程是否合理，实施措施或手段是否有效率，均直接影响着社会保障制度的发展。可见，不仅社会保障项目体系是一个结构完整的系统，而且社会保障运行过程也是一个多环节的、系统化的过程，项目体系的系统性加上运行机制的系统性，使社会保障能够按照自己的客观规律存在并得到发展。因此，社会保障是独成体系的社会政策工程，又是独具特色的系统工程，它在发展进程中并非依附于其他社会的或经济的系统，而是与其他系统协调发展、共同发展并起到独特作用的系统。

## 第一节 社会保障的运行与实施

### 一、运行机制的一般理论

考虑到社会保障法制、管理、实施与监控都是社会保障宏观运行机制中的重要环节，阐述社会保障运行机制的一般理论需要将上述诸环节视为一个整体。

（一）运行机制的公理

作为系统工程，社会保障的宏观运行机制应当符合下列公理：

1.整体性公理

整体性公理即社会保障运行的诸环节、诸要素及所采用的手段与方法必须是一个有机的整体，而不是简单的、机械的集合，它也由多个要素或系统组成，但各要素或系统仅仅作为整体的一个特定部分而存在，并且在整体系统中才能发挥出应有的作用。如社会保障项目的实施离不开法制的规范与约束，反之，法制的规范与约束若不能得到贯彻实施便如同一纸空文，等等。

2.层次性公理

层次性公理即社会保障的运行具有多层次性，如从法制规范到具体实施，从中央到地方，从政府到民间，等等，每一层次都有其特定的任务和运行范围。任何违背层次性规律的做法，都会损害整个社会保障制度的正常运行和健康发展。

3.稳定性公理

稳定性公理即社会保障运行机制应当具有结构稳定性，运行过程中相关要素的组合及其相互作用的形式和相互联系的规则是既定且不可紊乱的。一旦相关要素的组合等发生紊乱，则必然导致社会保障运行过程中的特定秩序发生混乱，进而出现摩擦与对抗，并损害社会保障制度的正常发展。如社会保障制度在实施过程中，必须实现区域服务定点稳定、实施内容稳定和服务对象稳定。

4.协调性公理

协调性公理即社会保障运行机制中的诸要素应当相互协调，如果不能协调，就可能因相关要素的反作用力导致运行过程的非正常现象。如法规、政策的规范违背了社会保障制度实施过程中的民意，或社会保障制度在运行过程中违背了法规、政策的规范，或不服从政府的管理，等等，均会对社会保障造成直接的、严重的后果。

（二）运行机制的目标与宏观结构

从社会保障制度可持续发展的角度出发，社会保障宏观运行机制的构建目标应当是科学、合理、高效与协调。具体而言，这一目标又包括以下四个子目标：

1.社会保障运行机制必须科学、合理

一方面，在构建社会保障运行机制时，应当使运行机制中的各系统、各层级的构架既能够满足社会保障正常运行的需要，又能够实现相互制衡、相互推进的目标；另一方面，运行机制的构建既要避免因对旧的运行机制的摒弃而产生巨大的社会震荡，又必须实现对传统运行机制的创新，即能够适应社会保障制度持续发展的内在要求。换言之，在尽可能减少震荡的同时促使社会保障运行机制走向科学化、合理化。

2.社会保障运行机制必须实现一体化

社会保障运行机制应当坚持立法、管理与实施等相互分离又相互制约的原则，但在分离与制约的同时还应当实现运行机制一体化，即运行机制中的各系统能够共同构成一个紧密相关、协调运转的大系统。在这个大系统中，各系统具有相对独立性，但这种独立性只是分工负责、明确职责的需要，它们的目标完全一致，只不过是手段有别，在运行中是一个不可分割的整体，任何一方离开了另外一方，都将导致整个社会保障体系不能正常运行。因此，社会保障运行机制中的诸环节应当既是分工明确，又是不可分割的整体。

3.社会保障运行机制必须高效、经济、灵敏

它包括：一是社会保障运行机制必须追求高效率，即能够做到法制规范具体、管理政令畅通、实施环节简单、实施效果良好；二是社会保障运行机制必须符合经济原则，即杜绝由于运行机构的庞大或非正常而导致对社会保障基金的侵蚀，以及运行环节中的缺漏导致的基金流失，尽可能地做到维护社会保障基金的安全并实现保值增值；三是整个运行机制应当反应灵敏，能够对运行中的非正常状态迅速做出反应，并及时采取有效的措施来防止、控制非正常事件的发生。

4.社会保障运行机制各系统必须协调运转

根据构建社会保障运行机制的总体目标，社会保障运行机制由四个相互协调的系统组成，其中：法制系统是实施社会保障的客观依据，管理系统是实施社会保障的责任主体，实施系统是实施社会保障的执行主体，监督系统是实施社会保障的基本保证，各系统之间的关系如图5-1所示。

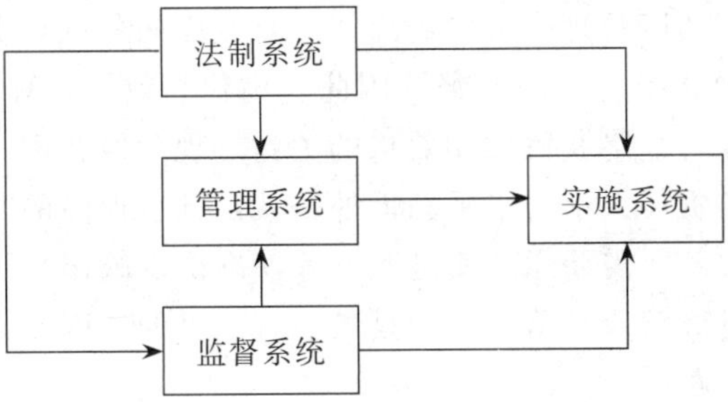


图5-1 社会保障运行机制结构图

由图5-1可见，社会保障运行机制的宏观构架有着如下特色：

其一，分层负责。它客观上可分为以下三个层次：第一层次或最高层次是法制系统，它是社会保障运行过程中的管理系统、实施系统和监督系统的共同依据，是规范性层次。第二层次是管理系统和监督系统，其中前者依照法律的规定在自己的职责范围内对各种社会保障实施机构及其实施内容履行管理之责，同时接受监督系统的监督；后者依据法律的规定履行对社会保障管理系统与实施系统的监督职责，其中重点是对实施系统的监督，它可以概括为管理与监督层次。第三层次是社会保障的实施系统，它依据法律规定

具体组织实施各种社会保障事务，同时接受管理系统的管理与监督系统的监督，是具体实施层次。上述三个层次分工不同，但目标一致，它们共同推进社会保障项目的实施。

其二，系统运行。在社会保障运行机制中，法制系统、管理系统、实施系统和监督系统共同构成一个有机结合的整体，不仅缺乏任何一个系统都会导致整个社会保障运行陷入非正常状态，而且任何一个系统的非正常也会导致整个运行系统的非正常。例如，没有相对独立的法制系统，社会保障制度的运行会失去操作的客观依据；没有相对独立的管理系统，社会保障的实施会陷入混乱之中；没有相对独立的实施系统，社会保障的运行将陷入政事不分、职责紊乱的局面；没有健全的监督系统，社会保障运行过程中的非正常状态将得不到及时的发现和纠正。因此，社会保障制度的运行是上述四个系统作为一个不可或缺的整体系统的运行，每个系统都应该在运行中保持正常状态并在整体系统中发挥作用。

其三，双向制约。中国传统的社会保障运行机制只具有单向制约性，即政府制定法规政策，然后由政府部门或企业、机关、事业单位执行。而合理的社会保障运行机制，其四个系统之间都存在着双向的或相互的制约性，如法制系统对其他三个系统均起着规范与制约作用，其他系统的运行不能违背法制系统的规范，但其他系统在运行中若发现法制系统的不足又可以推动法制系统的修订与完善；管理系统行使对实施系统的管理职权，但又须接受法制系统的约束和监督系统的监督；实施系统依法实施各种具体的社会保障事务，却需要同时接受管理系统、监督系统的管理与监督；监督系统接受法制系统的约束，不能介入具体的社会保障管理与实施，但可以行使对管理、实施系统的监督权。

## 二、实施系统

社会保障项目的实施，是整个社会保障制度运行过程的核心环节，这一环节既要接受社会保障法规制度和政府管理机关的约束，又直接面向各社会保障项目覆盖范围内的全体社会成员，还需要接受各方的监督。因此，构建高效、合理的社会保障实施系统，往往是社会保障制度能否最终获得预期效果的关键。现阶段在国际范围内对社会保障争议最大的问题，除政府责任大小与水平高低外，就是社会保障的实施系统，而事实上前两个问题又都在一定程度上需要通过实施系统才能准确反映出来，如对社会保障是采取官营或公营方式，还是民营或私营化，即是最引人注目的，因为它关系到政府责任的体现与国民个人的风险问题。

（一）构建原则

1.官民结合

在世界上只有由政府负责的社会保障制度，而没有包办一切社会保障事务的政府。我们可以考察各国社会保障制度的实施状况，即使是那些由政府负责的高福利国家，由非官方系统承担有关社会保障事务的具体经办任务也是正常现象；即使是在传统模式的社会主义国家，政府采用的是国家保险制度，但许多具体的社会保障事务依然需要通过非官方组织来承办。如中国在计划经济时代虽然由国家充当保障全民福利的责任主体，实施过程却是由众多的企业、乡村基层组织经办绝大多数社会保障事务，官方系统仅有民政、卫生等少数政府职能部门承担着救灾救济、军人抚恤、公费医疗等社会保障实施责任，且依然需要依靠基层组织才能顺利实施。在此，企业与乡村基层组织，即使是国有企业与政府直接控制的乡村基层组织，在性质上显然也不能等同于政府。在市场经济条件下，政府通常以追求效率为目标，“小政府、大社会”被认为是一种理想的社会格局，从而使得让民间承担更多、更大的社会责任与社会事务成为一种优良的选择。

2.统放有度

在社会保障体系中，有些社会保障项目是必须统一实施才能确保其实施效果的，政府对此不能推卸自己的责任，而是应当作为直接责任主体，按照统一机构、统一内容、统一标准、统一时间的要求来实施。而另一些不需统一实施也能实现其保障效果的项目，则可以在法律、法规、政策的原则规范下放开实施。如在社会保险制度中，养老保险、失业保险等不仅需要强制统一实施，而且需要实现全国统一化，医疗保险则可以放开由地方负责实施并在医疗服务环节让医疗机构相互竞争；制度安排中的社会救助事务必须由官方或公营机构统一实施，而非制度安排的社会救助事务却应当完全放手由各社团机构或慈善组织按照自主、自治的原则来实施。

3.追求效率

社会保障以创造和维护社会公平为基本宗旨，但在实施过程中同样需要特别关注效率，不考虑效率的社会保障制度不仅是不可持续发展的社会保障制度，而且会产生严重的不良后果。因此，社会保障实施系统的构建，必须充分考虑运行成本的大小和运行效率的高低，防止实施成本过大而侵蚀社会保障基金或给政府财政带来新的压力，同时还必须杜绝实施过程中的官僚主义和渎职行为。以较低的运行成本争取尽可能高的运行效率，应当成为构建社会保障实施系统的基本原则和评价其良性与否的重要指标。

（二）实施机构

作为社会保障项目的具体执行者，社会保障实施机构依照社会保障法律制度和相关社会政策的规范，承担着经办各种社会保障事务的职责。在一个健全的社会里，担负社会保障项目实施任务的往往既有官方系统的官营机构与公营机构，也有非官方系统的民营机构，还有一些介于官方系统与非官方系统之间的半自治机构，它们的合理组合是社会保障实施系统高效运作的基本条件。

1.官营或公营机构

传统意义上的社会保障，通常是由政府充当直接责任主体，也是由官营或公营机构负责实施的，迄今许多国家的社会保障事务仍然依靠官营或公营系统来组织实施。它主要有两种形式：一是政府社会保障管理部门直接经办有关社会保障事务，一般表现为上管下办模式；二是在政府社会保障管理部门之外另行设置独立的社会保障实施系统专门经办有关社会保障事务，一般表现为管办分离模式。例如，英国的社会保障制度就主要是通过独立的官营系统来实施的，它在政府社会保障主要管理部门——社会保障部之外另行设立了6个相对独立的实施系统来完成，其中：待遇发放机构是最大的实施系统，它通过设置地区局、分局、分区办事处等几个层次，成网状布点遍布全国，依法审核国民申请并发放20多项社会保障待遇；基金收缴机构专门负责征收社会保障费用，其内部机构设置与待遇发放机构大体一致。

2.民营机构

民营机构介入社会保障的方式有两种：一是接受政府委托经办有关社会保障事务；二是自主组织实施有关社会保障事务。第一种方式是纯粹的经办机构，它完全按委托机构——社会保障管理机构的意志行事，如银行代发养老金时就没有自作主张的权利。第二种方式则与政府不存在管理与被管理的关系，而是作为社会中间力量，以独立法人的地位开展有关社会保障工作，属于自管自办型，当然，政府职能部门往往可能起监督作用。在社会保障领域，民营机构介入较多的是社会福利事务（如各国民办的养老院、公益医院、康复服务中心，等等），社会救助与社会保险领域亦有民营机构介入，它们多是提供相关的福利或公益服务，提供现金与实物援助的较少。一般而言，民营机构多以具备独立法人资格的社会公益事业团体面孔出现，慈善团体是比较典型的自治性社会保障实施机构。

3.半官方机构

除官方系统与民营系统外，在社会保障领域，许多国家实际上还活跃着一部分既具有部分官方色彩又具有民营特征双重身份的实施机构，它们与政府或政府职能部门保持着特殊的关系，或由法律、法规等赋予其部分官方职能，但在业务范围内又完全独立自主地开展社会保障工作。在中国，中国残疾人联合会即是一个半官方组织，它虽然未被纳入各级政府序列之中，却接受政府的财政拨款，其主要负责人一般被视同政府工作人员任命；红十字会虽然在国际上是一个非政府组织，但中国红十字会却与卫生部门密切相关，并接受政府的拨款，在必要时承担政府的某些使命；中国青少年发展基金会则是另一种半官方性质的实施机构，它依靠社会捐献来实施公益慈善事业，却与中国执政党领导下的共青团组织密不可分，其各种活动依靠共青团组织来推动。

上述三类机构构成一个整体，但是孰轻孰重不能简单断言，而是需要根据社会保障项目的性质和从有利于提高运行效率的角度来加以选择和组合，在选择与组合的过程中，国情因素往往是值得着重考虑的，而民意调查亦有着与效率评估相等的重要性。

## 三、项目实施

社会保障项目的实施，是最终落实国家社会保障政策和实现国民社会保障权益的环节，它作为一个工作过程，直接面对着城乡居民家庭和亿万国民。对国民而言，享受社会保障权益的直接表现就是在社会保障项目实施过程中能够获得法律、法规与政策规定的社会保障待遇，因此，特别强调项目在实施过程中规范操作、有序运行和公开化。

（一）实施社会保障项目需要具备的基本条件

它包括：一是完备的法制规范。因为在项目实施过程中，除民营机构自主开办的社会性保障事务外，属于国家制度安排范畴内的社会保障项目，其具体内容均是由相应法律来规范的，社会保障实施机构扮演的应当且只能是社会保障法律制度执行者的角色，从而要求有完备的法律制度作为可供操作的具体依据。二是合理的管理体制。实施机构实施社会保障项目虽然以相关法律制度为依据，但实践中却往往表现为根据管理系统的具体要求运行，不合理的管理体制必然带来实施系统的低效率运行，合理的管理体制则可以有效地提升实施系统的效率。三是监督条件。需要有独立的监督系统来促使实施机构正常运行，并纠察其偏差与失误。四是垄断经办。社会保障属于公共领域，它原则上不适用市场机制，尽管某些项目或其实施过程中的某个环节可以通过引进市场竞争机制来达到提高效率的目的，但绝大多数社会保障项目要求垄断经办，以保障待遇提供者与受益对象之间的关系长期稳定化、公开化，因此，属于制度安排范畴的社会保障项目的实施均只能采取强制实施、专门机构垄断经办的办法，即使是民营社会性保障事业，亦需要接受政府的统筹规划，以避免因分布不合理及无谓的竞争而导致付出不必要的代价。

（二）实施社会保障项目的基本程序

按程序办事是实施社会保障项目的基本要求，而程序公正又是其基础，因此，任何社会保障项目的实施，均需要由管理者事先制定出规范的程序，实施机构必须不折不扣地按程序操作。不过，不同社会保障项目的实施程序是有区别的。社会保险项目的实施，一般包括如下程序：一是检查规定范围内的单位与劳动者是否已全部参加了社会保险；二是征收并检查用人单位和劳动者个人应当缴纳的社会保险费；三是记录并保存参保单位和受保劳动者的有关情况，作为支付相应社会保险待遇的依据；四是审核受保者对社会保险待遇提出的申请；五是根据规定的条件和确定的标准，支付相应的社会保险待遇，或委托社会机构如银行等发放。民营机构实施社会保障项目的程序则包括：一是筹集可供开展社会保障项目的资金；二是接受并审查有需要者的申请；三是在调查核实的基础上确定受助对象；四是提供服务援助或款物援助。

（三）实施社会保障项目的手段

实施手段的科学与否，直接决定着社会保障实施系统的效率。除强制实施手段外，尤其需要注重吸收现代科技成果，如运用电子计算机管理社会保障资料尤其是受益对象资料，实行社会保障号码制，建立灵敏的信息反馈系统等等，均已成为必要的手段。即使是在项目实施过程的某些具体环节，亦应尽可能地采取方便居民的服务手段，如银行在发放养老金时设置自动提款机，医疗费用等的结算可以实施“代卡制”，等等。

## 第二节　社会保障的监控机制

### 一、建立监控机制的必要性

各国的发展进程表明，追求没有公平的效率会自取灭亡，追求没有效率的公平也必然失败；同样，各国的社会保障制度发展进程也表明，建立健全的监控机制会促进社会保障的良性发展，而缺乏有效监控的社会保障制度必然会偏离其预定的轨道。因此，社会保障宏观关系的正确处理，社会保障制度的良性运行，均需要建立起相应的监控机制。

（一）社会成员的社会保障权益维护的需要

社会保障是法定制度，是社会成员享有的法定权益，但在各项社会保障制度的具体实施中，各种因素的影响可能导致社会成员的权益受到损害。如一些企业或用人单位不惜虚报职工工资水平报表，以便通过账面工资数低于职工的实际工资数的方式，换取少缴社会保险费的实惠；再如社会保障机构中可能存在的官僚主义或不负责任的行为，导致需要社会帮助的社会成员得不到社会保障制度的帮助，等等。这些都无疑会使社会成员的合法权益受到损害。对此，就需要有权威的、健全的社会保障监控机制，并通过其监督、纠察，使社会成员的合法权益得到维护。

（二）社会保障运行中的非正常状态调试的需要

一方面，社会保障在运行中可能出现非正常状态，尤其是在传统社会保障制度未消失、新的制度又未确立的转轨时期，更容易出现非正常状态。例如，一些地方不断出现随便调用社会保险基金并导致部分基金流失的事件，就是社会保险运行非正常的显著表现；一些企业不按规定缴纳社会保险费，灾害救助和贫困救助中的平均主义、优亲厚友现象，均是非正常状态；政府部门擅自越权干预法定的社会保障行为，也是非正常状态，等等。这种情况与社会保障的基本原则是相背离的，也是与社会保障追求公平而不是平均主义、是机会均等而不是待遇差别、是个人权利而不是少数人的施惠行动的目标相背离的。另一方面，上述非正常状态仅仅依靠社会保障管理系统或实施系统又是很难纠正的，因为自我纠正既要受到当事者权威不足的局限，又特别需要有高度自觉的负责精神，而这两点却是管理系统与实施系统无法完全做到的。因此，只有在管理系统与实施系统之外，再建立起健全、权威的监控机制，才能真正纠正社会保障运行中的非正常状态，并确保整个社会保障制度的运行正常化、良性化。

（三）社会保障运行中的潜伏危机防范的需要

一般而言，社会保障的发展要受到多种因素的制约，现阶段的正常化往往不能代表未来发展阶段就一定正常化，这一点不难从许多工业化国家社会保障制度的历史与现实对照中得出结论。如作为社会保障最主要的开支项目的养老保险支出规模，除要受到经济发展水平和通货膨胀等因素的影响外，还必然受到人口老龄化和预期寿命的影响，后者的影响甚至更久远、更起作用。如果平时只按常规考察社会保障制度的运行，一旦人口老龄化到来，就可能因养老金储备的不足而陷入困境；再如失业对社会保障的影响也很大，如果缺乏必要的预测、警告机制，大规模的失业现象将不仅使社会保障陷入困境，而且会涉及整个社会经济的正常发展，等等。因此，从宏观或长远的角度出发，社会保障的运行需要有专业化的预警监控机制，这既是一些发达国家以往的深刻教训，也是社会保障制度发展的内在要求。

## 二、监控机制的运行原则

建立社会保障监控机制的目的，是确保社会保障制度实现良性运行与可持续发展。社会保障监控机构的健全，将促使整个社会保障制度得到健康、正常的发展，即使实施过程中有失误，也会得到及时的纠正，从而不会造成整个运行机制的紊乱与危机的发生；但社会保障监控机构的非正常运行，如越权行事或形同虚设等，则必然无助于整个运行过程的正常化，有时甚至会起反作用，助长社会保障制度的非正常运行。因此，社会保障监控机制的运行应当遵循以下原则：

（一）依法运行

建立监控机制，不是要介入社会保障制度管理或实施过程中的具体事务，而是通过定期或不定期的检查来行使监控职责，这种职责的设定，通常由国家的社会保障法律制度或其他相关法律制度规范，即社会保障监控机构承担什么样的职责不是由监控机构自身决定的，而是由法律制度决定的。因此，在监控系统的运行中，必须依法行使监督职能，它包括两层含义：一是社会保障监控机构只能在法律规范的范围内行使职权，而不能越权行事；二是社会保障监控机构必须行使法律制度赋予的职责，而不能不负责任。越权行事会破坏社会保障运行机制的正常秩序，不负责任同样会使社会保障运行陷入非正常状态而难以自拔。因此，依法运行是社会保障监控机构运行中的首要原则。

（二）运行有序，行为规范

它包括：一是社会保障监控机构需要按照一定的程序办事；二是不同的社会保障监控机构在行使监控权的同时，需要严格按照各自的职责规范运行；三是在发现社会保障管理或实施中的问题时，需要严格按照规范的手段进行监察和纠正；四是与社会保障管理系统、实施系统配合协调。运行有序、行为规范是社会保障监控机制运行正常化的基本前提条件。

（三）多重化与权威化

由于社会保障内容庞杂、涉及面极广，从国内外的社会保障制度发展实践来看，任何国家都不可能由一个机构来行使监控职责，因此，构建多重化的监控机制是社会保障制度的内在要求；同时，对社会保障制度的运行进行监控的目的是保证社会保障制度的运行正常、纠察失误、预警危机，这就需要监控机构具有权威性。多重化是促使社会保障监控机制结构严密的需要，权威化则是促使社会保障监控机制行为有效化的需要。

（四）日常监控与预警监控相结合

监控机构通常将自己的职责界定为具体事务的日常监控，这使其重要性打了很大的折扣，因为工业化国家的实践证明，一些监控部门尽管对纠正社会保障日常运行中的个别失误有功，却也对社会保障制度中、长期运行中形成的积重难返的危机负有不可推脱的责任。如人口老龄化带来的养老保险金支付高峰、失业规模扩大化带来的影响，等等，就往往不能被社会保障监控机构及时注意并提前预警，致使危机发生时往往措手不及。因此，社会保障监控机制不仅要注重日常的、微观的监督，而且应当将长期性的、宏观性的预警监控纳入自己的职责范围。日常监控与预警监控相结合，应当成为社会保障监控机制运行的一项新的准则。

## 三、监督系统

对社会保障运行的监控，是通过具有监督权力的监督系统来实施的，它一般包括行政监督系统、专门监督系统、司法监督系统和社会监督系统，各系统均根据法律赋予的特定职责行使不同的监控权力，并严格按照自己的职责分工分别运行。

（一）行政监督系统

它是指政府序列中有关职能部门根据其管理职能，代表国家对社会保障制度的运行进行监督。在实践中，行政监督系统通常以日常监督方式为主，即将监督社会保障事务纳入自己的本职工作范畴，并按照本部门的工作程序、工作手段行使监督权。行政监督系统实际上包括社会保障主管部门的监督和非主管部门的监督。在中国，行政监督系统的监督机构包括：

1.人力资源和社会保障部门

人力资源和社会保障部门作为中国社会保险事务的主管部门，它主要依据劳动法、社会保险法及配套法规，并通过内部设置的基金监察机构等行使自己的监控权力。其监控的内容包括用人单位是否依法缴纳社会保险费，有无违背最低工资保障线的规定，社会保险机构的运行是否正常，社会保险基金是否安全，社会保险机构有无损害企业或劳动者的正当权益等。

2.民政部门

民政部门是中国社会福利事务、社会救济事务和军人保障事务等的主管部门，它主要依据国家有关社会福利、社会救济、军人保障等方面的法律、法规，对上述保障项目的实施行使监控权。它监控的内容主要是上述保障事务的财政拨款、待遇发放等是否符合法制与政策规定，民营公益事业团体与慈善团体的运行是否规范，等等。

3.财政部门

财政部门是政府的综合管理部门，它不仅承担着向社会保障机构拨款的直接责任，而且主管着全国的财务会计工作。因此，除做好自身的社会保障财务管理工作外，还应当对各社会保障管理机构、实施机构行使财务监督权。监督的内容主要包括社会保障收支的年度预算执行情况，中、长期计划执行情况，财政性社会保障基金的使用情况，社会保险基金的使用情况，民营保障事业基金的使用情况。财政部门主要是通过对社会保险基金财政专户的监督和对社会保障机构财务会计报表的审核及平时审查来行使监督权。

4.审计部门

审计部门是财经法纪的维护者，它与社会保障机构不存在直接的关系，仅仅是依法行使审计监督的权力，这使其更加具有超脱性。审计监督的内容主要是社会保障机构是否遵守了社会保障法律制度，其职责是使国家、企业、社会成员个人的利益都能够得到公正的维护。如1992年和1993年，中国各级审计部门就曾经对社会保险基金的收支情况进行了一次比较全面的审计，发现一些地方的社会保险基金被大量挤占挪用、一些地区的企业拖欠社会保险费等现象十分严重，既造成了社会保险基金的流失，又使基金来源没有保障。

（二）专门监督系统

由于行政监督主要是从政府的角度来监察、督促社会保障运行正常化，而社会保障涉及国家（政府）、企业和社会成员个人的切身利益，社会保险基金更是劳动者拥有的共同的后备基金，民营保障事业基金也是捐献者用于援助社会弱者的基金，从而需要有官民结合的或民间的专门监督系统。如在社会保险领域就必须建立起由政府代表、缴费单位代表、劳动者个人代表等组成的专门监督委员会，定期审查社会保险基金的收支及运行情况，反映非官方的意见，以便使各方的利益都能够得到维护；在民营保障事业领域，亦应有民间的监督机制，以便确保捐献者的捐献真正用于社会弱者。专门监督系统除了维护有关各方的权益和确保捐献者的意愿得到实现外，还应当与政府部门密切配合，开展宏观预警监督活动。专门监督系统的建设与发展，需要引起国家的高度重视，并应当走向规范化、制度化、健全化。

（三）司法监督系统

行政监督与专门监督能够纠正社会保障运行过程中的失误，但对于一些超越其监督范围的问题却缺乏相应的权威性，如社会成员与社会保障机构之间的争议、社会保障工作人员的严重违法行为等，就需要有司法部门，包括法院、检察院等在内的有力监督。国际劳工组织的专家就认为："人们对他受到任何社会保障机构的对待方式应有提出控诉的明确权利，假如此种控诉在社会保障机构本身范围内的控诉程序仍不能满意的话，应提交给一个独立的主管机构处理。"[①]有的国家或地区还建立有专门的社会保障法院或法庭来处理社会保障方面的法律诉讼事件。因此，不论是独立的社会保障司法系统，还是国家设立的综合的司法系统，都承担着对社会保障制度运行的特殊监督职责。国家在不断完善社会保障法律制度建设的条件下，应当强化司法系统对社会保障运行的司法监督。

（四）社会监督系统

社会监督系统是非官方的、非专门的，是上述监督系统之外的其他方面的监督，它符合普通民众的需求与意愿，属于群众性、社会性、非强制性监督系统。社会保障制度的运行需要社会监督，这是基于垄断性的社会保障机构会存在官僚主义和不负责任的态度，并可能导致社会保障运行的低效率甚至是严重的浪费现象，这是令工业化国家头痛的问题，也是包括中国在内的各发展中国家面临的客观问题。因此，重视社会监督系统的建设，充分发挥其作用，同样是促使社会保障制度正常运行和健康发展的保证。在社会监督方面，主要有以下几个方面：

一是工会组织监督。从理论上讲，工会组织既非法定的社会保障管理部门，亦非法定的社会保障监督部门，而是一个代表工人利益、反映工人意愿的群众组织，它作为最有实力的劳动者群体利益的代表，对社会保障制度及其运行产生着巨大影响。如1995年法国因工会的反对，致使政府对社会保险改革的方案流产。因此，工会作为职工利益的代表，通常自觉监督各种社会保障制度的实施，以现行的社会保障法律制度为依据，以维护职工利益为最高宗旨。而社会保障系统需要高度重视工会的监督作用，并主动接受工会组织的监督，以便不断改进工作。

二是企业团体监督。企业是当代社会保障制度中的主要义务责任主体，具有自己的独特利益，亦通过企业团体组织来监督社会保障制度的运行过程，维护企业自身利益。在此，企业团体组织不仅可以通过派代表加入专门的监督系统并发挥其应有的作用（如海南省总商会、海口市小汽车出租公司协会的负责人参加海南省社会保险基金监事会即是一例），而且可以将监督社会保障制度的运行纳入自己的工作范围。

三是社会舆论监督。电视、报刊、广播等各种大众化的社会传媒，都可以通过自身的优势来监督社会保障制度的运行，如揭露社会保障运行中的非正常事件、抨击社会保障机构或工作人员的官僚主义、反映社会成员在社会保障方面的呼声、发表理论家在社会保障方面的争鸣文章，等等，都能够起到维护社会保障制度正常运行的作用。

---

① 国际劳工局．展望21世纪：社会保障的发展［M］．北京：劳动人事出版社，1988：77.

## 第三节 社会保障的预警防范

社会保障以经济手段来解决各种特定的社会问题，财务风险大，一旦危机发生，必然波及整个社会。在这方面，一些西方工业化国家的实践表明了缺乏有效的预防和监督机制是不行的。以法国为例，由于缺乏预警性或预防性的监控机构，整个社会保障支出的规模日益膨胀。根据法国社会事务和健康统计局的统计，2013年，法国社会保障支出总计7 150亿欧元，占GDP的33.8%。各种津贴和社会补助构成了支出的主要部分，达到6 270亿欧元，占GDP的31.7%。2010—2012年，这一数字以3%的速度增长，而这一数字在2000—2009年为4.6%。在法国的所有津贴中，医疗健康支出（占所有津贴支出的37%）在2013年为2 328亿欧元，而与养老保障相关的支出则达到了3 705亿欧元，占所有津贴总额的46%，且还会随着退休人口的增加以及寿命的延长而持续增长。[①]上述现象说明，社会保障制度在发展中因刚性增长等因素的影响而潜伏着危机，这种危机往往随着社会经济的发展而发展，从而迫切需要加强对社会保障问题的预警性或预防性监督。因此，必须构建科学、灵敏的社会保障预警系统。

### 一、预警系统的运行

“科学、灵敏的社会保障预警系统包括：设置合理的社会保障预警指标，建立迅捷的信息资料收集与传导机制，开展人口老龄化、失业规模、社会保障支出的中、长期趋势预测，定期发布社会保障运行情况的有关信息等。”[②]需要指出的是，社会保障制度的危机在很大程度上即是财务危机，这一特点决定了社会保障预警系统的设置，主要是用来预测并防止社会保障制度在运行过程中发生财务危机的，通过这种预防机制亦可避免社会保障财务危机可能导致的连带性的社会、经济、政治危机。社会保障预警系统的运行结构见图5-2。

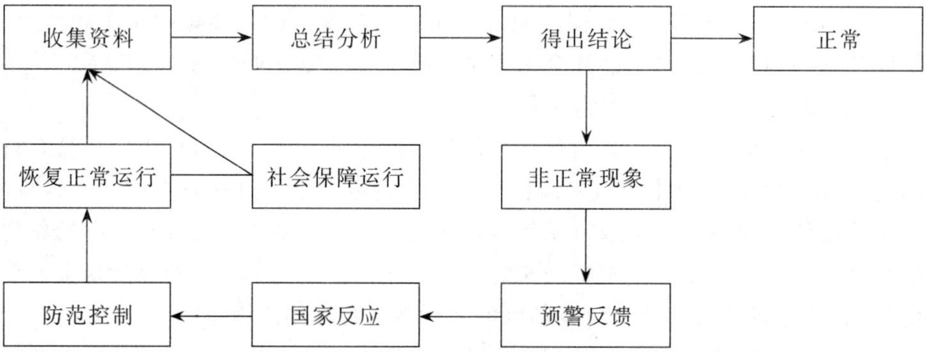


**图5-2 社会保障预警系统运行结构图**

图5-2展示的是社会保障预警系统的运行结构，它从广泛收集社会保障运行情况及与之密切相关的资料开始，经过综合性的总结分析，得出相应的结论。如果社会保障运

---

① 法国社会事务和健康统计局.法国和欧洲社会保障（2013）[R]. 2015：5.
② 郑功成. 论中国社会保障制度改革 [J]. 当代社会保障，1996（4）.

行正常，则不存在预警问题；如果存在或潜伏着非正常现象，则需要及时做出预警信息反馈，国家应当对此做出积极反应，并采取有效的预防或控制措施，以促使社会保障制度恢复或维持正常运行。

对社会保障运行进行预警监督的意义在于，能够通过有关现实资料的总结分析，及时发现并预测其可能出现的危机，以便国家能够及时采取有效的预防措施，避免危机发生并造成积重难返。因此，预警监督作为社会保障监控机制的重要组成部分，实质上并非是对社会保障运行过程的日常的、微观的或基层的监督，而是对社会保障制度运行进行的中、长期宏观监控。

## 二、指标的设置

与社会保障日常监督不同的是，社会保障预警系统是通过量化资料的分析及其结论来发挥作用的。因此，如何保证监测指标的科学与合理，是完成对社会保障制度运行中、长期监控任务的关键。从社会保障制度在国内外的发展实践来看，能够影响社会保障制度运行的重要因素不仅包括社会保障自身的指标，也包括与社会保障收支状况密切相关的社会、经济发展指标，如国内生产总值、人口老龄化指标、失业率指标等，其中最重要的预警指标包括社会保障水平、国家财政支出比、养老保险金支出等。

（一）社会保障水平

该指标是指一个国家或地区用于社会保障方面的总支出占其国内生产总值的比重。根据工业化国家社会保障制度在20世纪50年代以来的发展实践，当该指标在20%以内时，社会保障对整个社会、经济的发展起很好的促进作用；当该指标超过20%时，即国内生产总值中的20%以上被用于社会保障待遇支出时，即会影响到国民经济的发展（如经济增长速度减慢等），并成为社会负担，比重愈高，影响愈大[①]。因此，社会保障制度应当将追求总的社会保障水平适度化确定为发展目标。社会保障水平指标的计算公式为：

$$\text{社会保障水平} = \frac{\text{社会保障支出总额}}{\text{国内生产总值}} \times 100\%$$

采用社会保障水平指标，在近期是为了衡量社会保障的发达程度；在长期则是起预警作用，即保障水平在现有的发展情况下，经过若干年以后将是什么样的水平，会对社会经济及社会保障制度自身产生什么影响。20%应当成为中国社会保障水平的预警线。需要强调的是，对社会保障的统计指标应当体系化、规范化，因此，应当科学设计并尽快完善社会保障统计指标体系，这是使用社会保障水平指标评价社会保障发展问题的重要前提。

（二）国家财政支出比

从国外的发展实践来看，凡是社会保障发展对国家经济造成不利影响的，原因不仅在于社会保障水平偏高，更在于社会保障支出受现收现付制实施方式和将社会保险收支直接纳入国家财政范畴的影响，最直接的表现就是政府财政压力的不断加大。例如，在

---

① 必须注意的是，各国社会保障支出的统计口径不同，导致对社会保障水平指标的计算结果出现较大差异，应该以统计口径一致或接近一致为基本条件，因此，在国家与国家的水平比较中，统计口径应当统一，否则，得出的结论就可能是错误的。

法国，社会保险收支形成的巨额赤字就是令政府十分头痛的问题；而新加坡因实行自成体系、自我平衡的公积金制度，却不存在政府财政压力的问题。我们不能说法国的社会保障水平一定比新加坡的保障水平高，但前者已经日益严重地影响到经济、社会的发展，后者却一直被新加坡政府视为有助于经济增长的重要因素。因此，对社会保障运行状态的监督，还需要通过对国家财政支出中的社会保障支出比来进行考察。该指标的计算公式为：

$$社会保障支出比=\frac{国家财政用于社会保障方面的支出额}{国家财政总支出}\times 100\%$$

一般而言，国家财政收入用于社会保障方面的支出应当有“度”。这个“度”如果适度，必定会取得社会保障与经济发展相得益彰的效果；偏高会影响到国家的宏观调控能力并影响经济增长；偏低则可能造成社会保障不足并导致社会问题趋向严重化。国家财政中的社会保障支出比受两个因素的影响：一是该国是否将社会保险收支纳入国家财政范畴；二是是否以政府为完全责任主体。如果将社会保险等收支直接纳入国家财政收支，那么财政支出中的社会保障支出所占比重必定极大，反之则小；如果以政府为完全责任主体，则国家财政中的社会保障支出所占比重必大，反之亦小。

（三）养老保险支出指标

在各国的社会保障制度中，社会保险支出是最主要的支出类别，许多国家的社会保险支出甚至占全部社会保障支出的80%以上；而养老保险支出则是最大的社会保障支出项目。

从世界各国社会保障的发展历程来看，社会保障制度的成败在很大程度上取决于社会养老保险的成败，社会保障的所谓财政危机在根本上亦取决于养老保险的收支规模。因此，养老保险支出指标显然是社会保障预警指标体系中最重要的指标之一。在这个方面，必须充分考虑人口老龄化趋势、人均预期寿命、物价发展水平等多项因素，它们是直接导致养老保险金增长的基本构成要素。养老保险的预警指标主要应当包括三个方面：

一是养老保险费征缴比。其计算公式为：

$$养老保险费征缴比=\frac{养老保险费收缴额}{职工工资总额}\times 100\%$$

该指标是指实际征缴的养老保险费占一个国家或一个地区或行业的职工工资总额的比率，它反映着劳动者代际的养老负担转移情况。在国际上，公认的养老保险费征缴比警戒线是24%，极限为29%。

二是养老保险基金收支比，即养老保险基金支出与收入之比。当该指标小于1时，基金会有结余；当该指标大于1时，则会出现基金亏空。养老保险是积累性保障项目，由于费率是根据当时的情况确定的，且需要保持一段时期的稳定，所征收的保险费是否能够满足覆盖范围内全体人员的支出需求在事先往往是无法完全肯定的，因为年龄结构、社会经济发展水平乃至政治方面的因素等，均可以影响到养老保险基金的收支平衡。因此，无论是从整体，还是从个体角度出发，养老保险基金收支年度平衡均非追求目标，各国政府需要做到和实现的应当是周期平衡目标，即在一个发展周期内，实现养老保险基金收支的平衡。

三是养老保险金保值率与通货膨胀率。养老保险的长期积累性决定了其存在着潜在的贬值风险，而退休者的生活却需要保障，根据物价水平和经济发展程度不断提高养老金的支付标准是各国养老保险发展的共同规律。然而，如果积累的养老保险基金不能保值，则必定给社会、经济的发展带来风险。因此，要避免或控制这种风险出现，就必须确保养老保险基金实现保值增值。当养老保险基金运营收益率等于通货膨胀率时，意味着基金仅实现了保值；当养老保险基金运营收益率低于通货膨胀率时，则意味着在贬值。因此，养老保险基金保值率的警戒线即是收益率等于通货膨胀率。

### 三、资料与信息的发布

要准确评价社会保障的发展水平是否适度、社会保障运行是否正常，并对其进行预警，必须以准确、完整的统计资料为依据。

（一）预警资料的获取

从资料的来源渠道看，官方资料通常被视为可靠资料，故政府职能部门通常是获取社会保障预警所需资料的主要来源渠道，其中：综合国情国力（如主要的经济、社会发展指标等）资料来源于官方统计部门，国家财政实力资料来源于政府财政部门，社会保障收支资料来源于社会保障主管部门，人口与劳动力资源资料来源于人口主管部门与劳动主管部门等；同时，还需要进行地区调查和行业调查，以获取更为详细的资料，并用典型的个案分析作为宏观分析的基础。因此，承担社会保障预警职责的机构不仅需要与社会保障管理机构及实施机构保持密切联系，也要与各有关政府部门保持密切联系，在实践中以政府部门的宏观统计资料为主要依据，以地区或行业调查或抽样调查为辅助依据。

（二）信息及其发布

预警资料的准确与否，直接决定着预警信息的准确与否。因此，必须首先确定规范的社会保障统计指标体系，并保持与其他相关指标体系相协调；同时，各有关政府部门尤其是官方统计部门的统计资料必须保证高质量。在现有资料的基础上，结合社会经济等方面的发展趋势，并参照国际上的经验教训，即能够从宏观上对社会保障发展做出较为准确的中、长期估计。从管理角度出发，对社会保障预警信息适宜采用归口管理原则，因为预警的目的是提醒社会保障部门（包括管理部门与实施机构），督促国家采取有效的防范措施，从而宜由统计监测机构和省级以上的社会保障顾问或咨询机构来承担预警信息发布的职责。

## 第四节　社会保障的机制调整

社会保障领域的危机主要表现为财务危机，即社会保障基金收支出现赤字，进而影响社会保障制度的正常运转，并波及国家财政乃至国民经济的发展；同时，也表现在因保障不足或不合理所带来的社会矛盾激化、大规模失业等现象。一旦通过平时的预警监督发现潜在危机或危机已经爆发，就需要及时采取有效的政策措施，以控制并消除危机。对于区域性或行业性危机，往往采取局部措施可以使危机得到缓解；对于重大的、涉及全局性的危机，则通常需要采取重大的、有力的政策措施，才能使危机得以控制并最终消失。

从各国社会保障的发展实践出发，它作为一种强有力的社会再分配手段，实质上是劳动者与退休者之间（代际）、高收入者与低收入者之间（贫富之间）、就业者与失业者之间、健康者与患病及残障者之间、幸运者与不幸者之间的利益调整与再分配。因此，从经验和需要出发，国家处理社会保障危机的政策取向，也不外乎是合理调整上述不同阶层的利益格局，并通过对已有的社会、经济政策做适度调整等措施加以缓和与化解。

## 一、社会政策的调整

社会保障属于社会政策范畴，从而直接受社会政策制约。因此，在防控社会保障危机时，重视相关社会政策的制定与调整，将是必要且极为重要的途径。在这方面，下列政策的制定与调整将对社会保障的发展起直接作用：

（一）审慎处理效率与公平的关系

市场经济机制天然追求效率，而社会保障天然地追求社会公平。若没有较健全的社会保障，市场经济带来的必然是日益扩大的社会不公平；而若社会保障水平过高，则又必然影响到效率的提高。因此，处理两者的关系时，必须从所处的社会经济发展阶段与具体国情出发。当社会保障不足时，应当加以发展；当社会保障发展到严重妨碍效率的程度时，就应当通过对保障项目、水平及相关权利关系等的调整对其有所抑制。

（二）审慎确定劳动者的退休年龄

人的寿命在不断延长，中国的人均预期寿命已达到71岁，这是社会发展的必然结果，同时也是需要社会保障付出更多代价的重要致因，如养老保险金支出会更多、医疗代价会更大，等等。在人均预期寿命延长的条件下，退休年龄的确定直接影响到养老基金的收支规模，退休年龄愈高，则劳动者缴纳养老保险费的年限愈长，养老保险基金积累就愈多，需要社会保险机构支付的养老金就会相对减少，反之亦然。以西欧国家为例，法国、意大利等国主张在现有退休年龄条件下提前退休的观点占上风，而英、德等国则表示反对。

（三）控制失业率

由于劳动者失业不仅会直接导致失业保险金支出规模扩大，同时也使其养老保险费的缴纳减少，因此，失业率对于社会保障制度而言，是一个重要的指标。国家应当将失业率适度化既作为一项经济政策来追求，同时也作为一项社会政策来控制。

（四）审慎确定社会保障的覆盖范围

由于社会保障具有刚性增长的特性，项目的增设和覆盖范围的扩大都应该是逐步的，否则便可能造成基金支出的快速膨胀。因此，审慎设置社会保障项目，逐步扩大适用范围，应当纳入防范社会保障财政危机的调整范畴。

## 二、财务政策的调整

从表面关系来看，如果社会保障基金不足，国家便无法扩大保障范围、无法使社会保障水平随着物价水平的上升而上升；如果社会保障出现赤字，将成为影响社会经济发展的阻滞因素。因此，要防止、控制或消除社会保障的潜在危机，还必须采取相应的经济措施。在这方面，一些国家的经验主要有：

（一）促进经济持续发展，实现充分就业

国际劳工组织曾经为工业化国家的"所谓的社会保障危机"辩护，其基本观点是"现存的'危机'的主要起因既不是领取养老金人数的持续增加，也不是由于逐渐改进医疗技术的结果，最主要的原因是经济发展速度减缓，失业问题严重"，并强调"就社会保障存在的危机而论，不是社会保障结构的危机，而是经济基础由于运营不良而受到侵蚀所造成的危机，社会保障既非经济危机的起因，也非经济衰退的起因[①]。这一观点是很有道理的，因为从工业化国家的社会保障财政危机来看，确实是这些国家的经济增长速度减缓和高失业率造成的，国民经济增长每减缓一个百分点，便意味着社会保障基金的来源必定会相应减少，而社会保障的待遇却不可能立即削减甚至根本不可能削减；失业率每增加一个百分点，便意味着社会保障基金不仅丧失了1%的劳动者的缴费，而且必须为每一个新增的失业者提供失业保险金等。因此，促进国民经济的持续、稳定发展，实现劳动者充分就业，不仅是国家经济发展的根本目标，也应当同时成为防控乃至避免社会保障财政危机的首要对策。

（二）开源节流，扩充社会保障财务储备

以美国为例，其在1937年开始征收社会保险税，以后逐年增加，到1940年即开始支出养老保险金的第一年时已积累到20.3亿美元。在20世纪40年代，美国个人所得税一直居于首位。1989年，其个人所得税占43%，社会保险税居第二，占32%；至1993年，其社会保险税居首位，占41%。目前，其社会保险税仍在联邦税收中占较大比重，2012年为34.5%，低于个人所得税11.7个百分点，位居第二；2014年略降至33.9%，达10 235亿元[②]。通过社会保险税，美国政府为整个社会保险制度筹集资金，对老年人、残疾人、失业者和其他低收入阶层实行社会保险，解决这部分人群的基本社会保障问题，从而表明美国所采取的财务措施是有效的。

（三）控制社会保障运行成本，防止基金流失

在这方面，一是应当控制管理成本，国际上的社会保障管理成本一般按基金的2%掌握，这就需要不断提高工作效率；二是杜绝社会保障待遇支付中的漏洞；三是保证各项社会保障基金的安全。上述财务措施亦能够起到缓和社会保障财政危机的作用。

（四）开辟社会保险基金运营渠道

社会保险基金（主要是养老保险基金）积累必须通过适当的投资运营才能实现保值与增值。在这方面，应当以积累基金的收益率是否高于通货膨胀率为基本评价标志，而不能简单地将其确定为国家债券的承受者。因此，允许社会保险基金进入金融

---

① 国际劳工局. 展望21世纪：社会保障的发展［M］. 北京：劳动人事出版社，1988：94-95.

② Government Revenue in the US， www.usgovernmentrevenue.com；Tax Policy Center， www.taxpolicycenter.org.

市场投资运营不应当受到怀疑，而应当成为预防社会保障财政危机的必要且重要的财务措施。

## 三、其他措施

除了上述社会政策措施与财务措施外，对社会保障可能出现的危机，还可以采取一些其他相关的措施。它主要包括：

（一）正确的舆论导向

正确的舆论导向即利用舆论引导国民或不同的阶层群体，与国家的相关社会政策、财务政策保持协调。如鼓励国民对政府、对未来有信心，同时树立起分担社会保障责任的观念，倡导社会成员在从社会保障制度中受益的同时也为社会保障的发展起积极的作用，并承担其应当承担的义务。

（二）合理的计划调控

合理的计划调控，如根据国家社会经济发展的需要，在国民收入分配中合理确定积累与消费的比例等。当社会保障危机发生或即将发生时，应当扩充对社会保障的投入；反之，则可以追求平稳为目标。确保每一个发展阶段的计划内部与计划之间的协调，并能够被控制。

（三）高效率的服务方式

高效率的服务方式即从方便受益群体、节约运行成本、提高工作效率的角度出发，采用合适的社会化服务方式来开展各种社会保障项目。

## 本章小结

任何社会保障项目均需经过具体的运行过程才能实现其目标或宗旨。从系统论的角度来看，社会保障制度的运行本身就是一个社会系统，它包含法制系统、管理系统、实施系统和监督系统，它们构成了社会保障运行机制的重要环节，本章阐述了社会保障运行机制的一般理论，分析其诸环节的实施过程和监控手段。

## 关键术语

运行机制（operating mechanism） 行政监督（administrative supervision） 司法监督（judicial supervision） 专门监督（specialized supervision） 社会保障水平（social security level） 养老保险征缴（old-age insurance pay-as-you-earn） 社会保障支出（social security expenditure）

## 复习思考题

1. 社会保障运行机制公理包括哪些方面？
2. 简述社会保障项目的实施机构组成。

3. 简述社会保障实施监控机制的必要性。

4. 简述社会保障预警指标体系的构成。

5. 如何实现社会保障机制的动态调整？

## 推荐阅读资料

[1] 穆怀中. 中国社会保障适度水平研究 [M]. 沈阳：辽宁大学出版社，1998.

[2] 郑功成. 社会保障学——理念、制度、实践与思辨 [M]. 北京：商务印书馆，2000.

郑功成论社会保障运行机制的系统分工性

# 第六章

# 社会保障基金与管理



## 学习要点

通过本章的学习，了解和掌握社会保障基金的含义与分类，正确区分社会保障基金与全国社会保障基金，熟悉社会保障基金的筹资模式、征收形式，能够运用相关制度计算社会保障基金的支付标准，正确理解社会保障基金投资营运的原则。

案例引入

**全国社会保障基金**

全国社会保障基金于2000年8月设立，是国家社会保障储备基金，由中央财政预算拨款、国有资本划转、基金投资收益和国务院批准的其他方式筹集的资金构成，专门用于人口老龄化高峰时期的养老保险等社会保障支出的补充、调剂，由全国社会保障基金理事会（简称社保基金会）负责管理运营。全国社会保障基金与地方政府管理的基本养老、基本医疗等社会保险基金是不同的基金，资金来源和运营管理不同，用途也存在区别。社会保险基金包括基本养老保险基金、医疗和生育保险基金、工伤保险基金、失业保险基金。

资料来源 全国社会保障基金理事会网站（http：//www.ssf.gov.cn/）。

讨论：全国社会保障基金设立的目的是什么？

# 第一节 社会保障基金及其筹集模式

## 一、社会保障基金概述

### （一）社会保障基金的含义及分类

本章所指的社会保障基金为狭义的社会保障基金，主体部分主要体现为社会保险基金。其分类如下：

1.按照用途及功能分类

社会保障基金存在的目的是防范风险，以及对发生风险的人进行补偿。按照社会保障项目的专门用途、功能及应对风险划分，如图6-1所示，社会保障基金可以分为社会保险基金、社会福利基金、社会救助基金和军人福利基金。其中，社会保险基金包括养老保险基金、医疗和生育保险基金、工伤保险基金和失业保险基金；社会福利基金分为老年人福利基金、残疾人福利基金、妇女儿童福利基金、教育福利基金、住宅福利基金和职工福利基金等；社会救助基金分为贫困救济基金、扶贫基金、救灾基金等；军人福利基金主要用于军队转业干部、复员干部、退休干部、退役士兵的福利支出，以及自主择业退役军人服务、生活待遇保障支出，退役军人教育培训、优待抚恤等支出。

2.按照调剂范围分类

按基金的调剂范围，社会保障基金可分为社会统筹基金和个人账户基金。社会统筹基金主要体现社会成员之间的横向收入调剂和风险分担，是国民收入二次分配的主要内容；个人账户基金主要体现人一生财富的均匀分配和风险分担。

3.按照营运管理方式分类

按照营运管理方式分，可以将社会保障基金分为财政性基金、市场信托管理基金和公积金。

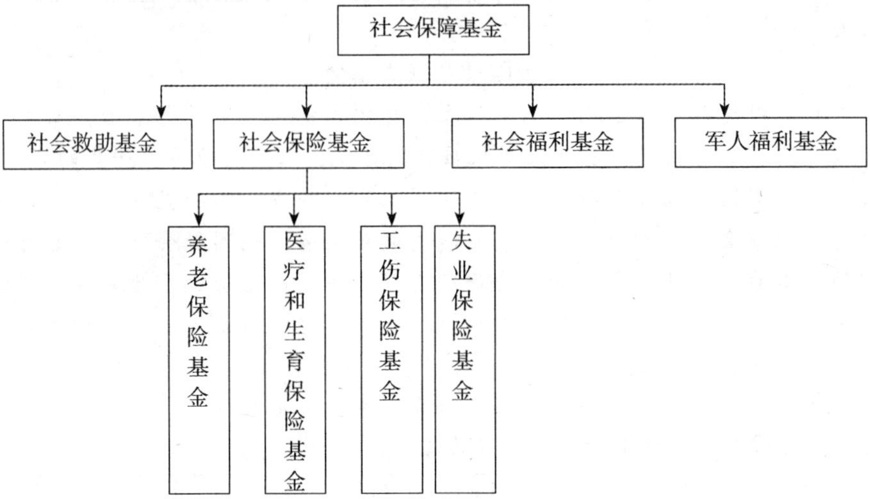


图6-1 社会保障基金按用途及功能划分

财政性基金又分为预算内管理资金和预算外管理资金，各类社会保险基金中的社会统筹部分的基金一般纳入国家预算外管理，建立财政专户。如我国的养老保险基金中的社会统筹账户资金。

市场信托管理基金按契约或者章程由用人单位和职工缴纳，计入个人账户，由基金受托人按市场竞争原则选择基金管理机构负责具体运作。

公积金是依法由用人单位和职工缴纳，计入个人账户，归个人所有，按规定用途和条件支付的基金。

（二）社会保障基金的特点

1.强制性

社会保障基金是根据国家有关法律、法规和政策的规定建立起来的专用资金。凡属于法律规定范围内的成员都必须无条件参与基本社会保障制度，按规定履行缴纳社会保障税（费）的义务。同时，基金的运营、发放也必须依法实施。

2.储备性

社会保障制度的建立是一个国家对特定系统性、纯粹性风险进行管理的方式，风险的防范需要充足的资金储备。筹集到的社会保障基金除了一部分用于当前成员的基本生活保障外，还有相当一部分需要储备起来，以备将来开支，这部分基金需要实现基金的保值增值。

3.互济性

社会保障制度作为针对特定风险的一种防范制度安排，决定了保障基金的给付以特定风险为主要依据，而每个人发生风险的概率不大相同，因此在基金使用过程中，一般都是根据实际需要进行调剂，不是完全按照缴纳保险费的多少给付保险金。有些人的收益大于贡献，有些人的贡献大于收益，体现了社会保障基金的互济性特征。

（三）社会保障基金的作用

社会保障基金的作用主要表现在两个方面：首先，为社会保障制度的实施提供资金支持有利于社会稳定；其次，合理使用社会保障基金有利于促进国民经济发展。具体表现为：

1.对全体公民提供基本生活保障，实现社会稳定

劳动者中的老、弱、病、残、孕，丧失劳动能力，以及自然灾害等不可抗因素在任何时代和任何社会制度下都是普遍存在的客观现象。在为数众多的劳动者因各类风险和收入损失而陷入贫困得不到及时解决的时候，就会成为社会稳定的隐患。社会保障基金的及时给付能保障劳动者及其家属的基本生活，消除这种不安定因素，使其顺利回归社会生活，有利于实现社会稳定。

2.发挥基金资源要素功能，促进经济发展

社会保障基金作为一种货币形态的资源，通过各种资金融通渠道，不仅能实现自身的保值增值，而且对促进国民经济的发展具有重要作用。

## 二、社会保障基金的筹集模式

按照社会保障基金筹集的方式不同，以社会保障基金是否进行积累为标准，社会保障基金管理模式有现收现付制和完全积累制之分，还有由这两者混合而成的部分积累制。

（一）现收现付制

现收现付制是一种以近期横向收支平衡原则为指导的基金收付模式。这种模式按照一个较短的时期（通常为一年）内收支平衡的原则确定费率，筹集基金，通常用在社会保险基金管理领域，即本期预算期内社会保险费收入仅仅满足本期社会保险预算内的支出，以支定收，略有节约。

现收现付制要求首先对每年保障计划所需要支付的费用进行估算，然后按照一定比例分摊到所有参加该保障计划的单位和个人身上，并且做到保障缴费当年提取当年支付。由于这种管理方式通常预先不留储备金（只留大约1%的年度准备金），完全依靠当年的收入来满足当年支出，每年所需保障开支的规模就会随受保障成员年龄结构、经济状况等的变动而变动，因此，每年都有可能对保障缴纳税（费）率进行调整，其实质是保障负担的代际转移。

现收现付制的优点在于：收支关系简单清楚，管理方便，成本低；没有过多的基金积累，免受通货膨胀的风险，同时没有基金保值增值压力；调节收入再分配，同时体现了保障项目的互济性与福利性。缺点是：由于缺乏资金积累，在人口老龄化、经济下滑或自然灾害频发等风险下，现收现付制的收支平衡难以实现，从而产生巨大的财务困境；其本质是代际互济，易产生代际矛盾。

（二）完全积累制

完全积累制，又叫基金积累制，是一种以远期纵向收付平衡原则为指导的基金管理模式。这种模式是指任何时点上积累的社会保险费总和连同其投资收益，能够以现值偿清未来的社会保险金给付需要，也就是通过一定的积累来满足个人未来的保障需要。

完全积累制要求政府在对未来较长时间宏观经济发展的预测基础上，预计保障对象

在保障期内所需享受的待遇总量，据此按照一定比例将预期所要支付的保障费用（成本）分摊到保障对象的整个投保期间。其实质是人一生收入的再分配。

这种筹资方式的主要特点是：社会保障缴纳费率在较长时间内保持相对稳定；筹资见效快，收入大于支出的部分自动形成储备基金，可以由有关管理当局通过投资活动予以保值、增值。这种筹款方式能否达到预期收支平衡的目的，主要取决于保障精算统计的准确度。这就要求必须事先估计到一些可变因素及其产生的具体影响，如死亡率、发病率、工资水平变化、受保人数变化以及物价变动等。由于这些因素的变化往往没有固定规律可循，长期有效预测有较大难度。

完全积累制的优点在于：社会保险的支付水平与个人在职时的工资和缴费直接相关，具有较强的激励作用；强制储蓄，有利于个人实现自我保障，减少代际冲突与矛盾；大量的储备资金有利于预防人口老龄化的冲击。缺点在于：强调个人自我保障，缺乏社会保障的再分配和互济功能；大量储备资金易受通货膨胀的影响，存在贬值风险，基金保值增值压力大，对一国的市场发育水平与基金管理水平有较高的要求；管理和营运成本较高。

（三）部分积累制

现收现付与完全积累制各有自己的特点和长处，但在特定条件下也会产生一定的制度缺陷，因此，越来越多的国家财务制度采用兼具现收现付制和完全积累制两种筹资模式的混合筹资模式，即部分积累制。

部分积累制，又叫混合制，是以近期横向收支平衡与远期纵向收支平衡有机结合原则作为指导的基金管理方式。这种方式要求政府有关当局在满足当年一定规模的保险支出需要的前提下，留出一定的储备以适应未来的支出需求。在这种筹资方式下，保障费率一般是一旦确定则数年不变，过几年调整一次，收大于支的部分，形成积累，通过长期投资方式进行保值增值。

部分积累制兼具现收现付制和完全积累制两种模式的特点。其优点在于具有较大的灵活性，既避免了完全积累制的风险，又可缓解现收现付模式储备和负担不均的问题。但这种模式操作起来难度较大，尤其在各种比率的掌握上，很难做到恰到好处。

在很长一段时间内，我国社会保障的筹资方式，并未考虑保障项目的特点而采取现收现付制。但是，随着社会保障制度的改革和发展，社会保障范围和规模不断扩大，实行单一的现收现付制已经不能适应社会保障制度的发展。目前，我国将社会保障项目划分为长期保障计划和短期保障计划，在筹资方式上采取了三种筹资方式的有机结合。例如，养老保险和医疗保险的筹资方式采用部分积累制；失业保险、生育保险和工伤保险的筹资方式采用现收现付制。

## 第二节 社会保障基金收支管理

### 一、社会保障基金来源与分担方式

目前，世界各国社会保障基金的主要来源渠道有：国家财政资助、用人单位缴纳和劳动者个人缴纳。其中，社会保险是社会保障体系的主体，其基金来源多由几方面共同承担。

（一）国家财政资助

国家在整个社会保障中往往扮演着最后责任人的角色，是最终的资金支持者。国家财政资助实质上是将国家积累的财富进行二次分配，将资金用于缓解社会矛盾。国家财政资助主要分为直接资助和间接资助两种方式，其中前者往往采用财政直接拨款的形式，如社会救助基金、军人保障基金及有关公共服务基金；后者一般通过税收减免的方式提供，如国家允许社会保障机构强制地向企业和个人征收税前社会保险费，国家对社会保障机构筹集的基金实行免税优待及对社会保障对象的社会保障待遇不征税。

（二）用人单位缴纳

用人单位为保证劳动者获得社会保障权利，有必要为劳动者承担一部分缴纳保险费的义务。劳动者在工作期间有权要求用人单位为其向社会保险机构缴纳社会保险费。这样，一方面有利于解除劳动者的后顾之忧，稳定劳动者的工作情绪，调动劳动者的积极性；另一方面，有利于加强企业的社会责任感，使用人单位在获得劳动力、获得效益的同时承担一定的社会责任。此外，从扩大再生产角度看，社会保障是雇主获得健壮劳动力所不可缺少的。

（三）劳动者个人缴纳

就劳动者个人而言，他既是社会保障的受益者，也是社会保障资金的负担主体，劳动者也应承担相应的责任和义务。劳动者缴纳社会保障税（费）主要表现在承担法定社会保险制度的缴费义务以及在享受有关社会福利时需承担的有限的付费义务。劳动者个人缴费机制不仅有利于减轻国家的负担，还能完整地体现社会保障权责结合与责任分担的原则，同时使劳动者更加关心社会保障基金的积累、运用和管理，形成人人监督的格局，有利于社会保障基金的良好运行和社会保障互济功能的实现。

从理论上看，社会保障基金的三个主要来源主体之间可以形成不同的分担方式，主要包括：企业全部缴纳，政府全部资助，个人全部缴纳，企业与个人共同缴纳，企业缴纳与政府资助，个人缴纳与政府资助，企业、个人与政府三方共同负担等。在社会保障项目的不同大类中，社会救助一般以国家全部资助为主，在社会保险项目中，企业与个人共同缴纳是目前各国社会保险基金分担的主要方式，但在具体项目上，企业与个人的缴费比率往往会因保险项目的不同而有所不同，如工伤保险不要求个人承担缴费义务。

## 二、社会保障基金的征收形式

社会保障基金的征收形式按其强制性程度可分为征税、征费和自由筹集三种。

（一）征税形式

通过征税来筹集社会保障基金，其强制性最强。税收是国家财政基本的、稳定的来源，其特点是标准统一、强制征收、统收统用。通过税收形式来形成社会保障基金是许多国家特别是西方国家的常用形式。征税对象可以是企业、个人，也可以通过特定税收的形式征收。

征税形式的好处在于强制性，负担公平，有利于提高社会保障的社会化程度。不足之处在于税收形式形成的财政资金只能通过年度财政预算来安排，且通常以年度收支平衡为基本目标，无法积累社会保障基金，无法抗拒周期性的社会保障风险。

（二）征费形式

征费形式是通过征收社会保障费的方式来形成社会保障基金，其强制性弱于征税形式。在社会保障制度体系中，通常只有社会保险才对应具体的收费对象，如企业和个人。因此，征费形式通常只适用于社会保险费的征收。

征费形式相对较弱的强制性也决定了其费率调整具有一定的灵活性，不通过年度财政预算也能形式积累基金，为抵抗周期性的社会保障风险提供可能。但同时，征费形式的强制性弱也为个别企业或个人逃费提供可能，造成保险费征缴困难，不利于社会保障基金的筹集。

（三）自由筹集形式

自由筹集形式采取非固定的、灵活的方式来征集社会保障基金，它来源于公众的自愿参与。与征税和征费形式不同的是，自由筹集形式对资金的供应者与接受者双方均无强制性，基金的规模取决于具体的筹资方式对公众的吸引力和社会偏好与公众意愿。发行福利彩票就是一种社会保障基金的自由筹集形式。

征税形式与征费形式是社会保障基金的主导筹集形式，自由筹集是一种补充形式。一个国家无论采用征税还是征费形式，大都以自由筹集形式作为补充。

## 三、社会保障基金支付原则

（一）相关性原则

社会保障基金支付总与一定的特征有一定程度的相关性。社会保险项目中的养老保险、失业保险和医疗保险针对的是劳动者，面临的是未来可能发生的年老、失业和疾病的风险。社会保险项目通常采用企业、个人与国家共同缴费制度，出于筹集、激励机制和其他方面的考虑，养老、失业和医疗的保险金支付多于个人所承担的缴费数额或与相关特征（如工龄等）相关。

（二）风险覆盖原则

社会保障基金支付通常与风险的范围及大小相关。风险覆盖原则，即尽可能帮助被保障者在生活和其他方面恢复到风险发生前的状态。如社会保险中的工伤保险和生育保险是针对劳动者可能面临的职业伤害和生育风险提供保障，最低生活保障制度是针对所有公民的生活状况，保障其不低于一定水平。

（三）公正性原则

社会保障基金的支付涉及所有公民的不同生活时期，社会保障对象情况复杂，所以，社会保障基金的支付必须按照公正性原则，依照法定的程序严格执行，以保证社会保障的公正、公平和公开性。

## 四、社会保障基金支付条件

社会保障基金支付的条件是一系列要素的组合，满足要素组合的社会成员有资格获取相关社会保障项目待遇的给付。社会保障基金的支付条件在不同的国家、不同的项目上会有所差别，同一保障对象在待遇的获得上也需要同时满足几个条件。

对于国家基本保障项目，保障对象一般需要具备国籍、年龄、居住年限等条件，实行全民津贴的国家只有居住年限条件的限制或本国公民资格条件的限制。以工资收入者为对象的社会保障项目，还需要考虑其工作年限、参保年限、缴纳社会保险费（税）的数额和就业状况等。一般而言，构成社会保障基金支付条件的要素主要包括：年龄、性别、保险金受益人身份、工龄与就业年限、缴费年限及金额、居住年限、供养直系亲属人数、工资以外的其他收入等。

例如，养老保险金的支付条件通常有三个。一个是年龄，即达到法定退休年龄方可领取养老保险金。二是工龄与就业年限，这标志着劳动者向社会保障基金或者为社会所做的贡献的大小，它一般均与所得保险金额呈正相关关系。三是缴费年限及金额，即满足一定的投保年限，且按期、足额缴纳保险费用，并以此作为养老金偿付的条件和申领数额的依据。而失业保险金的支付条件通常包括失业确认证明和等待期，同时对支付的最长期限有规定。最低生活保障金的支付条件是共同生活的家庭成员按家庭收入计算，人均月收入应低于当地居民最低生活保障标准。

### 五、社会保障基金支付标准

社会保障基金的支付标准决定着社会保障对象的生活水平，确定合理的支付标准有利于在经济发展的基础上逐步提高社会成员的生活水平。社会保障体系庞大，社会保险项目众多，不同的社会保障类型和不同的社会保险项目的资金筹集方式与来源不同，基金支付标准也有区别。综观世界各国社会保障的支付标准，主要可以分为两种形式：绝对金额制和薪资比例制。

绝对金额制，又称为均一制。其保障金给付标准不以被保障对象停止工作前的工资收入为计算基数，而是规定某些统一的资格条件，凡符合规定条件者，可按同一绝对额标准付给社会保障金。

薪资比例制度，又称为工资相关性。其保障金给付标准是以被保障对象在停止工作前某一时期的平均工资收入或某一时点的绝对工资收入为基数，根据被保障对象资格条件的不同，乘以一定的百分比后确定的。

绝对金额制和薪资比例制两种给付标准，在多数国家是同时存在的，不同形式的社会保障项目采用不同的方式，甚至同一项目也可以分别采取这两种方式，借以取长补短，满足不同方面的保障需求。

## 第三节　社会保障基金投资运营

### 一、社会保障基金投资运营的重要性

社会保障基金投资运营的重要性主要体现在以下几个方面：

1.投资运营是社会保障基金保值增值的需要

社会保障基金的保值增值是各国社会保障基金管理中的一个非常重要而又十分困难的问题。现代社会，通货膨胀是市场经济中的客观现象，社会保障基金不通过投资运营来获取高于通货膨胀率的收益就意味着社会保障基金贬值，从而导致社会保障水平下降、社会保障费（税）率上升，使得企业、个人和国家财政负担加重，最终会影响社会保障体系的正常运行。

2.投资收益是社会保障基金的重要来源

社会保障基金的投资运营收益是社会保障基金的一个重要来源，较高的投资运营收益意味着社会保障基金规模扩大，有利于减轻企业、个人和国家财政负担。新加坡的中央公积金制度由最初的养老保险发展扩充到其他社会保障项目（如医疗、住房等），正是得益于其社会保障基金投资运营的良好效果。

3.社会保障基金促进资本市场乃至整个国民经济发展

庞大的社会保障基金是资本市场上一支重要的参与力量。社会保障基金通过购买政府和企业债券、股票以及其他金融产品，对金融和资本市场的发展起到非常重要的积极作用，同时支持整个国民经济的发展。但同时也应该意识到，资本市场的风险性会给社会保障基金的投资运营带来一定的风险，在资本市场不是非常成熟的国家与地区，政府会通过一系列的相关政策与法规对社会保障基金的投资运营方式、渠道、结构等加以限制，以保证社会保障基金的安全性。

## 二、社会保障基金投资运营原则

社会保障基金投资运营的原则主要有安全性原则、收益性原则和流动性原则。

（一）安全性原则

安全性原则是社会保障基金投资运营的基本原则。安全性不仅仅包括其名义价值不降低，更应该考虑实际价格的安全。安全性包括投资过程中的投资安全性及资金管理和使用过程中的安全性。目前这主要取决于社会保障基金投资运营管理体系，后者主要是防范社会保障基金被挤占、挪用。

（二）收益性原则

收益性是指基金通过投资运营获得尽可能高的投资回报率。收益性原则是由投资行为本身的性质所决定的，社会保障储备基金投资是以自身价值保值增值为目的的投资行为，因此须遵循收益性原则。如果社会保障基金投资能够取得较大的收益，不仅可以使自身保值增值，而且可以为社会保障支出提供可靠的资金来源，也有利于减轻国家、企业和个人的负担。同时，社会保障基金的投资在同等风险、同等收益的情况下，应该选择长期稳定的收益项目。

（三）流动性原则

流动性是指社会保障基金用于社会保障待遇支付时能应付自如。流动性的衡量标准是资产变为现金的能力。不同的资产由于其交易市场的成熟度不同而变现能力不同。出于社会保障待遇支付资金的需要，社会保障基金的一部分应该配置到流动性较强的资产上，以保证其流动性。

以上经典三原则是对多年投资实践活动的理论总结，是任何理性的投资行为所必须遵守的。但是在通常情况下，一种投资工具不可能同时满足安全性、收益性、流动性三方面的需要，而只具有其中一方面或者两方面的特性，如一种投资工具收益率较低，但安全性较高，而另一种投资工具收益率较高，但安全性较差。如果选择多种具有不同安全性、收益性、流动性的投资工具，将基金进行分散的多元化投资，实现多种投资工具之间的优势互补，基金投资的安全性、收益性和流动性将会得到很大程度的保证。所以，拓宽基金投资渠道，实行多元化分散投资是社会保障基金投资实现投资三原则的唯一途径和必然选择。

## 三、社会保障基金投资方向与工具

从理论上讲，所有能产生可靠收益的投资方向与工具，社会保障基金都可以进行投资运营。但在实际运作中，由于不同国家或地区的经济环境和投资市场的成熟程度不同，社会保障基金实际选择的投资运营方向和工具也会有所不同。从安全性、收益性和流动性三个方面综合考虑，目前社会保障基金投资营运的方向和工具主要集中于银行存款、有价证券以及一部分实业，并且随着经济的不断发展又出现了一些新的投资方向。

（一）国债

国债是社会保障基金投资的一个主要工具。国债以国家信誉作为担保，其利率比同期银行存款利率略高。之所以选择国债，还因为其安全性最强、流动性最好，它已经成为各国社会保障基金投资的最安全和最普遍的项目。

（二）银行存款

将社会保障基金存入银行获取利息，存取方便，虽然收益率相对较低，但安全性较高，因此银行存款也是社会保障基金投资的主要工具。

（三）有价证券

有价证券包括债券、股票及其他金融产品。债券包括政府债券和企业债券。政府债券安全性高、流动性强，但收益性比较低，它成为部分流动性偏好较强的社会保障基金的投资选择。股票是金融市场中很重要的一种投资工具。多数国家为了保证养老保险基金的投资收益率，都允许其投资于股票市场，但有些国家会限制其投资比例。企业债券及其他金融产品风险较高、流动性强，通过加强投资管理也可以成为部分社会保障基金的投资选择。

（四）贷款

一般来说，贷款风险较股票小，收益较债券投资稍高，将社会保障基金直接或通过金融机构作为信托贷款间接投入市场是世界上许多国家普遍的做法。

（五）基础设施投资

基础设施也是社会保障基金的一个可选领域。将一定比例的社会保障基金投资于一些有稳定性的基础设施，如高速公路、铁路、机场、供电工程、供气工程等，虽然投资回报率不是很高但比较稳定，投资风险性也不大。因此，社会保障基金进入有收益的基础设施投资领域，不仅可以有效增加中央和地方基础设施投资，加快现代化建设步伐，而且能够保障社会保障基金获得长期稳定的收益，实现保值增值，可谓双赢。

（六）国际投资

由于一个国家证券市场的投资回报与该国的政治状况、经济周期、现实经济增长率、财政货币政策、资本市场成熟度等因素密切相关，而各个国家在上述因素中有可能存在很大差异，这使得国际投资成为实现低风险、高收益的重要手段。

（七）投资基金

投资基金是集中不确定的众多投资者的零散资金，交由专门的投资机构进行投资，投资收益由原有出资者按照出资比例分享的一种投资工具。鉴于投资基金“专家理财、分散投资”的特点，社会保障基金可以在实业投资和产业投资基金上继续拓宽投资渠道。

总之，实现社会保障基金的有效投资运营，确保基金的保值增值是我国社会保障事业改革成功的关键，对于我国成功应对人口老龄化危机意义重大。拓宽投资渠道、丰富投资工具、科学组织和搭配多元化投资工具，是实现基金保值增值的最佳途径。

## 本章小结

社会保障基金是根据国家有关法律、法规和政策的规定，为实施社会保障制度而建立起来、专款专用的资金。它具有强制性、储备性、互济性等特征。社会保障基金筹集模式主要包括：现收现付制、完全积累制和部分积累制。社会保障基金的主要来源渠道是：国家财政资助、用人单位缴纳和劳动者个人缴纳。社会保障基金的筹集形式有：征税形式、征费形式和自由筹集形式。社会保障基金投资运营的原则包括：安全性原则、收益性原则、流动性原则。

## 关键术语

社会保障基金（social security fund）　现收现付制（pay-as-you-go）　完全积累制（funding-scheme）　部分积累制（partial-scheme）　社会保障费（税）（social security fee（tax））　社会保障管理（social security management）

## 复习思考题

1.社会保障基金的含义和特点是什么？作用是什么？

2.社会保障基金的筹集应该遵循什么原则？

3.简述社会保障基金筹集模式的优缺点及不同模式的对比分析。

4.简述社会保障基金投资营运的基本原则。

5.社会保障基金的筹集形式有哪些？如何看待社会保障费和社会保障税的差异？

6.我国社会保障基金征缴方面存在哪些问题？怎么克服？

7.我国社会保障基金投资渠道与方向有哪些？会怎样发展？

## 推荐阅读资料

[1] 全国社会保障基金理事会2016—2018年各年度社保基金年度报告.

[2] 刘晓梅，陈晓敏.瑞典的名义账户制对中国的启示 [J] .长春大学学报，2016（1）.

NDC账户制的概念

2019年起社会保险费将由税务机关征收

# 第七章

# 养老保险制度



## 学习要点

通过本章学习，全面掌握养老保险基本理论，理解和把握养老保险的概念、特征及意义，认识养老保险制度的几种发展模式，掌握构成我国养老保险重要支柱的职工基本养老保险、城乡居民基本养老保险与补充养老保险计划及其内容，熟悉和了解我国养老保险的产生发展历程，深刻理解我国实现基本养老保险全国统筹的必要性和可行性，追踪国际养老保险的最新发展趋势。

案例引入

### 职工养老保险费缴纳和退休纠纷事件

张某，男，1953年10月出生。1984年7月，某单位因工作需要，临时聘用张某从事司炉工工作，当时没有办理正式招工手续，属于季节性临时用工。2002年1月该单位改制成企业，2002年5月单位锅炉拆除，无岗位需求，张某原来的司炉工岗位不存在，企业困难，无力安置富余人员。张某本人再未到单位工作。2011年6月，张某多次到企业要求为其办理“五七工、家属工”养老保险，企业在了解政策后，给张某答复“不符合办理‘五七工、家属工’养老保险的条件”。张某本人随后到兰州市城关区社会保险机构上访，该局信访回复中明确提出：“张某不符合办理范畴。”张某不再提及“五七工、家属工”参保事宜。2011年9月，张某向兰州市劳动人事争议仲裁委员会上诉，“要求：①为其安排工作岗位；②支付其2002年5月至2011年10月的工资；③为其补缴1996年至2011年的养老保险。”兰州市劳动人事争议仲裁委员会经过仲裁，驳回张某第1项、第2项诉求，要求企业“为张某补缴2002年1月至2002年5月期间的养老保险费，企业和个人部分由各自承担；并为其办理补缴2002年6月至2011年10月期间养老保险费的手续，企业和个人缴纳部分均由张某本人承担。”

2011年12月，张某不服兰州市劳动人事争议仲裁委员会做出的裁决，向城关区人民法院提起诉讼，诉求事项同上。城关区法院驳回张某的第1项、第2项诉求，认为“缴纳社会保险纠纷不属于人民法院受理劳动争议案件的范畴”，不予受理。张某不服，向兰州市中级人民法院上诉，兰州市中级人民法院驳回上诉，维持城关区法院的原判。此后，张某仍不甘心，其本人或其妻刘某多次到省人社厅上访长达一年之久，要求解决其养老保险问题。2013年8月，省人社部门派人到企业协商为张某办理养老保险。经协商，由企业提出了《关于为张某办理养老保险的申请》的专题函，经人社部门特批给予办理养老保险。期间，企业与张某本人面谈，张某本人也答应仅办理养老保险，并表示不会再纠缠此事。在此前提下，企业经人社部门特批后，为张某办理了养老保险参保手续，代缴了费用（经初步测算，张某预交养老保险费46 600元到企业，并为其开具了代收款收据）。2013年10月，张某已达到法定退休年龄（60岁），企业为张某代办退休手续。按照办理退休手续的规定，需要本人写书面退休申请及在退休审批相关表格中签字、摁手印。企业多次告知、催促，张某多次到单位上访，对参保时间、缴费金额及养老金数额均不认可，拒办手续，导致企业无法为其办理退休。

2013年11月6日，为了不影响职工的社保缴费正常工作，企业给省社保经办机构提供便函说明情况，并于当月办理了停保手续，同时通知了张某。2013年12月起，张某又多次上访，省人社部门与企业协商，为了稳妥处理此事，张某1995年12月之前做临时工期间可参照城镇合同制职工（临时工）为其办理养老保险及退休手续。2014年3月26日，企业给省社保机构报送了《关于张某补缴养老保险费及办理退休手续的申请》函。省社保机构承办处按照特殊情况批示，2014年4月给予办理补缴及退休手续，张某委托刘某写的信访件中所说退休办不下来的情况是不对的。刘某在信访件说的“一年3元工龄工资和企业一年应该长的增资”只有退休后按有关政策在调整养老金待遇时才会有。2014年4月，为张某办理完退休审批手续后，企业多次通知本人来领取退款，但是张某仍不承认审核的养老保险金额，迄今无法发放养老金。

资料来源　佚名. 对一起养老保险案例的分析与思考［N］. 甘肃法制报，2015-05-08.

讨论：缴纳社会保险的纠纷是否属于人民法院受理劳动争议案件的范畴？对于张某和企业之间的争议，应该如何处理？

# 第一节 养老保障与养老保险理论概述

## 一、养老保障模式及其分类

养老制度是一个国家社会保障体系的重要组成部分，“老有所养”是社会文明和进步的标志。所谓养老保障模式，是指在一定社会养老实践基础上探索总结出来、解决老年人口养老社会问题、具有社会典型和普遍性意义的养老方式及方法。养老保障模式的形成不是随心所欲的，而是由社会生产力发展水平、社会结构和家庭结构等决定的。养老保障模式的变迁是社会发展阶段及其形态变化的反映，社会的主导养老保障模式与社会发展状态尤其是社会生产力水平相适应，不同的社会和不同的社会发展阶段，其养老保障模式也不相同。

西方学者舒尔茨认为：一个人通过自己的力量来防止因为年迈而出现经济状况的不稳定，即使不说这是不可能的，至少也是非常困难的。因为他将面临种种的问题，如：①不能肯定自己什么时候去世；②不能确定将来收入的多寡；③不知道自己年老后的基本需求是什么；④无法预测自己的配偶、子女及亲属什么时候因什么原因而去世；⑤无法预料年老后的健康状况。这诸多问题虽然不确定，但一旦出现，年老以后的生活如何应对，却是每个人回避不了的。

从养老资源的提供者即养老支持力的角度看，养老保障模式分为家庭保障模式、国家福利保障模式和社会养老保障模式三种。

（一）家庭保障模式

农业社会以自然经济为主，生产力水平不高，家庭是拥有并支配财富与生产资料、组织生产的社会基本经济单元。家庭成员所生产创造的物质财富一方面用于维持自身的生存需要，另一方面作为劳动剩余积累。在家庭内部，家庭财富积累的方式有二：一是有形的物质财富积累，二是通过养儿育女（即所谓“养儿防老”）无形地积累并将其转化为未来家庭养老所需。这样的积累方式一般导致家庭的家族化与大型化。家庭中成员亲缘关系密切，长辈及老人因掌握和支配财产具有权威性，晚年生活一般在家庭成员们的尊敬和亲情照料下安度，这就是体现传统农业社会养老特征的养老模式——家庭养老模式。从严格意义上说，家庭养老是人类社会对养老问题的自发回答，既是顺其自然的，同时又是一种人为的养老制度安排。

家庭养老，即老年人居住在家庭中，主要由具有血缘关系的家庭成员对老人提供赡养服务的养老模式。由于欧美发达国家具有较完善的社会保障制度及家庭成员的独立意识较强，老人大多不采用家庭养老方式，法律也不强制规定子女对老人负有赡养的义务。但是，以东方文化为底蕴的中国、日本、韩国等国家，家庭养老仍占主体地位。

该种模式适合不愿意脱离熟悉环境且子女有经济能力、闲暇时间、照顾精力和照顾意愿的老年人。

（二）国家福利保障模式

工业社会的生产力水平获得极大提高，相应的生产方式及生产关系与农业社会截然不同，分工精细的社会化大生产取代了原先以一家一户为单位的小生产，城镇化及工业化社会导致了家庭结构和功能、人们的经济关系和价值观等方面的深刻变化。劳动者的生产成果更多地作为剩余价值而供给社会，在这些为社会所积累的物质财富中，包含了劳动者到老年期不再工作而成为纯消费群体时的生活费用，劳动者养老也成为社会化大生产的组成部分。因此，工业社会对老年人负有供养责任，须为其晚年生活提供社会养老金等经济资助，使其可以和社会养老服务体系进行交换，以保障其晚年养老生活。

是政府主导还是市场选择，历来是社会养老保障模式关注的焦点。西方经济发达国家率先进入老龄化社会，建立了福利国家制度，并开始推行从出生补贴到丧葬费的一揽子福利计划，福利国家开始在欧洲风靡起来。在这种国家福利保障的模式下，政府承担了公民各种社会保障（医疗、教育、养老、救济、失业）的资金来源与待遇支付职能。

西方一些国家推行慷慨的养老保障方式，与之相伴的就是政府长期承诺的迅速扩大，这些承诺的最终承担者仍然是国家财政的巨额赤字。政府对社会基本养老的承诺具有制度刚性，随着人口老龄化进程的推进，养老保障覆盖面扩大对财政的潜在压力逐步显现。特别是金融危机后，长期财政偿付能力不足使一些发达国家的养老保障更加不堪重负。

2017年5月联合国经济和社会事务部在纽约总部发布了《世界人口展望——2017年修订版》。根据报告中发布的一系列数据，从全球范围来看，人口预期寿命从2000年至2005年间的男性65岁、女性69岁上升到2010年至2015年间的男性69岁和女性73岁。如果拿2017年作为基础，目前全球60岁及以上人口为9.62亿人，到2050年这一年龄层的人口数量将是现在的两倍多，达到21亿人，到2100年则是现在的3倍多，将达到31亿人。

在可预见的未来，领取养老保险金的人数都将逐年增加，同时纳税人口却一路减少，导致供需缺口越来越大，这无疑让许多国家已经捉襟见肘的养老金账户看上去更是危机重重。

（三）社会养老保障模式

1.贝克尔的家庭生产理论

贝克尔（Becker）是1992年诺贝尔经济学奖的获得者，其贡献在于：将微观经济理论的分析领域扩展到对人类相互行为的分析，包括市场行为和非市场行为，他将家庭作为基本的决策单位开展研究。

（1）贝克尔的家庭生产函数及其对家庭分工原因的分析

①家庭生产函数。

家庭生产函数可以表示为：

$Z_i=Z_i(x_i, t_i, E)$

式中：E表示家庭生产所处环境的变量；$x_i$表示市场产品向量；$t_i$表示时间向量。

在家庭生产函数和家庭现有时间及收入的约束下，家庭实现效用最大化，其均衡条件是：要素价格（或要素的影子价格）之比等于家庭生产的边际产品之比。

第一，若要素价格下降，则家庭生产会转向相对密集地使用这种要素的技术，例如，如果洗衣机的价格下降，在家庭生产中，将会更多地用洗衣机代替手工。

第二，若要素价格保持不变，则要素边际生产力的提高会增加生产过程对这种要素的相对使用和需求，例如，如果家务劳动的价格不变，但由于运用更先进的家用电器，有效地提高了家务劳动的边际生产力，那么家务劳动的使用和需求就会增加，比如，一周做一次家庭卫生可能改为一天做一次，甚至数次，等等。

②家庭分工的原因。

贝克尔认为，在家庭生产中，追求家庭产出最大化，实现家庭效用最大化，家庭分工是必然结果。家庭分工的原因主要取决于两个方面：

第一，时间是家庭的稀缺资源，并且在生命周期的不同阶段，如青年时期与老年时期，个人的时间价值是不同的。

第二，家庭成员之间的要素禀赋是不同的。

（2）家庭养老模式的运行：一个家庭内部的分工-交换模型

依据贝克尔的家庭生产函数理论，养老问题完全可以在家庭或家族的层面解决。家庭养老模式可以家庭内部的分工-交换模型来说明。

假设1：一个家庭由一个正在工作的儿子和一个退休的母亲组成，并且儿子市场工作的时间价格较高，而母亲市场工作的时间价格较低。

假设2：市场工作活动是非时间密集型的；而家务劳动是时间密集型的。

显然，母亲拥有家务劳动的比较优势，儿子拥有市场工作的比较优势。按照比较优势原则，且在不考虑家庭成员之间利他主义动机的情况下，儿子和母亲将在家庭内部构成一个简单的分工-交易模型，如图7-1所示。

在图7-1中，当儿子支付的养老费用和市场物品（$P_e$）等于母亲的家务劳动的边际产出时，交易达到均衡，并使家庭的效用达到最大化。这就形成一种典型的家庭养老模式。

（3）家庭养老模式的不稳定性与社会养老模式的兴起

在家庭内部的分工-交换模型中，若不考虑不确定性和交易费用，家庭养老模式是完美的。然而，在实际中，不确定性是存在的，交易费用也不为零，这都会降低家庭成员的效用，从而造成家庭养老模式的不稳定性，最终导致社会养老模式的兴起。

①不确定性对家庭养老模式的影响。

在家庭养老模式下，若存在不确定性，无论哪一种规避不确定性问题的方法，都必然会导致其中一方家庭成员福利水平下降。换言之，存在不确定性问题的情况下，依靠家庭养老模式并不能完全满足家庭效用最大化。

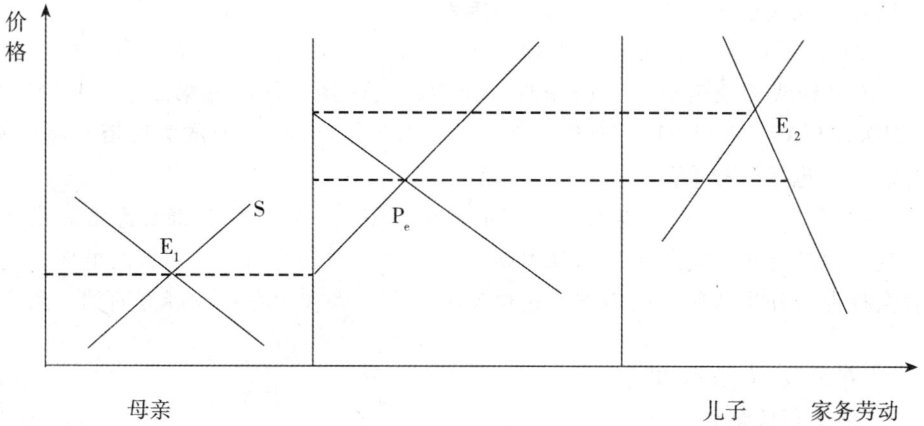


图7-1　家庭养老安排的分工-交易模型

②交易费用不为零时对家庭养老模式的影响。

家庭内部关于家务劳动服务和养老保障的交易存在交易费用的情况下，家庭养老将高度依赖于家庭外部的市场环境（即贝克尔家庭生产函数中的E）。市场环境的变化，如完善的社会养老计划、健全的社会化家务劳动市场等，将导致家庭养老模式的不稳定。

2.社会化养老保障

所谓社会化是指通过社会途径、以社会制度保证的方式实现。那么，社会化养老就是指区别于传统的家庭养老方式的，通过社会途径、以社会制度保证的养老方式。其范围包括：老年社会保障、老年社会福利、老年社会服务、机构养老等。

社会化养老是社会从传统时代向现代工业化时代转变的必然产物，它不是可有可无的，更不是权宜之计。在传统农业社会，生老病死包括养老等一切事宜全部由家庭来解决，家庭的经济功能齐全，具备解决这些问题的能力。19世纪世界人口的大部分属于农村人口，自我雇佣仍占重要地位。1870年，农业人口在整个劳动者中通常超过50%，劳动力商品化程度相对较弱，这意味着人们进入老年后对工资或者保险收入的依赖并不十分重要。但是，工业化大生产彻底打破了人们的“田园诗”般的美梦，农民失去了土地并成为自由流动的商品化的劳动力。人们不能再完全依靠子女等家庭成员来安度晚年，也不能保证依靠个人的能力顺利地度过晚年的时光。

西方发达国家推行的国家福利保障模式将国家置于养老保障的绝对义务主体地位，虽然其国民在年老时得到了充足丰厚的经济保障，但随着人口老龄化的日趋严重，沉重的养老负担已使各国的财政不堪重负，国家养老危机凸显。

社会化养老保障提倡养老问题应该整合个人包括家庭、国家以及全社会的资源，动员各方的积极性，高效切实地满足老年人退休后的各种需求，在我国即体现为“老有所养，老有所医，老有所为，老有所学，老有所乐”。老有所养是指经济赡养、精神慰藉和生活照料。老有所医是指医疗保障，生病有处看。老有所为是指参与社会活动。老有所学是指老年人的再学习，知识增长和更新。老有所乐是指精神欢娱。随后，“五个老有”又被写入了全国八届人大常委会第二十一次会议1996年8月29日通过的《中华人民共和国老年人权益保障法》中，成为全国老龄工作的奋斗目标。

西方的“三M”和我国的“五个老有”有其共通点。“三M”第一个“M”是Money，就是钱或物质需求，也叫作收入保障，或叫经济保障。第二个“M”是Medicare，即医疗保障，也叫作医疗保险。第三个“M”是Mental（有的为通俗易懂用Mind）即精神需要，包括精神慰藉、心理满足等等。

“三M”和我国的“五个老有”表现了老年人需求的相通性，都有经济需求和精神需求，这是保证老年人晚年生活的基本条件。作为身心衰弱的一个独特的群体，老年人还有着医疗保健和生活照料的需求，这也反映出老年人在生存和发展方面的一致性。

## 二、养老保险基本理论

### （一）养老保险的概念及特征

老龄是一个可以预见的生命经历。20世纪后期，人口老龄化（60或65岁以上的老年人口占总人口比例即老年人口系数较高的一种发展趋势：65岁以上人口占总人口比例在7%以上或者60岁以上人口占总人口比例在10%以上）逐步成为世界性趋势。1950年，全世界60岁以上的老年人约为2亿，1970年达到3亿，2000年达到6亿。2002年全球60岁以上人口达到6.06亿，并且以比总人口快得多的速度递增。2020年60岁以上人口将达到10亿，到2050年，世界老年人口很可能会突破20亿，而80岁以上的老人到2050年时将达到约4亿。全球人口预期寿命目前约为67岁，到2050年能达到约75岁，其中发达国家将从目前的约77岁增加到约82岁，发展中国家将从目前的约65岁增加到约74岁。

养老保险可以看作是对老龄化这一必然事件进行的补偿，其所保障的对象在社会保险的各险种中是最广泛的。其他社会保险项目的参加者由于风险发生概率等因素不一定都能享受到相应的待遇，而养老保险待遇的享受人群是最为确定和普遍的，因为几乎人人都会进入老年。养老保险是国家根据劳动者的体质和劳动力资源状况，确定年龄，允许劳动者达到这个年龄界限时可以解除劳动义务，完全或基本退出生产劳动或工作岗位，在年老丧失劳动能力的情况下，由国家或社会给予一定数量的收入补偿和物质帮助，以保障劳动者老年时期基本生活的一种社会保险制度。

养老保险具有其自身的主要特征：

1.保障水平的适度性

一般来说，养老保险的整体水平要高于贫困救济线和失业保险金的水平，但低于社会平均工资和个人在职时的收入水平。

2.享受待遇的长期性

参加养老保险的人员一旦达到享受待遇的条件或取得享受待遇的资格，就可以长期享受待遇直至死亡。

3.保障方式的多层次性

广义的养老保险，不仅包括国家法定的基本养老保险，还包括用人单位为职工建立的补充养老保险（企业年金）、个人自愿参加的储蓄性养老保险。

4.与家庭养老的关联性

养老保险的产生和发展，逐步取代了传统家庭养老的部分甚至大部分功能。但养老保险并不能完全替代家庭养老，前者需要后者的有益补充。

（二）养老保险的意义

养老保险的意义主要体现在以下几方面：

1.有利于防范劳动者的老年风险

养老保障制度的首要作用在于能确保劳动者老有所养，保证劳动者在年老退出生产过程之后能够获得一定的生活保障，从而使劳动者在就业期间能安心工作，没有养老的后顾之忧，从而能够激发劳动者的工作积极性，并促进劳动生产率的提高。随着人口老龄化的到来，老年人口的比例越来越大，人数也越来越多，养老保险保障了老年劳动者的基本生活，对于在职劳动者而言，参加养老保险，意味着对将来年老后的生活有了预期，免除了后顾之忧，有利于社会的稳定。

2.有利于劳动力的再生产

劳动者年老退休，新生劳动力不断成长和源源不断地补充进劳动大军，这是新陈代谢的规律。社会再生产要求劳动力要素永葆活力，妥善安置年老体弱的职工，有利于精干劳动者队伍、提高工作效率，保证为社会再生产不断更新劳动力。

3.有利于转变人们的生育观念

养老无忧可以促使人们树立新的生育观念，不再追求“养儿防老”“多子多福”，从而有助于有计划地控制人口的增长。

4.有利于调节社会的收入分配

劳动者在劳动期间创造了财富，所获得的回报不仅包括在职期间的工资等形式的收入，而且还包括在解除法定劳动义务后应该获得的生活补偿。养老保险制度能够调节国民收入的再分配以及社会财富的代际再分配。

5.有利于经济的发展和调控

各国设计养老保险制度多将公平与效率挂钩，由于养老保险涉及面广，参与人数众多，在运作中能够筹集到大量的养老保险基金，为资本市场提供了巨大的资金来源。对这些养老保险基金的运营和利用，有利于国家对国民经济的宏观调控。

（三）养老保险的主要模式

在当今社会，随着工业化和现代化的突飞猛进，全世界大多数国家都已实行养老保险制度。联合国的统计资料表明，1940年全世界只有57个国家和地区实行了养老保险制度，而到1995年为止，全世界已经有165个国家和地区实行了这一制度；在多种社会保险项目中，老年保险的项目覆盖面最大，对社会稳定的保护作用也最大。那么，统观多种养老保险制度，从资金的筹集管理和发放的方面来看，不外乎有以下四种模式：

1.国家统筹的保险模式

这种养老保险模式的主要特点是：工薪劳动者在年老丧失劳动能力之后均可享受国家法定的社会保险待遇，但国家不向劳动者本人征收任何老年保险费，老年保险所需的全部资金都来自于国家的财政拨款，或者说都纳入政府的财政预算。可见，这是一种单一的资金筹集方式。苏联和中国在计划经济体制下实行的就是这种方式。从养老金的领取方式来看，国家统筹式养老金制度一般对领取人规定了基本的领取条件，一般是必须达到法定的退休年龄，具体领取标准还要根据工龄的长短和职务的高低确定，比如，我国企业中是按连续工龄的长短来计算的。另外，还规定对特殊职务的人员延长退休年龄，离休者可以领取高比例的退休金等，即按贡献的大小而定。这样，退休金的管理工作比较简单，管理的成本也不是很高。

国家统筹式养老保险一般是在社会主义国家中实行的，最早是在苏联建立起来的。在20世纪50年代初期，我国也效仿苏联的模式，采用了这样的养老保险制度。毫无疑问，这种养老保险制度在当时对于稳定社会、保障退休者的晚年生活，起到了积极的作用。但是，随着社会经济的发展和人口老龄化的加快，特别是社会主义市场经济体制的确立，国家统筹式养老保险制度暴露出很多弊端，如资金来源过于单一、容易养成"大锅饭"、造成劳动者毫无自我保障意识和不做任何养老准备的被动局面、国家和企业包袱日益沉重、保障范围过于狭窄。

2.投保资助模式

这是世界上大多数国家实行的养老保险方式。投保资助型养老保险制度是由社会共同负担、社会共享的保险方式。它规定：每一个工薪劳动者和未在职的普通公民，都属于社会保险的参加者或受保对象；在职的企业雇员必须按工资的一定比例定期缴纳社会保险费，不在职的社会成员也必须向社会保险机构缴纳一定的养老保险费，履行参加养老保险的义务，才有资格享受社会保险；企业或雇主也必须按企业工资总额的一定比例定期交纳保险费。这些规定都是强制性的、依法执行的。具体缴纳的比例各国有一定的差别，例如，德国规定，雇主和雇员都缴纳工资额的9.25%，瑞士则各缴纳4.2%，还有的国家规定雇主缴纳的比例要高于雇员缴纳的比例等。

投保资助型养老保险制度对受保人的养老金规定了一定的层次性，也就是说，老年人所得到的养老金按投保情况分为高低不同的标准，具体说来，可分为三个层次的退休金标准。第一个层次是普遍养老金，属于人人有份的养老金，即社会上每一个老年人都有权利享受的养老金，不管有无工作，也不论收入多少，享受的条件是达到老年人的年龄，并且向社会保险机构缴纳过一定的保险费。英国和北欧一些国家都有这种保险项目。第二个层次是雇员退休金，是对在职劳动者即工薪领取者而言的。这是指企业的雇员只要按规定缴纳保险费，达到法定退休年龄后，即可享受雇员退休金待遇。雇员缴纳的投保费是指按工资的一定比例计算的，而工资过低者可以不缴，工资超过一定数额的部分也可以免缴。享受此种退休保险的只有企业的雇员，企业主或政府在职人员则没有这种保险项目。第三个层次是指企业补充退休金。这是企业为调动职工的生产积极性，提高企业声誉，保证退休职工享受到更高水平的待遇而实行的退休金待遇。这种保险项目是在雇员退休保险的基础上，根据企业效益的好坏附加的保险项目，一般是由企业单独投保，企业在不违背大原则的前提下自行规定投保和领取的办法。

投保资助式养老保险具有很多优点，例如，保险金来源比较丰富，由国家、企业和劳动者本人共同投保，这样经过一段时期之后，可以形成一笔数量可观的保险基金。同时由于层次较多，也可以满足社会各个层次的不同需要，调动多方面投保的积极性。

实行这种养老保险制度的国家，一般还要规定退休金的支付标准随物价指数波动而做相应的调整，以保证退休者的生活水平不至于下降。同时，各国对筹集起来的大笔基金还要设法使其保值增值，做各种安全可靠的投资。所以，这种保险方式对资金管理难度较大，需要的科学性也很强，同时它的管理成本比较高。但全面衡量起来，这种养老保险方式具有社会覆盖面宽、资金来源富裕和多层次等优点，还是比较科学的。美国则属于比较典型的投保资助型养老保险制度国家。我国自20世纪90年代以来对养老保险制度进行了改革，基本目标就是向这种投保资助型的方向发展：根据我国经济水平和职工的承受能力以及劳动力的结构复杂、层次不一的特点，实行国家、企业和个人共同负担的投保资助式的养老保障模式。

3.福利国家型保险模式

福利国家型的养老保险制度是在经济发达、整个社会物质生活水平有较大幅度提高的情况下实行的，起源于英国，后为瑞典等国所发展，是“福利国家”借助于财经政策的调节作用，实行普遍养老金制度保障老年人晚年生活、缓解社会矛盾的一项重要措施。实行这种制度的还有英联邦的部分国家和地区，其特征是：强调养老保险待遇的普遍性和人道主义；基金来源于一般税收，基本上由国家和企业负担，个人不缴纳保险费或缴纳低标准的养老保险费；崇尚公平，不惜以牺牲效率为代价；养老保险管理实现了法制化、制度化和社会化。

4.社会自我保障模式

社会自我保障模式也叫作强制储蓄模式。对自我保障模式有两种理解：一种理解是指以强制储蓄（或称公积金模式）的方式建立个人养老保险账户。国家通过立法，规定完全由个人或个人和企业同时按雇员工资的一定比例将养老保险费存入雇员的个人退休账户，逐年积累，由专门机构（政府或私营）负责基金管理和投资运营。当劳动者达到法定退休年龄时，将个人账户积累的基金、利息及其他投资收入作为养老金返还给退休者。这种模式主要在亚洲和拉丁美洲的一些国家推行，尤以新加坡的中央公积金制度和智利的由私营公司管理的个人账户最为典型。这种保险制度下的保险基金来自于企业和劳动者两个方面，国家不进行投保资助，仅仅给予一定的政策性优惠。这种社会自我保障的做法必然要求企业和劳动者的投保费率较高，否则便无法得到足够的基金，因此，必须在经济发展速度较快而且水平也较高的情况下才能实行。另一种理解是个人或家庭通过储蓄或其他方式（如人寿保险）自愿建立的补充退休收入保障计划。政府一般鼓励个人建立储蓄计划，为退休生活积累更多的资金，因为这一方面可以向个人提供补充收入保障，弥补国家举办的养老保险计划的不足；另一方面又可以为经济发展积累更多的资金。

## 三、养老保险制度的基本内容

### （一）养老保险制度的基本原则

1.保证基本生活水平的原则

当劳动者退出劳动生涯之后，养老保险制度为其提供的养老金是他们的主要生活来源。因此，要保证老年人的基本生活需要，就必须使养老金能够满足老年人的基本生活需要。为了保证老年人的基本生活，使之不受通货膨胀和物价波动的影响，必须按通货膨胀和物价指数适时调整养老金及社会救济金的水平。很多国家通过立法保证老年人的生活不受经济波动的影响。

2.及时分享社会经济发展成果的原则

老年人的社会保障水平必须随其他社会成员收入和生活水平的提高而提高，从而使他们能够及时分享社会经济发展的成果。体现这一原则的简单办法，就是使养老保险待遇随着在业者工资水平的提高而相应地提高。

3.保障水平与社会生产力发展水平相适应原则

基本养老保险如果保障水平过低，无法发挥保障功能；但如果保障水平超过社会生产力发展水平，则会在客观上造成“养懒汉”的社会效应，并诱发提前退休的内在冲动，浪费劳动力资源，不仅会制约生产力的发展，而且也会危及养老保险制度的正常运行。

4.权利与义务相对应原则

目前大多数国家在基本养老保险制度中都实行权利与义务相对应的原则，即要求被保险人必须履行规定的义务，才能享受养老保险待遇。这些义务主要包括：依法参加基本养老保险；依法缴纳基本养老保险费（或税），并达到规定的最低缴费（税）年限。

5.享受有条件原则

在世界各国养老保险制度中，都强调享受保险的权利与资格条件相对应。实施这一原则的具体形式有以下四种：

（1）享受养老保险的权利与劳动义务对等的原则。遵循这一原则的国家一般规定，享受养老保险的老年人是指达到一定年龄后退出工作岗位的人。

（2）享受养老保险的权利与投保义务对等的原则。遵循这一原则的国家，大多要求享受养老保险的人也承担保险费用。

（3）享受养老金待遇与劳动贡献相联系的原则。虽然现代老年保险和福利以及社会服务制度是在承认所有老年人都对社会有贡献的前提下实行的，但是在许多国家，社会保险待遇根据老年人的贡献有所区别。

（4）享受养老保险的权利与国籍或居住年限相联系的原则。实行这一原则的国家只要求保障对象是本国居民或在本国居住达到一定年限即可，而没有工作时间和投保年限的规定。

以上五项原则基本上是实行养老保险的国家都遵循的。此外，有些经济发达国家在制定养老金待遇标准时，还考虑到被抚养的人口，即实行“照顾被抚养人口的原则”，规定对配偶和未成年子女给予补贴或抚养费，这类国家有日本、瑞士等。

（二）享受养老保险的资格和条件

享受养老保险的资格与条件，往往与一国实行的养老保险的类型有关，也与养老保险的基本原则有关。世界上绝大多数国家的养老保险给付条件都是复合型的，即必须同时符合两个或两个以上的资格条件，才能享受到领取养老金的权利。这些条件归纳起来有以下几种：

1.年龄和投保年限条件

被保险人必须达到规定的退休年龄和达到缴纳保险费的期限，才有领取养老金的资格。采用这种办法的国家有法国、德国和美国等。德国2001—2012年将退休年龄由女性60岁、男性63岁统一提高至65岁，2012—2029年从65岁逐步上调至67岁；领取常规养老金的最低缴费年限为5年，而领取失业养老金的最低缴费年限则为15年；有关法律对免除缴费时间做了明确规定，怀孕或产假、照料孩子、因病丧失或恢复工作能力、职业培训及求职等期间均可享受免缴保费待遇。法国规定领取养老金的条件为年满60岁、投保37.5年，如果未达到37.5年，则减发养老金。根据出生日期的不同，美国社会保障局设定了不同的正常退休年龄，比如1937年及以前的出生者，退休年龄是65岁，1943—1954年的出生者，退休年龄是66岁，1960年及以后的出生者，退休年龄是67岁；在正常退休年龄内退休的人，可以领取全额退休金。美国联邦退休金规定，缴纳10年的保险费才可以在退休后领取养老金，累计10年即可，缴费时间可以不连续。

2.年龄和工作年限条件

被保险人必须达到规定的年龄和所要求的工作年限才有领取养老金的资格。采用这种方法的代表国家是俄罗斯。其规定的养老金的享受条件为：男年满60岁、工龄不少于25年，女年满55岁、工龄不少于20年；对某些从事特殊工作的被保险人，如从事危险、有害身体的工作的人，退休年龄和工龄可放宽5~10年；工伤或职业病患者、残疾军人，退休及领取养老金时，可不受年龄与工龄的限制。

3.年龄、工龄和投保年限条件

被保险人必须符合规定的年龄、工龄和缴纳保险费的期限三个条件，缺一不可。如英国规定法定退休年龄为：男65岁，女60岁，并且从2010年起，逐渐提高女性的退休年龄至65岁，在2017年同时提高男性和女性的退休年龄，预计在2021年达到66岁、在2036年达到67岁、在2046年达到68岁。英国基本养老金根据个人国民保险缴费记录发放，参保人只有缴费满10年才有领取养老金资格。缴费年限达到规定年限（目前是30年）后，可以领取全额养老金，否则就要被削减。

4.年龄和居住期限条件

被保险人必须达到规定的年龄，并符合居住国所规定的居住期限，才有资格领取养老金。实行国民年金的国家大多采用这种方法。如丹麦规定，国民年金的享受条件为年满67岁之前连续5年居住在本国且有公民权。加拿大联邦政府规定，国民领取退休金的标准年龄为65岁。凡是未在加拿大住满10年的居民，没有办法获得领取养老金的资格，而住满40年的居民便可以获得全额的养老金，如果在10到40年这个区间，也是以40为基数从而计算出相应的比例，比如说居民是18岁后在加拿大住满了10年，那他可领取的养老金为满额的25%，以此类推。

（三）养老保险的财务机制

1.养老保险基金的筹集

养老保险的财务机制解决的是养老保险的资金如何实现收支平衡，一般有三种基本形式：现收现付制、基金积累制和混合制。

（1）现收现付制

现收现付制多用于国家强制实施的基本养老保险，其基本特征是简便易行，其缺点也很明显，就是缺乏长远规划，没有必要的储备，时间与空间上的调剂能力较差。

平衡模型：$C=B\times D$

C=保费率=保费收入/工资总额

B=工资替代率=养老金（P）/社会平均工资（W）

D=制度赡养率=退休人口（R）/在职人口（E）=抚养比

（2）基金积累制

基金积累制多用于商业化运作的补充养老保险和商业养老金，其特点是：一是投保者自己集资使用，可以增强其社会保障意识；二是在一个较长的时期内，应付人口结构的急剧变化等其他突发性社会风险；三是能为国家建设积累大量的基金。

平衡模型：C=B×（M/N）

其中：M/N为自我负担率；M为领取养老保险的年数；N为个人缴费年数。

（3）混合制（部分积累制）

在部分积累制情况下，退休人员的养老金一部分来自于现收现付制的筹资方式，另一部分来自于基金积累制的筹资方式。部分积累制既保持了现收现付制下的代际间的收入再分配功能，又能通过部分资金积累，降低现收现付制下当代人的负担与基金积累制下货币贬值的风险和资金保值增值的压力。

2.养老保险待遇的给付

养老保险待遇是退休的老年人生活的主要经济来源，属于一种长期性的物质补偿。一般来讲，它在诸多社会保险项目中影响最大、支付的时间最长，实施方式也比较具体和复杂。

养老保险待遇的计算方式一般分为以下两种：给付确定制、缴费确定制。

（1）给付确定制（defined benefit，DB）

给付确定制是指按预先确定的为保障一定的生活水平所需要的替代率确定支付养老金标准。给付确定制的基本特征在于：①通过确定一定的收入替代率，可以保障职工获得补充性退休收入；②通常与社会保险计划的保险金给付结构具有非常密切的联系，并往往根据社会保险金的给付水平确定补充保险金的给付水平；③保险基金的积累规模和水平将随工资增长幅度进行调整；④职工不承担投资风险；⑤这类计划实施起来具有一定难度。

（2）缴费确定制（defined contribution，DC）

缴费确定制是指经过预测确定一个相对比较稳定的缴费比例或标准，并为每个参保人设立个人账户，其缴费积累于个人账户中，待其退休后，按照个人账户上的缴费积累和基金投资回报额向参保人计发保险金待遇。缴费确定制的基本特征在于：①简便易行，有较高的透明度；②缴费水平一般规定为企业职工收入的一定比例，并根据企业经营与收入状况做适当调整；③由企业职工承担有关投资风险，企业在原则上不负担超过定期缴费以外的保险金给付义务，有利于企业财务稳定；④职工退休时可获得一次性保险金给付或用于购买商业性年金保险。

各国依照本国的国民经济发展水平和社会需求确定养老金的给付范围、项目及标准。具体的给付标准有一定的差异。在某些国家，养老金给付范围既包括被保险者本人，也包括无收入的配偶、未成年子女以及其他由被保险人抚养的直系亲属。瑞士、瑞典等国的给付项目除基本养老金之外，还有低收入补助、看护补助、超缴保险费期间增发额、超龄退休补贴、配偶及未成年子女补贴等。

## 第二节　基本养老保险制度概述

基本养老保险亦称国家基本养老保险，它是按国家统一政策规定强制实施的为保障广大离退休人员基本生活需要的一种养老保险制度。在我国，20世纪90年代之前，企业职工实行的是单一的养老保险制度。1991年，《国务院关于企业职工养老保险制度改革的决定》中明确提出："随着经济的发展，逐步建立起基本养老保险与企业补充养老保险和职工个人储蓄性养老保险相结合的制度。"从此，我国逐步建立起多层次的养老保险体系。在这种多层次养老保险体系中，基本养老保险可称为第一层次，也是最高层次。

### 一、基本养老保险的社会覆盖面

（一）国外相关规定

养老保险的范围亦称养老保险的对象，即养老保险适用于哪些人群。从各国养老保险发展的历史看，养老保险的范围经历了从小到大、从窄到宽的过程，从最初只适用于雇佣劳动者，到后来扩及自由职业者、家庭保姆、雇主、农民等，这种变化主要取决于各国社会经济发展水平的提高。

由于各国养老保险的模式不同，因此立法关于养老保险的覆盖范围也有较大差异。例如，采取福利型养老保险模式的国家，如英国、澳大利亚、加拿大等国规定，国家基本养老保险覆盖所有居民。而采取传统型养老保险模式的国家则有不同的规定，如美国规定，基本养老保险适用于所有从事有收益工作的人员，包括自我雇佣者，但不包括：偶然性农业雇工和家务雇工；年纯收入低于400美元的自我雇佣者；1984年以前受雇的少数联邦雇员。法国规定，养老保险适用于所有雇员，包括制造业、农业、矿业、铁路、公用事业和共同雇员、海员、非农业自我雇佣者等。日本的共同年金分为国民年金、厚生年金和共济年金三种。

国际劳工组织为了推动养老保险制度在各国的普及和发展，制定了相关的养老保险国际公约和建议书，也涉及了养老保险的覆盖范围。例如，1952年制定的《最低标准公约》第27条规定，老年津贴的覆盖范围应当包括：(a) 规定类别的雇员；或 (b) 规定类别的经济活动人口；或 (c) 凡在意外事故期间，其收入不低于根据第67条要求制定的限度的居民；或 (d) 在根据第3条所做声明业已生效的情况下，在雇佣20人或20人以上的工业工作场所的规定类别的雇员。

（二）我国职工基本养老保险覆盖范围

对城镇全体劳动者实行统一的社会化养老保险制度，要求对一切劳动者实行老有所养。传统的城镇养老保险制度并没有涵盖所有的劳动者，私营企业、个体工商户、中外合资及外资企业、全民集体企业中的计划外编制的职工，没有完全被纳入社会保险制度。为了建立适应社会主义市场经济体制要求的、统一的养老保险制度，必须使全体劳动者在保险项目、待遇和投保标准各方面达到统一化，实现真正的社会统筹。

统一制度前，我国养老保险制度覆盖了城镇企业8 758万职工和2 358万离退休人员，有了长足的发展。但是按全部城镇企业职工计算，覆盖率还只有78.4%。外商投资企业、私营企业的职工多数还没有参加养老保险，他们的权益没有得到保障。如果社会统筹的范围只限于国有企业，不仅使国有企业和非国有企业负担畸轻畸重，而且不能满足非国有企业职工养老保险的需要，也难以在更大范围内筹集资金，以适应人口老龄化高峰的客观要求。

我国城镇企业职工养老保险制度建立的重要目标之一就是“广覆盖”。1991年，国家规定，国有企业养老保险费用实行社会统筹的政策，集体企业参照执行，“三资”企业、私营企业和个体劳动者也要逐步参加养老保险制度。1995年，国家规定，到20世纪末，要基本建立起适用于城镇各类企业职工和个体劳动者的统一制度、统一标准、统一管理和统一调剂使用基金的养老保险体系。1997年，国家再次强调，基本养老保险制度要扩大到城镇各类企业和职工，城镇个体劳动者和其他非工薪收入者也要逐步实行基本养老保险制度。1999年1月22日，国务院发布了《社会保险费征缴暂行条例》。该条例第三条对基本养老保险费的征缴范围做出了强制性规定，实质上也是对现行企业职工基本养老保险制度的覆盖范围做出了强制性规定。根据该规定，现行养老保险制度的覆盖范围是：国有企业、城镇集体企业、外商投资企业、城镇私营企业和其他城镇企业及其职工，实行企业化管理的事业单位及其职工。同时，各省、自治区、直辖市人民政府可以根据当地实际情况，将城镇个体工商户纳入基本养老保险范围。2015年12月3日，国务院下发《关于完善企业职工基本养老保险制度的决定》，决定扩大基本养老保险覆盖范围：城镇各类企业职工、个体工商户和灵活就业人员都要参加企业职工基本养老保险。

## 二、基本养老保险制度的主要框架

### （一）社会统筹和个人账户相结合的制度（“统账”结合模式）

基本养老保险实行社会统筹与个人账户相结合是指：国家按照养老保险基金部分积累的模式，由社会保险机构按照规定的缴费基数和比例向企业和职工统一筹集、统一管理、统一调剂使用养老保险基金，同时由社会保险机构为参保职工建立个人账户，记录相关信息，作为职工退休时计发基本养老金的依据。

国际上，养老保险主要有两种模式：一种是在多数成熟市场经济国家实行的，以现收现付、社会统筹为主要特征的传统养老保险模式；另一种是在东南亚、拉美等新兴市场经济国家盛行的，以强制储蓄、个人积累和个人账户为主要特征的养老保险模式。两种模式孰优孰劣，在国际社会保障领域、国际劳工领域曾经有过长期、尖锐的争论。其结果是在争论中相互了解、相互认同。

我国选择社会统筹与个人账户相结合模式，目的是将两种模式的优势集中起来，实现优势互补、优化组合。实行社会统筹体现出社会保险的共济性，并且便于体现统一标准、统一运作的优越性。同时，实行个人账户，将个人与企业投保的部分完全记在个人的名下，有利于与个人利益挂钩，调动个人投保的积极性，并且便于劳动者在不同体制和单位之间的自由流动，从而建立一种公平与效率相结合、社会互济与自我保障相结合的新的养老保险运行机制。

用人单位应按照国家规定的本单位职工工资总额的比例缴纳基本养老保险费，计入基本养老保险统筹基金。目前企业缴费的比例一般不得超过企业工资总额的20%，后阶段性降低到19%，具体比例由省、自治区、直辖市人民政府确定，少数省、自治区、直辖市离退休人数较多，养老保险负担较重，确实需要超过企业工资总额的20%的，需要报人力资源和社会保障部、财政部批准。个人账户的规模统一为本人缴费工资的8%。其中，缴费工资，也称为缴费工资基数，一般为职工本人上一年度月平均工资（有条件的地区也可以本人上月工资收入为个人缴费工资基数）。月平均工资按照国家统计局规定列入工资总额统计的项目计算，包括工资、奖金、津贴、补贴等收入，不包括用人单位承担或者支付给员工的社会保险费、劳动保护费、福利费、用人单位与员工解除劳动关系时支付的一次性补偿以及计划生育费用等其他不属于工资的费用。本人月平均工资低于当地职工月平均工资的60%的，按照当地职工月平均工资的60%作为缴费基数。本人月平均工资高于当地职工平均工资的300%的，按照当地职工的月平均工资的300%作为缴费基数。

（二）基本养老保险的统筹

1.基本养老保险的统筹目标

国家统计局2018年1月18日发布最新老年人口统计数据，2017年末，我国60周岁及以上人口达24 090万人，占总人口的17.3%，其中65周岁及以上人口达15 831万人，占总人口的11.4%。20世纪90年代，我国养老保险的抚养比是5：1，5个参保人供养1个退休人员，现在已经降到了2.8：1，而且下降还将持续，这给养老保险基金支付、可持续发展都带来严峻挑战。日益加剧的老龄化进程，使我国养老保险制度的压力也日益加重。尤其人口年龄结构差异和劳动力的流动加剧了地区间养老基金负担的不平衡。为了解决地区间基金的“贫富不均”，提高养老金统筹层次的呼声日渐高涨。

统一制度前，我国还有相当一部分地区是县级统筹，只有少数省份实行了国有企业的省级统筹。统筹层次低、范围小，不符合社会保险的基本原则。而且，前几年部分地区发生严重自然灾害，有的企业在受灾期间几乎完全停产，由于统筹范围小，资金难以调剂，养老金支付发生困难；还有的地区由于老企业、困难企业相对集中，靠自身收支养老金已难以为继。

统一制度前，部分地区对“行业统筹”有不同意见，要求取消。国务院对这个问题认真研究后认为，从长远看养老保险要实行社会化管理，要坚持社会统筹的方向。但是，考虑目前地方统筹层次较低等实际情况，取消行业统筹的条件还不成熟。因此，统一制度规定，待全国基本实现省级统筹后，原经国务院批准由有关部门和单位组织统筹的企业，参加所在地的社会统筹。

逐步在全国范围实现基本养老保险国家统筹，是统一制度和进一步深化养老保险制度改革的一项重要任务。实行基本养老保险国家统筹的主要目的是实现基本养老保险基金在整个国家范围内的调剂使用，确保省、自治区、直辖市范围内基本养老金按时足额发放。国家统筹的规范标准是实现几个统一，即：统一管理，包括政策办法统一，待遇标准统一，以及管理制度统一等；统一费率，包括统一企业缴费比例和个人缴费比例；统一调剂使用基金。

国家“十三五”发展规划中明确要求实现基本养老保险全国统筹，而《社会保险法》中也有相关规定，要逐渐推行养老保险的全国统筹。党的十九大报告提出要实现养老保险国家统筹。2017年12月，在中国养老金融50人论坛的年会上，人力资源与社会保障部透露，养老保险全国统筹方案正在制定之中，即将出台。2018年12月19日至21日，中央经济工作会议在北京举行，会议提出2019年重点工作任务包括深化社会保障制度改革，在加快省级统筹的基础上推进养老保险全国统筹。

2.基本养老保险国家统筹实现路径

（1）增强对基础养老金全国统筹重要性的认识

就目前我国基础养老金统筹的情况而言，实现基础养老金全国统筹，其难点在于基础养老金统筹触动了部分地区的利益。大部分东部发达地区基础养老金有结余，担心实现基础养老金全国统筹以后，会出现“劫富济贫”的局面，因此在推行全国统筹问题上缺乏积极性。但这样的认识缺乏全局和动态的视野。从短期来看，实现基础养老金全国统筹，可能会在不同程度上损害养老金有盈余的地区的利益，但从长远来看，基础养老金实现全国统筹以后，有利于形成规模效应和均衡效应，打破市场分割的格局，促进全国形成统一的大市场，最终将会让各方都获益。

（2）深化财税体制改革，规范中央和地方的事权与财权

未来深化财税改革的重点，在于坚持权利与义务平等和匹配的原则，要注重调动地方积极性，让地方政府在财政收支上有更多的自主权，从而消除地方政府对实现基础养老金全国统筹以后会失去财权和事权的担心。应深化财税体制改革，以法律的形式明确中央政府和地方政府事权和财权的划分；中央政府承担养老保险基金政策法规、基金征缴、社会化发放、投资运营等事权，中央财政承担兜底责任，地方政府执行有关政策和承办相关业务。

（3）建设全国统一完善的基本养老保险信息系统和精算制度

为了提高统筹的科学性和时效性，应借助于现代信息管理技术和平台，建立统一完善的基本养老保险信息系统和精算制度，实现不同地区数据的整合，以便不同地区及时摸清各自的基础养老金财务状况，制定各方都可接受的实施方案，有效地对未来基础养老金的发展趋势做出准确的预测，实现对基础养老金的精细化管理。

（4）完善基础养老金的管理制度，拓宽养老金的投资渠道

从国外成功的公积金管理制度可以看到，其基础养老金管理制度较为灵活，基本建立了多个养老金投资渠道，力争养老金保值增值。然而，目前我国的养老金管理制度缺乏灵活性，投资渠道单一。我国养老保险基金的专业管理机构是社会保险经办机构与人力资源和社会保障部门。同时，不同地区由不同的征缴机构来征收养老保险费用，有的是税务部门，有的是社会保险经办机构，形成了征缴主体的二元结构。在投资环节，目前规定养老保险基金投资只有两个渠道，即银行协议存款和购买国债。解决这一难题的关键在于应尽快对养老保险基金管理进行修订和完善，以缓解制度风险和管理风险，建议由税务部门进行统一征收，然后将资金存入财政专户进行统一管理；在投资渠道上，除了传统的投资方式外，可以将一部分养老金委托给专业的基金管理公司进行投资管理，化解风险，提高收益。

（5）实行中央与地方经办机构垂直管理的制度

我国基础养老金实行的属地管理制度，有可能导致地方政府挪用基础养老金，或者当基金出现缺口时，地方政府便向上级财政部门索要资金弥补缺口。事实上这形成了基础养老金的软预算约束。为此，建议明确中央和地方的权责划分，基础养老金的收支预算和发放工作由中央经办机构负责编制；基金统筹征集工作由下级经办机构负责。实行中央与地方经办机构的垂直管理，上级（中央）经办机构直接领导下级（省）经办机构；经办机构的名称和性质、人事安排垂直统一。可以预见，这一制度安排可规避属地管理制度的缺陷，从而为基础养老金全国统筹提供组织保障。

（三）基本养老保险退休条件和政策

1.法定退休年龄的确定依据

（1）一国老年人平均预期寿命和身体状况

一国特定经济发展水平和地理、气候、自然环境下的老年人口总体身体健康状况及平均寿命是各国法定退休年龄存在明显差异的重要原因。如欧美国家养老保险制度规定的法定退休年龄一般为65岁左右，而亚洲国家的退休年龄则在50～60岁，非洲一些国家的退休年龄在50岁左右。

（2）养老保险津贴支付的经济基础

随着人均寿命的增加，法定退休年龄意味着就业期限相对缩短和领取养老金的时间相对延长，由此一增一减，对养老保险基金的收支平衡及支付能力有相当大的影响。

（3）工作年限

一般来讲，工作年限越长，法定退休年龄相对较早。根据联合国相关报告，中国人口平均受教育年限为7.5年，发达国家一般都在10年以上；接受过中等教育的人口占25岁以上人口的比例，中国仅为38.4%，而欧美达到了80%以上，捷克甚至达到了99.8%。按中国进入劳动力市场的平均年龄为18岁计算，到60岁退休要连续工作42年，工作年限占预期寿命的66.1%。日本进入劳动力市场的年龄比我们长4年，同样是60岁退休，日本人只工作38年，工作年限占寿命的45.7%。

（4）社会失业率状况

在其他条件不变的情况下，老年劳动者退休年龄提前，可以缓解劳动力市场的供求矛盾，降低失业压力。

（5）文化背景、价值观念和家庭对老年人的保障程度

2.我国法定退休年龄及其实施中的问题

（1）我国现行法定退休年龄偏低与社会经济状况综合变化的矛盾

我国现行退休年龄的政策规定源于1951年颁布的《劳动保险条例》，该条例规定男职工退休年龄为60周岁，女职工为50周岁。1955年，国务院颁布《关于国家机关工作人员退休暂行办法》，将女干部退休年龄提至55周岁。1978年，全国人大常委会通过《国务院关于安置老弱病残干部的暂行办法》和《国务院关于工人退休、退职的暂行办法》，规定男工人退休年龄年满60周岁，女工人年满50周岁，女干部年满55周岁。人力资源和社会保障部的抽样调查显示，近年来平均办理退休的年龄不到55岁。

40年来，中国经济社会发生显著变化。与退休政策紧密相关的人均预期寿命、老

龄化程度、劳动人口平均受教育年限及经济发展总量和劳动力供给等状况均发生深刻变化。人均预期寿命从中华人民共和国成立之初估测的50多岁已提高到目前的76.4岁左右（城镇女性已达77.37岁）。统计数据显示，2017年末全国劳动年龄人口为90 199万人，比上年减少600万人。2012—2017年6年间累计减少约2 400万人。2017年我国16～59岁劳动人口比例为64.9%，预计到2030年我国16～59岁劳动人口将减少至8.3亿人，到2050年将减少至7亿人左右。2016年8月发布的《中国养老产业发展白皮书》显示，我国2010年家庭平均人数为3.1人，2030年将缩小至2.6人，2050年将进一步降至2.51人，直接导致老年人口抚养比从1995年的9.2%快速上升至2015年的14.3%，预计到2050年将达到27.9%。人口抚养比例迅速上升，加剧养老保险的费用负担。

（2）非正常的提前退休行为密集地发生于转轨时期的国有企业

根据1978年6月颁发的《国务院关于工人退休、退职的暂行办法》和《国务院关于安置老弱病残干部的暂行办法》（国发〔1978〕104号），下列几种情况可以办理提前退休：

①从事井下、高空、高温、繁重体力劳动和其他有害健康工种的职工，男年满55周岁，女年满45周岁，连续工龄或工作年限满10年。

②男年满50周岁，女年满45周岁，连续工龄或工作年限满10年，经医院证明，并经劳动鉴定委员会确认，完全丧失劳动能力的职工。

③因工致残，经医院证明，并经劳动鉴定委员会确认，完全丧失工作能力的。

在大力推行国有企业改革时期，出现了一些本不符合提前退休条件但却享受了待遇的非正常的提前退休行为。

（3）女干部和女工人退休年龄不统一引发劳动争议

企业实行全员劳动合同制度以后，打破身份界线，使女工人和女干部的身份有所交叉。结果出现有的企业为了让女职工提前退休，在临近50岁的时候将女干部调动到车间工人岗位；而有的女科技人员尽管身处生产岗位，但由于有职称、有“干部身份”，不愿意按工人的退休年龄办理，引发劳动争议。

（4）社会保险制度自身的缺陷为提前退休行为提供了可能性

养老保险费的缴纳者、享受者和管理者之间缺乏制衡机制，造成前几年企业在职工退休前大幅度提高其工资而得不到有效的制约。相当一部分应享受失业保险和失业救助的失业人员早于退休年龄3～10年退休，从而将失业保险、社会救助的负担转移给养老保险。

3.延迟退休方案的推进

2015年11月3日，《中共中央关于制定国民经济和社会发展第十三个五年规划的建议》全文正式公布，首次提出“出台渐进式延迟退休年龄政策”。党的十八届三中全会提出要实施“渐进式”延迟退休年龄的政策。2017年进一步提出工作计划，一是会根据国家人口老龄化趋势和劳动力状况把握调整的节点和节奏；二是将“小步徐趋、渐进到位”，每年只延长几个月的退休时间，经过相当长的时间过渡，再达到法定退休年龄；三是会有社会预告，让国民有心理预期。最终将男女法定退休年龄统一，提高到65岁。

4.我国法定退休年龄改革的对策思路

（1）提高法定退休年龄，择机统一女职工退休年龄

人口老龄化的加剧和养老保险基金的收不抵支是困扰各国的一大难题。作为共性的改革措施之一，就是采取提高法定退休年龄的政策。鉴于我国经济发展水平、人口结构、就业压力、社会保险收支等方面的现状，法定退休年龄只能逐步提高，可以考虑先延长女职工的退休年龄。表7-1列出了部分国家退休年龄政策调整情况。

表7-1　　部分国家退休年龄政策调整情况（10国）

| 国别 | 法定退休年龄 | | 实际平均退休年龄 | |
|---|---|---|---|---|
| | 男 | 女 | 男 | 女 |
| 美国 | 65 | 65 | 64.6 | 63.3 |
| 英国 | 65 | 60 | 63.6 | 61.7 |
| 加拿大 | 65 | 62 | 63.3 | 61.4 |
| 新西兰 | 65 | 65 | 63.6 | 61.5 |
| 澳大利亚 | 65 | 63.5 | 63.3 | 61.7 |
| 匈牙利 | 62 | 57 | 60 | 55.5 |
| 德国 | 65 | 65 | 62.6 | 61.5 |
| 法国 | 60 | 60 | 59.5 | 59.4 |
| 希腊 | 65 | 60 | 61.6 | 60.5 |
| 意大利 | 65 | 60 | 61 | 59.8 |

（2）实施在精算基础上的弹性退休政策

弹性退休政策要求在精算基础上建立退休年龄的早与迟和领取养老金数量的多与少之间的关联和调节机制。

（3）对从事特殊工种职工实行企业内部退养

特殊工种职工因职业侵害难以继续工作的，可以提前退出工作岗位，实行企业内部退养，待其达到正常退休年龄之后，再由社会保险机构支付养老金。

（4）破产企业应一次性预留一定的养老保险费用，以缓解提前退休对基本养老保险基金的压力

按月享受基本养老金需要具备三个条件：一是在基本养老保险覆盖范围内并且参保；二是达到了国家法定退休年龄；三是个人缴费满15年。

（四）基本养老金待遇的计发

1997年新制度实施后参加工作的职工（新人），其基本养老金由两部分构成，即

基本养老金=基础养老金+个人账户养老金

基础养老金=（全省上年度在岗职工月平均工资+本人指数化月平均缴费工资）÷2×缴费年限×1%

个人账户养老金=个人账户储存额÷计发月数

计发月数根据退休年龄和当时的人口平均寿命来确定，约等于（人口平均寿命-退休年龄）×12。目前50岁为195、55岁为170、60岁为139。

1997年新制度实施前已参加工作、新制度实施后退休的职工（中人），其基本养老金由三部分构成，即

基本养老金=基础养老金+个人账户养老金+过渡性养老金

过渡性养老金是统一制度前参加工作而在统一制度后退休的职工基本养老金的一个组成部分。对新制度（或“统账结合”）之前参加工作、之后退休的人员来说，由于其在此之前的工作年限没有实行个人账户，则退休时的个人账户储存额中没能体现这段年限的劳动贡献情况，因而其退休时的基本养老金不能简单用基础养老金加个人账户养老金计算，需再加上没有个人账户年限的养老金。过渡性养老金就解决了这一没有个人账户年限的养老金问题。

过渡性养老金=职工本人指数化月平均缴费工资×系数×视同缴费年限（不含缴费）

（五）基本养老金正常调整机制

基本养老金正常调整机制的基本含义是，每年（或定期）根据职工平均工资增长的一定比例对基本养老金进行适当调整，以使退休人员的实际生活水平不降低，并适当分享社会经济发展成果。在深化企业职工养老保险制度改革之前，退休时基本养老金一经确定就不再变动，受物价的影响很大，退休人员生活水平逐年下降。为解决这一问题，以往国家采取定额物价生活补贴办法。从实行结果看，虽在一定程度上保障了退休人员的生活，稳定了社会，但利少弊多：一是物价生活补贴不规范，补贴制度随意性大，而且往往滞后，群众意见大；二是各种补贴名目繁多，执行起来困难，退休人员也难以分清楚；三是平均主义倾向严重。由于各种补贴都按人头平均发放，表面上很公平，其实隐藏着很多不合理因素，最为突出的是退休人员的养老金逐渐形成了一个平台，一些退休时待遇较高的人员反映强烈。从1995年开始，我国建立了基本养老金正常调整机制。基本养老金可按当地职工上一年度平均工资增长率的一定比例进行调整，具体办法在国家政策指导下由省、自治区、直辖市人民政府确定。

## 第三节 补充养老保险计划概述

### 一、补充养老保险计划的概念

补充养老保险计划（supplementary pension；complementary schemes）即企业年金计划，是指企业及其职工在依法参加基本养老保险的基础上，依据国家政策和本企业经济状况建立的、旨在提高职工退休后生活水平、对国家基本养老保险进行重要补充的一种养老保险形式。常用的术语还有：私人保险金（private pension）、职业保险金（occupational pension）及第二层次养老金（second pill pension），自愿保险金（voluntary pension）等。

一般而言，补充养老保险计划往往具有以下特征：第一，企业自发建立或国家强制企业建立。第二，经办方式灵活多样，如由大企业自办；由多家企业联合或行业管理机构建立区域性甚至全国性协会、基金会经办；由有关中介机构经办；由有关金融机构包括各类银行、基金管理公司、证券公司、寿险公司等经办。第三，企业年金基金实行市

场化投资运营。第四，政府在年金的建立和管理中不承担直接责任，政府的主要职能是对其进行严格的监管。另外，国家还会给予一定的税收优惠政策。

## 二、补充养老保险计划性质

补充养老保险计划实质上是一种企业内部福利制度，是第一次收入分配的延续，既不同于基本养老保险，也不同于商业保险，应当定位于企业保险。补充养老保险计划与基本养老保险在作用和功能上都是为了保障劳动者退休后的生活，但保障程度不一样：前者是锦上添花，满足更高的生活需求；后者则是雪中送炭，保障基本生活需求。补充养老保险计划与商业人寿保险都是对基本养老保险制度的有益补充，可以满足一部分人员在进入老年后获得更高收入水平的需求。但是，补充养老保险计划与基本养老保险和商业人寿保险在适用法律、覆盖范围、经办主体、鼓励政策和监管机制等方面又存在着明显区别。

## 三、补充养老保险计划主要类型

（一）根据法律规范的程度来划分

根据法律规范的程度来划分，补充养老保险计划可分为自愿性和强制性两类。

1.自愿性补充养老保险计划

以美国、日本为代表，国家通过立法，制定基本规则和基本政策，企业自愿参加；企业一旦决定实行补充保险，必须按照既定的规则运作；具体实施方案、待遇水平、基金模式由企业制定或选择；雇员可以缴费，也可以不缴费。

2.强制性补充养老保险计划

以澳大利亚、法国为代表，国家立法，强制实施，所有雇主都必须为其雇员投保；待遇水平、基金模式、筹资方法等完全由国家规定。

（二）根据待遇计发办法来划分

根据待遇计发办法来划分，补充养老保险计划可分为缴费确定型、待遇确定型和混合型三种类型。

1.缴费确定型补充养老保险计划

通过建立个人账户的方式，由企业和职工定期按一定比例缴纳保险费（其中职工个人少缴或不缴费），职工退休时的补充养老保险计划水平取决于资金积累规模及其投资收益。其基本特征是：①简便易行，透明度较高；②缴费水平可以根据企业经济状况做适当调整；③企业与职工缴纳的保险费免予征税，其投资收入予以减免税优惠；④职工个人承担有关投资风险，企业原则上不负担超过定期缴费以外的保险金给付义务。我国补充养老保险计划采用个人账户方式，属于缴费确定型制度。

2.待遇确定型补充养老保险计划

其基本特征是：①通过确定一定的收入替代率，保障职工退休后获得稳定的补充养老保险计划；②基金的积累规模和水平随工资增长幅度及预期支付能力进行调整；③企业承担因无法预测的社会经济变化引起的补充养老保险计划收入波动风险。这一模式与我国传统计划经济体制下的企业保险形式比较接近。

3.混合型补充养老保险计划

这是近年在美国、加拿大逐步兴起的一种补充养老保险计划管理模式，实质是将待遇确定型与缴费确定型结合起来，也可以视为待遇确定型向缴费确定型过渡的办法。其基本特征是：①将雇员的补充养老保险计划分为两部分：一是固定部分，称为基本津贴，即保留一部分待遇确定型计划的待遇；二是非固定部分，由雇主按照雇员工资的一定比例出资，计入雇员个人账户。②所有基金的投资均由雇主负责。这种方式又被称为现金盈余计划。

## 四、补充养老保险计划主要功能

（一）实现多层次养老保险制度模式的迫切需要

20世纪70年代以后，由于人口结构老龄化、政府财政预算压力增大等原因，许多国家开始进行养老保险制度的改革，改革的措施之一，就是鼓励发展各类补充养老保险计划，减轻退休人员对国家法定养老保险的依赖。在补充养老保险计划发展比较充分的国家，一个中等收入的企业雇员退休时，从政府社会保障计划中领取的养老金只有40%左右，而从私人养老金计划（补充养老保险计划）却能拿到50%以上，不少人退休后的收入主要来源于补充养老保险计划。

我国在1997年统一企业职工基本养老保险制度后，按制度设计的目标，企业职工基本养老保险替代率将由目前的80%左右逐步调整到60%左右，新制度留下的待遇空间，需要由企业根据自身能力，通过发展补充养老保险计划来适当弥补。发展补充养老保险计划，不但可以提高职工退休以后的生活水平，减轻退休人员对基本养老保险的依赖，缓解人口老龄化给养老保险基金带来的支付压力，而且有助于建立和完善具有中国特色的多层次养老保险制度乃至社会保障体系。另外，发展补充养老保险计划可以缓解目前机关事业单位与企业退休职工待遇差距过大的矛盾，有利于促进机关事业单位养老保险制度改革。

（二）企业人才竞争日趋激烈的需要

补充养老保险计划由用人单位根据经济条件自主建立，既可以体现不同企业间经济效益的差异，又可以体现不同劳动者之间劳动贡献的差异。随着我国高新技术的发展，人才竞争越来越激烈，不少企业也希望能够通过建立现代企业薪酬制度来加强内部管理，密切企业与职工的关系。而补充养老保险计划则是现代企业薪酬制度中的重要组成部分，对于增强企业凝聚力、稳定职工队伍、提升企业对优秀人才的吸引力具有不可替代的作用。

（三）促进资本市场发育的需要

补充养老保险计划基金实行完全积累方式，能够把大量即期消费基金转化为长期储蓄和建设资金，有助于培育资本市场，促进经济发展。从国外资本市场发展壮大的历程看，补充养老保险计划基金是一支不可或缺、举足轻重的力量。例如在美国，养老金是股票市场最大的机构投资者，养老金资产占到股市资产的60%以上。中国补充养老保险计划发展有很大潜力，随着工作的推进，将形成规模不小的积累基金，进而促进中国资本市场发展，为国家经济建设提供资金支持。

## 五、政府在补充养老保险计划中的作用

世界各国政府对于企业年金发展一般都采取鼓励和支持的政策，主要体现在三个方面：

（一）给予税收优惠

多数国家在税法中设立专门条款予以保证，一般规定雇主和雇员缴费的一部分免税，基金投资运营收益也给予免税，但职工退休后领取企业年金需照章纳税。由于这种缴税已经被推迟了几十年，因而成为刺激企业年金发展的重要因素。

（二）法律政策规范

多数国家都制定了企业年金方面的专门法律规定或相关法律规定，从资金来源、基金经办、投资运营等方面进行比较明确的规范。

（三）进行必要的监管

这主要包括两方面：一是对责任各方执行法律政策的情况进行监督；二是对基金投资运营行为实施全程监督，尽最大可能规避投资风险，保证基金的安全，进而实现保值增值。

# 第四节　我国养老保险制度沿革

## 一、我国城镇职工现代养老保险制度的建立及存在的问题

（一）20世纪50年代，养老保险制度初建时期

我国的养老保险制度始建于20世纪50年代初期。1951年2月颁布并于1953年修订实施的《中华人民共和国劳动保险条例》，是我国第一部全国统一的社会保险法规，它的设计是典型的国家保障型社会养老保险制度，是“国家保险”，劳动者不需缴任何费用，均能享受退休金，退休金从根本上说来源于国家预算。

国家机关工作人员的养老保险，因其筹资渠道、工资标准、工龄计算等与企业不同，实行的是不同于城镇职工的养老保险办法。1955年颁发的《国家机关工作人员退休处理暂行办法》和《国家机关工作人员退职处理暂行办法》，标志着国家机关工作人员的社会养老保险制度基本建立。至此，城镇社会养老保险的两大板块基本形成，即机关事业单位职员的养老保险制度，其养老金从国家财政预算拨给各单位的行政管理费中支付，由财政部门、人事部门共同管理；企业职工的养老保险制度，其养老金来源于企业按工资总额的一定比例提取的社会保险费，由劳动部门统一管理。

（二）20世纪60—70年代，社会养老保险演变为“企业保险”

在这一时期，负责管理社会保险工作的工会、劳动部门等都被撤销，整个社会保险工作一度处于管理无序状态，社会保险金收支混乱，社会保险有关政策法规得不到有效贯彻执行。1969年2月财政部发出《关于国营企业财务工作中几项制度的改革意见》，规定国营企业一律停止提取劳动保险金，企业的退休职工、长期病号工资和其他劳保开支都改在营业外列支。至此，社会保险失去了它的社会统筹功能，演变为“企业保险”。

（三）我国传统养老体制存在的主要问题

1.养老保险覆盖面窄，社会化程度低

（1）覆盖面窄

20世纪80年代，改革开放使我国城乡多种经济形式迅速发展起来，但我国法定的基本养老保险制度，主要仍是在国营（有）企业中实行，城镇区、县以上集体企业和外商投资企业是参照执行，区、县以下集体企业、私营企业、城镇个体劳动者基本上还没有纳入法定的养老保险制度。国有和集体企业中的劳动合同制工人、临时工，以及区、县以下集体与私营企业所产生的股份制企业和个体劳动者，没有统一的养老保险办法。

（2）社会化程度低

20世纪60—70年代，企业职工的养老保险倒退到“企业保险”，由企业直接支付本企业退休人员的退休费用。80年代以来，退休人员大量增加，退休费用也相应增大，新老企业之间退休费用负担不均衡的矛盾越来越突出。一些严重亏损的企业，因无力支付退休费，不得不减发、停发养老金，经常引起退休人员上访，影响了社会安定。同时，从发展社会主义市场经济的角度看，退休费用负担重的企业，不可能与其他企业在同等条件下开展竞争，从而影响了企业的活力。

2.养老保险层次单一

我国原有的养老保险制度，无论是在国有企业还是集体企业，都只是按《劳动保险条例》规定的一种形式、一个层次实行。这种单一层次的养老保险体制，是传统经济体制的产物。当时包括养老在内的一切生活问题全部由国家和企业包下来，职工个人不缴纳保险费，企业不为职工办理补充养老保险，个人也没有储蓄性养老保险。

3.养老保险享受权利、待遇水平因职工身份不同存在差异

职工退休时的养老保险待遇基本上是根据个人的身份地位确定的，全民所有制与集体所有制及其他所有制的职工之间、合同工与固定工之间、临时工与正式工之间、群众与干部之间在享受权利和待遇水平上存在差异。

4.退休条件和待遇标准不尽科学合理

工龄满10年以上的都可以享受长期养老待遇，起点偏低，条件太宽。而且，工龄满20年以上都按同一比例计发待遇，而当时职工退休时的工龄普遍在20年以上，有的已经达到30年甚至40年，这样的规定不能充分体现工龄长短不同、劳动贡献不同应有的差别，不利于调动职工的积极性。

5.基本养老金计发办法不适应劳动工资制度改革的要求

企业职工的养老金计发办法建立在等级工资制度基础上，自1954年确立以标准工资为计发基数以来，一直未做改变。随着企业劳动工资制度改革的深化，以标准工资为养老金计发基数的办法已难以为继了。这主要表现在两个方面：一是社会主义市场经济体制确立以后，多种经济成分，特别是集体、“三资”、股份、私营和个体经济的发展迅速，它们中很多人未实行国家规定的标准工资制度，无法按此办法计发养老金。二是随着企业工资制度改革，企业内部分配自主权的确立，出现了分配形式的多样化，打破了以标准工资为主体的等级工资制的分配格局，养老保险标准工资在职工工资收入中所占的比重明显下降，职工原有的标准工资已名存实亡。按照国家规定的标准计发养老金，

职工退休后的收入减少幅度较大，难以保障基本生活。

6.基本养老金没有调整机制

在20世纪50年代和60年代，职工养老金一旦按规定领取，以后一般就不再变动。这在当时物价比较稳定的时期是可行的，退休人员的基本生活水平并没有受到影响。80年代以后，随着企业改革和价格改革的不断深入，职工工资和物价水平有较大幅度的上升。由于养老金是以较低的标准工资为基数计发的，并且没有调整机制，离退休人员的收入与在职人员收入之间的差距拉大，生活水平相对降低，更谈不上分享社会发展成果。

## 二、我国城镇职工社会养老保险制度改革

从1984年起，国家开始在全民所有制企业范围内进行以退休费用的社会统筹为主要内容的改革试点，即在市、县一级行政区内的国有企业之间，按以支定收、略有节余的原则，对企业按职工工资总额的同等比例，进行养老金的统一收缴、支付及对职工养老保险的统一管理。这一改革实际上是恢复到中华人民共和国成立初期的社会保险上去。到1991年，全国实施退休费用社会统筹的市、县达到2 274个，占全国市、县的96%。1991年6月，《国务院关于企业职工养老保险制度改革的决定》明确提出实行养老保险基金统筹，统筹体制在全国范围内正式实施。

和以前的单位保险相比较，统筹体制的确立，提高了养老保险的社会化程度，在一定程度上解决了企业间养老负担不均的问题，较好地保障了离退休人员的基本生活。但是，基本养老保险模式仍然是受益基准制，养老金的筹资方式也仍然是现收现付。随着退休人员与在职人员的比例越来越高，在职工人的赡养系数也随之增大，养老金支付压力日益沉重，导致养老金缴费费率的持续上升，而且退休费用的社会统筹是按地区（省、市、县）进行的，在那些老工业城市或在职人员少而退休人员多的市、县，当全国平均缴费水平不到20%的时候，它们的缴费比率已达到30%乃至更高。这在一部分缴费者中形成了较大的抵触情绪，特别是退休人员少的企业，认为过高的费率侵害了企业自身的利益，它能带给企业的收益要若干年以后才显现出来，而这还有一些未可预测的变数，因此好的企业（或称人员年龄构成轻的企业）拖缴、欠缴乃至漏缴、拒缴养老保险统筹费，差的企业（或养老负担重的企业）拼命要挤进社会统筹。养老金支付压力越来越大，只有再依靠提高保险费率来缓解收支矛盾。因而，在单位保险的情况下，主要是一些老企业不堪重负，进入统筹体制后，则几乎所有的国有企业都必须承担较高的保险费率，而这又加大了企业用工成本，削弱了企业的竞争力。而且，养老保险的覆盖面仍然停留在城镇国有经济部门的职工，国有经济部门无法与其他所有制经济进行公平竞争，劳动力在不同的所有制之间流动难，企业破产兼并难，国有企业减员增效自求发展就更难了。

## 三、20世纪90年代企业职工社会养老保险制度的创新

20世纪90年代后，我国理论界和政府有关部门对企业职工的社会保险制度的改革和发展进行了全面的分析和研究，在一些主要问题上取得了共识：

1.养老保险的基本模式

我国目前不宜以现收现付的受益基准制作为制度的主体，而应选择基金预筹积累的供款基准制，因为就中国的现实情况来看，未来的人口老龄化压力非常大，没有预筹积累的话，养老危机肯定会出现。另外，我国目前经济发展水平不高，在社会保险的模式选择上首先应该是发展经济，提高生产效率，因此，注重人的积极性的发挥、增强人们自我保障意识的供款基准制理应成为首选。

2.养老保险的管理及基金运营

以预筹积累代替现收现付，必然要形成大量的基金积累，那么建立安全、有效的养老保险行政管理体制和基金运营机制就刻不容缓，必须使社会保险的行政管理和基金经营两者分开，相互监督，相互制约。

3.社会养老保险的覆盖面

要进一步扩大社会养老保险的覆盖面，把计划经济体制下只覆盖国有经济部门的养老保险，拓展为全体城镇劳动者共同参加、各种所有制经济全面覆盖的统一的养老保险制度。它是建立社会主义市场经济体制的迫切要求，也是实现社会公平的要求。

1995年3月，《国务院关于深化企业职工养老保险制度改革的通知》就企业职工养老保险制度的深化改革做了部署，并同时出台了两个具体操作方案，即企业职工基本养老保险社会统筹与个人账户相结合实施办法一和实施办法二，它们都将企业和职工的缴费分为社会统筹和个人账户两块，只是具体比例不同。办法一是按照供款基准制设计的，基本养老保险个人账户按职工工资收入的16%左右计入，企业和职工共同缴纳养老保险费。职工开始按不低于个人缴费工资的3%缴纳，以后每两年提高一个百分点，最终达到个人账户保险费率的一半即8%。

此后，全国各地区、各部门均按国务院的部署和要求，实施了社会统筹和个人账户相结合的养老保险改革办法，进行企业职工养老保险制度的改革试点。但是，在改革过程中也出现了一些问题：一是多种养老保险办法并存。由于对新制度的认识有个过程，各地在设计“统账结合”时，出现了多种个人账户比例，有的个人账户是职工工资的16%，有的是3%，还有的是12%。这样职工个人调动时，个人账户的转移就成了问题，给管理工作带来困难，也不利于形成统一开放、竞争有序的劳动力市场。二是基本养老保险差距过大，存在攀比待遇水平的现象。三是基金统筹层次过低，调剂能力弱，少数经济效益不好的地区和企业，离退休人员的基本生活难以保障。四是个人缴费的速度慢，个人账户的功能得不到充分体现。五是国家关于基金管理的规定没有得到认真执行，挤占挪用养老保险金的问题比较严重。这些问题归结起来，主要问题在于制度的不统一和管理的分散化。因此，形成统一的城镇职工养老保险制度势在必行。

## 四、统一的企业职工养老保险制度的建立

1997年7月，国务院颁布了《关于建立统一的企业职工基本养老保险制度的决定》（以下简称《决定》），要求各地各级人民政府把社会保障事业纳入本地区国民经济与社会发展计划，贯彻基本养老保险只能保障退休人员基本生活的原则，把改革企业职工养老保险制度与建立多层次的社会保障体系紧密结合起来。社会保障的改革目标是，到

20世纪末，基本建立起适应社会主义市场经济体制要求，适用于城镇各类企业职工和个体劳动者，资金来源多渠道、保障方式多层次、社会统筹与个人账户相结合、权利与义务相对应、管理服务社会化的养老保险体系。《决定》在更高水平上提出了以下五个原则：

1.社会互济与自我保障相结合原则（或社会统筹与个人账户相结合原则）

它是在总结国内外经验的基础上，坚持从我国的实际出发所形成的具有中国特色的社会保障制度的重要组成部分。《决定》指出，新的养老保险制度按职工和企业共同缴费的办法筹集资金，企业所缴费率一般不超过企业工资总额的20%。个人缴费比例，1997年不低于本人缴费工资的4%，1998年起每两年提高1个百分点，最终达到本人缴费工资的8%。

所缴费用分为社会统筹和个人账户两部分，按职工个人缴费工资的11%建立职工的基本养老保险个人账户，个人缴费部分全部进入个人账户，不足部分从企业缴费中划入。企业缴费的剩余部分作为社会统筹基金。

2.基本养老保险要保障基本生活的原则

合理确定基本养老保险的待遇水平一直是各国所关注的问题，也是养老保险制度改革取得成功的一个关键。中华人民共和国成立初期的《劳动保险条例》拟定的退休待遇标准是职工原工资的50%~70%，1978年国务院规定的退休金水平（即工资替代率）是标准工资的60%~75%。但后来因种种原因，退休金水平持续攀升，现在已达到全部工资收入的80%左右，部分行业和部门的退休金水平比在职职工要高出许多。养老金给付水平偏高，既给国家和企业带来沉重负担，又容易引发在职职工的不满情绪。党的十四届三中全会明确提出，养老金的待遇水平要和我国社会生产力发展水平及各方面的承受能力相适应。按有关机构对个人账户的测算结果，如果目标替代率为60%，进入个人账户的缴费占工资收入的比重平均达到16%左右。1995年国务院出台的具体实施办法，即是按照16%设定个人账户的。目前统一制度后的养老金给付标准，大概也在工资替代率的60%左右，也就是坚持了基本养老保险主要是保障退休人员的基本生活的原则。提高养老金待遇水平，应靠多层次社会养老保险体系的形成和完善来解决。

3.新老办法平稳衔接、待遇水平基本平衡的原则

统一制度后，养老金的计发按不同对象设定不同办法。对《决定》实施后参加工作的新职工（即“新人”），采用新办法：个人累计缴费满15年的，退休后发给基本养老金，基本养老金由基础养老金和个人账户养老金组成。基础养老金月标准为省、自治区、直辖市或地（市）上年度职工月平均工资的20%，个人账户养老金月标准为本人账户累计储存额除以120。对实施《决定》前已经离退休的老职工（即“老人”），仍按国家原来的规定发给养老金，同时执行养老金调整办法。对实施《决定》前已参加工作、实施《决定》后退休的在职职工（即“中人”），他们退休后的养老金如何计发，是一个难题，由于他们过去没有个人账户的积累，因此个人账户养老金较少，不可能套用新办法，也不可能沿用老办法，处理不当将直接影响到新制度的贯彻落实。《决定》对此进行专门的设计，要求对符合退休条件的在职职工，按照新老办法平稳衔接、待遇

水平基本平衡的原则，在发给基础养老金和个人账户养老金的基础上再确定过渡性养老金，过渡性养老金从养老保险基金中解决。

4.社会养老保险行政管理与基金管理体制分开的原则

养老保险筹资方式由原先的现收现付转到预筹积累，必然要形成相当规模的积累基金，安全有效的基金管理就尤其重要。为保证基金的安全和完整，《决定》指出：要抓紧制定企业职工养老保险基金管理条例，加强对养老保险基金的管理。基本养老保险基金实行收支两条线管理，保证专款专用，全部用于职工养老保险，严禁挤占挪用和挥霍浪费。基金结余额，除预留相当于两个月的支付费用外，应全部购买国家债券和存入专户，严格禁止投入其他金融和经营性事业。国务院还决定，社会保险经办机构的管理费用由同级财政拨付，不再从养老保险基金中提取。

5.逐步提高养老保险统筹层次的原则

原有的养老保险统筹层次偏低，不少地方还停留在县级统筹的层次上，范围小，作用不大，不符合社会保险的大数法则。部分地区由于老企业、困难企业较多，养老基金入不敷出，养老金不能按时足额发放，影响离退休人员的基本生活，影响社会安定。还有1986年至1993年经国务院批准的11个行业部门，实行的是职工养老保险系统统筹，其养老负担也是苦乐不均。综合各种资料，不少老工业基地的企业所承担的养老金缴费率都在30%以上，而一些新兴城市如深圳则低于15%。实行行业统筹的煤炭系统企业缴费率超过20%，民航系统不到10%。提高养老保险的统筹层次，由县级统筹向省级或省授权的地区统筹过渡势在必行。

2000年后，我国先后下发了国发〔2000〕42号、中办发〔2003〕16号、国发〔2005〕38号等文件，改革创新了基金征缴拨付机制、宏观监管机制、基本养老金正常调整机制、个人账户实账积累机制、缴费激励机制、企业年金制、多元筹资机制和企业退休人员社会管理服务机制。养老保险基金收缴由“差额缴拨”改为“全额缴拨”，社保机构对企业征缴养老保险费与企业离退休人员领取养老金实施分离，基金实行收支两条线管理，堵住了企业拖欠和社保机构挤占养老基金的制度性漏洞，确保了离退休人员养老金按时足额社会化发放和基金安全。2010年《城镇企业职工基本养老保险关系转移接续暂行办法》和2011年《社会保险法》的颁布实施明确了基本养老保险可以转移接续，养老保险统筹目标是最终实现国家统筹。

## 五、机关事业单位养老保险改革

我国机关事业单位退休制度始建于1955年，60多年来，对保障退休人员基本生活、稳定干部队伍发挥了重要作用。社会主义市场经济体系的建立和发展，特别是企业职工养老保险制度的建立和发展，为改革机关事业单位养老保险制度创造了良好条件。党的十八大和十八届三中全会明确提出要推进机关事业单位养老保险制度改革，《社会保险法》和国家“十二五”规划也做出了相应规定，一些地方还进行了试点和探索。在总结实践经验、深入研究论证的基础上，国务院决定在全国范围同步实施机关事业单位养老保险制度改革。

2015年，《国务院关于机关事业单位工作人员养老保险制度改革的决定》（以下简称《决定》）出台，就改革的目标和基本原则、改革的范围、实施的模式、养老金的计发办法和养老金的正常调整机制做了全面部署与安排。

（一）改革的基本原则

1.公平与效率相结合

既体现国民收入再分配更加注重公平的要求，又体现工作人员之间贡献大小的差别，建立待遇与缴费挂钩机制，多缴多得、长缴多得，提高单位和职工参保缴费的积极性。

2.权利与义务相对应

机关事业单位工作人员要按照国家规定切实履行缴费义务，享受相应的养老保险待遇，形成责任共担、统筹互济的养老保险筹资和分配机制。

3.保障水平与经济发展水平相适应

立足社会主义初级阶段基本国情，合理确定基本养老保险筹资和待遇水平，切实保障退休人员基本生活，促进基本养老保险制度可持续发展。

4.改革前与改革后待遇水平相衔接

立足增量改革，实现平稳过渡。对改革前已退休人员，保持现有待遇并参加今后的待遇调整；对改革后参加工作的人员，通过建立新机制，实现待遇的合理衔接；对改革前参加工作、改革后退休的人员，通过实行过渡性措施，保持待遇水平不降低。

5.解决突出矛盾与保证可持续发展相促进

统筹规划、合理安排、量力而行，准确把握改革的节奏和力度，先行解决目前城镇职工基本养老保险制度不统一的突出矛盾，再结合养老保险顶层设计，坚持精算平衡，逐步完善相关制度和政策。

（二）改革的范围

适用于按照公务员法管理的单位，参照公务员法管理的机关（单位）、事业单位及其编制内的工作人员。

（三）与企业职工基本养老保险接轨，实行统筹与个人账户相结合的基本养老保险制度

基本养老保险费由单位和个人共同负担。单位缴纳基本养老保险费（以下简称单位缴费）的比例为本单位工资总额的20%，个人缴纳基本养老保险费（以下简称个人缴费）的比例为本人缴费工资的8%，由单位代扣。按本人缴费工资8%的数额建立基本养老保险个人账户，全部由个人缴费形成。个人工资超过当地上年度在岗职工平均工资300%以上的部分，不计入个人缴费工资基数；低于当地上年度在岗职工平均工资60%的，按当地在岗职工平均工资的60%计算个人缴费工资基数。

个人账户储存额只用于工作人员养老，不得提前支取，每年按照国家统一公布的记账利率计算利息，免征利息税。参保人员死亡的，个人账户余额可以依法继承。

（四）改革基本养老金计发办法

《决定》实施后参加工作、个人缴费年限累计满15年的人员，退休后按月发给基本养老金。基本养老金由基础养老金和个人账户养老金组成。退休时的基础养老金月标准以当地上年度在岗职工月平均工资和本人指数化月平均缴费工资的平均值为基数，缴费

每满1年发给1%。个人账户养老金月标准为个人账户储存额除以计发月数，计发月数根据本人退休时城镇人口平均预期寿命、本人退休年龄、利息等因素确定。

《决定》实施前参加工作、实施后退休且缴费年限（含视同缴费年限，下同）累计满15年的人员，按照合理衔接、平稳过渡的原则，在发给基础养老金和个人账户养老金的基础上，再依据视同缴费年限长短发给过渡性养老金。具体办法由人力资源和社会保障部会同有关部门制定并指导实施。

《决定》实施后达到退休年龄但个人缴费年限累计不满15年的人员，其基本养老保险关系处理和基本养老金计发比照《实施〈中华人民共和国社会保险法〉若干规定》（人力资源和社会保障部令第13号）执行。

《决定》实施前已经退休的人员，继续按照国家规定的原待遇标准发放基本养老金，同时执行基本养老金调整办法。

机关事业单位离休人员仍按照国家统一规定发给离休费，并调整相关待遇。

（五）建立基本养老金正常调整机制

根据职工工资增长和物价变动等情况，统筹安排机关事业单位和企业退休人员的基本养老金调整，逐步建立兼顾各类人员的养老保险待遇正常调整机制，分享经济社会发展成果，保障退休人员基本生活。

此次改革有助于促进人员在机关事业和企业之间的正常流动，推动人力资源的合理分配，进一步规范了养老保险制度中权利与义务的关系。多缴多得，长缴多得，义务与权利对等，有助于形成激励机制，对于促进扩面征缴、缩小养老保险基金缺口有着积极意义，有利于建立覆盖城乡居民的、公平而可持续的社会保障体系，实现全民参保的发展目标，根本解决“双轨制”问题，凸显公平，为进一步建立统一的国民养老保险扫清障碍。

## 六、城乡居民养老保险改革

无论是企业职工还是机关事业单位工作人员参保，用人单位都要承担大部分的养老保险法定缴费义务，但没有工作单位的人，无论是劳动者还是无业者，同样面临着进入老年后的生活维持问题。由于传统二元制结构的影响，我国曾在农村针对农村居民建立新型农村社会养老保险，面向城镇居民推行城镇居民社会养老保险。随着统筹城乡建设计划的施行，城乡的养老保险一体化也逐渐提上了议事日程。2014年2月，国务院决定合并新型农村社会养老保险和城镇居民社会养老保险，建立全国统一的城乡居民基本养老保险制度。

《国务院关于建立统一的城乡居民基本养老保险制度的意见》就任务目标、参保范围、基金筹集、待遇调整和领取条件等做了总体设计：

（一）任务目标

坚持和完善社会统筹与个人账户相结合的制度模式，巩固和拓宽个人缴费、集体补助、政府补贴相结合的资金筹集渠道，完善基础养老金和个人账户养老金相结合的待遇支付政策，强化长缴多得、多缴多得等制度的激励机制，建立基础养老金正常调整机制，健全服务网络，提高管理水平，为参保居民提供方便快捷的服务。“十二五”末，在全国基本实现“新农保”和“城居保”制度合并实施，并与职工基本养老保险制度相衔接。2020年前，全面建成公平、统一、规范的城乡居民养老保险制度，与社会救助、社会福利等其他社会保障政策相配套，充分发挥家庭养老等传统保障方式的积极作用，更好地保障参保城乡居民的老年基本生活。

（二）参保范围

年满16周岁（不含在校学生），非国家机关和事业单位工作人员及不属于职工基本养老保险制度覆盖范围的城乡居民，可以在户籍地参加城乡居民养老保险。

（三）基金筹集

城乡居民养老保险基金由个人缴费、集体补助、政府补贴构成。

1.个人缴费

参加城乡居民养老保险的人员应当按规定缴纳养老保险费。缴费标准目前设为每年100元、200元、300元、400元、500元、600元、700元、800元、900元、1 000元、1 500元、2 000元12个档次，省（自治区、直辖市）人民政府可以根据实际情况增设缴费档次，最高缴费档次标准原则上不超过当地灵活就业人员参加职工基本养老保险的年缴费额，并报人力资源和社会保障部备案。人力资源和社会保障部会同财政部依据城乡居民收入增长等情况适时调整缴费档次标准。参保人自主选择档次缴费，多缴多得。

2.集体补助

有条件的村集体经济组织应当对参保人缴费给予补助，补助标准由村民委员会召开村民会议民主确定，鼓励有条件的社区将集体补助纳入社区公益事业资金筹集范围。鼓励其他社会经济组织、公益慈善组织、个人为参保人缴费提供资助。补助、资助金额不超过当地设定的最高缴费档次标准。

3.政府补贴

政府对符合领取城乡居民养老保险待遇条件的参保人全额支付基础养老金，其中，中央财政对中西部地区按中央确定的基础养老金标准给予全额补助，对东部地区给予50%的补助。

地方人民政府应当对参保人缴费给予补贴，对选择最低档次标准缴费的，补贴标准不低于每人每年30元；对选择较高档次标准缴费的，适当增加补贴金额；对选择500元及以上档次标准缴费的，补贴标准不低于每人每年60元；具体标准和办法由省（自治区、直辖市）人民政府确定。对重度残疾人等缴费困难群体，地方人民政府为其代缴部分或全部最低标准的养老保险费。

（四）建立个人账户

国家为每个参保人员建立终身记录的养老保险个人账户，个人缴费，地方人民政府对参保人的缴费补贴，集体补助，其他社会经济组织、公益慈善组织、个人对参保人的缴费资助，全部计入个人账户。个人账户储存额按国家规定计息。

（五）待遇及调整

城乡居民养老保险待遇由基础养老金和个人账户养老金构成，支付终身。

1.基础养老金

中央确定基础养老金最低标准，建立基础养老金最低标准正常调整机制，根据经济发展和物价变动等情况，适时调整全国基础养老金最低标准。地方人民政府可以根据实际情况适当提高基础养老金标准；对长期缴费的，可适当加发基础养老金，提高和加发部分的资金由地方人民政府支出，具体办法由省（自治区、直辖市）人民政府规定，并报人力资源和社会保障部备案。

2.个人账户养老金

个人账户养老金的月计发标准，目前为个人账户全部储存额除以139（与现行职工基本养老保险个人账户养老金计发系数相同）。参保人死亡，个人账户资金余额可以依法继承。

（六）领取条件

参加城乡居民养老保险的个人，年满60周岁、累计缴费满15年，且未领取国家规定的基本养老保障待遇的，可以按月领取城乡居民养老保险待遇。

“新农保”或“城居保”制度实施时已年满60周岁，在本意见印发之日前未领取国家规定的基本养老保障待遇的，不用缴费，自本意见实施之月起，可以按月领取城乡居民养老保险基础养老金；距离规定领取年龄不足15年的，应逐年缴费，也允许补缴，累计缴费不超过15年；距离规定领取年龄超过15年的，应按年缴费，累计缴费不少于15年。

城乡居民养老保险待遇领取人员死亡的，从次月起停止支付其养老金。有条件的地方人民政府可以结合本地实际探索建立丧葬补助金制度。社会保险经办机构应每年对城乡居民养老保险待遇领取人员进行核对；村（居）民委员会要协助社会保险经办机构开展工作，在行政村（社区）范围内对参保人待遇领取资格进行公示，并与职工基本养老保险待遇等领取记录进行比对，确保不重、不漏、不错。

（七）制度衔接

参加城乡居民养老保险的人员，在缴费期间迁移户籍、需要跨地区转移城乡居民养老保险关系的，可在迁入地申请转移养老保险关系，一次性转移个人账户全部储存额，并按迁入地规定继续参保缴费，缴费年限累计计算；已经按规定领取城乡居民养老保险待遇的，无论户籍是否迁移，其养老保险关系不转移。

城乡居民养老保险制度与职工基本养老保险、优抚安置、城乡居民最低生活保障、农村五保供养等社会保障制度以及农村部分计划生育家庭奖励扶助制度的衔接，按有关规定执行。

到2017年12月底，我国城乡居民养老保险参保人数达到51 255万人，比2012年增加2 885万人，其中领取养老金人数达到15 598万人。月人均养老金125元，其中基础养老金113元，与职工和机关事业单位工作人员退休待遇差距较悬殊。

2018年3月，人力资源和社会保障部、财政部印发《关于建立城乡居民基本养老保险待遇确定和基础养老金正常调整机制的指导意见》，着力解决城乡居民养老保险存在的保障水平较低、待遇确定和正常调整机制尚未健全、缴费激励约束机制不强等问题。一是完善待遇确定机制。中央根据全国城乡居民人均可支配收入和财力状况等因素，确定全国基础养老金最低标准；地方根据当地实际提高基础养老金标准，对65岁及以上城乡老年居民予以适当倾斜；对长期缴费、超过最低缴费年限的，应适当加发年限基础养老金。各地提高基础养老金和加发年限基础养老金所需资金由地方财政负担。个人账户养老金由个人账户储存额除以计发系数确定，计发系数与职工养老保险个人账户养老金计发系数一致。二是建立基础养老金正常调整机制。人社部会同财政部，参考城乡居民收入增长、物价变动和职工基本养老保险等标准调整情况，适时提出城乡居民全国基础养老金最低标准调整方案，报请党中央和国务院确定；地方基础养老金的调整，由当地人社部门会同财政部门提出方案，报请同级党委和政府确定。三是建立个人缴费档次标准调整机制。明确各地最高缴费档次标准原则上不超过当地灵活就业人员参加职工基本养老保险的年缴费额。对重度残疾人等缴费困难群体，可保留现行最低缴费档次标准。四是建立缴费补贴调整机制。明确地方要调整缴费补贴水平，建立缴费补贴动态调整机制。鼓励集体经济组织提高缴费补助，鼓励其他社会组织、公益慈善组织、个人为参保人缴费加大资助。五是实现个人账户基金保值增值。各地要按照国务院有关要求和规定，开展城乡居民基本养老保险基金委托投资，实现基金保值增值。

## 第五节　国际养老保险改革与发展

在应对养老保险改革的严峻挑战和对改革实践做长期不懈努力的过程中，调整单一层次养老保险制度的必要性日趋凸显。各国的经验表明，多层次的设计有助于实现养老保险制度的多重目标——最重要的目标是减少贫困与实现和谐消费，追求更有效地处置养老保险制度面临的经济、政治及人口老龄化风险。新设计的多层次养老保险模式更富灵活性并更有效地实现对老年人口的保障目标。选择预提积累的基金制仍然被认为是非常有效的政策主张，但基金制的局限性在某些情形下显得格外突出。

### 一、各国养老保险改革的主要举措

（一）将基本养老保险缴费率控制在参保单位和参保人可承受范围内

在OECD国家中的瑞典、日本、德国、美国、英国、智利，缴费率最低的智利为10%，美国、英国分别为12.4%、14.5%，瑞典、日本、德国分别为18.5%、17.9%、18.7%，均在20%以内。其中，智利全部由个人负担，瑞典由改革前个人不负担调整为改革后负担7个百分点，其余4个国家由单位和个人各负担一半。为减轻单位和当代人的负担，增强人们对养老保险制度的信心，日本已明确2017年缴费率调至18.3%后保持100年不变。另外，根据有关分析，德国目前18.7%的缴费率也已达到企业承受的极限。

（二）突出个人账户作用，强化养老保险激励机制

传统养老保险制度没有把权利和责任有机地结合起来，过分强调权利，忽视公民应尽的责任和义务，导致了“福利病”。经过改革，各国养老保险制度在适当“保基本”的基础上，进一步突出了养老金待遇与缴费挂钩，强化多缴多得、长缴多得机制。在公平与效率关系上，各国秉持“没有责任，就没有权利”的理念，由20世纪60、70年代更多向公平倾斜调整为80、90年代后更多向效率倾斜，在扩大养老保险覆盖面、提高缴费积极性等方面效果显著。为强化激励机制，大部分实行现收现付制的国家都扩大了

个人账户的作用，如瑞典、德国等借鉴积累制的做法建立了“大账户”，使个人养老金待遇完全与个人账户积累挂钩；美国、日本等国家也对个人缴费进行全面记录，并折算为指数化的工资作为计算养老金待遇的基础，体现多缴多得，提高养老金待遇与缴费关联度。还有一些国家在适当降低养老金水平的同时，通过财政配比、税收优惠等措施建立了部分积累制养老金制度。如英国的半强制性积累制养老计划、德国的里斯特和吕库普养老金、瑞典的2.5%积累型养老金等，都直接采取做实个人账户激励职工多参保、多缴费的措施。

（三）建立养老基金自平衡机制，合理调整养老金给付水平，促进代际平衡

现收现付制的养老保险制度在少子化和人均寿命提高以后，将增加在职职工的缴费压力和企业用工成本，影响就业率，容易造成年轻一代与老一代的对立（代际分裂），甚至影响社会稳定（例如近年来西班牙、希腊等地出现的社会骚乱）。为此，瑞典、德国、日本等大部分国家在改革过程中引入了养老保险基金自平衡机制，基于法定的、程式化的调整规则，根据预期余命、老龄化率、投资回报率等参数变化，自动调整养老金给付水平，使缴费与给付保持动态平衡，使老龄化率提高或经济衰退的风险由全社会不同年龄层的人共同承担，从而实现老年人与年轻人在面对养老金收支不平衡时“共患难”。法定调整机制还消除了行政性调整方式所带来的政治决策压力，调整结果更容易为社会公众所理解和接受。例如，日本确定了100年精算平衡目标，基础养老金出现了连续多年的负增长；德国计划通过养老金自平衡机制将养老金制度替代率由2004年的53%下调为2020年的46%，到2030年进一步降至43%，与20世纪60、70年代相比，福利水平明显下降；英国、瑞典等国家调整幅度更大，已经基本解决了“英国病”“瑞典病”等问题。

（四）厘清一般公共预算与养老基金预算关系，强化养老基金预算独立性

各国通过改革，在一般公共预算与养老基金预算之间建立“隔离墙”，明确财政支出责任和安排规则，切断了养老基金预算风险向财政风险转移的通道，迫使养老基金实现精算平衡，这也有利于增强社会对养老基金的信心和可持续性。德国规定增值税或生态税的一部分专款用于养老基金，除此之外，财政不再拨款，即使出现支付困难，财政只提供短期流动性借款予以支持，一有结余就需连本带息归还；日本2009年规定财政每年必须承担当年基础养老金支付总额的50%，2012年决定将提高消费税税率的新增收入专门用于包括养老保险在内的社会保障支出；美国规定只有在极端特殊情况下，才由公共财政弥补社保基金收支缺口，类似于金融危机时救助银行体系，而在一般情况下不承担法定责任。

（五）提高领取满额养老金年龄，并建立弹性机制引导劳动者推迟领取养老金

经过改革，大部分国家淡化退休年龄概念不再实行强制退休制度，并将领取满额养老金年龄与退休年龄分开。目前OECD国家领取满额养老金主流年龄为65岁（男性领取满额养老金的年龄，在34个OECD国家中，17个是65岁，8个是67岁，3个是68岁，2个是69岁，低于65岁的国家只有4个），并实行弹性制度，赋予参保者更多的选择。如美国基本养老金的最早领取年龄仍为62岁，但领取满额养老金年龄将由65岁提升至67岁。目前在约1/3的OECD国家，劳动者退出劳动力市场的平均年龄已经超过正常领

取养老金年龄。此外，各国做出提高退休年龄的决策较早，但提高的速度较为缓慢，以便给社会一个较长的缓冲期，如美国用了20年时间才提高两岁。

（六）注重养老保险制度改革的前瞻性

传统的福利制度是被动型的风险管理模式，往往难以兑现承诺，而且朝令夕改，影响社会稳定，原因在于政策出台仓促，缺少前瞻性。从改革成效较为明显的国家来看，养老保险制度改革都经过较为充分的酝酿，一般至少要提前10～15年启动，如果等到矛盾和问题暴露再改革就晚了。但也正是因为改革需要超前太多，政治决断太难，容易错过最佳时机。日本就是一个例证，尽管2004年就进行彻底改革，但仍然偏晚，留下的问题比较严重。德国改革比日本稍早一点，问题也轻一点。英国、瑞典、智利、美国等国家动手早，都是从20世纪八九十年代就开始改革，现在效果已经明显，经济社会矛盾最少。同时，提前推动改革也有利于降低政治风险。需要指出的是，改革往往是由危机推动的，经济状况较好，养老基金收支缺口不大时很难主动改革，不少OECD国家也是如此。特别是20世纪70年代和90年代大部分国家出现经济增长放慢和停滞，失业率大幅上升，收入增长停滞，使得养老保险收入出现"断崖式"下滑，潜在的收支矛盾提前暴露，成为改革的重要契机。

（七）明晰养老保险与养老福利救助的各自定位

传统的养老保险制度将福利、救助与保险制度混在一起，淡化了养老保险的保险属性。经过改革，大部分国家厘清了养老福利、救助与养老保险的关系，明确财政在养老福利、救助中的主体责任，使养老保险真正可以按保险规则运作，有利于保障参保人的权利和利益。如美国是两套机制完全分开操作，智利、瑞典虽然合在一起，但明确只有低于最低养老保障线的养老金差额才由政府财政负担。

当前发达国家已进入后工业化社会，随着全球化深入发展和知识经济、网络经济、服务经济不断兴起，原有的企业雇佣和劳动组织方式已经发生了深刻改变，就业形式出现多元化：在现代新技术条件下，老年人、家庭主妇甚至一些残疾人士等原已退出劳动力市场的群体，可重新实现灵活就业，而不能适应信息时代的沟通与组织方式的低技能劳动者将被淘汰；以欧盟为代表的开放的、一体化的劳动力市场已基本形成，劳动力跨区域乃至跨国别转移成为常态。针对上述经济社会发展出现的新问题、新变化，大部分国家正在积极酝酿新的改革措施和调整改革的重点，主要是：加强对劳动者的培训、教育以及就业指导，提升其素质和能力，以面对全球竞争以及产业转型；为老年、妇女和残疾人士创造就业条件，提升弱势群体的竞争力，释放其潜能，鼓励全民就业。这些改革措施既可以提高养老保险的缴费者数量，增强职工缴费能力，又能降低养老保险的领取者数量，把养老风险由事后防范变成事前预防，以减轻政府的养老责任。此外，目前全球经济正处于大调整的关键时期，国际产业竞争日益加剧，唯有提升劳动者的内在素质和就业韧性，才能在国际竞争中立于不败之地，这也是未来推进养老保险制度改革、防范养老风险的最根本的措施。

## 二、养老保险改革的若干关键原则

尽管各国制定重要的改革策略需要充分认识到本国特殊的情况，在具体实施多层次养老保险改革时也有多种方式可供选择，但是以下的几项基本原则对于任何一次成功的改革来说都是必须遵循的。

（一）所有的养老保险体系都应遵循提供基本收入保障和减少贫困这一基本原则

这意味着在财力允许的情况下，各国都应该构建基本保障层次，以便能够为低收入者和仅仅参加了有限经济活动的人在老年时提供一份基本的收入保障。这一保障层次可以采取社会救助、低水平的并需要接受收入调查的社会养老金以及面向高龄人口的（如70岁以上的老年人）普遍享有的养老金等形式。养老保险目标的实现形式——保障的具体方式、水平、资格和支付——将取决于弱势群体的规模、财政预算上的可行性以及设计养老保险体系的其他相关因素。

（二）如果条件允许，预提积累（基金制）养老保险改革不论在哪一层次实施，都将在经济和政治方面产生重要的积极效应

从经济上分析，基金制养老保险计划需要在当前积累资金，以便改善未来的政府财政预算约束，进而对经济增长和发展产生积极的贡献。预提基金积累是否有利，主要取决于是否引起净国民储蓄的增加。从政治上分析，基金积累制能够具备更好地履行和兑现养老金责任的社会能力，因为这一机制确保了养老金债务有受合法财产权保护的资产偿还，而不论积累的基金是采取政府债务形式还是其他资产形式。然而实施基金制需要精心考虑成本和收益，因为净收益不会自动得到保证，积累的基金也可能在一定程度上受到政治干预而陷于破产。此外，能否实行基金制还在一定程度上取决于一个国家的实施与管理能力。

（三）计划实施预提基金制的国家，可以考虑建立强制性完全基金积累的第二保障层次，但是应首先提供一个实用的具体标准（而不仅是一个蓝图）来评估设计的方案

上述标准既能作为政策选择与制定的依据，也可用于评估改革可能带来的社会福利的改进水平，以及评估一国是否具备从现收现付制向基金积累制过渡所需的财力。另外，该标准也可用于评估其他养老保险计划对退休储蓄是否具有积极的效应，如在大力发展自愿性私人养老金计划或职业养老金计划之前，应该首先利用该标准进行科学的评估。

## 三、养老保险体系改革的目标

养老保险的政策框架既反映了养老保险体系所应坚持的一系列核心原则，也考虑了各国改革在特定制度环境下取得既定社会经济效益的可能性。着眼于实践层面，需要确定一系列目标和制定标准来评估各类改革建议。当某国以一种合适的方式推行福利改进计划时，养老保险改革的首要目标是提供有足够保障水平的、可负担的、可持续的和具有稳定退休收入的保障制度，具体表现在：

（1）保障性：有足够保障水平的养老保险体系能够有效地为一国所有社会成员提供保障，防止老年人陷入绝对贫困状态，并且提供有效的方法来引导人们和谐消费，合理支配不同生命阶段的生活安排。

（2）有效性：一个可负担的养老保险体系是将制度的运行成本控制在个人和社会财力限度内，不影响社会经济资源的合理利用，力求避免难以维持的财政危机。

（3）持续性：一个可持续的养老保险体系具有稳定的财政基础，并在充分估计各种因素条件下具备较强的调控能力和预测能力。

（4）稳定性：稳定的养老保险体系能经得起巨大的冲击，包括应对来自经济、人口变化和政治等诸多方面的挑战。

养老保险体系的设计或养老保险体系的改革必须充分认识到养老金的支付需求同未来经济发展水平密切关联。养老保险制度为了实现主要的政策目标，必须对未来经济发展做出相应的贡献。因此，养老保险改革应当基于支持经济增长和发展的目标进行设计并实施，尽可能减少对资本市场和劳动力市场造成的不利影响。养老保险改革的次要目标是通过尽量减少养老保险制度潜在的消极影响，积极创造有利于发展的格局，即通过增加国民储蓄和促进金融市场发展发挥的杠杆作用，养老保险体系完全有可能在劳动力市场和宏观经济稳定方面产生积极的影响。

## 四、养老保险制度设计和实施中的相关问题

（一）可行的改革选择

从总体的范围来说，相关项目包括在原来的制度框架内进行的调整，一方面维持原有体系的给付结构、公共管理安排和现收现付的制度框架，另一方面调整制度框架内的主要变量。这包括：①维持现收现付的财务机制，提高缴费水平，并将给付养老金的替代率提高；②调整给付结构，推行名义账户制或相似的方式，但保持公共管理和现收现付的制度框架；③在私营管理框架下实施市场化运营管理方式，采取完全基金积累（DB或DC）模式；④在公共管理框架下实行预提基金制的DB或DC模式；⑤多层次养老保险改革的思路，即在给付结构、管理和筹资方式等方面实施分散化管理。

（二）多层次养老保险制度设计，缓解贫困和再分配

每一层次养老保险制度对于贫困救助的作用和能力、和谐消费和高收入者向面临老年贫困风险的群体再分配，不仅依靠制度设计本身和相关激励因素，也在相当程度上依靠管理能力的提升。需要在不同保障层次间进行协调和平衡，力求避免负面效应出现。在多数发达国家，任何一个层次的措施都有首要和次要的目标，但是原有体系的惯性作用对改革中可供选择的层次有较强的限制；相反，发展中国家很少受限甚至完全不受限，而缺乏成熟的金融市场和执行管理新系统的能力，至少在短时间内是众多发展中国家必须正视的不利条件。

（三）养老保险制度的财务可持续能力

养老保险改革的一个重要目标是增强制度的财务可持续能力，即根据设立的缴费水平筹集的资金足以满足当期和未来的养老金给付，而不是随意提高缴费水平、降低待遇或由政府财政预算弥补赤字。总之，养老保险制度财务稳定计划必须充分考虑近期和长期的资金流量和积累资产存量，以及投资营运绩效与评估。对于基金制而言，合理估计预期的收益率、分散国外投资风险及收益管理等三个方面值得充分关注。

## 五、管理和实施方面的限制

对养老保险改革方案的实施问题需要给予更为广泛的关注，然而即便是对这些问题

进行简要的归结也相当困难。

新型养老保险体系管理面临的关键问题是引入个人身份识别系统和账户系统（尤其是DC模式），以及统一的缴费系统。最大的困难在于养老保险基金流在全国范围内的整合。从社会保障制度的视角分析，现金流应该注重分散化，然而在数据方面应该强调集中处理。不论选择什么样的方法，在实施之前，制度构建需要技术上的支持，否则由于不当的原因，改革的路径可能受阻。有关数据流的集中处理需要设置一个信息清算中心，使第二层次的养老保险制度与第一层次的管理机构或任务部门实现更好的协调和信息共享。信息清算中心的作用非常宽泛，包括运用国家机构或者半公共的管理机构来征收第二层次的缴费，并在第二层次计划内部分配基金。

养老保险的账户管理费用问题是一个明显充满争论并需要深入研究的领域。有三种策略应予以关注：首先，通过设置一个中央清算中心，力求降低管理费用以限制总费用的增长，如降低费用征收和账户管理的成本；其次，通过限制在投资基金中的任意转换来降低市场交易费用；最后，通过限制个体的选择来限制资金管理费用，包括使用被动的投资产品管理，由雇主替员工统一选择投资管理者，并在有限的账户管理者中展开竞争性的投标。

任何国家若要成功推行养老保险改革并实现制度体系的可持续发展，就需要对政治经济问题有更深刻的认识。高效的改革进程对于成功至关重要。可以界定养老保险改革的三个重要阶段——改革辩论阶段、改革理念形成阶段和立法与实施阶段，这一界定适用于众多已经推行养老保险改革的国家。

第一阶段，改革辩论阶段。这通常是耗时最长的阶段。在这一阶段中，需要各界人士对关键问题进行讨论，充分吸收各方观点，即便有严重分歧，也会在争论过程中形成重要成果。需要对其他国家已有的改革经验进行介绍，普通公众和对政策制定有关键影响的群体都应获得有关这方面的充分信息，如议会、工会和新闻媒体。而且，将这一阶段的分歧公之于众，有助于在下一阶段达成共识。

第二阶段，改革理念形成阶段。该阶段开始于政府决定提出一项改革的理念。判断是否进入改革理念形成阶段的关键是看是否出现了实力强大的政治利益集团强调改革的必要性，并将自己的政治前途与之相关联。在这一阶段，政府仍然接受各方意见，对改革理念进行一定程度的调整，但主要的框架与思路基本不会发生改变。改革理念设计的合理性非常重要，它必须最大限度地反映已得到检验的有关改革的信息与规律，并充分借鉴其他国家的改革经验。改革理念必须具备一种长期的战略思维。形成的改革理念必须与民意测验的结果一致，并充分考虑将改革理念纳入现有保障体系中的社会公众的利益。改革理念的核心内容必须通过专门的渠道公之于众。这一阶段的结束表现为改革理念的传播，以及形成向国会提交的具体立法方案和建议。

第三阶段，立法与实施阶段。具体改革方案在立法程序上通过，使改革设想的实施成为十分重要的一环。几乎毫无例外，对于推行改革方案而言，相关部门的管理能力往往比预期的还要低。实践经验表明，高层政策制定和实际管理操作方面的不同步往往不可避免。当合适的政治氛围出现，并且能够预期较理想的改革效果时，就可以推出具体的改革方案。然而，只有当相关的管理机构准备充分、关键的问题预期可操作时，才能真正实施这项改革。不仅如此，积极的政策支持必须贯穿于任何一项改革的整个实施过程，直至改革进程的完成。

## 本章小结

本章阐述了养老保险的概念、特征及意义，介绍了国家统筹、投保资助、福利国家及个人储蓄养老保险制度的几种发展模式，重点阐释构成我国养老保险重要支柱的我国职工基本养老保险、城乡居民基本养老保险与补充养老保险计划及其内容、意义，对我国养老保险的产生发展历程进行梳理，强调我国实现基本养老保险全国统筹的重要意义，对必要性和可行性进行深入分析，结合各国养老保险改革展望国际养老保险的最新发展趋势。

## 关键术语

养老保险（pension insurance）　基本养老保险（basic old-age insurance）　补充养老保险（supplementary pension insurance）　给付确定制（defined benefit）　缴费确定制（defined contribution）　社会统筹和个人账户相结合（social pool plus individual accounts）

## 复习思考题

1.简述养老保险模式的类型及其特点。
2.简述养老保险给付结构的基本内容。
3.简述养老保险金给付的确定方式及其制约因素。
4.简述养老保险与退休制度的内在关联性。
5.简述补充养老保险计划的类型与特征。
6.1980年以来，我国在养老保险领域有哪些重大改革措施?
7.试述基本养老保险“统账结合”制度模式的特定内涵。
8.构建我国多层次养老保险制度有何重要意义?
9.试分析我国养老保险改革的发展趋势。
10.谈谈国际养老保险的发展趋势。

## 推荐阅读资料

[1] 威廉姆森.养老保险比较分析［M］.马胜杰，刘艳红，赵陵，译.北京：法律出版社，2002.

[2] 艾斯平-安德森.福利资本主义的三个世界［M］.苗正民，滕玉英，译.北京：法律出版社，2003.

[3] 德鲁克.养老金革命［M］.刘伟，译.上海：东方出版社，2009.

［4］吉列恩，特纳，贝雷，等.全球养老保障——改革与发展［M］.杨燕绥，等，译.北京：中国劳动社会保障出版社，2002.

［5］郑功成.中国社会保障改革与发展战略［M］.北京：人民出版社，2011.

［6］郑秉文.中国基本养老保险个人账户基金研究报告［M］.北京：中国劳动社会保障出版社，2012.

个税递延型商业养老保险制度

# 第八章

# 医疗生育保险与健康管理制度



## 学习要点

通过本章的学习，掌握疾病风险及其分摊，了解医疗保险与生育保险合并管理的基础，全面掌握医疗保险及其付费方式及控费方法，掌握生育保险及其享受条件与待遇内容，深刻理解健康保障的具体内容及作用范围。

案例引入

**国家医疗保障局和国家卫生健康委员会**

2018年3月党的十九届三中全会通过《深化党和国家机构改革方案》，决定组建国家医疗保障局和国家卫生健康委员会。

国家医疗保障局机构设置：为完善统一的城乡居民基本医疗保险制度和大病保险制度，不断提高医疗保障水平，确保医保资金合理使用、安全可控，统筹推进医疗、医保、医药“三医联动”改革，更好地保障病有所医，国务院机构改革方案提出，将人力资源和社会保障部的城镇职工和城镇居民基本医疗保险、生育保险职责，国家卫生和计划生育委员会的新型农村合作医疗职责，国家发展和改革委员会的药品和医疗服务价格管理职责，民政部的医疗救助职责整合，组建国家医疗保障局，作为国务院直属机构。国家医疗保障局职责：拟订医疗保险、生育保险、医疗救助等医疗保障制度的政策、规划、标准并组织实施，监督管理相关医疗保障基金，完善国家异地就医管理和费用结算平台，组织制定和调整药品、医疗服务价格和收费标准，制定药品和医用耗材的招标采购政策并监督实施，监督管理纳入医保范围内的医疗机构相关服务行为和医疗费用等。同时，为提高医保资金的征管效率，将基本医疗保险费、生育保险费交由税务部门统一征收。

国家卫生健康委员会机构设置：将国家卫生和计划生育委员会、国务院深化医药卫生体制改革领导小组办公室、全国老龄工作委员会办公室的职责，工业和信息化部的牵头《烟草控制框架公约》履约工作职责，国家安全生产监督管理总局的职业安全健康监督管理职责整合，组建国家卫生健康委员会，作为国务院组成部门。保留全国老龄工作委员会，日常工作由国家卫生健康委员会承担。民政部代管的中国老龄协会改由国家卫生健康委员会代管。国家中医药管理局由国家卫生健康委员会管理。国家卫生健康委员会职责：拟订国民健康政策，协调推进深化医药卫生体制改革，组织制定国家基本药物制度，监督管理公共卫生、医疗服务、卫生应急，负责计划生育管理和服务工作，拟订应对人口老龄化、医养结合政策措施等。

讨论：国家医疗保障局和国家卫生健康委员会设置的目的是什么？有什么重大意义？

## 第一节 医疗保障和健康保障概述

### 一、健康、疾病与疾病风险

（一）健康

关于健康（health），还没有统一的定义，研究者都从各个角度提出了不同的概念，归结起来有以下三种观点：

（1）医学角度。以贝克尔的观点为代表，他认为健康是“一个有机体或有机体的部分处于安宁状态（特征是有机体有正常的功能），以及没有疾病”，即健康就是没有疾病，生理机能失调就是疾病。

（2）社会文化角度。帕森斯的意见可为代表，他认为"健康即履行社会职责的能力""健康可以解释为让社会化的个人角色和任务的能力处于最适当的状态"。

从生理、心理和社会多角度观察，世界卫生组织的定义最有代表性，其定义是"一种完整的肉体、心理和社会良好状态，而不仅仅是没有疾病或伤残"。

可见，健康涉及生物、生理、精神、社会以及环境等各个方面。从医疗保障的角度研究健康，更贴近医学或生理学角度的健康定义。因此，我们认为健康就是人体器官发育良好和各项机能正常，简单讲就是没有疾病。

（二）疾病与疾病风险

疾病（disease）是与健康相对应的一个概念。人们在生产生活中由于受到自然环境、社会环境、生态和生物等各种因素的影响和威胁，产生生理、心理上的伤害，不能正常发挥能动作用即是疾病。疾病风险是指人们因患病而遭受痛苦、不幸和损失的一种不确定性状态，是人类面临的诸多风险中危害严重、涉及面广、纷繁复杂、直接关系到人类生存权利的一种特殊风险。

疾病风险有广义和狭义之分。广义的疾病风险是指由于患病、生育、工伤和意外伤害等引起的风险；狭义则是指由患病引起的风险。

疾病风险有别于其他风险，具有以下特点：

（1）疾病风险危害的对象是人，而不是财产等。

（2）疾病风险具有较大的随机性、不可预知性和不可避免性。

（3）疾病风险的产生具有复杂性，不仅会因自然灾害、意外事故发生产生疾病，而且往往因为生理、心理、社会、环境、生活等因素产生疾病。

（4）疾病风险与其他风险具有紧密关联性，疾病风险不仅影响到患者个人，而且有可能影响到患者家庭、地区和社会。

（5）疾病风险不具有完全的经济补偿性。其他风险可以通过一定的经济补偿来减轻和消除损失，但疾病风险则因人而异，因病而异，难以实行定额经济补偿，因其损失是多方面的，是难以衡量和测算的。

## 二、医疗生育保障

（一）医疗保障与生育保障

医疗保障（medical security），也称社会医疗保障（social medical security），是以国家或政府为主体，依据有关法律规定，通过国民收入再分配，对公民因患病、年老体弱丧失劳动能力或意外事故造成身体疾病时，提供基本医疗服务并给予经济补偿与帮助，保障国民得到医疗服务的经济制度。医疗保障制度属于社会保障政策的有机组成部分，是国家和政府的一种公共职责，其核心是社会医疗保险制度。[①]

生育保障（maternity security），是以国家或政府为主体，依据有关法律规定，通过国民收入再分配，对因怀孕、分娩而无法从事正常的生产劳动，造成了暂时性收入中断

---

① 王保真.医疗保障［M］.北京：人民卫生出版社，2005：9，12-13.

的女性劳动者，提供医疗服务、生育休假和劳动中断收入补偿，保障人类生息繁衍和国家劳动力存续的制度，其核心是生育保险制度。

最初生育保障包含在医疗保障之中，1911年意大利政府把生育保险列入疾病保险范围。后生育保障单独成立保险制度，保障女性和生育过程。20世纪50年代之后，国际劳工组织对生育保障有了新的规定，建立了系列保障制度推动生育保障的发展。如1952年通过了《社会保障最低标准公约》、《保护生育公约》和《保护生育建议书》等，推动了生育保险的进一步发展。世界部分国家将生育保障与医疗保障合并立法实施，一是因为生育整个过程与医疗保健和医疗服务密不可分；二是因为二者合并管理能够节约管理成本，充分利用公共资源。我国生育保险作为社会保险“五险”中的一个险种单独存在，自2017年国务院发布《生育保险和职工基本医疗保险合并实施试点方案》后，我国也开始了医疗保险和生育保险合并管理的改革步伐。

（二）医疗保障的特征

医疗保障具有以下特征：

1.社会性特征

第一，保障对象的社会性。从理论上讲，包括医疗保障在内的社会保障制度的覆盖面是全体社会成员。第二，医疗保障管理机构的社会性。从国家到地方，各级政府都设立了专门的机构，管理范围包括社会的各个阶层和人群。第三，医疗保障基金来源的社会性。每个社会成员既有享受医疗保障的权利，也有支持发展和遵守医疗保障制度的义务。医疗保障基金的建立既依靠政府，也依赖单位以及各个社会成员。

2.公平性特征

医疗保障作为国民收入的分配和再分配手段，具有明显的公平性。第一，社会成员获得医疗保障的机会和利益是公平的。医疗保障待遇的分配虽然不能做到绝对的公平，但是在医疗保险待遇享用的机会和权利上是均等的。被保险人在患病时，就医和用药都是依据病情而定的，不受被保险人的收入、经济状况、职业和社会地位所限制和影响。第二，医疗保障促进整个社会分配逐步趋于公平。医疗保障向有困难的社会成员提供所需的医疗需求，相应地提高了低收入者的收入水平，从经济补偿上逐步实现了社会公平。

3.共济性特征

医疗保险是医疗保障的核心内容，通过在较大甚至在全社会范围内集中、广泛筹集医疗保险基金，由医疗保险管理机构统一管理，相互调剂使用，在筹资数量和使用金额上起到了互济作用。

（三）与其他医疗行为的关系

医疗保障作为国家的一种福利性制度，与其他医疗卫生政策相比，既有交叉又有不同。

1.医疗保障与医疗卫生福利的关系

医疗卫生福利有广义和狭义之分。广义的医疗卫生福利包括内容较多，凡是可以增进国民健康和提高生活质量的卫生服务、卫生医疗设施，以及具有物质帮助与照顾的卫生计划、措施和方案等，都可称为医疗卫生福利。医疗保障只是广义的医疗卫生福利的一部分。

2.医疗保障与医疗服务的关系

医疗服务涉及的范围更为广泛，不仅包括社会医疗保险规定的保险或保障范围，还包括其规定的保险或保障以外的内容。医疗保障所涵盖的仅仅是医疗服务的一部分内容，能够支付的医疗费用仅仅是医疗保险对象所应享受的费用和服务内容。

3.医疗保障与工伤保险的关系

工伤保险与医疗保险同属于社会保障的重要内容，其中工伤保险者参加医疗保险的可以享受医疗保险待遇。

## 三、健康保障

（一）健康保障的定义

从狭义上讲，健康保障主要是保障人类的生命活动和人体机能的正常运转，疾病预防以及生理和心理医疗服务基本上居次要地位。

从广义上讲，随着经济社会的发展，人们对健康的认识也在不断进步和深化，日趋多层次、全方位。人们对健康的要求已经不仅仅局限于不生病、身体好，还要求合理的营养、良好的生活方式、良好的劳动条件、健康的心态、平衡的心理等等。在这个层面上的健康保障就是广义的概念，它由生物自然人上升到社会经济人，从生物医学模式逐步转变为生物-社会-心理医学模式。其保障范围已远远超出狭义的健康保障范畴：一是从治疗服务扩大到预防服务。预防保健思想贯穿人类生命的全过程，预防包括采取有效措施避免疾病发生，疾病的早期发现和及早治疗，疾病的治疗、康复和防止造成残疾。二是从技术服务扩大到社会服务。医生不仅应具备医学知识，还应具备人文、社会等方面的知识，除诊治疾病外，还要进行健康指导和健康促进，督促居民形成良好的社会习惯和生活方式，以及保持健康的心理状态等。三是从生理服务扩大到心理服务。现代健康保障要求医生不仅要进行卫生医疗服务，而且要对患者和人群进行心理治疗和服务，了解影响病人的心理因素，加强心理护理和心理康复。可见，广义的健康保障将实现从以疾病为主导转变为以健康为主导，从以单个患者为中心转变为以人群或者以社会为中心，医疗服务内容从诊断治疗转变为诊断、预防、保健并重，医学任务从以防病治病为主转变为防病治病、维护和增强人类健康、提高人类生命质量并重的目标。

综上，健康保障是指政府或社会依法为公民提供的，旨在保障其身体健康的制度体系。广义上包括社会医疗救助制度、医疗保险和医疗卫生服务。本书则主要包括社会医疗救助制度、基本医疗保险制度和基本卫生服务制度及其相互之间有机制约和协调的关系，侧重于狭义的健康保障体系。

（二）健康保障的体系涵盖的内容

1.社会医疗保险

在医疗保障体系中，社会医疗保险具有社会保险性质，它是由国家或社会强制推行的，由国家、单位和个人共同筹集资金。我国社会医疗保险包括职工基本医疗保险、居民基本医疗保险和新型农村合作医疗制度。职工基本医疗保险基金由用人单位和职工分别按照职工工资总额和个人工资的一定比例，共同缴纳组成，实行个人账户与社会统筹相结合的筹资模式。居民基本医疗保险基金则由政府投入和参保者定额缴纳保费形成，以保障居民基本医疗消费需求。新型农村合作医疗制度是针对农村居民开展的基本医疗保险制度，由卫生部门组织管理，以县为统筹单位，农民自愿参加，互助共济，解决农民“因病致贫、因病返贫”现象。

2.社会医疗救助

社会医疗救助是国家和社会向低收入的贫困人群或因患重病而无力支付昂贵的医疗费用而陷入困境的居民提供费用资助的经济行为。这是一种低层次的以减免医疗费用为主要形式的医疗保障手段。医疗救助的资金来源于两个渠道：一是政府通过民政部门主办的救助体系，对城市的“三无”人员和农村的“五保户”患病时给予的资助。二是民间机构和慈善机构的募捐。

3.基本医疗卫生服务

世界银行首先提出了基本公共卫生服务及临床服务的概念。基本医疗卫生服务是指一揽子的基本预防和医疗服务。在我国，基本医疗卫生服务制度是指由政府建立并组织，向全体居民直接提供安全、有效、方便、价廉的公共卫生服务和基本医疗服务。其内容如下：第一，服务主体是城乡卫生监督机构、妇幼保健机构及基层医疗机构（即城市社区、乡镇卫生院、村级卫生组织）。第二，服务对象与享用者是城乡居民。第三，服务范围是纳入公共卫生机构和基层医疗机构提供的公共卫生服务项目，疾病的早期预防与诊断，常见病的基本诊疗服务和诊治，常见病、多发病及某些慢性病的基本药品目录。第四，保证制度得以实施的相关卫生政策包括：公共卫生服务与基本医疗服务的收费、药品供应、资金补助、基本设施购置、税收、卫生管理等方面的政策。

## 第二节 医疗保险制度分析

### 一、医疗保险制度模式

（一）社会医疗保险模式

社会医疗保险是指由国家通过立法形式强制实施的一种医疗保险制度，其基金筹集方式主要是雇主和雇员缴纳，政府酌情给予补贴，当参保者需要医治时由社会提供医疗服务和物质帮助，它是社会保障体系的子系统之一。德国、中国是典型的以社会医疗保险为主的国家。社会医疗保险的主要特点如下：

1.互济性

这是社会保险最主要的特征，社会医疗保险基金主要源于雇主和雇员，按照收入的一定比例来筹集医疗保险基金，政府酌情给予补贴。此外，在筹资中还大都通过法律法规强制地将参保人限制在具有一定收入水平的居民范围内，对其缴纳的医疗保险费的收入规定上下限，参保人缴纳保费的多少取决于其经济能力，而与参保人的性别、年龄及健康状况无关。此外，参保人缴纳保费的多少也不影响他们对卫生服务的享受程度。可见，互济实质上是个人收入的再分配或者说个人所得的横向转移，高收入者的一部分收入向低收入者转移，健康者的一部分收入向多病者转移，实现社会互济互助的目标。

2.提供服务

社会医疗保险模式对参保人的医疗服务分为两种：一种是直接提供医疗服务，即社会医疗保障机构自办医院或自聘医生；另一种是间接提供医疗服务，即参保人看完病垫付医疗费用后，社会医疗保障机构给予补偿。

3.自我管理

医疗保险实行社会自治管理，通过疾病基金会、医师协会、医疗保险公司的管理委员会等自治组织实施制度运作。政府负责监管和调控。

（二）全民健康服务模式

全民健康服务模式也称为国家卫生服务制度（national health service，NHS），是指政府直接举办医疗保障事业，通过税收形式筹措医疗保险基金，采取预算拨款形式给医疗机构拨款；向本国居民直接提供免费或低收费医疗服务。比较有代表性的是英国、爱尔兰、丹麦等国家所实行的福利型医疗保健制度。全民健康服务模式的主要特点有：

1.经费来源于税收

全民健康服务模式的基金绝大部分来源于税收（包括普通税和特殊税），其他费用来自社会保险缴费、患者自负的医疗费用以及其他收入。政府通过税收筹措卫生保健经费，然后根据各地区的人口数并考虑年龄、性别、健康水平等因素，将资金分配到各个地区，并由各地区的卫生服务管理部门向卫生机构直接拨款，为全体居民提供免费或价格极低的卫生服务。

2.医疗服务具有垄断性

全民健康服务模式下的医疗卫生服务系统基本上归国家所有，卫生资源的筹集与分配、卫生人力的管理、医疗服务的提供等都由国家集中统一管理。医疗服务机构为非营利的单纯服务型机构。政府卫生部门直接参与医疗服务机构的建设，医疗建设和日常运行经费往往通过预算下拨给政府主办的医疗机构。

3.引入市场机制

这种免费或者低价实施的全民健康服务模式，虽然对居民健康起到了一定作用，但是也存在很多问题，其中最主要的问题是政府财政负担过重，市场机制对卫生资源配置、医务价格制定基本不起调节作用，因而限制了医疗服务系统的发展。实行这种模式的国家都在20世纪90年代相继进行了改革。在这一系列改革中，一项最主要的措施是在NHS中引入市场机制，其目的是明确医疗服务购买者与提供者的责任，通过富有竞争的组织来约定相互之间的关系，促进医疗服务提供者通过采取降低成本、提高质量和降低费用等措施来吸引患者，从而激励医疗服务的提供者高效率地提供服务。

（三）商业医疗保险模式

商业医疗保险是按市场法则自由经营，医疗保险作为一种特殊商品资源买卖。卖方是指民间团体或私人非营利性医疗保险公司以及营利性商业保险公司；买方既可以是企业、民间团体，也可以是政府或个人。商业保险的资金来源主要是参保者缴纳的保费，一般而言，政府不出资或不补贴。美国是实施商业医疗保险模式的典型代表。商业医疗保险模式具有以下突出特点：

1.自愿投保

社会人群自愿投保，通过与私营性医疗保险机构签订合同，缔结契约关系，履行相应的权利与义务，共同分担意外事故造成的经济损失。这些私营性医疗保险机构大都以营利为目的，但也有少量非营利性保险公司，如蓝盾和蓝十字是美国最大的两家民间医疗保险公司。投保人缴纳保费后，通常患病后不需要再分担所发生的医疗费用，而由保险公司按服务项目向医院或医生付费。因此，其对卫生服务的供需双方均缺少经济上的约束机制，从而导致医疗费用不断上涨。

2.市场调节

医疗保险作为一种特殊的商品，根据社会不同需求产生的不同险种开展业务，其供求关系由市场调节。这种保险模式的长处在于自由、灵活、多样化，适应社会多层次需要。医疗保险机构之间相互竞争，主动吸引投保客户，涉及多种多样的保险服务，采用不同种类的筹资方式与保险提供方式，以满足消费者的多种需求。消费者的自由选择促使保险组织在价格上开展竞争，在医疗市场上提供廉价优质的医疗服务，也迫使服务提供者（医院、医生）降低医疗服务成本，从而控制医疗保险费用。

（四）储蓄医疗保险模式

储蓄医疗保险模式是强制性储蓄保险的一种形式，是依据法律规定，强制雇员或者劳资双方缴费，以雇员的名义建立保健储蓄账户，用于支付医疗费用的一种制度。这种模式起源于18世纪英国产业革命的"职业保障基金"，以后逐渐传播到英殖民地国家，其中，以新加坡的中央公积金制度最为成功。储蓄医疗保险模式的主要特点如下：

1.强制储蓄

新加坡的健康储蓄是一项全国性、强制性的储蓄计划。其目标在于帮助新加坡的个人储蓄和支付其本人及家属的住院费用，为未来的医疗费用而储蓄。新加坡的医疗保健体制是以个人责任为基础，政府分担部分费用，以保证基本医疗费用。他们认为，病人必须付部分医疗费，享受医疗服务的水平越高，付费也应该越多，这样既能鼓励储蓄者审慎地利用卫生资源，又能使其在必要时使用高等病房或者私人医院，避免陷入"浪费"的泥潭。

2.费用支付限定

新加坡政府规定，保健储蓄账户的存款可用作支付本人及家庭成员的住院治病和部分昂贵的门诊检查治疗项目的费用，同时，还规定了住院费用支付的限额。之所以这样规定，是为了防止个人保健储蓄者过早地用完保健储蓄金，也为了要求病人在享受高级医疗服务时能自己掏一部分钱，增强费用意识。

3.纵向积累

由于这一模式要求每一代人都要解决自身的医疗保健需要，避免上一代人的医疗保险费用转移到下一代身上，因此，这种以储蓄为基础的医疗保险，具有纵向积累功能，能够更好地解决老龄人口医疗保健需要的筹资问题。这种以储蓄为基础的医疗保险，要求患者用自己的钱支付其医疗费用，医疗服务的费用负担并没有转嫁到第三方付款人，有利于提高个人的责任感，激励人们审慎地利用医疗服务，避免医疗过度消费。

## 二、医疗保险主体及其关系

（一）医疗保险的主体

医疗保险系统是一个以维持医疗保险的正常运转和科学管理为目的，主要由被保险人、医疗保险机构、医疗服务提供机构等要素组成，以规范医疗保险费用的筹集、医疗服务的提供、医疗费用的支付为功能的有机整体。而要使全体居民的健康得到有效保障，还需要政府发挥作用，尤其是在基本医疗和预防保健服务领域。因此，在现代社会医疗保险系统中，形成了一种由保险人、被保险人、医疗服务提供方和政府组成的四方三角关系。其中，被保险人既是医疗保险的需求方，也是医疗服务的需求方。现代社会医疗保险系统的构成要素及相互关系如图8-1所示。

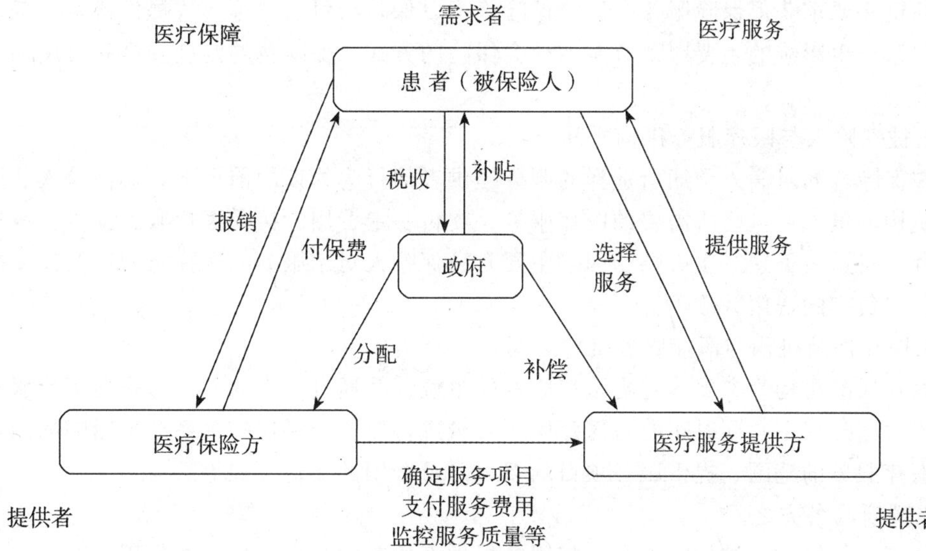


图8-1　现代社会医疗保险系统的构成要素及相互关系

1.被保险人

被保险人是医疗保险的需求者和医疗服务的需求者，他们按照规定向医疗保险机构缴纳保险费并签订医疗保险合同，当保险责任发生时他们有权向医疗保险机构获取医疗保险费用偿付。

2.医疗保险机构

医疗保险机构是指在医疗保险工作中具体负责承办医疗保险费用的筹集、管理和支付等医疗保险业务的机构，它是签订医疗保险合同的一方当事人，是收取医疗保险费用并按照合同的约定，当保险责任发生时负责偿付参保人医疗费用支出的法人。

3.医疗服务机构

医疗服务机构是指为参保人提供诊断治疗的医疗机构，包括定点医疗机构和定点零售药店。被保险人就诊后，医疗服务机构按照医疗保险合同规定的服务项目对医疗费进行计算，并提交医疗保险机构审议支付。

4.政府

在医疗保险系统中，政府有责任对保险供方、保险需方和医疗服务提供方进行管理和控制。无论是医疗保险机构还是被保险人，都存在各自不同的利益。由于医疗服务的专业性强，医疗保险系统中存在的信息不对称等问题，容易产生道德风险和逆向选择，因此需要政府参与管理和监督。

（二）医疗保险各主体之间的关系

在医疗保险系统中，各主体围绕着保险基金的筹集和医疗费用的补偿问题相互作用、相互影响。各主体之间的关系主要表现在以下几个方面：

1.被保险人与医疗保险机构之间

在医疗保险系统中，被保险人向医疗保险机构缴纳保险费（税），通过保险合同向医疗保险机构要求获得保险服务，医疗保险机构以保险给付清单等形式提供保险服务。对这一关系产生影响的主要因素有参加社会保险的方式、保险费的制度安排和费用的补偿方式等。

2.被保险人与医疗服务机构之间

在保险合同对病人预期所选择的服务提供者的行为约束的前提下，被保险人从医疗服务机构那里选择自己所需要的医疗服务，支付一定费用，接受医疗服务提供者所提供的服务。对这一关系产生影响的因素主要有被保险人对于服务的选择空间以及需要被保险人自己负担的费用数额等。

3.医疗保险机构与医疗服务机构之间

医疗保险机构为参保人确定医疗服务的单位，并通过一定的支付形式向医疗服务提供者支付医疗费用，同时还要对医疗服务质量进行监督。对这一关系产生影响的因素主要有医疗服务的范围、提供服务项目的多少以及费用的支付方式等。

4.政府与各方之间

政府对保险方、被保险方和医疗服务提供者均起到管理和控制的作用。对这一关系产生影响的因素主要是政府管理和控制医疗保险的方式和程序等。

## 三、医疗保险的关键问题

社会医疗保险承担医疗费用、抵御疾病风险的功能，都是通过医疗保险基金的筹集及基金支付、分担医疗保险费用来实现的。医疗保险的核心就是医疗保险基金的管理问题，它包括医疗保险基金的筹集、偿付和费用控制。其中，医疗保险的偿付包括费用的分担和支付，是医疗保险的重要环节。

（一）医疗费用分担方式

社会医疗保险医疗服务需方的费用分担方式主要是指参保人在社会医疗保险过程中分担一部分医疗费用的偿付方法。参保人参与费用分担有利于参保人树立费用意识、增强自我保健意识，进而控制自己的医疗需求行为，达到合理使用医疗服务和控制医疗费用的目的。另外，医疗保险机构通常采用偿付制度来调节医疗服务需求，通过供需调节医疗保险资源的分配和使用。一般常见的费用分担方式主要有起付线、共同付费、最高限额和混合式四种方式。

1.起付线方式

起付线方式又被称为扣除法，是指只有被保险人在支付一定数额的医疗服务费用后，保险机构才负责支付部分或者全部医疗费用。这个对应的数额被称为起付线。

该方法要求个人看病时需要自己先拿出一部分钱，这样有利于产生费用意识，控制医疗服务消费行为；小额费用由被保险人个人负担，有利于集中财力，保障高费用风险的疾病治疗，实现风险分担；将大量的小额医疗费用剔除在社会医疗保险支付范围之外，减少了医疗保险结算工作量，有利于降低管理成本。

该方法的难点是起付线不容易确定。起付线过低时，被保险人有可能过度使用医疗资源，产生道德风险，难以控制医疗费用；起付线过高时，会超过部分参保人的经济承受能力，抑制其正常的医疗需求，可能使部分参保人不能及时就医，小病拖成大病，反而增加了医疗费用。此外，过高的起付线可能影响参保人参加社会医疗保险的积极性，造成医疗保险覆盖面和受益面的下降。

2.共同付费方式

共同付费方式又称比例分担制，即被保险人和保险机构按一定比例共同支付医疗费用，这一比例又称共同负担率或共同付给率。共同付费可以是固定比例，也可以是浮动比例。

该方式简单直观，无论是固定比例还是浮动比例，都有一个确定的比例确定应该支付的费用，便于群众和保险机构各自了解和执行，管理过程简单易行；由于价格需求弹性的作用，共同付费方式可增强病人的节约意识，促使病人总是选择相对价格低的服务，可以起到降低医疗服务价格的作用。

该方法的难点在于自付比例的合理确定，自付比例的高低直接影响被保险人的就医行为。如果自付比例过低，则对被保险人的制约作用较小，达不到控制卫生费用不合理增长的目的；而自付比例过高，可能超过被保险人的承受能力，抑制正常的医疗需求，造成小病不治酿成大病，加重被保险人的经济负担，达不到保险的目的。另外，若不同人群和不同收入状况用同一自付比例，可能出现卫生服务的不公平现象。

3.最高限额方式

最高限额方式也叫封顶线方式，是与起付线方式相反的费用分担方法。该方法是先规定一个医疗费用封顶线，社会医疗保险机构只偿付低于封顶线的医疗费用，超出封顶线的社会医疗费用由被保险人或者被保险人与其单位共同负担。

在社会经济发展水平和各方承受能力较低的情况下，设立封顶线有利于保障参保人享受费用比较低、各方都可以承受的一般医疗；有利于限制被保险人对高额医疗服务的过度需求，以及医疗服务提供者对高额医疗服务的过度提供；有利于鼓励被保险人重视自身的身心健康，提高被保险人的身体素质，防止小病不治酿成大病。

该方法的难点在于封顶线的确定。从保险的本质来看，大病、重病发生概率小，但经济风险高，是所有医疗服务项目中最符合保险原理、最需要保险的部分。然而，最高限额方式却将疾病风险带来的巨大的经济损失又抛给了被保险人，对发生大额医疗费用的人群也不能发挥减轻医疗负担的作用。因此，封顶线的确定要综合考虑被保险人的收入水平、社会医疗保险基金的风险分担能力、医疗救助等因素，需要通过建立各种形式的补充医疗保险对超出封顶线的费用给予补偿。

4.混合式

混合式是将上述多种支付方式综合起来应用的偿付方式。由于上述三种费用偿付方式各有优缺点，在实际中，往往将上述三个方式混合使用，有效地促进医疗保险基金的合理使用，控制医疗费用的过度增长。混合式的缺点是偿付操作过程比较复杂。

（二）医疗服务付费方式

社会医疗保险医疗服务付费方式是指社会医疗保险机构作为第三方代替被保险人向医疗服务提供方偿付医疗服务费用的方法。不同的方法在费用控制方面的效果不同，医疗保险机构根据医疗保障范围和待遇支付政策，采取合理的付费方式，可以有效防止不合理的医疗服务，保证医疗服务质量，实现被保险人的基本医疗保障；它有利于实现社会化的服务和管理。

1.按服务项目付费

按服务项目付费是医疗保险中最传统，也是运用最为广泛的一种费用偿付方式。它是指患者在接受医疗服务时，按服务项目（如诊断、治疗、化验、药品和护理等）的价格计算费用，然后由医疗保险机构向医疗服务提供者偿付费用，所偿付费用的数额取决于各服务项目的价格和实际的服务量。该方式属于典型的后付制类型。

按服务项目付费的优点主要是：被保险人对医疗服务的选择性较大，对服务的各种要求容易得到满足，比较容易得到数量较多和方便及时的医疗服务；由于医疗服务供给方和医务人员的收入与医疗服务的实际数量有着直接联系，因此，按服务项目付费有利于调动医疗服务供给方和医务人员的工作积极性。按实际发生的服务项目和项目价格标准计算并偿付医疗费用，操作方法比较简单，所需要的配套措施较少。因此，按服务项目付费的方式适用范围相当广泛。

按服务项目付费也存在很多缺陷：由于按服务项目付费属于后付制类型，它只能在事后对医疗服务的账单进行监督检查，难以在事前为提供方提供正确的费用导向，供方诱导需求的现象比较严重，因此容易产生过度医疗；由于医疗服务项目种类繁多，较难制定合理的服务价格；为了实施对医疗保险的有效管理，社会医疗保险机构还必须对医疗服务逐项进行审核，管理成本相对较高。因此，在社会医疗保险的实际操作中，需要对医疗服务供需双方实行严格的审核制度，规范双方的行为，遏制医疗费用的过快增长，同时对医疗服务价格进行适时修订、调整，并对医疗服务需方实行费用分担，减少需方对医疗服务的不合理需求。此外还应该采用现代信息技术和管理手段，提高工作效率，加强对社会医疗保险的监督。

2.按人头付费

按人头付费是由医疗保险机构根据医院或者医生服务的被保险者人数，定期向医院或者医生支付一笔固定的费用。在此期间，医方负责提供合同对应的一切医疗服务，不再另收费。按人头支付属于预付制的一种。

该种偿付方式对医疗机构的服务和费用均有高度的控制，可以促使医院开展预防工作，以减轻将来的工作量，降低医疗费用支出。同时，由于对医疗服务提供方实行按人头付费，每一人头的支付标准固定，因此，有利于医疗机构强化内部管理，增强医院的费用意识和经济责任，控制医院过度提供医疗服务的行为。此外，按人头付费方式适用范围比较广泛，只要每一人头的支付标准确定，无论医院的服务对象是否是保险的参保人，都可以实施此种方式，管理成本相对较低。

但是，在实施按人头付费的情况下，医疗服务提供方出于自身利益的考虑，为了节约费用，可能会出现减少必要的服务提供、降低服务质量或者拒绝重症患者等现象，如可能出现医疗保险需方就医等待、医疗服务供方拒绝接受危重患者就医、减少高新医疗技术的使用等问题。这些问题可能引发医患矛盾。为保障医疗服务质量，按人头付费方式通常规定服务对象的最高人数限额，以防止病人太多，医院因对病人照顾不周而降低服务质量。

3.定额付费

定额付费是指医疗保险机构根据历史资料以及其他因素制定出平均服务单位费用标准，然后根据医疗机构的服务单元量进行偿付，其总费用公式为：

$$\text{总费用} = \sum \text{平均服务单元费} \times \text{服务单元量}$$

将医疗服务的过程按照一个特定的参数分为若干相同的部分，每一个部分称为一个服务单元，例如一个门诊人次、一个住院人次和一个住院床日。定额付费的突出优点是操作简便，管理成本低。对同一家医院来说，按这种方式偿付医疗费用，所有病人每次门诊和每日住院费用都是相同的，无论病人实际花费的医疗费用是多少，都按照标准偿付。定额付费能够促使医院降低服务成本，减少过度用药和过度利用高新医疗技术的现象，对医疗费用的控制效果较好；由于定额付费费用支付标准固定，延长住院时间意味着医疗服务供方收入的减少，因此，定额付费有利于缩短患者的住院时间。

但是定额付费也可能刺激医院和医生增加门诊次数和平均住院日天数。对医疗机构而言，虽然平均费用标准在某种程度上限制了所提供的服务量，但医生和医院可以通过增加服务次数来增加服务量，以获取更多的服务收入，这种状况不但会给病人带来多次就诊以及延长住院日的麻烦，也会造成医疗费用的增加。这就要求医疗保险机构在与医院制定标准时要格外慎重，并且对医院制定监督制约机制。

4.按病种付费

按病种付费，又称为按疾病诊断分类定额预付制。它是根据国际疾病诊断分类标准，将住院患者的疾病按诊断、年龄和性别等分为若干组，每组又根据疾病的轻重程度及有无并发症分为几级，综合遵循医学依据，通过临床路径测算出病种每个组合各个分类级别的医疗费用标准，按此标准对某组、某级疾病的诊疗全过程一次性向医疗机构偿付费用。在按病种付费的方式下，医疗服务机构获得医疗保险机构的费用偿付是按每位病人所属的疾病分类和等级定额预付的，医院的收入与每个病种及诊疗规范和医护计划有关，而与该病种的实际费用无关。

按病种付费会激励医院从经济上以低于固定价格（标准价格）的费用提供服务，保留固定价格与实际成本的差额。这在客观上将促进医院节约成本，缩短住院时间，减少诱导性消费，注意病人检查治疗的有效性，避免不必要的支出，在一定程度上能减缓和控制医疗费用上升的趋势。

该方案的问题和缺点在于医院有可能在自身利益的驱动下，为了多获取收入，在诊断界限不明时，使诊断升级，将病人重新分类到高补偿价格的按病种付费分组中，诱导病人做手术和住院，让病人出院后再住院，这样缩短了住院日，却增加了住院次数；由于每一病种的支付标准固定，医疗服务供方从自身的经济利益考虑，可能减少对患者的必要服务，降低服务成本，从而影响医疗服务质量；另外，尽管按病种付费结算方法简单，但这种支付方式要求有完善的信息系统和较高的管理水平相支持，因而管理成本较高。

5.总额预算制

总额预算制又称总额预付制。它是由医疗保险机构根据与医院协商确定的年度预算总额进行偿付。在总额预算制下，医院预算额度一旦确定，医院的收入就不能随服务量的增长而增长，一旦出现亏损，医疗保险机构不再追加偿付，亏损部分由医院自付。年度预算总额的确定往往要考虑医院规模、服务质量、服务地区人口密度、医院设备与设施情况、上年度预算执行情况和通货膨胀率，等等。年度预算总额一般每年协商调整一次。

总额预算制的最大优点是费用结算简单，医疗服务提供方成为医疗费用支出的控制者，费用风险意识增强，医疗服务提供方将在总额内精打细算，努力以最低成本提供一定量的医疗服务，也有利于医疗保险机构宏观控制医疗费用总支出，降低管理成本，减少费用风险。

总额预算制的缺点是预算标准难以准确制定，预算过高，将导致医疗服务供给不合理增长；预算偏低，将影响医疗服务提供方和被保险人的经济利益。同时，在监督机制不健全的情况下，医疗服务提供方可能会不合理地减少医疗服务供给，抑制需方的合理医疗需求，还可能阻碍医疗服务技术的更新与发展。在这种方式下，医疗保险机构应对医疗服务质量进行有效的监督，以保障参保人不至于因医疗机构的“偷工减料”而享受不到应有的医疗待遇。

## 第三节 生育保险制度分析

### 一、生育保险的基本概念

（一）生育与生育保险

1.生育

生育即人类的繁衍，没有生育，人类将无法继续存在。随着工业化时代的到来和社会的发展，女性就业的人数越来越多，女性是社会生产劳动和人类生产的双重生产者。生育是具有再生产性质的高社会价值的神圣劳动，按照市场规则，应该给予经济补偿。此外，女职工因为生育还面临就业方面的风险和挑战。

2.生育保险的含义

生育保险是国家通过立法，对因怀孕、分娩而无法从事正常的生产劳动、经济来源中断的女职工给予医疗保健服务、生活保障和物质帮助的一项社会保障制度，其宗旨在于通过向职业妇女提供生育津贴、医疗服务和产假，帮助她们恢复劳动能力重返工作岗位。生育保险的功能主要是通过现金补助和实物供给来实现。

（二）生育保险的特点

生育保险与其他社会保险项目相比，有其自身的特点，具体如下：

1.保障对象限于女性

生育保险的保障对象通常包括参加生育保险的女职工和参加生育保险的男职工的妻子。在我国，目前仅规定达到法定结婚年龄、正式登记结婚，并符合国家计划生育规定的女职工生育时，或者男职工的无用人单位的妻子生育时，才能享受生育保险待遇，尚未将非婚生子的女职工纳入保障。而在国外，有些国家也对非婚女性生育子女提供保障，且保障项目较多。生育保险的待遇项目通常包括产假、生育津贴、生育医疗费用等。国内外略有差别，在国外，生育保险的给付项目包括生育假期、生育收入补偿、生育医疗保健和子女补助金等。在我国，生育保险除了基本的待遇保障外，还有配合国家的人口控制政策，对实行晚婚、晚育的生育妇女的奖励政策。

2.待遇水平相对较高

与其他社会保险项目相比较，生育保险的待遇水平较高，主要体现在除了产假外，产假期间的工资收入发放较为宽松，基本按照全额工资发放，此外，生育津贴水平也较高。主要原因是妇女生育履行着繁衍人类的重要天职，为了保证新一代劳动力有较高的先天素质，同时又要保护妇女的身体健康，大多数国家都实行了较高的生育保险待遇标准，妇女生育所得补偿一般相当于被保险人生育前基本工资的100%，这不仅弥补了女职工的收入损失，还维持了女职工自身的劳动力再生产，保障了新一代劳动力的健康成长。

3.生育过程全面保障原则

生育保险为女职工生育全过程提供了保障，包括产前、产中和产后三个环节：第一，怀孕女职工在分娩前后都享有休假时间，以保证其身体健康，在临产分娩前一段时间，女职工已经不能工作或不宜工作；第二，分娩期间，为其提供分娩医药费用和相应的手术费用；第三，分娩以后，需要一段时间休假、恢复健康和照顾婴儿，为其提供相应休假和育儿假。

4.生育保险与人口政策密切相关

人口出生率低的国家往往提供优厚的生育保险待遇来鼓励生育；高出生率的国家，则以严格控制生育保险待遇的实施范围来限制生育。

生育保险是一种对女职工表示关注的国际上通行的措施，这一措施是伴随着参与工业劳动的妇女数量急剧增长而被采纳的。在社会保障体系中，生育保险属于与职业相关联的保障计划，它的出现比工伤、养老、医疗、失业等其他社会保险要晚，因为只有在经济发展达到一定水平时，女性就业比较普遍后才会产生生育保险。

总之，生育保险的保险事故是正常生理活动引发的，其所引起的暂时不能参加劳动的状况，一般属于正常的生理改变，与疾病等引起的病理变化不同，与失业、老年等社会风险造成的经济收入中断也不同，因此，生育保险具有其特殊性。

## 二、生育保险的基本内容

（一）覆盖范围和保障对象

1.按性别分

生育保险覆盖对象按性别可以分为男职工和女职工。传统上都认为，生育保险的对象是女职工，因为女性是生育主体。其实男职工也是生育保险保障的对象，因为在女性生育期间，男职工也要承担相应的生育责任。世界上不少国家都有针对男性生育假的规定，如实施父亲育儿假，简称父育假。我国为了鼓励晚婚晚育，对晚育的"男方"也实行为期7天左右的带薪休假制度。此外，我国生育保险也为男职工的没有用人单位的妻子生育提供相应待遇，这其实就是为男职工提供生育保障。

2.按就业性质分

生育保险覆盖对象按就业性质可以分为正规就业者和非正规就业者。在我国，生育保险主要是城镇企业职工参加。在多数情况下，也只是正规企业为职工参加生育保险，还有许多非正规企业尚未纳入或者没有参加生育保险。非正规部门的女职工包括：个体户、家庭保姆、钟点工、临时工、非全日工和自雇者等。从女性就业的特点来看，通常非正规部门就业的女职工比例要高于正规部门，因此，加强非正规部门的女职工生育保险尤为重要。

3.按受益女性身份分

按照受益女性身份分，生育保险覆盖的对象包括在业女工、未就业配偶和其他女性等。通常，在业女工是生育保险的主要受益者，其次是未就业配偶，特指男性雇员未就业配偶，我国生育保险覆盖到了男性未就业配偶。此外，少数国家生育保险已经覆盖到全民，自然对在业女性和未就业配偶之外的其他女性均提供保障。让全体生育女性享受生育保险保障是生育保险追求的终极目标。

（二）资金来源

生育保险基金来源主要有如下几种形式：

（1）由受保人、雇主和政府三方共同负担。欧亚大多数国家都采用这种方式，如欧洲的奥地利、比利时、芬兰、法国、德国、希腊、爱尔兰、卢森堡、荷兰和西班牙等国家，亚洲的印度、日本、韩国和泰国等国家。

（2）由受保人和雇主共同负担，如巴基斯坦。

（3）由雇主全部负担，受保人不需要缴费，如瑞典、印度尼西亚和新加坡等国家。

（4）由雇主和政府负担，如丹麦、意大利、英国和菲律宾等国家。

（三）待遇享受条件

生育保险待遇的享受对象，除了在部分发达国家是覆盖一切妇女之外，在大多数国家均是面向女性工资劳动者。当然，按照社会保险制度固有的特性，并不是每个女性工资劳动者都有享受生育保险的权利，他们还必须为此尽到应有的社会义务。世界上各国享受生育保险的规定大体可以分为三种：

（1）规定被保险人在享受生育保险补助金时，必须已经缴纳保险费达到规定的最低期限。一般规定投保期限为产前最近的6个月，到生育后即中止。有的国家规定产前投保可在一段期限之内，还要求参加工作达到一定时期。

（2）规定由企业按照一定的比例缴纳生育保险基金，生育保险基金在一定的范围内实行社会统筹，并按照企业的实际需要及一定的标准给付生育津贴。

（3）不规定具体的投保条件，凡符合国家公民资格和财产调查手续的妇女，一律可以享受生育保险待遇，如澳大利亚、新西兰等国家。

（四）保险待遇

1.生育保险待遇内容

（1）产假津贴。这是指在法定的生育休假期间对参保对象的工资收入损失给予经济补偿，俗称产假工资。

（2）生育津贴。这是指为生育职工提供的一次性经济补偿，也包括对参保男职工的没有工作的妻子的生育费用的补贴。

（3）医疗护理。这是指承担与生育有关的医护费用，包括住院费、接生费和产前检查费等。

（4）生育补助。这是指对参保对象在生育期间照护婴儿所给予的补助，如婴儿补助和护工补等。

（5）育儿假。这是指在特定条件下为参保职工生育或者照护婴儿提供的休假，包括母育假和父育假。领养婴儿在有些国家也享受休假。

除了以上项目外，有些国家也为生育职工提供一些个性化的保障项目，如工作岗位保留待遇，即产后有权重新回到原单位从事工作。

2.生育保险待遇水平

（1）产假津贴。按照国际劳工组织第103号《保护生育公约》的规定，产假津贴最低标准为本人原工资的67%，即原工资的2/3。实际上，各国水平有所不同，有的为原工资的100%，有的低于100%，有的甚至没有津贴，比如美国。

（2）幼儿补助。幼儿补助一般根据一个国家的福利水平和是否鼓励生育等政策而定。如芬兰在20世纪90年代，无论是在业女性还是无业女性，生儿育女都有生育津贴和孩子津贴。

（3）医疗费用。有关生产、住院、医疗等费用，有的国家规定实报实销，有的规定一个固定金额。

（4）休假天数。2000年国际劳工大会第88届年会再次修改《保护生育公约》，将最低产假标准从1952年的12周增加到了14周。在实际中，各国的待遇标准有所差别。如丹麦规定女性雇员最多可享受52周的产假，同时其丈夫可以有2周假期。

## 第四节　健康保障制度分析

按照前文分析可知，健康保障制度包括社会医疗保险、社会医疗救助、基本医疗卫生服务三个方面，第二节我们介绍了社会医疗保险，在此处我们详细分析社会医疗救助、基本医疗卫生两方面的内容。

## 一、社会医疗救助制度

（一）社会医疗救助的概念

医疗救助（medical assistance）是指政府通过提供财务、政策和技术上的支持以及社会通过各种慈善行为，对贫困人群中因患病而无经济能力治疗的人群，或者因支付庞大数额的医疗费用而陷入困境的人群，实施救助或经济援助，使他们获得必要的援助，得到必要的医疗服务，以改善健康状况，维持基本生存能力的一种社会医疗保障制度。

医疗救助是医疗保障体系的有机组成部分，是以低收入群体为对象，以减免医疗费用为主要形式的医疗保障制度。

（二）社会医疗救助的主要方式

社会医疗救助（social medical assistance）有不同方式，各种方式之间具有替代性、互补性，可以共同或混合使用。

1.专项补助

专项补助是医疗救助的主要方式和重要的资金来源，主要以政府财政拨款为主，作为社会医疗保险统筹基金的一部分，由中央和地方财政根据救助对象的医疗需求，定期拨付经费，构成专项基金，专款专用，包干使用。

2.医疗费用减免

医疗费用减免是实施医疗救助制度的基本形式。通过定点医疗机构向持有医疗救助卡或低保卡的救助对象，按照有关政策提供减免性的医疗服务或报销部分费用。由于减免的范围和项目比较窄，救助对象只限于少数群体。

3.临时性医疗救济

临时性医疗救济是针对因病或因灾造成的暂时性和突发性贫困，而且没有医疗保障的人群的一种救助手段。主要救助因为水灾、火灾、地震灾害等突发性灾害造成的身体伤害，以达到恢复健康、恢复生活、恢复生产之目的。

4.慈善救助

慈善救助是政府、慈善机构或其他团体组织开展的义捐、义演、义诊以及义务医疗活动，也有慈善医疗机构和福利医院对贫困人口提供的免费或低收费医疗服务。

5.代为缴纳基本医疗保险费

民政部门利用社会医疗救助基金为救助对象缴纳医疗保险费，帮助其参加基本医疗保险。这样做有一个优点是，将一部分医疗救助业务委托给社会医疗保险部门，可以减轻民政部门在医疗救助方面的重复工作，缓解财政压力。

6.自付医疗费用补助

自付医疗费用补助就是对城镇医疗救助对象实行补助优惠政策，对患大病的救助对象自付医疗费用部分按一定比例给予补助，实质上是以救助大病为主。

（三）社会医疗救助的地位和作用

医疗救助是保障公民健康权和生存权的最后一道防线，处于医疗保障体系中的最低层次，是帮助贫困人群解决贫困的重要手段，是社会医疗保险的有效补充。

医疗救助与其他医疗保险形式相比，还有其特殊的作用。医疗救助专门保障低收入人群、无收入人群、老年人群、失去劳动能力人群和因病无力治疗人群，是不需要什么义务的。而医疗保险是权利和义务相对应的，参保人在享受权利的同时必须履行缴费等义务。

## 二、基本医疗卫生服务制度

### （一）初级卫生保健制度

1.初级卫生保健的提出

1977年5月，第30届世界卫生大会通过了WHO第3043号决议，确定了各国政府和世界卫生组织在未来几十年的主要社会目标：到2000年世界全体人民都应达到能使他们的社会经济生活富有成效的那种健康水平，即通常所说的“2000年人人享有卫生保健”。

1978年9月世界卫生组织和联合国儿童基金会联合在苏联的阿拉木图主持召开国际初级卫生保健大会，通过了著名的《阿拉木图宣言》，明确了初级卫生保健是实现“2000年人人享有卫生保健”全球战略目标的基本途径和根本策略。在第51届世界卫生大会上，WHO发表了《21世纪人人享有卫生保健》文件，认为人人享有卫生保健是一个导致人民健康逐步改善的过程，而不是一个单一有限的目标。21世纪人人享有卫生保健是2000年人人享有卫生保健目标的继续和发展，它将为全世界人民在其整个一生实现并保持能获得的最高健康水平创造条件。

2.初级卫生保健的含义

初级卫生保健是一种基本的卫生保健。其含义包括：

（1）它是社区内的个人和家庭积极参与，依靠科学的、受社会欢迎的方法和技术，费用也是社区或国家在各个发展时期依靠自力更生和自觉精神能够负担得起的，普遍能够享受的卫生保健。

（2）它是国家卫生系统的中心职能和要素。

（3）它是国家卫生系统和社区经济发展的组成部分。

（4）它是个人、家庭和社区同国家系统保持接触，使卫生保健深入居民生活与劳动的第一环节。

3.初级卫生保健的内容

根据《阿拉木图宣言》，初级卫生保健可分为四个工作目标和八项工作内容。

（1）工作目标

促进健康：包括健康教育、保护环境、合理营养、饮用卫生安全水、改善卫生设施、开展体育锻炼、促进心理卫生、养成良好生活习惯等。

预防保健：在研究社会人群健康和疾病的客观规律与人群所处的内外环境、人类社会活动的相互关系的基础上，采取积极有效的措施，预防各种疾病的发生、发展和流行。

合理治疗：及早发现疾病，及时提供医疗服务和有效药品，以避免疾病的发展与恶化，促使早日好转痊愈，防止带菌（虫）和向慢性发展。

社区康复：对丧失了正常功能或功能上有缺陷的残疾者，通过医学的、教育的、职业的和社会的措施，尽量恢复其功能，使他们重新获得生活、学习和参加社会活动的能力。

（2）工作内容

其工作内容包括：对当前主要卫生问题及其预防和控制方法的健康教育；改善食品供应和合理营养；供应足够的安全卫生水和基本环境卫生设施；妇幼保健和计划生育；主要传染病的预防接种；预防和控制地方病；常见病和外伤的合理治疗；提供基本药物。

（二）基本公共卫生服务和基本临床服务

1.基本公共卫生服务和基本临床服务的提出

世界银行在《1993年世界发展报告——投资于健康》中提出概念，将获得基本医疗保健服务看作是一项基本的人权。它最初包括六项基本公共卫生和医疗服务。公共卫生包括：扩大计划免疫、学校公共卫生服务、计划生育和营养信息服务、吸烟饮酒控制、性病及艾滋病防治、改善居民生活环境。医疗服务则包括：儿童疾病综合管理、围产期及分娩保健、计划生育服务、肺结核控制、性病治疗和有限的临床服务。确定基本公共卫生服务和基本临床服务的原则包括：

（1）根据国家或地区经济发展和人民收入水平，政府能够承担、个人支付得起的医疗卫生服务。

（2）应该选择成本低、效果好的服务作为基本公共卫生服务和基本临床服务。

（3）根据各国的实际情况（对健康造成的危害和疾病经济负担），确定各自重点和优先项目。

（4）要能达到广泛的覆盖，使穷人同样能充分得到服务。

对于基本卫生服务的概念国内还没有形成明确统一的认识，出发点和落脚点不同，含义各不相同。从基本卫生服务的供方出发，基本卫生服务是指卫生服务提供者根据接受服务的居民的健康状况，遵循医学与公共卫生学原理、原则，按照常规要求，必须提供的卫生服务。

从经济学的角度出发，基本卫生服务是指针对人群中的首要的急性传染性疾病和慢性非传染性疾病，卫生干预的效果和效益证据充分、成本效果良好的公共卫生和基本临床服务。服务的提供充分体现政府的“公共职能”并本着适度投入、公平优先、讲求效率的原则。

从政府责任的角度出发，基本卫生服务应该是免费的，由政府提供。国家通过举办公立医疗卫生机构或购买非公立医疗卫生机构的服务，向每个公民提供免费基本卫生服务。

2.基本医疗卫生服务的主要内容

（1）公共卫生服务

公共卫生服务（public health service）是指那些为了改善、保护和促进全体人民健康，由政府出资、各级卫生部门和医疗卫生服务机构提供的卫生产品和维护服务，是为全体人民提供基本卫生保健的重要手段。公共卫生服务项目主要有：预防服务、慢性病管理、计划生育和生殖健康保健服务、家庭保健、精神卫生服务。

（2）基本医疗服务

基本医疗服务（basic medical service）是指在一定社会经济发展、医学科技水平进步、文化和人口特征的条件下，由政府根据国家财力、个人的承受能力，通过医疗保障制度为全体居民提供的，并在疾病诊治过程中必需的医疗服务。

基本医疗服务包括一般常见病、多发病和诊断明确的慢性病的诊治，大病恢复期的治疗和不治之症的保守治疗，以及急诊、急救等应急处理。基本医疗服务不包括门诊大病治疗和住院服务。

## 本章小结

疾病风险是指由于患病或者意外损失而引发的风险。因疾病风险所危害的对象是人，导致对人体健康的损害甚至死亡，因而对疾病给人们带来的经济损失应该给予补偿。医疗保险是保险的一种，是为补偿因疾病带来的直接医疗费用损失而提供的保险。在现实政策实践中，一般人们兼顾医疗保障在资金筹集方式、对医疗机构的支付方式、医疗费用的分担方式等方面的差异，将其分为四种不同的医疗保障模式，即社会医疗保险模式、全民健康服务模式、商业医疗保险模式和储蓄医疗保险模式。医疗保险费用分担方式指的是在医疗保险费用支付过程中，被保险方参与分担一部分医疗费用的支付方法。其意义在于让被保险方树立费用意识，控制自己的医疗需求行为，达到合理使用医疗服务和控制医疗费用的目的。一般常见的费用分担方式主要有起付线、共同付费、最高限额和混合式。医疗保险费用支付方式是指被保险人和保险机构获得医疗服务后，保险机构向服务供给方支付费用的行为。按不同的标准可以分为后付制、预付制和一体化制。从医疗保险费用的具体支付方式上看，可以分为按服务项目支付、按人头支付、定额付费、按病种分类支付、总额预算制等。生育不是疾病，但也同样面临风险，会危及孕产妇和新生儿的生命健康，也需要医疗卫生服务。因此，生育保险与医疗保险合二为一是世界部分国家保障设置的一种方式。我国目前实行的是生育保险、医疗保险合并管理，并非两险合为一险。生育保险是指在女性劳动者因生育子女而暂时性丧失劳动能力时，由国家、社会提供必要的经济补偿和医疗保障的一种社会保险制度。健康保障则是指政府或社会依法为公民提供的，旨在保障其身体健康的制度体系。广义上包括社会医疗救助、医疗保险和医疗卫生服务。本书则主要包括社会医疗救助制度、基本医疗保险制度和基本卫生服务制度及其相互之间有机制约和协调的关系，侧重于狭义的健康保障体系。

## 关键术语

疾病风险（disease risk）　医疗保险（medical insurance）　生育保险（maternity insurance）　健康保障体系（health protection system）　医疗保险模式（medical insurance model）　医疗保险支付方式（medical insurance payment method）

## 复习思考题

1.疾病风险和医疗保险之间的关系是什么？

2. 医疗保险和生育保险之间的关系如何？

3. 医疗保险的性质有哪些？如何处理好医疗保险福利性与经济性之间的关系？

4. 医疗保险系统是如何构成的？各个主体之间的关系如何？

5. 医疗保险费用分摊的方式有哪些？请结合我国基本医疗保险的实际情况，阐述基本医疗保险的费用分担情况。

6. 怀孕生子是疾病吗？生育行为面临什么风险？

7. 生育保险的申领条件有哪些？待遇内容有哪些？

8. 健康保障体系包括哪些内容？各自的作用范围是什么？

## 推荐阅读资料

[1] 人力资源和社会保障部.人社部医疗保险司司长陈金甫解读《关于进一步深化基本医疗保险支付方式改革的指导意见》[EB/OL].[2018-11-28].http://www.mohrss.gov.cn/SYrlzyhshbzb/shehuibaozhang/gzdt/201707/t20170703_273446.html.

[2] 戴睿琦，罗娟.生育保险和基本医疗保险合并实施的可行性分析[J].上海工程技术大学学报，2017（12）.

医保支付方式改革

# 第九章

# 失业保险制度



## 学习要点

通过本章学习，了解我国失业保险制度的产生、发展及其趋势；理解和掌握我国失业保险制度的主要内容及运行机制；正确认识西方国家失业保险制度的发展及其特点，以及西方国家失业保险制度的主要内容。

案例引入

## 让贫困户有工作　让创业者享扶持
## ——义乌市多措并举推进就业创业工作

“商城处处有商机。”这是每个在义乌就业创业人士的心声。近年来，浙江省义乌市就业部门紧紧围绕“稳定就业，鼓励创业”这一原则，以强化政策体系为主线，以深化平台建设为支撑，以优化培训服务为推手，积极推进全民就业创业，充分发挥了就业工作保障民生、服务发展的重要作用。2018年上半年，全市城镇新增就业9 632人，失业人员再就业3 556人，城镇登记失业率为2.57%。各项就业创业指标大幅提高，就业形势始终稳定向好。

**帮扶温暖人心，书写民生之本的幸福内涵**

“我平时工作就是给村里办公室场所保洁，每个月劳务费都准时发到我手上。”义乌市稠江街道中金村公益性岗位上岗人员金健丰正在与市就业局工作人员交流工作情况。

2016年，义乌市政府下达了“确保贫困家庭1名以上符合就业条件成员就业”的民生实事工作任务，义乌市就业局第一时间研究部署帮扶工作，迅速摸清底数，开发2 000余个适合低收入家庭劳动力就业的岗位，并组织了多个专场就业推介会精准对接。全体工作人员分为6个工作小组，对还未就业的帮扶对象逐一走访，为他们提供就业岗位、培训信息并给予有针对性的就业创业指导。此后，义乌市就业局又通过定向招聘事业编制工作人员、落实公益性岗位托底安置等举措，确保符合就业条件贫困家庭劳动力100%就业。

就业乃民生之本。“在民生的坐标体系里，有工作有收入是群众最基本也是最幸福的事。我们以就业困难群体为重点帮扶对象，完善政策，优化服务，确保每一个有就业意愿和就业能力的劳动者都能稳定就业，体面生活。”义乌市就业局局长虞坚勇表示。近5年，义乌市就业局完善了就业失业登记和就业困难人员认定办法，开展新增低收入家庭劳动力就业帮扶，强化大学生就业见习实训基地建设，深化企业用工服务，累计组织就业援助月活动、镇街就业推介会、就业困难群体专场招聘会等各类招聘活动128场，服务近15万人次，帮助达成就业意向近4万人次。

**保障有力贴心，铺开创业之都的生动画卷**

“王莉娜，你好！你的创业担保贷款申请我们已经审核通过了，请你带身份证前来领取审核通过的申请表，拿着这份表格去银行申请贷款。”“真快啊，我前天才来办的，今天就办成了。谢谢你们。我正在创业初期，资金困难，30万元可以帮我很大忙了。真是太好了！”这样的对话每天都在义乌市就业局培训创业科里上演。自义乌市创业担保贷款政策实施以来，该单位科室内总是人头攒动，来咨询和办理这项业务的人络绎不绝。这是义乌市积极落实“大众创业，万众创新”各项政策的重要举措之一。

义乌市认真贯彻“大众创业，万众创新”战略，全力完善创业政策扶持体系，优化创业服务体制机制，积极促进创业带动就业。近5年来，义乌市累计组织了创业沙龙、论坛等创业活动近200场，发放创业担保贷款2.3亿元，建设培育大学生创业园、众创空间、创业培训定点机构等创业服务平台34个。其中，省级创业孵化示范基地3个，省级众创空间5个，金华市青年创客工场10个，帮扶创客2万余名，带动就业2.52万人，全市就业创业氛围愈加浓郁。

**团队以人为本，展现人社部门的服务品牌**

义乌市就业局始终把增强自身业务素质和优化为人民服务水平作为重中之重。为进一步增强服务群众意识，该局以基层党组织建设为抓手，通过开展“红色新春服务月”“流动窗口上门办”等党员义务日活动，不断提高全体工作人员修养。今年以来，义乌市就业局积极走进就创业平台和村（社区）等场所开展工作调研，调研人次达232人，为今后工作打下良好的基础。

“群众利益无小事，一枝一叶总关情。对收到的咨询件我们都给予详细清楚的回复，今年上半年共回复66件。”义乌市就业局相关负责人表示。

目前，该局正在深入推进“最多跑一次”改革，通过对业务流程和所需资料的反复梳理，所有证明类材料已全部取消，实现办事无证明。90%的业务实现了网上办理。下一步，义乌就业局计划通过加快推进“网上办”、加快实施业务联办、优化“定期办”事项办事流程等举措，进一步精简各项证明材料，优化办事流程，最大程度方便群众办事。

资料来源　楼青倩. 让贫困户有工作，让创业者享扶持［N］. 中国劳动保障报，2018-09-03.

讨论：就业服务是失业保险制度的内容吗？为什么？

失业保险制度是社会保障制度的重要组成部分，是保障人们具有长期可持续收入的基本制度，对于稳定及提高劳动者及家庭生活质量有重要意义。

## 第一节　我国失业保险制度的发展历程

失业保险制度是现代社会保障制度的重要组成部分，在市场经济条件下，对于维护劳动者劳动权益、维持劳动力失业状态下的劳动力再生产都具有重要作用，是现代市场经济国家不可或缺的社会保障制度。我国的失业保险制度经历了产生、建立和发展阶段，每一阶段都有自身的制度特征。

### 一、我国失业保险制度的建立

我国失业保险制度的建立，在时间上晚于西方国家，但对劳动者或者失业者的保护意愿还是比较突出的。

（一）民国时期的失业保险

民国时期我国失业保险经历了萌芽和发展时期。1923年颁布了一些与工人相关的救济条例并规定：凡男女劳动者生病或因工作受伤，均由雇主负责医治，后者更有抚恤费若干。其次，工人年老及职业病患者均受抚恤和赔偿。这些规定更像现在的工伤保险，也是我国关于工人暂时失业的较早的法律法规记载。此外，该时期对交通工人的救济，也有相关的法令做了明确的规定。1928年，上海市公布《上海特别市职工退职待遇暂行办法》，制定了老年劳动者的救济条例。1929年，南京国民政府颁布《工厂法》，其中对因伤害暂时不能工作的工人、因病而残疾的工人以及死亡的工人在医药费、津贴费、丧葬费与工资等方面都做出了细致的规定。以上三种情况的补偿是对工人暂时失去工作能力的一种经济补偿，以条例的形式颁布具有法律效力。上述关于工人保险的条例和法案对当时的暂时失去劳动能力的失业者而言，是一种制度的保障，可算是民国时期失业保险制度的萌芽。[①]

为了应对日益增加的失业大军，民国政府加大了完善相关制度的力度，1930年，全国工商会议提出实行强制失业保险制度，并拟定大纲，对被保险者的工资标准、保险费的分担、失业金的给付、救济金的限制与条件等都做出规定。这是非常明显的制度进步，但可惜的是没有得到实际推行实施。1943年社会部制定《川北区各盐场盐工保险暂行办法》，1947年民国政府通过的《社会保险法原则》，都把失业保险列为重要险种。对保险的种类、保险对象、保险的失业给付、保险基金等均做出明确规定并开始实施。这充分体现了民国时期失业保险制度的发展。20世纪40年代失业保险制度日渐完善和实施，对失业者的保障以及社会的稳定都起到了积极作用。[②]

（二）中华人民共和国失业保险制度的建立

中华人民共和国成立初期，旧中国遗留下来众多的失业问题，为此，国家确定了“低工资、广就业”的就业方针和“保证稳定，恢复生产，巩固新生政权”的就业目标。1950年政务院发布了《关于救济失业工人的指示》《关于救济失业教师与处理学生失学问题的指示》，与此同时劳动部发布了《救济失业工人暂行办法》，对救济的目的、范围、标准都做了规定，但是这些都是从社会救济而不是从社会保险、失业机制的角度加以考虑的。1952年劳动部发布了《关于处理失业工人的办法》，从而为中国失业保险制度的建立奠定了基础。这一时期对失业劳动者多采用救济的办法解决问题，国家还成立了专门的救济工作机构——失业救济委员会，但这不是严格意义上的失业保险。1957年我国政府宣布消灭了失业，国家对城镇劳动力实行统一分配的劳动就业制度，由劳动部门单纯依靠行政职能执行，并以固定工的形式使劳动者牢牢地与单位保持着终身的劳动关系。20世纪70年代末，在农村的下乡知青大规模返回城市，但有限的城市就业岗位却无法容纳大批返城青年，城市的失业问题成为尖锐的社会矛盾。于是，中央政府在1980年提出了一条“三结合”就业方针，即“在国家统筹规划的指导下，实行劳动部门介绍就业、自愿组织起来就业和自谋职业相结合”的就业方针，第一次实行了多渠道就业方式，从此国家指令性计划就业机制开始被打破，形成了计划体制就业和市场机制就业的双轨制就业模式。

20世纪80年代中期，我国的失业保险制度正式建立。随着经济体制改革的全面深化，1986年，为了配合国有企业改革，实行劳动合同制，促进劳动力的合理流动，国务院颁发了《国营企业招用工人暂行规定》《国营企业辞退违纪职工暂行规定》，同时颁布了《国营企业职工待业保险暂行规定》，该规定的颁布实施，标志着我国失业保险制

① 高超．民国时期城市失业保险制度研究［J］．黑龙江史志，2015（1）．
② 高超．民国时期城市失业保险制度研究［J］．黑龙江史志，2015（1）．

度的建立。其主要内容有：①规定了待业保险的对象。即当时国营企业的四类职工：宣告破产的企业的职工、濒临破产企业的精简人员、企业终止或解除劳动合同的工人、企业辞退的职工。②规定了待业保险基金的来源。待业保险基金由企业按全部职工标准工资的总额缴纳，救济金按本人标准工资的50%～75%发放。③规定了待业保险的给付期限。待业保险的最长享受期为24个月。但该规定正如它的名称一样还带有计划经济的色彩，其实施范围狭窄、资金来源渠道单一、保障能力有限。

## 二、我国失业保险制度的发展

为了解决企业"下岗分流、减员增效"改革所产生的待业问题，1993年国务院颁发了《国有企业职工待业保险规定》以代替1986年的《国营企业职工待业保险暂行规定》。新规定的主要内容有：一是对待业保险对象重新规定，增加了按照国家有关规定被撤销、解散的企业的职工，按照国家有关规定停产整顿企业被精简的两类职工。二是待业保险待遇。待业保险待遇按当地民政部门确定的社会救济金的120%～150%发放。三是规定失业保险基金实行市县统筹，省可集中部分基金调剂使用。随着改革的深入，下岗情况越来越严重，国家又推出再就业工程，通过这样一个过渡性的措施，帮助他们逐步适应市场就业的要求，提高竞争就业的能力，实现重新就业。之后，建立了下岗职工基本生活保障制度、失业保险制度、城镇居民最低生活保障制度，即"三条保障线"来保障下岗、失业职工的生活。但这些制度并不能完全适应市场经济的需要，所以建立与市场经济相适应的失业保险制度，为劳动力的自由流动提供政策支持成为必然趋势。

1999年1月22日，国务院颁布了《失业保险条例》，对原有制度做了比较全面的调整。①扩大了保障范围。突破了原有国有企业的局限，将所有国有、集体、私营和外商企业的职工纳入了保障范围，并考虑到事业单位改革的需要，将事业单位职工也纳入了范围。②实行了多方筹资的方法。针对原来只有企业缴费且费率较低、基金支付能力弱的问题，实行单位、职工共同缴费的办法，并提高了缴费水平，企业缴费率由0.6%～1%提高到2%，增加个人缴费1%；同时，财政承担弥补赤字的责任。③考虑到城市在就业和社会保险方面承担着重要责任，明确了由地市一级对失业保险基金负责征集和管理，以提高基金的管理水平和支付能力。④将基金的征收和使用分离，明确了基金的支出项目，防止不正当使用，增强其安全性。同时实施了收支两条线管理机制，更好地防范了风险，并且实施社会化发放的制度。⑤重新确定了失业保险金的发放标准，增强了与最低工资制度、城市居民最低生活保障制度的衔接。

2000年劳动和社会保障部颁布了《失业保险金申领发放办法》，对失业保险金的发放工作进行了规范，且明确了失业保险关系转迁的具体政策。

2002年，国有企业下岗职工基本生活保障制度的历史作用基本完成，中国开始实施积极的就业政策，职工失业后直接进入劳动力市场，在失业保险提供生活保障的同时，由政府提供贷款、社会保险补贴等政策支持，帮助他们尽快实现就业。2004年，国务院首先提出，有条件的地区可积极探索实施失业人员保险金的"三个延伸"，更大范围地用于促进再就业，并扩大失业基金支出范围的试点，浙江、新疆、天津相继出台了相关政策。2005年，国务院颁发《国务院关于进一步加强就业再就业工作的通知》

（国发〔2005〕36号），对失业保险基金扩展使用问题提出了明确的要求，试点工作正式列入日程，目的是继续探索失业保险在就业促进、减少失业等方面的作用，尽快形成可操作的办法，指导工作实践。2006年1月11日，劳动和社会保障部、财政部出台了《关于适当扩大失业保险基金支出范围试点有关问题的通知》（劳社部发〔2006〕5号），从2006年1月起在北京、上海、江苏、浙江、福建、山东、广东7省、直辖市开展适当扩大失业保险基金支出范围试点工作。这些试点，旨在为促进就业提供更多资金支持，也为进一步改革和完善失业保险制度提供实践依据，通过对基金的合理配置，将其重心从生活保障不断转向基本保障和促进再就业的双重目标。

2008年开始实施的《就业促进法》，强调了要健全失业保险制度，依法确保失业人员的基本生活，并促进其实现就业。2011年7月1日开始实施的《社会保险法》在第五章“失业保险”中对失业保险的内容做了具体规定，正式在法律层面对失业保险制度进行完善，影响深远。

## 第二节 我国失业保险制度的主要内容

《社会保险法》《失业保险条例》对我国失业保险制度的内容做了具体规定，主要包括保障对象、失业保险基金的筹集、保险待遇的支付、保险金的领取期限等。同时，目前我国失业保险制度的内容还不完善，需要深化改革。

### 一、我国失业保险制度的保障对象

我国《社会保险法》第四十四条规定：“职工应当参加失业保险，由用人单位和职工按照国家规定共同缴纳失业保险费。”根据这条规定，我国失业保险的对象包括国有企业、城镇集体企业、外商投资企业、城镇私营企业以及其他城镇企业及其职工、事业单位及其职工、城镇企业事业单位招用的农民合同制工人。此外，《失业保险条例》规定，各省、自治区、直辖市人民政府根据当地实际情况，可以决定本行政区域内的社会团体及其专职人员、民办非企业单位及其职工、有雇工的城镇个体工商户及其雇工是否适用该条例。因此，我国城镇各类企业事业单位及其职工，无论单位经营状况好坏，职工失业风险大小，均须参加失业保险，缴纳失业保险费。到2017年末，我国参加失业保险的人数为18 784万人。这一人数与城镇就业人数相差比较大，截至2017年末我国城镇就业人数为42 462万人，说明我国城镇就业者半数以上没有参加失业保险。同时，目前我国的失业保险对象不包括从事农业劳动的农村居民。

### 二、失业保险基金的筹集与支付

（一）失业保险基金的筹集

1.失业保险基金的征缴模式

失业保险基金是为了保障失业人员的基本生活，促进其再就业而依法筹集的专项资金。由于各国经济发展水平高低不同，国家、企业及劳动者个人的经济承受力不同，而且政府、企业、劳动者个人对失业责任的认知不同，在失业保险基金筹集的具体渠道和负担比例上各国存在着很大的差别。各国采取的征集模式主要有：

（1）由雇主和雇员双方负担，如法国等。

（2）由雇主和政府双方负担，如意大利等。

（3）政府全部负担，如澳大利亚、匈牙利、新西兰等。

（4）由政府、雇员和雇主三方负担，如加拿大、日本、德国、美国等。

（5）全部由雇主负担，如印度尼西亚等。

我国失业保险制度建立以来，一直实行基金制，基金主要由用人单位和劳动者缴费构成。

2.我国失业保险基金的筹资机制

根据《失业保险条例》的规定，我国失业保险基金主要由城镇企业事业单位与其职工缴纳的失业保险费、失业保险基金的利息、财政补贴、依法纳入失业保险基金的其他资金四部分构成，这说明我国实施的是以用人单位和职工为主、政府为辅的基金征缴模式。所以，我国失业保险实行国家、用人单位、职工三方负担的筹资机制。三方负担的筹资机制，体现了社会保险基金筹集的一般原则，明确了国家、用人单位、职工三方的义务，有效地保证了失业保险基金的稳定来源，增强了失业保险基金的支付能力，但国家承担的仅仅是一种次要责任，即只有当失业保险基金出现赤字时，才由财政补贴。

3.失业保险基金的来源

失业保险基金的来源由以下几个部分构成：

（1）城镇企业事业单位、城镇企业事业单位职工缴纳的失业保险费。参保单位按照本单位工资总额的2%缴纳失业保险费，职工个人按照本人工资的1%缴纳失业保险费。近年来，为了降低用人单位负担，国务院相关部门多方面采取措施降低失业保险缴费比例。人社部发〔2016〕36号文，即人力资源和社会保障部、财政部《关于阶段性降低社会保险费率的通知》规定：从2016年5月1日起，失业保险总费率在2015年已降低1个百分点基础上可以阶段性降至1%～1.5%，其中个人缴费率不超过0.5%，降低费率的期限暂按两年执行。具体方案由各省（自治区、直辖市）确定。人力资源和社会保障部、财政部，2017年2月还专门发布《关于阶段性降低失业保险费率有关问题的通知》，该通知规定，从2017年1月1日起，失业保险总费率为1.5%的省（自治区、直辖市），可以将总费率降至1%，降低费率的期限执行至2018年4月30日。在省（自治区、直辖市）行政区域内，单位及个人的费率应当统一，个人费率不得超过单位费率。具体方案由各省（自治区、直辖市）研究确定。2018年4月，人社部、财政部继续发文将人社部发〔2016〕36号文的执行期限延至2019年4月30日，继续降低企业的社保缴费负担。

（2）失业保险基金的利息。其主要是将失业保险储备基金存入银行或购买国债而获取的银行利息、债券利息。

（3）财政补贴。即当失业保险基金储备不够充足或出现不足以支付的情况时，由地方财政给予的补贴。

（4）依法纳入失业保险基金的其他资金，包括失业保险储备基金投资运营后的收入，运用生产自救、开展生产自救活动所获得的纯收入，以及滞纳金的收入等。

此外，失业保险调剂金以统筹地区依法应当征收的失业保险费为基数，按照省、自治区、直辖市人民政府规定的比例筹集。统筹地区的失业保险基金支付不足时，由失业保险调剂金调剂、地方财政补贴。

（二）失业保险金的支付

1.失业保险金支付的条件

申请领取失业保险金的条件为：①按照规定参加失业保险，所在单位和本人已按照规定履行缴费义务满1年的；②非因本人意愿中断就业的；③已办理失业登记，并有求职要求的。失业人员失业后，应当持原单位为其出具的终止或者解除劳动关系的证明，及时到指定的社会保险经办机构办理失业登记。同时具备以上三个条件者才具有申领资格，具体申领程序各省、自治区、直辖市有所差别，但主要程序相同。

但有下列情形之一的，失业人员停止领取失业保险金，并同时停止享受其他失业保险待遇：①重新就业的；②应征服兵役的；③移居境外的；④享受基本养老保险待遇的；⑤无正当理由，拒不接受当地人民政府指定部门或者机构介绍的适当工作或者提供的培训的。

2.失业保险金支付的标准

失业保险基金支出包括失业保险金、领取失业保险金期间的医疗补助金、领取失业保险金期间接受职业培训和职业介绍的补贴以及国务院规定或批准的与失业保险有关的其他费用。失业保险金自办理失业登记之日起计算，失业人员在领取失业保险金期间，按照规定同时享受其他失业保险待遇。失业保险金由失业保险机构按月发放给失业者，具体的标准，由各省、自治区、直辖市人民政府按照低于当地最低工资标准、高于城市居民最低生活保障标准的水平来确定。从总体来看，一般的标准都在最低工资的70%～80%之间。对于单位招用的农民工连续工作满1年，并且单位已缴纳失业保险费，劳动合同期满未续订或者提前解除劳动合同的，由社会保险经办机构根据其工作时间长短，对其支付一次性生活补助金。补助的办法和标准由各省、自治区、直辖市人民政府规定。如果失业人员在领取失业保险金或失业补助金期间患病，还可以到失业保险管理部门指定的医院就诊，同时可以按照规定向社会保险经办机构申请领取医疗补助金。医疗补助金的标准根据所在的省、自治区、直辖市人民政府规定的标准执行。如医疗费用较高，当地的失业保险法规规定还可以增加的，那么根据当地的有关规定，还可以申请适当增加。失业人员在领取失业保险金期间死亡的，参照当地对在职职工的规定，对其家属一次性发给丧葬补助金和抚恤金。此外，失业保险支付期满，失业人员还没有找到工作，如果失业人员符合城市居民最低生活保障条件的，按照规定享受城市居民最低生活保障待遇。

3.领取失业保险金的期限

领取失业保险金的期限根据失业人员失业前所在单位和本人按照规定累计缴费时间长短计算确定：

（1）累计缴费时间满1年不足5年的，领取失业保险金的期限最长12个月。

（2）累计缴费时间满5年不足10年的，领取失业保险金的期限最长为18个月。

（3）累计缴费时间10年以上的，领取失业保险金的期限最长为24个月。

对于重新就业后，再次失业的，缴费时间重新计算。再次失业领取失业保险金的期限可以与前次失业应领取而尚未领取的失业保险金的期限合并计算，但是最长不得超过24个月。

4.失业保险的管理

国务院劳动保障行政部门主管全国的失业保险工作。为加强对失业保险工作的管理，劳动和社会保障部设立了失业保险司，县级以上地方各级人民政府劳动保障行政部门主管本行政区域内失业保险费的征收和失业保险待遇的支付，并进行监督检查；劳动保障行政部门按照国务院规定设立的经办失业保险业务的社会保险经办机构，依照《失业保险条例》的规定，具体承办失业保险业务：负责失业人员的登记、调查、统计；负责失业保险基金的管理；核定失业保险待遇，开具失业人员在指定银行领取失业保险金和其他补助金的单证；拨付失业人员职业培训、职业介绍补贴费用；为失业人员提供免费咨询服务；国家规定由其履行的其他职责。财政部门和审计部门依法对失业保险基金的收支、管理情况进行监督。社会保险经办机构所需经费列入预算，由财政拨付。

失业保险基金在直辖市和设区的市实行全市统筹，其他地区的统筹层次由省、自治区人民政府规定。省、自治区、直辖市可以建立失业保险调剂基金。具体管理规定：

（1）失业保险基金必须存入财政部门在国有商业银行开设的社会保障基金财政专户，实行收支两条线管理，由财政部门依法进行监督。

（2）存入银行和按照国家规定购买国债的失业保险基金，分别按照城乡居民同期存款利率和国债利息计息，失业保险基金的利息并入失业保险基金。

（3）失业保险基金专款专用，不得挪作他用，不得用于平衡财政收支。

（4）失业保险基金收支的预算、决算，由统筹地区社会保险经办机构编制，经同级劳动保障行政部门复核、同级财政部门审核，报同级人民政府审批。

（5）失业保险基金的财务制度和会计制度按照国家有关规定执行。

## 三、我国失业保险制度存在的主要问题

（一）立法层次偏低、简略

国际上大多数选择强制性失业保险模式的国家，其失业保险立法都是国家最高层次的立法，如日本的《雇佣保险法》和德国的《就业促进法》。但我国，即使是1999年国务院颁布的《失业保险条例》，也只是国务院出台的行政性规章，不是失业保险的基本法。虽然2008年1月1日、2011年7月1日分别开始实施的《就业促进法》《社会保险法》是立法机关的立法，但这两部法律关于失业保险的规定都只有寥寥数语，过于简单，执行难度大。

（二）失业保险覆盖面较窄

市场经济中，每一个面临失业风险或已成为失业者的劳动者都应该享有失业保险制度规定的权利与义务，这样才能体现社会保障的“国民待遇”均等原则。然而我国目前失业保险的实施范围主要限于城镇范围的企业事业单位的失业者。虽然一些地方政府将实施范围扩大到非国有企业，但实际情况是，大多数非国有企业的员工及农民工却还没有纳入失业保险的范围。就参保人数看，2017年全国失业保险参保人数为18 784万人，城镇就业人数为42 462万人，参保人数占城镇就业人数的比例约为44%。

（三）保障水平不高，基金却大量结余

按照现行制度的规定，失业保险金水平通常为最低工资的60%～80%之间，不能较好地保障失业者本人和家庭成员的生活需求。没有鼓励失业人员为求职发生的档案管理、异地求职的交通、搬家等必要费用的支持等。国际劳工组织1988年第168号《促进就业、防止失业公约》规定的失业保险金最低标准提高到参考工资的50%（就四口之家的基准失业者而言），支付期延长到26周或24个月内的39周。而目前为止，我国的失业金仍然低于这一标准。相反的是，我国失业保险基金大量结余，根据财政部发布的《关于2017年全国社会保险基金决算的说明》，在失业保险基金方面，2017年收入1 112.63亿元，比上年减少115.47亿元，下降9.4%，完成预算的97.1%。2017年支出893.76亿元，比上年减少81.74亿元，下降8.4%，完成预算的86%。2017年收支结余218.87亿元，年末滚存结余5 552.37亿元，相当于当年支出的6倍多。基金结余主要集中在发达地区和各地区的大中城市。但随着近年来我国失业保险缴费率的降低，基金累计结余呈现逐渐缩减的趋势。失业保险基金大量的结余表明，基金的功能发挥不足，现行制度在基金支出的对象范围、标准、项目等方面规定过窄，导致劳动者无法得到适当的失业保障，出现有险但保障不足的情况。同时，用于促进就业的支出较少，截至2016年底，用于失业人员的职业培训和职业介绍补贴等促进就业的支出为260亿元。

（四）促进就业的功能弱

现行制度出台时，基于当时大规模下岗失业的特殊背景，将失业保险的主要功能定位在保障生活，基本生活保障支出占失业保险基金总支出的比例一直维持在90%左右。而促进就业的范围只限于失业人员领取失业保险金期间接受职业培训、职业介绍的补贴，促进就业的作用较弱。失业保险待遇期满后的失业人员和未参保的失业人员均不能享受这两项补贴。现行的失业保险制度过于偏重对失业人员的生活救济，促进再就业的功能明显弱化，对青年人失业问题的考虑不足。

（五）现行制度设计难以满足地区、企业的差异性

现行失业保险制度采取政府集中制定政策、具体业务分散管理的方式，即实行全国统一制度和基金市级统筹。在全国统一制度和较低的统筹层次下，经济发达地区难以根据当地实际情况，在统一的制度之外，安排一定数量的资金用于所需要的促进就业的支出项目。另外，统一的费率制度部分制约了基金的收缴。对效益好、失业率低的企业来说，因其只有很少甚至没有员工领取失业救济金，因而不愿参加统筹失业保险，即使参加也有抵制、拖欠保险费等情况。而效益差、失业率高的企业，统一费率无疑助长其懒惰与依赖思想。

（六）失业保险制度的管理不够科学

从失业保险基金的筹集看，由于我国失业保险的覆盖面仍然偏低，参保人数占城镇就业人数的比例不足50%，资金筹集面偏狭窄。从失业金支付看，我国领取失业保险金的时间在12个月到24个月之间，明显超过国外平均水平（多数在半年到一年，平均享受待遇期限为47.57周）。过长的支付期，不利于激励失业者再就业。而我国失业保险金的待遇标准按照最低工资与最低生活保障确定，不能体现缴费的贡献和权利与义务对应

的原则，总体标准偏低，并且职业培训、就业津贴较低，不利于劳动者再就业。

## 四、我国失业保险制度改革的对策

（一）扩大制度覆盖面，为更多的劳动者提供失业保障

我国现在的失业保险保障范围有限，需要进一步改革。为此，应注意以下几点：一是在立法上进行规范，将现在没有纳入强制参保范围的劳动者纳入强制参保范围，而不是由各省、自治区、直辖市自己选择。二是失业保障的对象应该主要是那些就业相对稳定的、以工资为主要收入来源的劳动者，而对企业主以及既有劳动收入也有经营收入的个体从业人员可以不纳入保障范围。对于灵活就业人员，应区别对待，如自我雇用人员，可以不纳入保障范围，但对于其他非全日制劳动者，由于工作稳定性差，可考虑纳入失业保障，但具体操作比较困难。

（二）为失业劳动者提供更有效的保障

目前来看，主要应该注意以下方面的改革：一是适度提高失业保险金标准。应改变与最低工资标准挂钩的做法，改按失业者失业前工资的一定比例确定其失业保险金标准，同时对最高和最低标准进行适当控制，尽快满足国际劳工组织提出的不低于失业者工资50%的标准要求。二是依法解决失业者参加医疗保险的问题。《社会保险法》第四十八条已有明确规定："失业人员在领取失业保险金期间，参加职工基本医疗保险，享受基本医疗保险待遇。失业人员应当缴纳的基本医疗保险费从失业保险基金中支付，个人不缴纳基本医疗保险费。"只是各地具体如何实施还存在不确定性。三是对特殊失业群体给予必要的支持。主要是对年龄较大，享受失业保险待遇期满，还难以就业的失业者，继续为其提供失业保障，直到其退休，进入养老保险。可借鉴西方国家做法：延长的期限适当限制，待遇可以适当降低。四是调整享受失业保险待遇期限。在待遇标准提高的前提下，可适当缩短享受待遇的时间，根据失业者本人的参保缴费时间确定。

（三）加大失业保险促进就业的力度

在促进失业人员再就业上，必须按照有利于促进就业的要求，完善失业保险的相关政策。主要应完善：一是增加失业保险促进就业的支出项目，即按照《就业促进法》的规定，为领取失业保险金的失业者提供职业培训补贴、职业介绍补贴、社会保险补贴、工资补贴等多方面支持，帮助他们提高就业能力，支持他们开展创业，通过重新就业实现最根本的生活保障。二是鼓励失业者尽快就业。如果失业者创业的，可以将他没有领取的失业保险金一次性支付，使其有更多资金投入创业。如果失业者通过其他形式就业，可以保留他们没有领取的失业保险金的时间，在其再次失业时可以继续使用，使他们不必担心因为提前就业使自己的权利受到损失。

（四）尽快探索预防失业的有效办法

要解决好就业问题，应该从促进就业和治理失业两方面努力，预防失业是最积极的防止失业的措施之一。在具体措施方面：一是在企业遇到阶段性困难时，通过内部的集体协商机制，企业和职工双方达成缩短工时、降低工资但不裁减员工协议的，由失业保险基金给予适当期限的工资补贴，以部分弥补职工的收入损失和降低企业的负担。这方面政府已经推出了一些政策，比如，人力资源和社会保障部及国务院相关部委2014年

发布了《关于失业保险基金支持企业稳定工作岗位有关问题的通知》(人社发〔2014〕76号文)规定，各地区对符合政策范围和基本条件的企业，在兼并重组、化解产能过剩以及淘汰落后产能期间，可按不超过该企业及其职工上年度实际缴纳失业保险费总额的50%给予稳岗补贴，所需资金从失业保险基金中列支。稳岗补贴主要用于职工生活补助、缴纳社会保险费、转岗培训、技能提升培训等相关支出。稳岗补贴的具体比例由省级人力资源和社会保障部门及财政部门确定。稳岗补贴政策执行到2020年底。二是对企业组织职工进行技能培训的，给予补贴。鼓励企业对在职工人进行培训，既可以提高企业的竞争能力，也可以使职工减少失业的风险，实现更稳定的就业。

(五)加强基础工作，提高管理和服务能力

随着我国失业保险制度的不断发展，覆盖面的扩大，管理和服务工作难度也更大。为适应劳动力市场科学化、规范化、现代化建设要求，应大力推动失业保险工作信息系统建设和计算机管理，提高工作能力和效率。失业保险管理的重点一是失业者，二是资金。就失业者方面来看，主要应该做的，一是要做好失业登记工作，这是失业保险待遇发放的基础；二是失业保险待遇的核定、发放和终止，这很重要但工作烦琐，所以应通过网络建设加强监管，保障失业者权益，防止出现骗保等现象；三是为失业者合理流动提供政策支持，提供相关服务及费用。就资金的管理来看，应该注意以下几点：一是调整缴费率的有关规定，使其更加灵活，各统筹区可以结合自身实际情况进行合理选择，以解决各地基金结余不平衡问题，避免部分经济发达地区基金大量结余；二是完善资金的征缴方式，尽量实行社会保险费统一征收，提高效率、降低成本；三是逐步提高统筹和管理层次，尽量做到省级统筹和管理，便于基金调剂，以解决部分困难地区存在的问题；四是加强基金的财务管理，防止甚至杜绝失业保险基金的挪用、流失，加大失业基金用于就业保障的力度，更好地发挥失业保险的就业促进功能。

此外，可以考虑制定《失业保险法》，进一步完善失业保险制度的法律规定，提高立法层次；也可以考虑修改《就业促进法》，将失业保险与就业促进有机结合起来，使失业保险制度更加科学。但同时应该考虑失业保险制度的灵活性，以应对日益多变的国际经济发展环境。另外，还应该加强失业保险经办机构的建设，不仅要从政策体制上给予保证，而且要从制度上落实人员编制，按时足额拨付办公经费，加快办公环境和办公手段的现代化建设，实现管理规范化、信息化，满足失业保险工作日益增加的需要。

## 第三节 西方国家失业保险的发展及其特点

### 一、西方国家失业保险制度的建立和发展

失业保险制度起源于欧洲，法国最早于1905年建立了失业保险制度。随即，挪威1906年、丹麦1907年、英国1911年先后出台第一部相关法律，并依此建立失业保障制度。特别是英国的《国民保险法》开创了强制失业保险制度的先河。但直到20世纪80年代，全球建立失业保险制度的国家还未超过40个，且主要集中在发达国家。但自20世纪90年代以来，先后又有30多个国家建立起失业保险制度。到21世纪初，约有76个

国家建立了失业保障制度，其中欧洲43个、美洲11个、亚洲和太平洋地区18个及非洲4个。到2015年共有98个国家有失业保障计划。但直到2017年，全球范围内也只有38.6%的劳动力在失业保障福利方面受到法律保护，主要原因是非正规就业率高，缺乏失业保障计划，甚至在欧洲国家实际领取失业救济金的覆盖面也只有42.5%。[①]

在失业保险制度的发展过程中，国际劳工组织发挥了积极的作用。国际劳工组织通过公约和建议书的形式，为各国制定失业保险政策提供了基本原则和指导性意见，促进了失业保险制度的发展。国际劳工组织主要的失业公约和建议书包括：1919年第2号《失业公约》；1934年第44号《失业保险待遇公约》；1934年第44号《失业保险待遇建议书》；1952年第102号《社会保障最低标准公约》；1988年第168号《促进就业、防止失业公约》；1988年第176号《促进就业、防止失业建议书》。

进入21世纪以来，国际劳工组织越来越强调失业保险应与促进就业紧密结合，提出"针对失业的保护应是促进充分就业的坚实政策"。2001年国际劳工大会社会保障委员会的报告提出，仅仅保证失业者的生计是不够的，应该为他们提供教育培训和就业服务，并通过在培训期间和最初重新工作后继续支付保险津贴，鼓励失业工人改变失业状况。2003年3月，国际劳工组织通过的《全球就业议程》中指出，社会政策的主要目标是应对重大职业风险以及由于各种因素而使劳动者丧失收入的情况。社会政策可以保护和增强工人的生产能力，并且通过就业使新的经济活动成为可能。2012年国际劳工组织发布了《2012年社会保障基础建议书》（第202号），指导各国确定和保障职工基本收入至少不低于国家规定的最低水平，并作为国家社会保障的一部分适用于所有因为失业而无法获得足够收入的劳动者。

## 二、西方国家失业保险的筹集、给付与管理

（一）失业保险基金费率水平

失业保险基金筹集一般采用现收现付制，其原则是基金筹集与基金支出的短期（通常为一年）平衡，即每年根据预先的测算，提取必要的资金，保证当年的开支。目前，世界上绝大多数国家的失业保险采取的是现收现付筹资方式，而费率调整的时间，一般为1年、3年或5年不等。各国在法律上明文规定采用弹性费率制，授权失业保险的主管机构视失业保险财务收支的实际情况适当调整费率，以满足开支需要。

失业保险基金征缴比率是根据以往的经验数据和对当前的经济发展、就业状况的预测分析确定的。费率调整应当考虑两个因素：一是基金支付的实际需要；二是单位和个人的承受能力。在基金出现支付困难而单位和个人缴费承受能力较强时，可以通过适当提高费率增加基金收入；在基金结余较多而需求较少时，可以通过调低费率解决基金沉淀、使用效益不高的问题。在个别地区暂时出现基金收不抵支时，可以通过使用调剂金和财政补贴的办法解决，只有收不抵支的问题较为普遍时，才应当采取调高费率的办法。

（二）享受失业保险金的条件

根据各国的情况看，享受失业保险金一般需要符合下列条件：

① International Labour Organization. World Social Protection Report 2017-2019［R］. 2017.

1.失业者处于法定劳动年龄与退休年龄之间

各国相关法律对劳动者的工作年龄都做了明确规定。由于失业保险是一种在职保险，对未达法定劳动年龄参加劳动的童工，由于属非法用工，不能享受失业社会保险待遇。对超过法定劳动年龄而仍在工作的劳动者，由于其已经退休，所以如果失去工作了，也不叫失业，不能享受失业保险待遇，按退休处理。

2.失业者属于非自愿性失业

享受失业保险待遇的失业者，必须是非本人原因引起的失业。失业保险保障的失业风险是由一定时期的社会和经济因素引起的，在一定程度上也与国家在一定时期的宏观经济政策相关，对于这种非自愿性失业者，国家和社会有责任帮助他们。但下列非自愿失业者不能领取失业金：①失业是由于失业者个人品行不端、严重过失而被企业开除造成的；②接受就业机构提供的适当职业的；③不接受就业机构提供的再就业培训的；④出于经济或政治原因，直接参加反对企业主、反对政府的罢工、游行而失去工作的。

3.失业前须有法定期限的就业或缴费记录

失业者能否享受失业保险待遇，还要看其是否依照失业保险法规履行自己的义务。各国的失业保险制度对工作条件的规定有三种方法：只规定工作时间、只规定缴费时间或工作时间和缴费时间都规定。

（1）对工作时间的规定有两种形式：一种是要求失业前一年或几年内至少工作过一定时间。如卢森堡规定为申请前12个月内就业26周；瑞士规定为失业前2年就业6个月。另一种是依据不同的年龄规定不同的工作时间，因为年龄不同参加经济活动的年限不同，如比利时规定18岁以下，失业前10个月需工作75天；18～25岁，失业前10个月需工作150天；26～36岁，失业前18个月需工作300天；36～50岁，失业前27个月需工作450天；50岁以上，失业前36个月需工作600天。

（2）对缴费时间的规定多以失业前一段时间内的缴费时间作标准。如乌拉圭规定失业前12个月付保险费6个月；智利的规定是失业前2年内52周或12个月持续不断付保险费；埃及的规定是自参加保险到失业付保险费6个月中3个月为连续的；厄瓜多尔规定为失业前付保险费24个月。

（3）对工作时间和缴费时间同时进行规定。如芬兰规定失业前最后6个月内付保险费6个月且工作26周；巴西规定失业前4年付36个月社会保障费和失业前有6个月从事有报酬就业等。

（4）少数条件较好的国家，只有居住时间而无工作时间和缴费时间的规定。如澳大利亚规定提出申请前须有1年居住期（或打算长期居住者）；毛里求斯规定本国人连续居住12个月，外国人连续居住5年；新西兰规定居民任何时候只要持续居住12个月即可。

（三）失业金领取的等待期

所谓等待期是指从失业登记到核准领到失业保险金为止的这段时间。等待期只包括工作日数，不包括节假日。这样规定有利于减少处理大量小额申请的琐碎管理事务，减轻社会保险机构的行政负担，节约管理费用，还有利于减少欺骗行为。规定一个等待期，可让社会保险机构有时间确认申请者的真实情况，以防冒领。

各国关于等待期的规定并不一致。

（1）国际劳工组织1952年第102号公约第24条第3段准许的最长期限为7天，20世纪50年代初期，西方工业化国家大多规定等待期为7天。

（2）等待期有逐渐缩短的趋势。1988年举行的国际劳工大会第75届会议通过的决议认为，等待期原则上不得超过每次失业后3天的期限，或者不得超过每年失业后6天的期限。目前各国的等待期一般都在7天之内。如澳大利亚为6天、芬兰为5天、爱尔兰为3天、英国为3天。

（3）已有不少国家取消了等待期，如乌拉圭、荷兰、葡萄牙、卢森堡、匈牙利、冰岛、西班牙、丹麦、保加利亚、阿根廷等国。取消等待期只有在国家非常富裕、社会保险机构工作效率非常高且在对各种假冒行为规定严厉的处罚措施的情况下才能实行。

（4）发展中国家在建立失业保险制度的初期，由于各方面条件限制，有的把等待期定得较长，如加纳为30天，厄瓜多尔为60天。

（5）将不超过一定期限的临时就业前后的失业天数看作一次中断收入时期，如英国规定两段失业当中的间隔低于或等于8日，就看作一个工作中断期。

（四）失业保险金的给付标准

失业保险的给付水平既要满足失业者及家属基本生活的需要，又要有利于促进重新就业以及权利和义务基本对等。

1.基本失业保险金的给付标准

确定失业保险金给付标准时，主要遵循以下几个原则：一是给付标准不能高于失业者原有的工资标准；二是给付标准不应低于或等于社会救济标准；三是应当设计失业保险金的基本给付标准及失业基本津贴到期后仍未找到工作的失业救助标准；四是还应设计补充给付标准。

国际劳工组织曾对失业保险金的给付提出了三条基本标准：一是失业津贴应以失业者的原工资或投保费用作为制定依据；二是失业保险金宜界定在失业者原工资的50%以上；三是失业保险金可规定一个上限。目前大多数国家都把基本失业保险金定在原工资的50%以上，如埃及为原工资的60%，美国为50%，比利时为50%，希腊为50%。

2.各国失业保险金的给付方法

主要有以下几种：

（1）薪资比例制。薪资比例制是以参保人在失业前一定时期平均工资收入的比例给付失业保险金的方式，通常依据工龄、受保期限、工资水平和缴费年限等因素确定。采用薪资比例制的国家有美国、德国、挪威等国。

（2）递减给付。这种方法有两种方式：一是根据失业者失业前工资水平由低到高的顺序，按由高到低的比例给付失业金，即原工资越低，失业金占原工资的比例越高；原工资越高，失业金占原工资的比例越低。如日本、奥地利等国。二是根据失业时间的延长逐渐减少给付金额或降低给付比例，这种形式比较常见。如西班牙规定失业津贴在开始180天（前6个月）为平均工资的80%，第181天至第360天（第7个月至第12个月）为70%，在第360天以后（从第13个月开始）为60%；比利时规定除家长外的失业者失业第一年给付过去工资的60%，第二年或更长时间则只给付40%；瑞士1984年规定，失业津贴一般为原工资的70%，但不得超过每年69 600瑞士法郎，达到每天付90瑞士法郎时可能缩减，失业17周后缩减5%，失业34周后再缩减5%。

（3）均等金额给付。不论失业者失业前收入水平多高，都规定给付同一绝对金额的失业保险金。如印度尼西亚一度规定每周为4 000盾；英国规定未到领取退休金年龄的失业者，每周可享受30.45英镑的失业保险金，配偶或其他成年被供养者每周可享受18.8英镑，超过领取退休金年龄的失业者，每周可享受38.3英镑的失业保险金，配偶或其他成年被供养者每周可享受23英镑，儿童8.05英镑。

（4）混合制。混合制是指以薪资比例制与均等金额给付制相结合的方式计发失业社会保险待遇，一部分按失业前工资收入的一定比例给付，另一部分则按绝对额给付。采用混合制的国家有芬兰等。

一些国家在给付基本失业保险金外，还给予直系亲属附加失业津贴。

（五）失业保险金的给付期限

失业保险金给付期限是指失业保险法规所规定的给付失业保险待遇的最长期限，也是失业保险待遇的标准之一。各国确定失业保险金给付期限的标准不同，一般的做法有：一是把失业保险金的给付期与取得资格期结合起来，根据失业前缴纳保险费持续时间或受保时间长短，分别规定领取失业保险金的连续时间上限；二是根据失业者的缴费时间和年龄并考虑老年工人的具体困难确定最长给付期限；三是有的国家将失业保险金给付期与失业率相联系，视失业的严重程度做出相应的调整。

国际劳工组织1934年通过的《失业补贴公约》（第44号）规定，失业金的给付期每年至少156个工作日（26周），在任何情况下都不得少于78个工作日（13周）。自从国际劳工组织第102号公约通过以来，很少有国家的最长给付期超过26周。但自20世纪70年代以来，由于失业率上升，大多数工业化同家都不同程度延长了最长给付期。最长给付期限的规定有几种不同的方式：

（1）规定统一的给付期限。如阿根廷、匈牙利、乌拉圭为6个月，冰岛为180天。

（2）根据取得资格的长短限定给付期限，即根据取得失业保险资格的时间规定给付期限，取得资格时间长，给付期限相对较长；取得资格时间短，给付期限较短。如瑞士，取得资格6个月，给付85天；取得资格12个月，给付170天；取得资格18个月，给付350天。采用该种方式的还有法国、西班牙、葡萄牙等国。

（3）依据取得资格期的长短和年龄规定给付期限。这种方式考虑了失业的年龄因素，对于相同资格但年龄不同的失业者规定不同的给付期限，年长者比年轻者要领取更长时间的失业金。这种做法相对公平合理。

（六）失业保险的管理体制

目前，世界各国失业保险管理体制大致有三类：

（1）由政府设立专门机构直接管理。这种模式便于实现保险、职业培训和就业的有机结合，有助于失业者的再就业。这种模式为大多数国家所采用，以英国为代表。在英国，由国家的社会保障部门负责失业保险基金和失业人员的档案管理，各地方办事处和职业介绍所负责失业保险金的收缴、发放事宜。此种模式具有明显优势，如促进劳动力合理流动、进行职业培训、加强再就业、降低失业率以促进经济发展、减少季节性失业等。

（2）政府监督下的工会管理模式，以瑞典为代表。在瑞典，国家劳工市场局监督失业法规的实施；工会失业基金会管理全国各行各业的失业保险业务（基金会由工会代表和政府代表共同组成理事会）；工会失业基金会各地分支机构负责失业保险费收缴工作，并与各地职业介绍所密切配合管理失业津贴发放事宜。此外丹麦、芬兰等国，也采用这种模式。

（3）政府监督下的劳资双方联合管理模式。这种模式的优点是运行效率高，失业保险制度的实施能得到社会各方的配合，典型代表为法国。在法国由卫生和社会保障部门对失业保险进行监督，劳资双方共同组成理事会，负责失业保险的管理。德国、意大利等国也采取这种模式。

国家管理失业保险的专门机构一般都具有如下功能：负责失业人员的登记、建档、建卡；负责失业人员的失业金管理和给付工作；负责失业人员的再就业的指导、介绍工作；负责失业人员的职业培训、掌握第二职业工作；负责失业保险费的定期收缴和管理工作等。

## 三、西方国家失业保险制度发展的特点

（一）严格享受条件，降低待遇水平

这一发展特点的主要目的是迫使失业者尽快再次就业，其主要体现在以下几方面：一是提高享受失业保险的条件。到20世纪90年代，几乎所有的西方福利国家都提高了享受失业保险待遇的要求。如丹麦从1997年开始规定领取失业保险金对工作的要求从3年内必须工作26周变为至少工作52周。一些国家还延长了领取失业保险金的等待时间。如新西兰，没有家庭负担的未婚者领取失业保险金的等待时间从原来的1周增加到2周；收入较高的申请者的等待时间增加到4周。二是降低失业保险待遇水平。从20世纪90年代以来，几乎所有的欧洲国家（挪威除外）失业保险待遇都有所下降，但均没有质的变化。瑞典是待遇下降幅度最大的欧洲国家，从1990年90%的替代率最低下降至75%（目前为80%）。三是实行限制性的保险金给付条件。对领取失业保险金的失业者附加一些限制性的条件和义务，以迫使失业者尽快再就业。比如美、英、法、澳等国要求失业者在领取失业保险金之前，必须在职业介绍所登记，必须提供前任雇主的联系方式等。四是将失业保险金给付与求职努力相联系。如丹麦，1994年以前规定失业者如果拒绝接受工作和积极劳动力市场政策提供的就业帮助，第一次和第二次拒绝将取消1～3周的失业保险金，拒绝3次以上的，则可能不得享受失业保险金，1994年后，改为失业者如果第二次拒绝提供的工作机会或拒绝积极劳动力市场政策提供的帮助，即停止享受失业保险金。

（二）失业保险制度从失业保障转向就业保障

随着失业状况的恶化，很多国家注意发挥失业保险保障基本生活和促进再就业的整体功能，把发放失业保险金和创造就业联系起来，重点转向促进就业的目标。除工作重心的逐步转移外，失业保险基金的支出同样注重促进就业功能的发挥。各国制定了一系列政策、计划以促进就业，如强制失业者参加培训、对长时间失业者提供特殊帮助等。

英国在1995年出台“求职者津贴计划”，将失业保险改为求职津贴，将失业保险金的发放和提供就业服务与失业者的求职表现紧密结合起来，使失业保险与再就业服务更加紧密地联系起来。德国也颁布了《就业促进法》，要求在失业保险的基础上建立起就业服务系统，这样失业保险金就不仅仅用于基本生活保障，还用于职业介绍、转业培训、在职培训及帮助企业安置富余劳动力等方面。在德国其失业保险基金的支出中，除60%用于保险给付外，余下40%中的大部分被用于职业介绍、职业培训及其补贴、补助企业雇佣等促进就业的工作。美国政府也更加注重职业培训和失业人员再就业问题，克林顿执政时期就制定了《美国再就业法案》，主旨就是促进失业者得到他们所需要的有效的、高质量的培训。

（三）限制或鼓励企业减少裁员以减少失业、保障就业

一些国家的政府通过多种方式鼓励企业缩小裁员规模或限制企业裁员，以调控失业，稳定就业。如美国为了鼓励企业减少裁员，有18个州向那些在订单不足的情况下通过缩减工时减少裁员的企业提供短期补助。西班牙规定，当企业遇到外部风险，通过集体谈判达成“缩短工时、降低工资、不裁减人员”协议的，可从失业保险基金中给予其职工6~9个月的工资性补贴。加拿大规定，企业正常经营遇到困难时，通过失业保险提供最长可达38周的“工作共享”的办法，对雇员提供收入支持，鼓励企业继续用人，帮助雇员避免失业。韩国规定，在企业不景气时，如果企业停业150天不解雇员工而是进行培训，由失业保险基金给予70%的工资补贴，企业按照劳动部门指定的培训项目进行培训的由失业保险基金支付50%的培训费。

## 本章小结

在大多数市场经济国家，失业保险制度是社会保障制度的重要组成部分。我国的失业保险制度在民国时期已经萌芽并产生。中华人民共和国成立后基本推翻民国时期的失业保险制度，但是为了解决社会制度转换带来的失业问题，国家采取了较多临时措施来解决这些问题。后来，随着我国社会经济发展逐渐走上正常发展轨道，失业问题基本解决。之后，我国实施计划经济，按照计划安排城镇适龄人员就业，失业保险制度发展停滞。但是随着党的十一届三中全会确定改革开放目标的实施，以及返程青年大增，城镇待业青年大幅增加，就业压力凸显，于是，我国实施了待业保险制度。随着我国社会主义市场经济的发展，在就业领域对失业保险制度的需求越来越强烈，我国最终于1999年开始实施《失业保险条例》，这一制度的实施，对我国社会经济的发展、社会的稳定起到了不可或缺的作用。2008年我国开始实施《就业促进法》，进一步完善和丰富了失业保险制度的内容，增强了人们对失业保险制度促进就业功能的认识。2011年7月1日，我国正式实施《社会保险法》，该法设专章对失业保险做了原则性的规定，对于指导我国失业保险制度的建设和完善起到了引领作用。同时，我们也要看到，失业保险制度是世界各国社会保障制度中最为多变的制度之一，因此，在学习我国失业保险制度时，需要对西方国家失业保险制度的发展变化的趋势有较全面的了解和较为深刻的理解。

## 关键术语

失业保险（unemployment insurance）　失业预防（prevent for unemployment）　参保人（insured person）　保险基金（insurance fund）　保险津贴（insurance allowance）　就业保障（employment security）

## 复习思考题

1. 简述我国失业保险的发展。
2. 试述失业保险基金的筹集。
3. 试述西方国家失业保险金的支付。
4. 试述我国失业保险的主要内容。
5. 试论我国失业保险制度的问题与改革。
6. 试论西方国家失业保险制度的发展特点。

## 推荐阅读资料

[1] 李满奎. 从《失业保险条例》修订看我国失业保险制度的完善 [J]. 中国劳动，2018（8）.

[2] 谭金可. 从失业保险转向就业保险的加拿大经验与启示 [J]. 财经问题研究，2016（3）.

[3] 王显勇. 回归与变革——我国失业保险法律制度的完善之路 [J]. 四川大学学报：哲学社会科学版，2017（5）.

[4] 田大洲，梁敏. 积极的失业保险政策研究：概念与理论框架 [J]. 中国劳动，2018（6）.

[5] 中国就业促进会. 失业保险论文集 [M]. 北京：中国劳动社会保障出版社，2015.

[6] 郝君富. 失业保险制度机制设计的国际比较与启示 [J]. 兰州学刊，2018（8）.

德国就业保障的发展与特点

# 第十章 工伤保险制度



## 学习要点

通过本章的学习，了解和把握工伤保险制度的内涵与基本功能，熟悉我国工伤保险制度的主要内容，掌握我国关于雇主责任的相关规定，深刻理解我国工伤范围、工伤保险待遇内容和标准以及工伤认定程序和劳动能力鉴定程序。

案例引入

**饮酒后驾驶能否得到工伤赔偿**

2012年8月8日，邹某驾驶车辆，发生车辆侧翻事故，致使邹某当场死亡。2012年9月10日，重庆市交通执法总队高速公路第一支队四大队做出道路交通事故认定书，该认定书载明邹某饮酒后驾驶机动车和驾驶具有安全隐患的机动车上道行驶导致了此次道路交通事故的发生，邹某承担此次道路交通事故全部责任。经劳动争议仲裁程序后，邹某父母向一审法院起诉，要求邹某所在公司承担工伤赔偿责任，支付丧葬补助金、一次性工亡补助金、供养亲属抚恤金等。

资料来源 （2015）渝高法民申字第01857号.

讨论：本案中邹某的死亡是否应当认定为工伤，所在公司是否应承担工伤赔偿责任？

# 第一节 工伤保险的内涵与功能

## 一、工伤保险的含义

员工因雇佣伤害得到保障是1948年世界人权宣言以及1966年经济、社会和文化权利公约所明确的权利。劳动者在职业工作中或规定的特殊情况下遭遇意外伤害或职业病，导致暂时或永久丧失劳动能力以及死亡时，有权获得必要的物质保障。权利与责任或义务对应。在非第三方造成伤害的情况下，员工主张伤害赔偿的权利只能指向雇主。员工行使赔偿权利的基础来源于与雇主签订的劳动合同以及侵权法律制度。在资本主义早期，劳动合同基本上属于典型的私人契约，政府不加干预。经济实力和谈判能力强大的雇主很容易通过合同将雇佣伤害的风险转嫁给员工个人承担。雇主承担侵权责任的归责原则有两种类型：一是雇主过错责任原则；二是雇主无过错责任原则。过错责任原则是指雇主对雇员的伤害赔偿责任，以雇主有过错为前提，雇员需要证明雇主存在过错，法院才会判决雇主对雇员在生产过程中的伤害承担赔偿责任。证明雇主存在过错并不容易，这导致受到伤害的员工难以获得及时充分的赔偿。雇主过错责任原则不能解决因工伤而导致的问题。解决办法之一是扩大雇主的民事责任，将偶然性或雇员共同过错也纳入雇主责任范围，适用雇主无过错责任原则，即劳动者受到职业伤害而负伤、致残、死亡，不考虑雇主是否存在过错，雇主均应该承担赔偿责任。二是通过保险的方式化解工伤事故风险。在世界范围内建立了工伤保险的国家大体可以分为三种模式，即雇主责任保险模式、工伤社会保险模式以及混合型保险模式。工伤社会保险模式指通过国家立法，政府有关部门负责工伤保险事务，建立工伤保险基金和一套处理工伤事故、支付保险待遇的规章制度，明确雇主、雇员和政府的三方责任、权利和义务。根据ISSA的资料，全球有164个国家建立了工伤社会保险制度。

在我国，在因劳务或劳动受到伤害的责任分担上存在三种情况。

根据《中华人民共和国侵权责任法》第三十五条的规定，个人之间形成劳务关系，提供劳务一方因劳务自己受到损害的，根据双方各自的过错承担相应的责任。个人之间的劳务伤害适用过错责任。

按照《最高人民法院关于审理人身损害赔偿案件适用法律若干问题的解释》的规定，雇员在从事雇佣活动中遭受人身损害，雇主应当承担赔偿责任。雇佣关系以外的第三人造成雇员人身损害的，赔偿权利人可以请求第三人承担赔偿责任，也可以请求雇主承担赔偿责任。雇主承担赔偿责任后，可以向第三人追偿。“从事雇佣活动”，是指从事雇主授权或者指示范围内的生产经营活动或者其他劳务活动。雇员的行为超出授权范围，但其表现形式是履行职务或者与履行职务有内在联系的，应当认定为“从事雇佣活动”。在雇佣关系下，雇主承担无过错责任。

对于属于《工伤保险条例》调整的劳动关系和工伤保险范围的，适用《工伤保险条例》的规定，按照工伤社会保险模式解决伤害责任问题。

本章所阐述的工伤保险即为工伤社会保险。基于此，工伤保险指劳动者在劳动过程中遭受事故和职业病危害，造成暂时或者永久丧失劳动能力时为保障劳动者获得医疗救治、经济补偿和职业康复服务的权利，促进安全生产和社会安定的一种社会保险。

## 二、工伤保险的功能

因工作导致伤害或者疾病是非常普遍的现象。国际劳工组织在2011年曾经估计每年全世界大约有230万人因公死亡，数以亿计的人或多或少地因工作导致健康受损或者残疾。

工伤一旦发生势必会给劳动者、用人单位以及社会带来损失。工伤产生的后果首先是对职工健康的伤害，进而损害劳动能力，使职工在健康和劳动收入上都遭受损失。预防工伤事故应当作为工伤保险制度的一项基本功能。国际劳工组织将工伤保险制度的功能归结为三项：第一项功能就是工伤保险有助于预防工伤事故，从而降低工伤事故和职业病发生率。第二项功能是有助于伤后康复，以帮助受伤职工返回原工作岗位或去其他地方就业。第三项功能是补偿受伤职工因伤残所遭受的经济损失。

### （一）工伤预防

在整个工伤保险制度中，工伤预防具有最重要的地位，它是防止工伤事故和职业病发生的最有力手段并因此而具有过滤职业风险的作用。工伤预防指在劳动领域制定和落实劳动保护规定并配合处罚制度防止工伤事故和职业病发生的积极手段。工伤预防的工作做得越好，工伤的发生率就越低，康复和补偿的负担就越小，工伤的支出也随之而减少。国际社会保障协会关于职业安全与健康投资的成本与收益的一项研究表明，预防方面的投资收益率高达120%。因此，工伤预防在某种程度上也被视为工伤保险的待遇之一。

### （二）工伤康复

国际上大多数国家对工伤康复的待遇主要局限在医疗上，即提供医学治疗、药品、辅助用品和安装假肢假体以及住院费用。以职业安置为目的的职业康复如转岗培训、进修或促进就业的其他措施（包括经济措施）只在少数国家存在。更少见的是为促进工伤职工重新回到社会、重新适应周围环境而采取的社会康复措施，从提供改造房屋、汽车等的实物待遇、料理家务和照顾儿童、培训生活自理能力直至货币待遇。

工伤预防与工伤康复和补偿的性质不同：第一，工伤预防在时间上作用于职业风险发生之前，后两者则是在风险发生之后发挥作用。第二，虽然工伤预防的最终受益对象也包括被保险人，但是在严格意义上预防不直接属于工伤保险的待遇，而工伤康复和补偿是直接使被保险人受益的保险待遇。第三，工伤康复和补偿不直接涉及雇主，但是工伤预防需要直接由雇主通过制定劳动安全规章制度以及执行劳动保护的法律法规来承担，对雇主而言是一项负担性的工作。第四，工伤预防与工伤康复及补偿成反比例关系，预防工作越完善，工伤康复和补偿就越低。此外，工伤预防的任务往往不是工伤保险经办机构单独承担，而是与国家的劳动保护机构共同承担。

（三）工伤补偿

工伤补偿的首要待遇是为工伤职工暂时或长期提供代替工资收入的货币待遇。暂时性待遇通常在职工发生工伤后的治疗期间发放，而长期待遇的条件是工伤造成的健康损害将较长时间存在并且达到一定的程度。此外，工伤补偿的待遇往往还包括发放给工亡职工遗属的生活费用和丧葬费。

### 三、工伤保险的社会意义

雇员、雇主和政府均会受益于有效运行的工伤保险制度。工伤保险制度在保障雇员的生活水平方面以及维护健康的劳动关系方面有积极意义。通过将工伤事故和职业病纳入保险范围，有助于企业降低面临的个体风险。企业根据风险程度不同按工资总额的一定比例缴纳工伤保险费，建立工伤保险社会统筹基金，在发生工伤后，由国家社会保险经办机构统一管理工伤认定、鉴定和补偿。这种工伤保险制度有效地分散了企业的工伤风险，将企业从工伤赔付中解脱出来，既可以避免因为工伤赔付造成的职工与企业的紧张关系，更可以使企业在发生重大工伤事故后因不堪重负而面临破产的危险。

工伤保险制度通过社会专门的管理机构，统筹运营工伤保险基金，能够起到规模经济的效果。工伤保险比起用其他方式化解工伤风险支出更少，从而降低了社会成本。

## 第二节　工伤保险制度的主要内容

### 一、工伤保险的覆盖范围

工伤保险的直接目的是把覆盖范围扩大到所有劳动者，使受到职业伤害的劳动者能够享受补偿的权利。但由于每个国家的机构发展水平、历史因素、技术因素等方面的原因，工伤保险的覆盖范围在不同国家之间存在差异。

1964 年《雇佣伤害待遇公约》（No. 121）以及该公约所附的建议（Recommendation，No. 121）分别在第四条和第三段对工伤保险的覆盖范围做了规定。公约第四条规定工伤保险应该覆盖公营、私营以及合营部门的所有员工（包含学徒工），在员工因公死亡时还要将工亡职工所抚养、赡养的人员包括在内。公约所附建议的第三段就应当覆盖的群体做了更加明确的规定：生产或者服务行业中的公私合营部门职工；自我雇佣人员，特别是积极从事劳作的小企业主或者农场主；从事无报酬工作的劳动者，包括处于培训阶段的人员、包括学生在内的处于职业测试或为将来就业做准备的人员；应对自然灾害、从事救援、维持秩序的志愿者组织成员；维护公共和民众利益未包含在其他类型中的其他人员。

从工伤保险制度的发展来看，工伤保险的覆盖范围会随着社会、经济的进步不断扩大。

## 二、工伤保险管理方式

不同国家的工伤保险的管理方式依国家的政治性质、经济和历史传统等不同而有所差异。综合而言，根据各国的工伤保险操作方式，原则上可以将工伤保险管理方式分成三大类：一是直接的国家行政。由国家行政机构直接管理的工伤保险通常由国家机构经办，国家经办机构在业务上服从行政指令，在经费上归入一般国家预算。二是间接的国家行政，其表现形式为公法的实体或其他形式的组织机构。公法形式的经办机构之特点是不受国家行政的直接控制，具有独立的法律地位并且具有一定的立法权。三是商业保险，即私人保险公司。私人保险公司经办工伤保险无外乎两种方式：国家成立私法形式的保险经办机构或者将工伤保险任务转移给私营公司经办。前者虽然在其法律形式上远离国家，但在实体上仍然依附于国家，而后者除了必须遵守国家的法律法规和接受必要的监管以外完全独立于国家。

国际劳工组织102号公约规定，工伤保险制度可以由受政府管制的机构负责或者由一个向立法机构负责的政府部门管理。如果上述两种情况均未采用的，受工伤保险制度保障的人员应当由若干代表参与管理，或者加入到拥有协商能力的协会。雇主和政府也应有代表参与管理和协商。

## 三、工伤认定范围

工伤保险是对职业伤害实行劳工赔偿的社会保障制度，工伤包含工伤事故和职业病。工伤保险的风险范围分工伤事故和职业病两大类，由于工伤范围是工伤职工享受工伤保险待遇的前提条件，因此，工伤的界定必须具有可操作性，并且具体明确，范围不能过大，也不能过于狭隘。

一般而言，工伤的认定应考虑以下几个因素：

（1）时间界限。工伤一般只限于工作时间内发生的伤害。

（2）空间界限。工伤一般只限于生产、工作区域内发生的伤害。

（3）职业界限。工伤一般只限于执行职务所发生的伤亡。如果事故是因为执行职务发生的，即使发生在工作时间或者工作区域外，仍属于工伤事故。

（4）主观过错界限。除了劳动者本人故意造成的伤亡不属于工伤外，就算发生事故时劳动者存在过失也应该构成工伤。

（5）法定特殊界限。在工伤范围的一般界限外，为了周延地保障员工的利益，立法应规定构成工伤的特殊情况。比如上下班途中发生交通事故，为了公共利益参加抢险救灾发生伤害。

## 四、劳动能力鉴定

劳动能力鉴定是指劳动者因工负伤或患职业病，导致本人劳动与生活能力下降，由劳动能力鉴定机构根据职工本人或其直系亲属的申请，组织劳动能力鉴定医学专家，根据国家制定的评残标准和劳动保障的有关政策，运用医学科学技术的方法和手段，确定劳动者伤残程度和丧失劳动能力程度的一种综合评定制度。劳动能力鉴定主要鉴定工伤导致的劳动功能障碍和生活自理障碍。

劳动能力鉴定属于专业性的医疗专家的医学鉴定和劳动能力鉴定的有机结合，是具有法律意义的“鉴定结论”，是工伤补偿的基础性程序。劳动鉴定是合理确定工伤保险的待遇，正确审批劳动者因工、因病丧失劳动能力而退休退职的依据。

## 五、工伤保险待遇

（一）获得工伤保险待遇的条件

按照保险原理，享受保险待遇需具备三个条件：一是缴纳了保费；二是被保险人遭受保险事故；三是保险事故属于保险赔偿范围。工伤保险待遇的获得应该具备上述三个基本要件。

1.缴纳了工伤保险费

雇主按照要求为职工缴纳了工伤保险费的，才能在发生工伤事故时由工伤保险基金支付工伤保险待遇。未缴纳保费的，工伤事故损失由雇主承担。

2.身份属性

受伤的人员应该是工伤保险的被保险人，一般而言，该受伤人员应该与雇主建立有劳动关系。

3.事故属于工伤保险覆盖范围

只有经过认定属于工伤的事故才能获得工伤保险补偿。是否属于工伤以及工伤的认定程序和争议的解决机制直接关系到受伤人员的切身利益。

（二）工伤待遇的内容和水平

工伤待遇大体上包括治疗以及与治疗有关的待遇、伤残津贴、工亡待遇等。

1964年ILO121号公约规定了工伤待遇的内容和水平。因工受伤的应该能够获得充分的医疗待遇和相关待遇。因工致残的，要提供不低于受伤前工资60%的伤残津贴；因工死亡的，要提供丧葬费和所供养的遗属津贴。

大部分国家的工伤保险待遇内容差别不大。德国工伤保险待遇规定得较为全面，具有参考价值。受伤职工在受伤停止工作期间，享受停工期待遇，前六周由雇主发给工资，六周后停发，转由工伤保险管理机构负责。在医疗和康复期享受工资总额80%的伤残待遇，最长可以领78周。在参加职业培训和接受职业指导期间，享受临时性补贴，直至确认无法再就业为止。因工伤导致部分或全部丧失劳动能力的人按照伤残程度获得年金。伤残程度为100%的发给最高年金，为本人年平均收入的67%；伤残程度为90%的发给最高年金的90%。年金根据生活指数定期调整。因工死亡的，其遗属可以享受遗属抚恤金。受伤害职工由于一般性原因死亡，遗属一次性领取死者过去年收入40%的津贴。

## 六、工伤保险基金

（一）工伤保险筹资原则

每一项社会保障制度的运作都离不开必要的资金，资金筹集问题同样也是工伤保险制度的一个核心问题。世界各国在资金的筹集上大多遵循以下原则：

1.雇主缴费原则

工伤保险虽然为社会保险，但本质上仍属保险，具有有偿属性。获得保险保障需要履行支付保费的义务。工伤保险分散了单个雇主的用工风险，雇主承担缴纳工伤保险费的义务具备合理性。雇主承担全部工伤保险费用，雇员不用缴纳任何费用。有些国家会由政府给予适当的补贴，如德国和日本。

2.按风险程度征收保费

保险费率与风险水平相匹配是保险行业的惯常经营模式。不同行业面临不同的风险水平，因此不同行业的雇主应该承担不同的缴费义务。工伤保险费率通常按照危险率不同划分为若干危险等级，对不同危险等级的行业实行不同的差别费率。差别费率为动态费率，费率的制定机构应当定期统计各行业实际发生的工伤事故的情况，重新调整危险等级，据此调整各行业的缴费标准。

我国《社会保险法》第三十四条规定了差别费率制度：国家根据不同行业的工伤风险程度确定行业的差别费率，并根据使用工伤保险基金、工伤发生率等情况在每个行业内确定费率档次。行业差别费率和行业内费率档次由国务院社会保险行政部门制定，报国务院批准后公布施行。社会保险经办机构根据用人单位使用工伤保险基金、工伤发生率和所属行业费率档次等情况，确定用人单位缴费费率。

3.以支定收，留有储备

工伤保险金的筹措要考虑支付情况，防止因保险基金的不足损害工伤职工的合法权益，也要考虑雇主的负担和承受能力，结合工伤保险的补偿性，确定以支定收的缴费原则具有现实性和合理性。但工伤事故具有偶然性和突发性，为了防止出现工伤保险金偿付能力不足情况，需要留有一定的储备金，以防备恶性事故对资金的巨额需求。

（二）筹资的方式

工伤保险基金的筹集主要有两种办法。

1.社会统筹

通过法律规定企业必须参加社会保险，按时足额向社会保险管理机构缴纳保费，由工伤保险管理机构负责给付工伤保险待遇。我国《社会保险法》第三十三条规定，职工应当参加工伤保险，由用人单位缴纳工伤保险费，职工不缴纳工伤保险费。

2.由政府规定统一的待遇项目和标准，由企业自行支付

工伤保险待遇和标准由政府统一规定，企业无权更改。按照我国《工伤保险条例》的规定，有些工伤保险待遇是由企业负责的，比如停工留薪待遇。

（三）费率确定

确定费率的方式主要有三种。

1.统一费率制

按照法定统筹范围内的预测开支需求，与相同范围内企业工资总额相比较，求出总的工伤保险费率，所有企业按照统一的费率标准缴纳保费。这种方式忽略了不同行业面临的工伤事故风险差异，工伤事故发生概率低的行业承担高风险行业部分保险费用，统一费率制缺乏一定的公平性。

2.差别费率制

对单个用人单位或者行业确定工伤保险费的费率，形成差别费率。具体费率主要根据企业或行业一定时期内的伤亡事故和职业病统计，以及工伤费用的预测确定。差别费率体现了不同行业的工伤风险差异，有一定的激励和惩罚作用。生产安全治理较好的单位会承担较低的工伤保险费率，会促使企业改进生产条件，完善安全生产管理制度，从而降低社会总的工伤成本。

3.浮动费率制

浮动费率制是在差别费率制的基础上，每年对行业或企业的安全生产状况和工伤保险费用支出情况进行分析评估，根据评估结果，由主管机关决定行业费率是上浮还是下浮。

大多数国家采用差别费率制或者浮动费率制。

企业的工伤保险费用负担轻重除了与费率相关外，与缴费基数有直接的关系。通常企业工伤保险费是将企业工资总额作为缴费基数。

## 第三节 我国现行的工伤保险制度

### 一、我国工伤保险制度的建立与发展

1951年，政务院根据《中国人民政治协商会议共同纲领》第三十二条“逐步实行劳动保险制度”的规定，发布了《劳动保险条例》，该条例从1951年3月1日起生效。该条例规定了劳动保险金的征集与保管、劳动保险待遇、享受优异劳动保险待遇、劳动保险金的支配和劳动保险事业的执行与监督等内容，构建了我国工伤保险的基本架构。

1996年8月，劳动部发布了《企业职工工伤保险试行办法》，该办法推进了工伤保险制度的改革，统一了职工工伤保险待遇标准，在一定程度上解决了伤残待遇和死亡待遇偏低的问题。

2003年，为了进一步保障职工的合法权益，促进安全生产，统一规范工伤保险制度，国务院制定了《工伤保险条例》。

2010年，第十一届全国人民代表大会常务委员会通过了《社会保险法》，该法第四章规定了工伤保险的基本内容，自此我国终于以法律的形式确立了工伤保险制度，提高了工伤保险的立法层次。

2010年12月31日，人社部修订了《工伤认定办法》，完善了工伤认定程序。

2014年4月21日，最高人民法院审判委员会公布了《最高人民法院关于审理工伤保险行政案件若干问题的规定》并自2014年9月1日起施行。该规定对工伤争议中的疑

难和实践中争议较大的问题做了明确的司法解释，为维护职工的合法权益发挥了重要作用。

## 二、我国工伤保险的适用范围

《工伤保险条例》规定：中华人民共和国境内的企业、事业单位、社会团体、民办非企业单位、基金会、律师事务所、会计师事务所等组织和有雇工的个体工商户（下文统称用人单位）应当依照本条例规定参加工伤保险，为本单位全部职工或者雇工缴纳工伤保险费。

中华人民共和国境内的企业、事业单位、社会团体、民办非企业单位、基金会、律师事务所、会计师事务所等组织的职工和个体工商户的雇工，均有依照本条例的规定享受工伤保险待遇的权利。根据该规定，工伤保险适用于存在劳动关系的用人单位和劳动者。只要建立有劳动关系，不管该劳动关系是全日制还是非全日制用工，就应当适用工伤保险条例。应当参加工伤保险而未参加工伤保险的用人单位职工发生工伤的，由用人单位按照工伤保险条例规定的工伤保险待遇项目和标准支付费用。

《工伤保险条例》将劳动关系的存在作为适用《工伤保险条例》的基本前提，但如果不存在或不能确定是否存在劳动关系就否定用人单位或者非法用工单位的工伤保险责任，势必会损害劳动者的合法权益。基于此，《最高人民法院关于审理工伤保险行政案件若干问题的规定》对于特殊用工情况下工伤保险责任主体的认定做了较为明确的补充性规定：

（1）职工与两个或两个以上单位建立劳动关系，工伤事故发生时，职工为之工作的单位为承担工伤保险责任的单位；

（2）劳务派遣单位派遣的职工在用工单位工作期间因工伤亡的，派遣单位为承担工伤保险责任的单位；

（3）单位指派到其他单位工作的职工因工伤亡的，指派单位为承担工伤保险责任的单位；

（4）用工单位违反法律、法规规定将承包业务转包给不具备用工主体资格的组织或者自然人，该组织或者自然人聘用的职工从事承包业务时因工伤亡的，用工单位为承担工伤保险责任的单位；

（5）个人挂靠其他单位对外经营，其聘用的人员因工伤亡的，被挂靠单位为承担工伤保险责任的单位。

前三种情况下，不管是多重劳动关系、劳务派遣还是员工外派，劳动者仍然建立有较为明确的劳动关系和对应的用人单位，最高人民法院的规定只是进一步明确了责任主体。后两种情况较为特殊，用工单位违法将承包业务转包给不具有用工主体资格的组织或者自然人，一般情况下，该组织或者自然人聘用的职工与非法转包的用工单位之间并不存在劳动关系，为了保障劳动者的权益，最高人民法院将非法转包的用工单位作为工伤保险责任单位。对于个人挂靠，挂靠人与其招聘的劳动者之间不会存在劳动关系。其所招聘的劳动者与被挂靠单位是否构成劳动关系要根据具体情况予以确定，如果构成劳动关系，被挂靠单位当然要承担工伤保险责任，不存在劳动关系时被挂靠单位仍然要承担工伤保险责任。

对于离退休人员，人力资源和社会保障部关于执行《工伤保险条例》若干问题的意见（二）（人社部发〔2016〕29号）第二条规定，达到或超过法定退休年龄，但未办理退休手续或者未依法享受城镇职工基本养老保险待遇，继续在原用人单位工作期间受到事故伤害或患职业病的，用人单位依法承担工伤保险责任。用人单位招用已经达到、超过法定退休年龄或已经领取城镇职工基本养老保险待遇的人员，在用工期间因工作原因受到事故伤害或患职业病的，如招用单位已按项目参保等方式为其缴纳工伤保险费的，应适用《工伤保险条例》。

## 三、工伤保险基金

### （一）工伤保险基金的构成和统筹

工伤保险基金由用人单位缴纳的工伤保险费、工伤保险基金的利息和依法纳入工伤保险基金的其他资金构成。用人单位应当按时缴纳工伤保险费。职工个人不缴纳工伤保险费。用人单位缴纳工伤保险费的数额为本单位职工工资总额乘以单位缴费费率之积。对难以按照工资总额缴纳工伤保险费的行业，其缴纳工伤保险费的具体方式，由国务院社会保险行政部门规定。国家根据不同行业的工伤风险程度确定行业的差别费率，并根据工伤保险费使用、工伤发生率等情况在每个行业内确定若干费率档次。行业差别费率及行业内费率档次由国务院社会保险行政部门制定，报国务院批准后公布施行。统筹地区经办机构根据用人单位工伤保险费使用、工伤发生率等情况，适用所属行业内相应的费率档次确定单位缴费费率。国务院社会保险行政部门应当定期了解全国各统筹地区工伤保险基金收支情况，及时提出调整行业差别费率及行业内费率档次的方案，报国务院批准后公布施行。

工伤保险基金逐步实行省级统筹。跨地区、生产流动性较大的行业，可以采取相对集中的方式异地参加统筹地区的工伤保险，具体办法由国务院社会保险行政部门会同有关行业的主管部门制定。

### （二）工伤保险基金的用途

工伤保险基金存入社会保障基金财政专户，用于《工伤保险条例》规定的工伤保险待遇，劳动能力鉴定，工伤预防的宣传、培训等费用，以及法律、法规规定的用于工伤保险的其他费用的支付。

工伤预防费用的提取比例、使用和管理的具体办法，由国务院社会保险行政部门会同国务院财政、卫生行政、安全生产监督管理等部门规定。

任何单位或者个人不得将工伤保险基金用于投资运营、兴建或者改建办公场所、发放奖金，或者挪作其他用途。

工伤保险基金应当留有一定比例的储备金，用于统筹地区重大事故的工伤保险待遇支付；储备金不足支付的，由统筹地区的人民政府垫付。储备金占基金总额的具体比例和储备金的使用办法，由省、自治区、直辖市人民政府规定。

## 四、工伤认定

（一）工伤的范围

1.应当认定为工伤的情形

职工有下列情形之一的，应当认定为工伤：

（1）在工作时间和工作场所内，因工作原因受到事故伤害的；

（2）工作时间前后在工作场所内，从事与工作有关的预备性或者收尾性工作受到事故伤害的；

（3）在工作时间和工作场所内，因履行工作职责受到暴力等意外伤害的；

（4）患职业病的；

（5）因工外出期间，由于工作原因受到伤害或者发生事故下落不明的；

（6）在上下班途中，受到非本人主要责任的交通事故或者城市轨道交通、客运轮渡、火车事故伤害的；

（7）法律、行政法规规定应当认定为工伤的其他情形。

最高人民法院针对工伤认定中的特殊情况在《最高人民法院关于审理工伤保险行政案件若干问题的规定》中做了明确的规定和解释。以下情况均应认定为工伤：职工在工作时间和工作场所内受到伤害，用人单位或者社会保险行政部门没有证据证明是非工作原因导致的；职工参加用人单位组织或者受用人单位指派参加其他单位组织的活动受到伤害的；在工作时间内，职工来往于多个与其工作职责相关的工作场所之间的合理区域因工受到伤害的；其他与履行工作职责相关，在工作时间及合理区域内受到伤害的。对于何为“因工外出期间”，最高人民法院规定以下情况应认定为“因工外出期间”：职工受用人单位指派或者因工作需要在工作场所以外从事与工作职责有关的活动期间；职工受用人单位指派外出学习或者开会期间；职工因工作需要的其他外出活动期间。对于职工因工外出期间从事与工作或者受用人单位指派外出学习、开会无关的个人活动受到伤害的，不应认定为工伤。“上下班途中”遭受事故是否属于工伤事故的认定在实践中争议很大，最高人民法院结合审判实践，认为下述情况均属“上下班途中”：在合理时间内往返于工作地与住所地、经常居住地、单位宿舍的合理路线的上下班途中；在合理时间内往返于工作地与配偶、父母、子女居住地的合理路线的上下班途中；从事属于日常工作生活所需要的活动，且在合理时间和合理路线的上下班途中；在合理时间内其他合理路线的上下班途中。

2.视同工伤的情形

职工有下列情形之一的，视同工伤：

（1）在工作时间和工作岗位，突发疾病死亡或者在48小时之内经抢救无效死亡的；

（2）在抢险救灾等维护国家利益、公共利益活动中受到伤害的；

（3）职工原在军队服役，因战、因公负伤致残，已取得革命伤残军人证，到用人单位后旧伤复发的。

对于职工遭遇第（1）项、第（2）项情形的，按照《工伤保险条例》的有关规定享受工伤保险待遇；职工遭遇第（3）项情形的，按照《工伤保险条例》的有关规定享受除一次性伤残补助金以外的工伤保险待遇。

3.不认定为工伤的情形

有下列情形之一的，不得认定为工伤或者视同工伤：

（1）故意犯罪的；

（2）醉酒或者吸毒的；

（3）自残或者自杀的。

（二）工伤认定程序

1.工伤认定申请

职工发生事故伤害或者按照职业病防治法规定被诊断、鉴定为职业病，所在单位应当自事故伤害发生之日或者被诊断、鉴定为职业病之日起30日内，向统筹地区社会保险行政部门提出工伤认定申请。遇有特殊情况，经报社会保险行政部门同意，申请时限可以适当延长。

按照上述规定应当向省级社会保险行政部门提出工伤认定申请的，根据属地原则应当向用人单位所在地设区的市级社会保险行政部门提出。

用人单位未在规定的时限内提出工伤认定申请的，受伤害职工或者其近亲属、工会组织在事故伤害发生之日或者被诊断、鉴定为职业病之日起1年内，可以直接向统筹地区社会保险行政部门提出工伤认定申请。

提出工伤认定申请应当填写“工伤认定申请表”，并提交下列材料：

（1）劳动、聘用合同文本复印件或者与用人单位存在劳动关系（包括事实劳动关系）、人事关系的其他证明材料。

（2）医疗机构出具的受伤后诊断证明书或者职业病诊断证明书（或者职业病诊断鉴定书）。

2.受理、核实和认定

工伤认定申请人提交的申请材料符合要求，属于社会保险行政部门管辖范围且在受理时限内的，社会保险行政部门应当受理。社会保险行政部门收到工伤认定申请后，应当在15日内对申请人提交的材料进行审核，材料完整的，做出受理或者不予受理的决定；材料不完整的，应当以书面形式一次性告知申请人需要补正的全部材料。社会保险行政部门收到申请人提交的全部补正材料后，应当在15日内做出受理或者不予受理的决定。社会保险行政部门决定受理的，应当出具“工伤认定申请受理决定书”；决定不予受理的，应当出具“工伤认定申请不予受理决定书”。

社会保险行政部门受理工伤认定申请后，可以根据需要对申请人提供的证据进行调查核实。社会保险行政部门工作人员进行调查核实时，有关单位和个人应当予以协助。用人单位、工会组织、医疗机构以及有关部门应当负责安排相关人员配合工作，据实提供情况和证明材料。社会保险行政部门在进行工伤认定时，对申请人提供的符合国家有关规定的职业病诊断证明书或者职业病诊断鉴定书，不再进行调查核实。职业病诊断证明书或者职业病诊断鉴定书不符合国家规定的要求和格式的，社会保险行政部门可以要求出具证据部门重新提供。

社会保险行政部门应当自受理工伤认定申请之日起60日内做出工伤认定决定，出具“认定工伤决定书”或者“不予认定工伤决定书”。社会保险行政部门对于事实清楚、权利义务明确的工伤认定申请，应当自受理工伤认定申请之日起15日内做出工伤认定决定。社会保险行政部门应当自工伤认定决定做出之日起20日内，将“认定工伤决定书”或者“不予认定工伤决定书”送达受伤害职工（或者其近亲属）和用人单位，并抄送社会保险经办机构。

3.工伤认定行政复议或行政诉讼

职工或者其近亲属、用人单位对不予受理决定不服或者对工伤认定决定不服的，可以依法申请行政复议或者提起行政诉讼。

## 五、劳动能力鉴定

（一）劳动能力鉴定的法定性

工伤保险待遇高低要以工伤对劳动者造成的损害程度为依据，因此确定工伤保险待遇要以劳动能力鉴定结论为基础。劳动能力鉴定是指劳动功能障碍程度和生活自理障碍程度的等级鉴定。职工发生工伤，经治疗伤情相对稳定后存在残疾、影响劳动能力的，应当进行劳动能力鉴定。

劳动功能障碍分为十个伤残等级，最重的为一级，最轻的为十级。

生活自理障碍分为三个等级：生活完全不能自理、生活大部分不能自理和生活部分不能自理。

劳动能力鉴定标准由国务院社会保险行政部门会同国务院卫生行政部门等部门制定。

（二）劳动能力鉴定申请和处理

劳动能力鉴定由用人单位、工伤职工或者其近亲属向设区的市级劳动能力鉴定委员会提出申请，并提供工伤认定决定和职工工伤医疗的有关资料。

设区的市级劳动能力鉴定委员会收到劳动能力鉴定申请后，应当从其建立的医疗卫生专家库中随机抽取3名或者5名相关专家组成专家组，由专家组提出鉴定意见。设区的市级劳动能力鉴定委员会根据专家组的鉴定意见做出工伤职工劳动能力鉴定结论；必要时，可以委托具备资格的医疗机构协助进行有关的诊断。

设区的市级劳动能力鉴定委员会应当自收到劳动能力鉴定申请之日起60日内做出劳动能力鉴定结论，必要时，做出劳动能力鉴定结论的期限可以延长30日。劳动能力鉴定结论应当及时送达申请鉴定的单位和个人。

劳动能力鉴定工作应当客观、公正。劳动能力鉴定委员会组成人员或者参加鉴定的专家与当事人有利害关系的，应当回避。

（三）劳动能力鉴定争议处理

申请鉴定的单位或者个人对设区的市级劳动能力鉴定委员会做出的鉴定结论不服的，可以在收到该鉴定结论之日起15日内向省、自治区、直辖市劳动能力鉴定委员会提出再次鉴定申请。省、自治区、直辖市劳动能力鉴定委员会做出的劳动能力鉴定结论为最终结论。

（四）劳动能力复查鉴定

自劳动能力鉴定结论做出之日起1年后，工伤职工或者其近亲属、所在单位或者经办机构认为伤残情况发生变化的，可以申请劳动能力复查鉴定。

## 六、工伤保险待遇

（一）停工留薪待遇

职工因工作遭受事故伤害或者患职业病需要暂停工作接受工伤医疗的，在停工留薪期内，原工资福利待遇不变，由所在单位按月支付。

停工留薪期一般不超过12个月。伤情严重或者情况特殊，经设区的市级劳动能力鉴定委员会确认，可以适当延长，但延长不得超过12个月。工伤职工评定伤残等级后，停发原待遇，按照有关规定享受伤残待遇。工伤职工在停工留薪期满后仍需治疗的，继续享受工伤医疗待遇。

生活不能自理的工伤职工在停工留薪期需要护理的，由所在单位负责。

（二）工伤医疗和工伤康复待遇

职工因工作遭受事故伤害或者患职业病进行治疗，享受工伤医疗待遇。

职工治疗工伤应当在签订服务协议的医疗机构就医，情况紧急时可以先到就近的医疗机构急救。

治疗工伤所需费用符合工伤保险诊疗项目目录、工伤保险药品目录、工伤保险住院服务标准的，从工伤保险基金支付。工伤保险诊疗项目目录、工伤保险药品目录、工伤保险住院服务标准，由国务院社会保险行政部门会同国务院卫生行政部门、食品药品监督管理部门等部门制定。

职工住院治疗工伤的伙食补助费，以及经医疗机构出具证明，报经办机构同意，工伤职工到统筹地区以外就医所需的交通、食宿费用从工伤保险基金支付，基金支付的具体标准由统筹地区人民政府规定。

工伤职工到签订服务协议的医疗机构进行工伤康复的费用，符合规定的，从工伤保险基金支付。工伤职工因日常生活或者就业需要，经劳动能力鉴定委员会确认，可以安装假肢、矫形器、假眼、假牙和配置轮椅等辅助器具，所需费用按照国家规定的标准从工伤保险基金支付。

社会保险行政部门做出认定为工伤的决定后发生行政复议、行政诉讼的，行政复议和行政诉讼期间不停止支付工伤职工治疗工伤的医疗费用。

工伤职工工伤复发，确认需要治疗的，按照《工伤保险条例》的规定享受上述医疗待遇。

（三）护理费用

工伤职工已经评定伤残等级并经劳动能力鉴定委员会确认需要生活护理的，从工伤保险基金按月支付生活护理费。

生活护理费按照生活完全不能自理、生活大部分不能自理和生活部分不能自理3个不同等级支付，其标准分别为统筹地区上年度职工月平均工资的50%、40%和30%。

（四）伤残待遇

1.一级至四级伤残待遇

职工因工致残被鉴定为一级至四级伤残的，保留劳动关系，退出工作岗位，享受以下待遇：

（1）从工伤保险基金按伤残等级支付一次性伤残补助金，标准为：一级伤残为27个月的本人工资，二级伤残为25个月的本人工资，三级伤残为23个月的本人工资，四级伤残为21个月的本人工资。

（2）从工伤保险基金按月支付伤残津贴，标准为：一级伤残为本人工资的90%，二级伤残为本人工资的85%，三级伤残为本人工资的80%，四级伤残为本人工资的75%。伤残津贴实际金额低于当地最低工资标准的，由工伤保险基金补足差额。

（3）工伤职工达到退休年龄并办理退休手续后，停发伤残津贴，按照国家有关规定享受基本养老保险待遇。基本养老保险待遇低于伤残津贴的，由工伤保险基金补足差额。职工因工致残被鉴定为一级至四级伤残的，由用人单位和职工个人以伤残津贴为基数，缴纳基本医疗保险费。

2.五级、六级伤残待遇

职工因工致残被鉴定为五级、六级伤残的，享受以下待遇：

（1）从工伤保险基金按伤残等级支付一次性伤残补助金，标准为：五级伤残为18个月的本人工资，六级伤残为16个月的本人工资。

（2）保留与用人单位的劳动关系，由用人单位安排适当工作。难以安排工作的，由用人单位按月发给伤残津贴，标准为：五级伤残为本人工资的70%，六级伤残为本人工资的60%，并由用人单位按照规定为其缴纳应缴纳的各项社会保险费。伤残津贴实际金额低于当地最低工资标准的，由用人单位补足差额。

经工伤职工本人提出，该职工可以与用人单位解除或者终止劳动关系，由工伤保险基金支付一次性工伤医疗补助金，由用人单位支付一次性伤残就业补助金。一次性工伤医疗补助金和一次性伤残就业补助金的具体标准由省、自治区、直辖市人民政府规定。

3.七级至十级伤残待遇

职工因工致残被鉴定为七级至十级伤残的，享受以下待遇：

（1）从工伤保险基金按伤残等级支付一次性伤残补助金，标准为：七级伤残为13个月的本人工资，八级伤残为11个月的本人工资，九级伤残为9个月的本人工资，十级伤残为7个月的本人工资。

（2）劳动、聘用合同期满终止，或者职工本人提出解除劳动、聘用合同的，由工伤保险基金支付一次性工伤医疗补助金，由用人单位支付一次性伤残就业补助金。一次性工伤医疗补助金和一次性伤残就业补助金的具体标准由省、自治区、直辖市人民政府规定。

（五）工亡待遇

职工因工死亡，其近亲属按照下列规定从工伤保险基金领取丧葬补助金、供养亲属抚恤金和一次性工亡补助金：

（1）丧葬补助金为6个月的统筹地区上年度职工月平均工资。

（2）供养亲属抚恤金按照职工本人工资的一定比例发给由因工死亡职工生前提供主要生活来源、无劳动能力的亲属。标准为：配偶每月40%，其他亲属每人每月30%，孤寡老人或者孤儿每人每月在上述标准的基础上增加10%。核定的各供养亲属的抚恤金之和不应高于因工死亡职工生前的工资。供养亲属的具体范围由国务院社会保险行政部门规定。

（3）一次性工亡补助金标准为上一年度全国城镇居民人均可支配收入的20倍。伤残职工在停工留薪期内因工伤导致死亡的，其近亲属享受上述第（1）项规定的待遇。一级至四级伤残职工在停工留薪期满后死亡的，其近亲属可以享受上述第（1）项、第（2）项规定的待遇。

职工因工外出期间发生事故或者在抢险救灾中下落不明的，从事故发生当月起3个月内照发工资，从第4个月起停发工资，由工伤保险基金向其供养亲属按月支付供养亲属抚恤金。生活有困难的，可以预支一次性工亡补助金的50%。职工被人民法院宣告死亡的，按照职工因工死亡的规定处理。

（六）停止享受工伤保险待遇的情形

工伤职工有下列情形之一的，停止享受工伤保险待遇：①丧失享受待遇条件的；②拒不接受劳动能力鉴定的；③拒绝治疗的。

## 七、工伤保险待遇先行支付和追偿

职工所在用人单位未依法缴纳工伤保险费，发生工伤事故的，由用人单位支付工伤保险待遇。用人单位不支付的，从工伤保险基金中先行支付，由用人单位偿还。用人单位不偿还的，社会保险经办机构可以追偿。

由于第三人的原因造成工伤，第三人不支付工伤医疗费用或者无法确定第三人的，由工伤保险基金先行支付。工伤保险基金先行支付后，有权向第三人追偿。

## 八、工伤保险责任的特殊情况

用人单位分立、合并、转让的，承继单位应当承担原用人单位的工伤保险责任；原用人单位已经参加工伤保险的，承继单位应当到当地经办机构办理工伤保险变更登记。

用人单位实行承包经营的，工伤保险责任由职工劳动关系所在单位承担。

职工被借调期间受到工伤事故伤害的，由原用人单位承担工伤保险责任，但原用人单位与借调单位可以约定补偿办法。

企业破产的，在破产清算时依法拨付应当由单位支付的工伤保险待遇费用。

# 本章小结

本章主要讲述了工伤保险的基本原理、工伤保险制度的基本架构和我国工伤保险制度的具体内容。工伤保险的社会属性和保险属性是理解该制度的关键点，整个制度设计就是建立在这个属性的基础之上的。我国的工伤保险制度自建立至今愈加科学和完善，但仍有诸多不足，需要在学习过程中自己阅读和分析相关的法律法规和司法解释。

## 关键术语

雇主责任（employer's liability） 工伤（employment injury） 社会保险（social insurance） 职业病（occupational diseases） 工伤保险待遇（employment injury insurance benefits）

## 复习思考题

1. 分析工伤保险制度的社会意义。
2. 总结并评价我国工伤保险制度的覆盖范围。
3. 分析我国工伤认定程序有哪些不足。
4. 我国工伤保险待遇有哪些？查阅并以表格的形式总结各省、自治区、直辖市关于待遇标准的差异。

## 推荐阅读资料

[1] 工伤保险条例（2010年12月8日国务院第136次常务会议通过，自2011年1月1日起施行）.

[2] 工伤认定办法（2010年12月31日人力资源和社会保障部第56次部务会议通过，自2011年1月1日起施行）.

[3] 最高人民法院关于审理工伤保险行政案件若干问题的规定（2014年4月21日最高人民法院审判委员会第1613次会议通过，自2014年9月1日起施行）.

[4] 访问国际劳工组织网站，查询并阅读与工伤有关的公约和其他资料。

国际社会保障协会一瞥

# 第十一章 社会救助制度



## 学习要点

通过本章学习，掌握社会救助和最低生活保障制度的含义、特征、标准与内容，了解我国社会救助体系和国内外社会救助制度实践，掌握社会救助的运行机制以及各种计算最低生活保障标准的方法，熟悉我国城乡最低生活保障制度等。

案例引入

**完善社会救助体系　真正“拯民众于水火”**

俗话说，月有阴晴圆缺，人有旦夕祸福。2014年，家住××县××镇××村的村民刘树功，被查出患有严重肝病，需要花费巨额医疗费。一年多以来，高昂的治疗费用已经使这个原本就不富裕的家庭债台高筑。其间的医药费用全靠亲朋好友转借，还不包括出院以后每月高达2 000元的后续用药费用。目前刘树功家里共举债5万余元，两个孩子还在上学，生活异常艰难。

2015年6月，镇人民政府考虑到他的实际困难，将他列为临时救助对象，决定给予这个家庭2 000元的临时救助金，以缓解燃眉之急。当刘树功把2 000元拿到手里时，感动地说：“党和政府对老百姓真好。”

全面建立临时社会救助制度，是我国社会救助体系的进步与完善。对身处危难中的人们及时伸出援手，是政府的应有之责。因此，政府应该充分发挥救急救难的作用，真正“拯民众于水火”。

讨论：当家庭遇到困难时，通过什么渠道能够得到哪些社会救助制度的帮扶？

## 第一节　社会救助的含义与特征

### 一、社会救助制度的含义

社会救助制度是社会成员在陷入生存危机或无法维持最低限度的生活状况时，由国家和社会按照法定的程序和标准向其提供满足最低生活需求的物质和服务援助的社会保障制度。它是社会保障体系的重要组成部分，是社会稳定的最后一道“安全网”。

在传统的社会救济基础上发展起来的社会救助制度，以国家为责任主体，通过某种方式，向贫困人口或者脆弱人口提供非缴费型转移支付，以维持其基本生活需要，维护其基本生存权利，因而在现代社会发挥着最低生活保障的作用，构成了现代社会保障体系的最后一道“防护线”“安全网”。客观地说，经过多年的不断改革和持续建设，中国已经逐步构建起以城乡最低生活保障制度为核心，以各种专项救助为辅助，覆盖城乡的新型社会救助体系，它对保障困难群众基本生活发挥了至关重要的作用。

社会救助之所以受到各级政府与社会各界的高度关注，是因为它不仅是社会保障体系中最基本、最悠久的制度安排，也是免除国民生存危机、维护社会底线公正、促进国家长治久安的国家治理机制。在现实中，尽管社会救助制度建设取得了巨大的进展，但不时被媒体披露的弱势群体遭遇不幸或者灾难性后果的案例，表明一些地方还有应当被救助者未能获得有效救助，作为保底性的社会救助制度依然存在着不足与缺漏，它对整个社会造成强烈的心理冲击，构成了公众情绪及对社会公平认可度的重要影响因素。因此，当前急切需要客观、理性地认识社会救助的定位、功能以及面临的诸多挑战，同时寻求适合我国国情的完善之路。

## 二、社会救助制度的特征

作为最基本的社会保障或最低层次的社会保障制度，社会救助制度在实施对象、实施方法、保障的范围、救助的条件等方面，与其他保障方案有着明显的差异。

1.目的的救治性

社会救助不是为了提高社会成员的生活质量，也不是为了防范因社会危险事件的发生导致社会成员失去生活保障，而是对已经遭受社会危险并处于生活困境的社会成员给予帮助和支持，使他们摆脱已经陷入的困境。社会救助提供的是最低生活保障，即维持最低生活标准所需的实际费用，给付标准一般低于社会保险。

2.救助对象的特定性

社会救助的实施对象是已经处于生活困境中的生活成员，不像社会保险和社会福利那样具有广泛性。社会保险几乎覆盖了劳动者的全部，社会福利更是泽及全体社会成员，而社会救助一般只对那些生活贫困者和惨遭不幸的人实施。而且，随着国家与社会经济水平的日益提高，其对象也日益减少。与此相联系，社会救助的规模与经济发展的水平成反比例。一般说来，在工业化初级阶段，或是在战时或战后的恢复时期，以及现代的发展中国家和地区，社会救助的规模较大；相反，在发达国家和地区，其社会救助的规模就较小。这点与社会保险、社会福利不同。一般来说，经济越发达，其社会保险、社会福利的项目越多、范围越广、标准越高，规模也越大。

3.救助方式的单向性

在实施方式上，社会救助通过单向单纯的利益付与形式，对处于生活困境的社会成员提供物质帮助。在社会保险机制中，通过部分社会成员的共同捐献形成保险基金，保障受保人的生活安全，其所体现的是一种互助关系；而在社会救助领域，利益直接从社会或代表社会的国家转向受救助的对象，体现的是一种直接的、单向的利益付与关系。

4.救助的无条件性

社会救助是公民的一项基本权利，它不要求权利义务的对等。国家和社会通过社会救助的方式赋予特定的社会成员一定利益，帮助其克服生活困难，摆脱生活困境，这是没有代价条件的。凡是属于救助范围内的社会成员，国家和社会都应该对其实施帮助，并不以接受救助的对象支付一定的金钱或履行一定的义务为前提。这是由社会救助在整个社会保障体系中的最低保障地位决定的。我们强调社会救助的单项性和无条件性，并不意味着社会救助仅仅是对于社会不幸者的怜悯和恩施。现代社会救助制度作为社会保障制度的一个分支，是建立在社会整体安全和发展的基础上的，基本人权的维护是社会的基本责任，社会救助制度正是实现和保障人权的一项基本制度。但是享受救助者需个人提出申请，并经家庭经济调查程序。

5.救助时限的短期性

除一些长期的救助对象外，大部分社会救助是应急性的。如救灾、扶贫、临时救济等，一旦解除了贫困，最基本的物质生活有了保障，社会救助则不再进行。这与社会保险和社会福利都有明显区别。

6.贫困线划定的相对性

社会救助还受到经济发展水平的制约。贫困线的确定，不同时期、不同地区标准也不同。比如，中华人民共和国成立之前所说的贫困与现在所说的贫困，城市与农村、经济发达地区与边远山区的贫困都有一定的差别，一般是以当时当地的贫困群众平均水平来确定。因而，不同时期、不同地区救济的标准也不同。

## 三、社会救助的主体

社会救助与一般的社会保障是不一样的，社会救助是社会保障制度中最后的“防线”，具有保底功能，是弱势群体维持生存的最后保障。虽然说目前社会保障社会化的趋势比较流行，市场化、私有化的模式也确实对于社会保障的财政不足等问题的解决有一定的帮助，但同时由于市场化的预期是不确定的，市场的波动可能会对受救助的主体产生影响，而这部分群体又是最为脆弱的，任何风险都会造成其灾难性的后果。对此，在社会救助方面，其特殊的救助群体和方式使得其不能追随一般社会保障项目的社会化、私有化的趋势。要认识到社会救助中政府承担全面的责任，社会中组织和个人只起到补充的作用。从政府的职能和社会救助的特殊性来看，政府应该承担在社会救助中的所有责任，但这并不排斥社会中的组织和个人为社会救助事业提供服务和资金，这是社会进步的表现，但对此不能强调它们的责任，而应该认识到，企业和社区以及各种社团的救助行为，只能作为辅助角色和必要的补充。由此，可以看出，在社会救助事业中政府所承担的全面责任是指，政府是社会救助的唯一主体，承担所有的责任。政府之外的组织和个人只是一种补充，最终的社会救助责任必须强调政府的责任，政府应该时刻准备着承担社会救助的所有责任。

## 四、社会救助的对象与标准

（一）社会救助的对象

一般而言，凡生活水平等于或者是低于法定贫困线的个人和家庭，都是接受社会救助的主体或社会救助的对象。在中国主要包括三部分人员：一是无依无靠、无生活来源的公民，俗称“三无”人员；二是遭受天灾人祸而生活一时陷入困难的公民；三是生活水平低于国家规定最低标准的公民。

（二）社会救助的标准

世界各国社会救助的标准有较大的差异，这主要取决于一国的经济发展水平和居民的生活水平。一般来说，社会救助的标准是由社会救助的目的决定的，既然社会救助的目的是保障公民享有最低生活水平，所以社会救助的标准就是确立最低生活水平，这不能靠主观臆断，而必须依靠科学的理解和界定。一般而言，最低生活水平是由贫困的程度来予以具体衡量的。

贫困从绝对和相对两个角度又可以划分为两个不同的类型。从绝对意义上讲，最低生活水平是指保证维持生命所需的最低限度的饮食和居住条件，而不致受冻挨饿，即常说的绝对贫困。从相对意义上讲，所谓最低生活水平，就是享有当时当地生产力水平下相对来讲属于数量最少的消费资料和服务，这是一种相对贫困。

一般来说，自然经济和半自然经济占统治地位的社会，如原始社会、奴隶社会、封建社会，由于社会生产力水平低下，存在绝对意义上的最低生活水平，即存在绝对贫困。而相对贫困已绝非昔日的缺衣少食、受冻挨饿的绝对贫困，只是相对于其他居民集团拥有的消费资料和服务数量少才有“贫困”之感。在当代社会，国际社会和各个国家主要以相对贫困来衡量居民的最低生活水平。例如，国际劳工组织认为，在工业化国家，所谓享有最低生活水平救助的对象是指那些收入相当于制造业工人平均工资30%的家庭和个人。因此，当前各国一般通过财力审查和就业审查来确认申请人领取救助金的资格。

## 五、社会救助的主要内容

从各国的情况看，社会救助的内容主要包括以下几类：自然灾害救助、农村贫困救助、城市贫困救助、失业救济和扶贫。

（一）自然灾害救助

1.自然灾害救助的含义

自然灾害救助简称“救灾”，是指社会成员在遭受自然灾害袭击而失去生活保障时，由政府和社会为其提供紧急救助，使其最低生活水平得到保障的社会救助工作。广义的自然灾害救助工作包括查灾、报灾、核灾、灾后救助等。狭义的救灾仅指对灾民的生活与生产中的困难给予救济，如基本口粮救济、衣被救济、房屋救济、现金救济、医药救济、部分生产资料救济等。

2.自然灾害救助的特点

第一，救助的对象是在自然灾害中生活无着落、失去生活保障的社会成员。

第二，自然灾害救助提供的是保障灾民最低限度生活的急需物资和资金。

第三，救助一般是通过社会救助形式进行的，主要包括发放救济款和救济物资。

3.自然灾害救助的形式

自然灾害救助的形式多种多样，主要有以下四种：

（1）国家救助。国家救助是自然灾害社会救助的主要形式。其中，中央政府承担灾害社会救助的主体责任。

（2）生产自救。生产自救这种形式主要是灾区群众通过自力更生、发展生产，达到克服困难、增加收入、实现自我救济的目的。

（3）互助互救。互助互救主要体现在两个方面：一种是互助互济组织；另一种是互助互济活动。互助互济组织主要是以民政部门为主兴办的救灾合作保险组织，以及群众自办自治的互助储金会经济组织。这是政府和群众在灾前所采取的互助互济的积极措施，以充分发掘群众中互助潜力，变被动地应付自然灾害为主动地迎击自然灾害，这是自然灾害社会救助的新形式。

（4）以工代赈。以工代赈是指政府用赈济资金为有劳动能力的救助对象开拓就业机会（主要是修建公共工程，如兴修水利、疏浚河道、修建码头、修堤筑坝、整修公园、筑路、植树等），使他们通过劳动取得收入维持生活。其方式既有赈款（以现金支付工资），也有赈谷（以粮食、食品支付工资）。

（二）农村贫困救助

目前，世界上大多数贫困人口都生活在经济不发达或欠发达的农村，因此，农村贫困救助是社会救助制度实施的主要内容。我国农村贫困救助包括扶持贫困户和做好“五保户”工作这两项内容。

扶持贫困户是指从政策、思想、资金、物资、技术、信息、劳务、就业等方面对农村贫困户给予扶持，使其通过发展生产，增加收入，逐步摆脱贫困的工作。它是农村社会救助工作的延伸和发展。

“五保户”是指中国农村中依靠集体经济获得基本生活保障的农民或农户，具体表现为保吃、保穿、保医、保住、保葬（孤儿为保教）等五种形式。“五保户”的主要对象是农村中缺乏或丧失劳动能力、无依无靠、没有生活来源的老、弱、孤、寡、残疾人员，由乡村两级政权组织负责向其提供五个方面的保障，个别由国家给予临时或定期的救济，使“五保户”生活有切实保障。

（三）城市贫困救助

我国传统的城市社会救助工作主要包括对社会孤老残幼、社会困难户和20世纪60年代精简退职老职工以及国家规定的特殊对象的救济，其救济范围仅仅局限于无劳动能力者。而有劳动能力者及其家庭的生活困难，则由其所在单位解决。

随着经济体制的转轨、市场竞争的加剧，激烈的经济变革和社会变迁带来了一些负面影响，城镇居民收入差距不断加大，少数居民生活水平出现相对甚至绝对下降，城镇居民的贫困问题日渐突出，成为改革和社会安定的潜在威胁。

近年来，城市贫困人口的构成也发生了某种变化，除了原有的“三无”人员和社会困难户以外，不断有新的居民进入贫困层，主要包括失业、停产、半停产企业职工，退休较早、原工资较低从而退休金微薄的老职工，以及农转非或“半边户”职工等，他们构成了城市新贫困群体。

（四）失业救济

失业救济是指政府建立的对破产企业失业职工基本物质生活予以保障，并为其重新就业提供帮助的社会制度。我国为了减少企业破产造成社会的不稳定和动荡，保障公民的基本生活需求，稳定社会经济秩序，先后建立了失业救济的相应社会保障制度，这些社会救济保障制度包括失业救济和再就业安置两大内容。

失业救济适用范围既包括国有企业失业职工、其他企业失业职工，又包括因企业破产而失业的职工、其他原因而失业的职工。其功能是为了最大限度地实现债权，保护债权人利益，维护债务人权益，协调社会公共利益，在一定程度上约束企业经营管理者。

（五）扶贫

1.扶贫的对象

扶贫主要是对那些贫穷落后，特别是温饱问题还没有解决的地区给予资金、物资、人力和技术上的帮助，扶持其开发经济，增强其自身经济实力，促使其尽早脱贫。

2.扶贫的类型

当前中国的扶贫主要分为救助式扶贫和开发式扶贫两种类型。救助式扶贫主要是分款入户，补贴到人，旨在从生活方面给予贫困者以钱物救助，使其维持基本生活水平，亦称之为“输血式”扶贫；开发式扶贫则是通过一定的项目开发，利用当地资源使其自我发展，助其从根本上摆脱贫困，走向富裕道路，亦称之为“造血式扶贫”。

## 六、中国社会救助体系现状

20世纪90年代以来，随着中国社会保障制度改革的逐渐推进，特别是随着城乡居民最低社会保障制度的全面实施，我国社会救助进入了政府全面主导的新阶段，确立了规范化、制度化、体系化的发展方向，在社会救助理念、体制、结构方面正在发生根本性的变化：在理念上，从传统恩赐救济理念向现代公民权救助理念转变；在体制上，由随机救助模式向机制性救助制度转变；在结构上，正由保障基本生活向综合性救助体系转变；在对象上，正从绝对贫困人群向相对贫困人群扩展。在这一转变过程中，根据城乡居民生活的不同方面和不同层次，从单项制度建设开始，逐步实现覆盖，再以点带面来构建完整的社会救助体系。经过20多年的建设和发展，我国社会救助体系正处于从覆盖到整合的关键期。因此，从社会救助体系问题入手，如何进一步整合资源、整合职能、整合制度，构建制度完整、相互协调、功能配套的社会救助体系是当前我国社会保障建设需突破的核心问题之一。

（一）社会救助制度的四层结构初步形成

目前，在我国初步建立了以最低生活保障和灾民救助制度为基础，以医疗、教育、住房、司法等专项救助为辅助，以优惠政策相配套，以社会互助为补充的体系。第一层是针对城乡贫困人口的基本生活救助，以及当前我国针对农村“三无”人员的五保供养。第二层是各项专项救助，包括医疗救助、教育救助、住房救助、司法救助以及就业救助。第三层是临时、应急救助，包括自然灾害救助、城市流浪乞讨人员救助以及见义勇为人员救助。第四层是补充社会救助（如图11-1所示）。

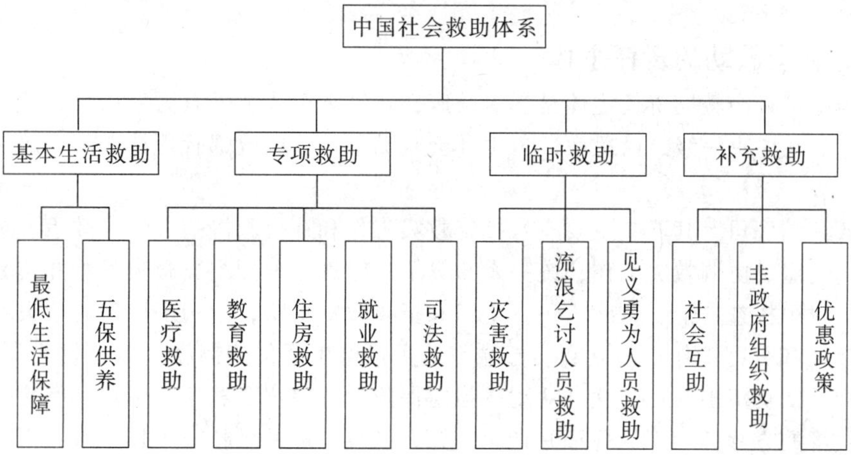


**图11-1　中国社会救助体系总体框架**

（二）社会救助政府主导格局全面形成

第一，中央政府在对社会救助的认识上逐步完成了从工具理性到价值理性的转变，制定了一系列社会救助政策，推动了社会救助制度的设立、完善和提高，新塑了中国社会救助制度体系框架。第二，各级政府成为城乡社会救助工作的组织者和协调者，并积极发挥工会、共青团、妇联、残联等群众团体和慈善机构、红十字会等组织在建立健全城乡社会救助体系中的作用。第三，政府通过公共财政和公益资金投入，为社会救助制度运行提供了资金保证，从而使社会救助制度所包含的理念、规则及制度目标得以达成。各级政府开始加大财政支出结构调整力度，将城乡社会救助所需资金和社会救助机构的工作经费纳入同级财政预算，并随着财力的增长逐年加大对城乡社会救助资金的投入力度。在中央财政投入的前提下，按照省、市、县三级财政按比例共同负担的原则，落实城乡社会救助资金，部分省、市建立了专项城乡低保资金预拨制度，实行了专项管理、社会化发放。社会救助资金投入有了大幅度增长。民政部发布的《2017年社会服务发展统计公报》显示，截至2017年年底，全国共有城市低保对象741.5万户，共计1 261.0万人；共有农村低保对象2 249.3万户，共计4 045.2万人。2017年，全年各级财政共支出城市低保资金640.5亿元，全国城市低保平均标准为540.6元/人·月，较上年增长9.3%；全年各级财政共支出农村低保资金1 051.8亿元，全国农村低保平均标准为4 300.7元/人·年，较上年增长14.9%。截至2017年年底，全国共有农村特困人员466.9万人，全年各级财政共支出农村特困人员救助供养资金269.4亿元；全国共有城市特困人员25.4万人，全年各级财政共支出城市特困人员救助供养资金21.2亿元。第四，社会救助社会协同局面初步形成。在坚持政府主导发展社会救助事业的同时，开始重视社会力量的作用，鼓励、支持知名企业和社会名流以企业或个人名义设立民办社会救助慈善基金，通过整合社会资金、壮大救助资源和提供服务等方面，为政府部门开展社会救助提供有力的辅助。

## 第二节 社会救助制度的运行机制

### 一、社会救助的责任主体

当前中国社会救助责任主体是各级政府，在管理模式上带有国家指导、地方管理的典型特色。在中央一级，由民政部负责社会救助事务。民政部管理社会救助的司局及职责如下：

①救灾救济司。其职能主要有：拟定救灾工作和社会救济的方针、政策、规章并监督实施；组织、协调救灾工作；统一发布灾情，管理、分配中央救灾款物并监督检查使用情况；组织核查灾情、慰问灾民；组织和指导救灾捐赠；承担国内外对中央政府捐赠款物的接收和分配工作；建立和实施城乡居民最低生活保障制度，拟定相关配套政策，组织和指导扶贫济困等社会互助活动，拟定保障“五保户”和“特困户”等特殊困难群体社会救济的方针、政策、规章并指导实施，指导各地社会救济工作；承担中国国际减灾委员会办公室的工作。

②最低生活保障司。其职能是：拟定和监督实施最低生活保障及相关的生活救助方针、政策和规章；管理、分配中央财政最低生活保障投入资金并监督检查使用情况，建立资金发放核查制度；拟定和组织实施最低生活保障社会化管理服务规划和信息管理系统规划、规范及标准。

③社会福利和社会事务司。其职能是：拟定保障老年人、残疾人、孤儿等特殊困难群体社会福利救济的方针、政策、规章并指导实施；拟定社会福利事业发展规划和各类福利机构标准及管理规范，拟定政府对福利单位的资助办法；研究提出社会福利企业认定标准和扶持保护政策；负责本级社会福利资金资助项目评审的日常工作；拟定和监督实施城市生活无着的流浪乞讨人员救助管理的方针、政策；拟定收养政策，指导国内及涉外收养工作。

民政部与各省、市的关系是业务上的指导关系，在人力、物力和财力的配置上，不存在隶属关系。各省、市的社会救助工作由地方政府设置对应的部门负责执行，但是中央政府对部分社会救助项目进行转移支付。

## 二、社会救助基金的管理

### （一）社会救助基金管理的原则

1.目的性

无论何种社会救助改革模式和运行机制，在实现既定的社会政策目标中，基金的安全运营、保值增值和有效监管方面都必须围绕实现国家社会政策目标这一核心宗旨，这也是将社会救助基金管理同其他类型基金管理区别开来的一个重要标志。社会救助基金管理的目的性这一基本特征，决定了社会救助基金投资与管理的首要目标是实现最低生活保障的社会政策目标。

2.多元性

由于世界上不同国家的社会救助制度的建立和发展都有各自的经济、社会和政治环境，有不同的社会历史背景、文化传统和风俗习惯，因此，各国社会救助基金的法律规定和管理体制千差万别，呈现出多元化特点。这也决定了我国的社会救助基金管理只能根据我国的国情进行管理，而不能盲目地照搬国外的做法。

3.综合性

由于社会救助涉及经济、政治、社会、法律等各个方面，并且是介于各个领域之间的交叉领域，这决定了社会救助基金管理是一个极其复杂的社会系统工程，具有很强的综合性特征，区别于一般货币收支计划及管理。

4.协同性

社会救助基金运营与管理既体现经济政策，又相当程度地体现社会政策；既与国家财政资金密切关联，又同金融市场有着直接的联系，因而社会救助基金管理应当同财政、银行、证券、保险、审计等监管部门相互配合和协同。

### （二）社会救助基金管理的内容

如何在市场经济条件下，选择合适的社会救助基金筹集模式、手段，及时、足额地取得社会救助基金，并且管好、用好这些资金，以保障社会成员的最低生活水平，构成了社会救助基金管理的重要内容。整体而言，社会救助基金的管理主要包括的内容有：社会救助基金的筹集、社会救助资金的投资运营、社会救助基金的分配和社会救助基金的监督等。

（三）社会救助基金管理的机构

一般而言，各级民政部门是当前社会救助基金的主要管理机构，上到中央的民政部门，下到地方的民政厅、局、基层民政办公室（所），均设置了专门的政府办公部门具体负责社会救助各项工作和社会救助基金管理，进而有效地履行国家的社会救助职责。例如，早在1985年，为了更好地开展社会救助中的扶贫开发工作，国务院专门设立了"国务院贫困地区经济开发领导小组"，全面领导全国各个贫困地区的经济开发工作，综合管理和使用各贫困地区的社会救助基金。

当前，为充分加强农村中社会救助基金的管理，我国在农村基层也设置了专门管理社会救助基金的机构——乡镇农业经济管理站和救灾扶贫互助储金会，这两个机构主要行使农村中社会救助基金管理的职能。

除此之外，当我国发生特大自然灾害，需要强化管理社会救助基金中的救灾基金时，由各级政府作为主导，以民政部门作为主体成立临时救灾委员会，全面负责救灾基金的管理工作。这种机构存在特定任务和特定时间的限制，在救灾任务全部完成后，还要将没有用完的救灾基金全额缴纳给民政部门进行统一的管理。

（四）社会救助基金管理的意义

1.保证整个社会救助制度的有序稳定运行

社会救助基金是社会救助事业的物质保障基础，对社会救助制度的实现具有重要的意义。随着我国社会救助制度的进一步完善和社会救助范围的扩大，社会救助基金规模也会随之扩大，管理好日益增大的社会救助基金，对社会救助制度的正常稳定运行、实现社会救助的政策目标具有重要意义，如果不能合理、有效地管理社会救助基金，社会救助制度就难以落实，社会救助的保障作用就难以实现。

2.有利于完善资本市场并促进经济发展

通过强化基金管理，提高社会救助基金的投资运营效果，将有利于促进经济发展，促进国家基础产业的较快发展，促进金融市场的发展与完善。社会救助基金规模的扩大，为资本市场提供巨额资金来源，有助于促进金融市场竞争，推动金融深化，加快金融创新步伐，对金融立法和监管提出更高的要求，促使监管当局更好地维护市场的公正性，保护投资者的利益。

3.有助于减轻政府的社会救助费用负担

由于多种因素的作用，社会保障制度都会呈现待遇水平不断攀升、费用负担急剧增长的格局，使社会保障基金的收支出现巨大缺口，社会救助也不例外。为弥补社会保障计划的资金不足，政府不得不通过提高基金征缴率或巨额财政补贴的方式弥补基金亏空，导致企业负担严重和政府财政赤字膨胀。

## 三、社会救助基金的筹集

社会救助基金作为社会救助制度的核心内容，其资金筹集问题不仅是社会救助基金的前提基础，也是作为国家和社会应该承担的重要职能。一般而言，社会救助基金筹集主要分为国家财政拨款、社会筹集、信贷扶贫和国际援助四种主要渠道，特别是以前两种为主渠道。

1.国家财政拨款

国家财政拨款作为社会救助资金来源的主要渠道，包括中央财政拨款和地方各级财政拨款两种。一般而言，财政拨款首先由政府部门做出预算，主要用于三个方面的用途：一是定量定期救助；二是临时性救助；三是自然灾害救助（如图11-2所示）。20世纪90年代以来，我国社会救助经费基本保持在年均30亿～40亿元，其中国家财政拨款就占了2/3。此外，由于自然灾害救助款带有较强的不确定性，因此由民政部门视情况予以发放。

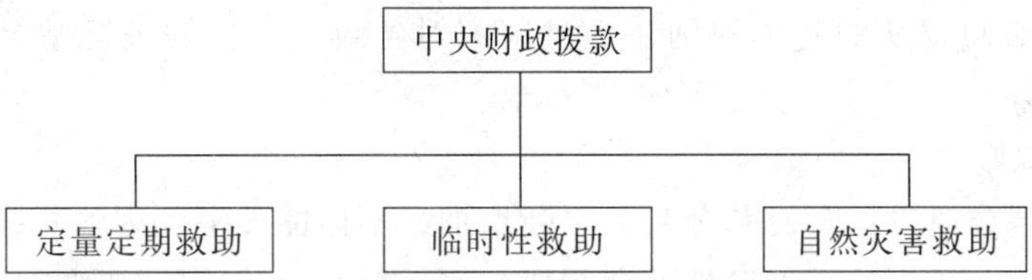


**图11-2　中央财政拨款的用途**

2.社会筹集

我国由计划经济向市场经济转型过程中，社会救助基金的社会筹集模式有了较大的发展，筹集的数量在整个社会救助基金中的比重不断提高。社会救助基金的社会筹集来源的对象一般为城市企业、社会组织以及个人，具体表现为社区救助基金以及为救灾应急而临时筹集的资金等，其形式表现为：募捐、扶贫经济实体和社会福利企业利润留成、城乡统筹和救灾扶贫互助储金会的储金（如图11-3所示）。

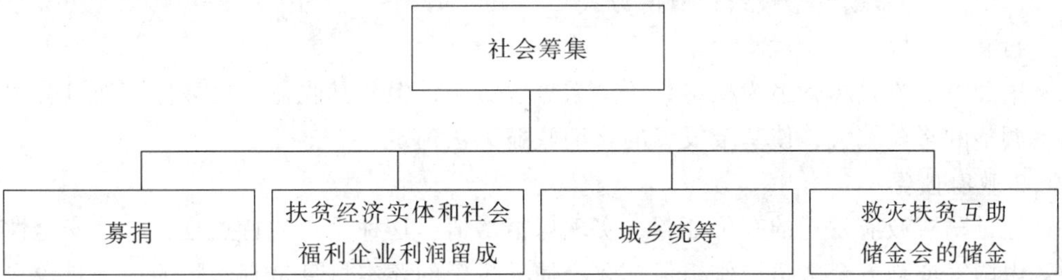


**图11-3　社会救助基金的社会筹集表现形式**

3.信贷扶贫

信贷扶贫就是充分发挥金融机构在资金筹集方面的优势，以发放低息或贴息优惠贷款为主要形式，形成信贷扶贫资金，重点用于支持贫困地区的经济发展，提升贫困地区贫困户的生产能力，帮助贫困家庭实现脱贫工作。自20世纪80年代以来，我国高度重视信贷资金的扶贫问题，特别是当前倡导建立的精准扶贫机制，使得信贷资金在社会救助中扮演越来越重要的角色。

4.国际援助

国际援助指国际组织、友好国家、国际友人等向灾区、灾民提供的物资、技术和现金方面的援助。受政治因素的影响，中华人民共和国成立之初在国际援助方面有一定的局限性，特别是在救灾方面不敢大规模利用国际援助。改革开放之后，伴随着我国对外开放程度不断提高，我国逐步改变了传统的利用国际援助政策，灾害发生后能够及时向国际社会通报灾情，积极争取国际援助。

## 四、社会救助基金的投资运营

（一）社会救助基金投资运营的原则

同其他社会保险项目的基金投资运营一样，社会救助基金的投资运营同样也要遵循一定的原则。

1.安全性原则

安全性原则是运营时必须保证投放出去的社会救助基金能按期如数收回。这是社会救助基金运营必须遵从的基本原则，也是国家对各级政府机构进行基金运营的最起码要求。

2.盈利性原则

社会救助基金通过运营使基金数额不断增加，不但能够消除因通货膨胀原因而造成的基金贬值风险，还要尽可能实现基金增值，这就是基金运营的盈利性原则。

3.流动性原则

为了满足社会救助基金不同时期的给付需求，在基金的投资中，必须注意适当保持基金的流动性，即保证有足够的资金在需要支付时可以随时变现。

4.分散性原则

要达到社会救助基金既安全又盈利的目的，要满足社会救助基金短期支付和长期储存的要求，基金的运营方向就不能太单一，而要注意分散性地多样选择。

（二）社会救助资金投资运营的方式

1.银行存款

这种投资方式尽管最为稳定，风险系数也最小，但是其收益率也最低，而且受银行利率调整的影响较大，使基金投资的预期收益无法确定。

2.政府债券

通过购买政府发行的有价证券，实现保值增值。这种投资的特点是：一是安全性较强，由国家或地方金融机构作担保，政府债券投资的还本付息是有保障的；二是较之银行存款利率，该投资方式的利率相对较高，且利率事先确定，收益可以精确地预期；三是流动性较强，有上市交易变现的能力，也可作为抵押品获得贷款。

3.购买公司股票

通过购买公司股票，以年终分红的方式获得收益。这种投资方式尽管收益率较高，但是风险系数也较大，是一种典型的收益高、变现性强、投机性及风险性大的投资。

4.委托投资

该投资方式是将社会救助基金转化为商业借贷资本，委托一定的金融机构如中央银行、国家信托投资公司进行投资，社会救助基金管理机构通过收取一定的贷款利息为社会救助基金保值增值。这种投资方式的特点是投资风险小、利息收入高且相对稳定、投资回收期弹性强、社会救助基金商业化程度高。

5.不动产投资

将社会救助基金用于购买地产、房产等不动产，通过出租或出售转让方式来获取收益，这是一种风险小、收益高的投资形式。

## 五、社会救助基金的分配

社会救助基金的分配主要体现在基金的发放和使用两个环节，其中发放是前提，而使用则是社会救助基金分配的核心问题。

（一）社会救助基金发放与使用的原则

1.发放成员特定性原则

与社会保障的其他项目相比较，社会救助的主旨是对因自然灾害和其他原因导致社会成员无法实现基本生存条件时，按照有关社会救助的规定和要求，视情况给予临时性和经常性的低水平的救助。因此，社会救助基金发放的人群，必须是生活陷于绝境或陷于极端贫困的群体，方有资格领取社会救助金。

2.专款专用原则

社会救助基金不同项目的款项必须对应不同的救助项目，救灾款只能用于遭受灾害群众，五保粮款的对应对象必须是符合“五保户”条件的贫困群众，而扶贫资金则一定是用于贫困地区的扶贫工作。社会救助基金不得贪污、挪用，否则就是犯罪。《中华人民共和国刑法》第一百二十六条规定：“挪用国家救灾、抢险、防汛、优抚、救济款物，情节严重，致使国家和人民群众利益遭受重大损失的，对直接负责人员处以3年以下有期徒刑或拘役，情节特别严重的处以3年以上7年以下有期徒刑。”

3.重点使用原则

首先，在贫困救助方面，重点使用原则体现在社会救助基金要优先考虑特困对象。这些人往往遭受了较大程度的困难而急需救助，必须有足够的特困救助基金与之相对应，一旦出现需要临时救助的特困对象，可以及时给予救助。其次，在救灾方面，社会救助基金中的救灾款项要注重于最困难、经济基础差的灾区和灾民。最后，在发放给灾民的救助款物中，应当突出以实物救助为主，特别是侧重于吃饭、穿衣、住房等方面，而针对其他方面的困难，则要视情况酌情给予救助。

（二）社会救助基金的发放程序

同其他社会保障的项目基金一样，社会救助基金的发放必须依据有关的法例条文，遵循法定的程序。一般而言，社会救助基金的发放程序要经过个人申请、社区证明、基层审核、上级审批等环节，缺一不可。

除此之外，社会救助基金在发放过程中还有两点要注意：一是社会救助基金的具体发放情况应该予以公开，以防止出现营私舞弊行为；二是五保救助必须按照相关的政策实施，救灾扶贫互助基金则要遵循基金的章程发放和使用。

（三）社会救助基金的使用方式

当前，社会救助基金的使用方式主要有以下四种：

1.无偿使用

不加任何限定的条件，将社会救助基金无偿发放给被救助者，其中救助款物属于典型的无偿使用方式，这也是社会救助基金传统使用方式之一。通过国家和社会提供的无偿援助，大多数被救助者获得了基本的生存条件，保障个人的基本生活以及社会整体的稳定。但是这种无偿使用方式也有弊端，即不利于调动被救助者发挥自我主动性，实现自力更生。

2.有偿使用

该方式主要用于社会救助基金中的扶贫工作，通过将社会救助基金中的一部分以无息或者低息贷款方式发放给被救助者，以提高被救助者的生产能力，并限定一定的使用期限，到期后全部收回并且周转使用。这种社会救助基金的有偿使用方式又被称为造血式的救助方式，是社会救助基金使用的一大创新。一般而言，当前社会救助基金中信贷扶贫款、互助储金会储金以及救灾扶贫周转金均采用该方式。

3.分散使用

该方式是当前社会救助基金发放使用中最普遍、最基本、最主要的使用方式之一，即将救助资金直接对应到个人，发放到被救助者手中单独使用。一般而言，事关被救助者吃、穿、住、医等基本生存权的资金，都采用该方式发放，但是涉及扶贫开发或者用于支持贫困户的资金基本上不采用该方式。

4.集中使用

本着形成规模效益的原则，社会救助基金中很大一部分通过集中使用的方法，用于扶持贫困地区开展扶贫开发工作，或者用于贫困户发展生产上。当前社会救助基金集中使用的方面包括：国务院贫困地区经济开发小组批准下拨的款项，该款项专门用于贫困地区的扶贫开发项目，需要精准识别，并且集中使用；扶贫贷款的一部分款项，也不能采用分散使用的方式，必须针对那些劳动能力差，且缺乏经营手段的贫困户，将扶贫基金集中起来后，选定带头人进行集中生产，最终达到温饱到户的目的；此外，通过乡镇统筹方式筹集的五保粮款，大多数也通过集中使用方式用于支持农村“五保户”。

## 六、社会救助基金的监督

社会救助基金监管通常是由国家授权专门机构，依法对社会救助基金筹集、安全运营、投资活动及基金保值增值等进行严格监控。当前社会救助基金的监督主要包括：一是上级部门的监督。重大或特殊救助问题需报上一级管理部门讨论决定，上级部门必须制定科学的考核制度，对各级救助机构定期进行考核。二是审计部门监督。审计部门是监督社会救助资金合理使用的主要力量。各级审计部门按照审计工作的要求，定期或不定期地对救助资金的使用情况进行审查，确保民政各项经费的专款专用。三是社会监督。一方面，设立由专人负责的社会救助投诉电话和投诉机构，接受群众监督，将投诉结果纳入对社会救助工作的考核当中，经核实投诉事实存在时，对责任人给予处罚；另一方面，接受媒体的监督，具体监督内容包括法律法规的制定出台、政策措施的完善到位、救助资金的筹集落实、救助内容的补充调整、救助对象的准确有效、管理体系的建立健全、救助标准的公平合理、管理手段的科学公正、救助对象的诚实守信等多个方面。

# 第三节　最低生活保障制度

## 一、最低生活保障制度的含义

所谓最低生活保障制度，是指当公民难以维持最低生活水平时，由国家和社会按照法定的程序和标准向其提供保障其最低生活需求的物质援助的一种社会保障制度。更具体地讲，最低生活保障制度是指国家对家庭收入低于当地政府公告的最低生活标准的人口给予一定的现金资助，以保障该家庭成员基本生活所需的社会保障制度。

根据《城镇居民最低生活保障条例》，城市最低生活保障制度的保障对象主要有以下三类人员：第一类，无生活来源、无劳动能力、无法定赡养人或抚养人的居民；第二类，领取失业救济金期间或失业救济期满仍未重新就业，家庭人均收入低于最低生活保障标准的居民；第三类，在职人员和下岗人员在领取工资、基本生活费后以及退休人员领取退休金后，其家庭人均收入仍低于最低生活保障标准的居民。

## 二、最低生活保障制度应遵循的原则

1.保障最低生活需求的原则

这项制度应把着眼点放在对人们最低生活的保障上，实行“保底”。也就是说，这个原则是在公民由于极端贫困而无法获得维持生命所需要的物质资料时，给予物质帮助，使其能够生存下去。所以，这个原则也就是维持公民生存的原则，水平不能太高，高了会养懒人，会有人从中渔利。

2.普遍性原则

凡是符合条件的公民都应该被纳入最低生活保障的范围，都应该一视同仁，不能够因为民族、年龄、性别等原因而有所不同和区别对待。最低生活保障制度要保障的是公民的最低生活，这些公民所面临的困难是一样的，都是缺衣少食，坚持公平性原则就是要做到“应保尽保”。

3.法制化原则

在实行法治的现代社会，每一项制度的确立和实施都必须具有法律依据。最低生活保障制度必须在国家制定的法律框架之内运行，以充分增强制度的稳定性、系统性和权威性。在实施最低生活保障制度的过程中，坚持法制化原则就可以减少操作的随意性，增强实施的客观公正性。

4.维护个人尊严的原则

社会救助之所以在现代社会上升到法律规范的层面，其所体现的恰恰是国家和社会对解决贫困问题的责任和义务，而接受救助则是社会成员在遭遇生活困境时应享受的法定权益，因此最低生活保障制度在实施中应维护受助者尊严。

5.与当地实际生活水平相联系

最低生活保障制度要与当地居民的总体生活水平和各方承受能力相适应，避免出现水平过高或过低的现象。

## 三、最低生活保障标准的确定

（一）最低生活保障标准的含义

最低生活保障标准又称为“最低生活保障线”，是指在社会发展的某一时期，由政府制定的、与社会经济发展水平相适应的、在衣食住行等方面保障居民生存的最低限度的基本生活标准。

（二）确定最低生活保障标准的方法

1.生活需求法

该方法又称为“市场菜篮法”，即根据当地维持最低生活所需的物品和服务列出一张清单，然后根据市场价格计算出拥有这些物品和服务需要多少现金，由此确定的现金额即为最低生活保障标准。市场菜篮法关注的是贫困人口基本生活需要的满足，最早由英国人郎特里在1601年提出。采用这种方法时，首先要确定一揽子基本消费品（以向量$X_0$表示），内容包括维持社会公认的最起码的生活水准的必需品的种类和数量，然后根据市场价格（用向量P表示）来计算拥有这些生活必需品需要多少现金，即贫困线。贫困线的具体测算公式如下：

$$PL=(1+B)\,P\,X_0$$

其中：PL代表贫困线；B是考虑到价格、浪费等因素而做的调整，或是对$X_0$中未包括的项目所做的调整。

2.国际贫困标准法

该方法实际上是一种收入比例法，以一个国家或地区社会平均收入的50％~60％作为这个国家或地区的贫困线，亦即最低生活保障标准。这种方法需要对该国或该地区的收入状况进行全面调查。一般来说，发达国家和地区社会救助标准和水平比较高，大都采用收入比例法；而发展中国家和地区的社会救助水平较低，多根据绝对贫困标准来选用确定贫困线的方法。

3.生活形态法

该方法又称为“剥夺指标法”。首先从人们的生活方式、消费行为等生活形态入手，提出一系列有关贫困居民生活形态的问题，然后选出若干剥夺指标，即在某种生活形态中舍弃某种方式、行为，再根据这些剥夺指标及被调查者的实际生活状况确定哪些人属于贫困者，再分析他们被剥夺的需求及消费和收入，由此得出贫困线，即最低生活保障线。

4.恩格尔系数法

19世纪德国统计学家恩格尔根据统计资料，得出一个规律（恩格尔定律）：一个家庭收入越少，家庭收入中（或总支出中）用来购买食物的支出所占的比例就越大，随着家庭收入的增加，家庭收入中（或总支出中）用来购买食物的支出比例则会下降。因此，一个国家越穷，每个国民的平均收入中（或平均支出中）用于购买食物的支出所占比例就越大；反之，则越小。联合国根据恩格尔系数对国家进行划分：一个国家平均家庭恩格尔系数大于60％为贫穷；50％~60％为温饱；40％~50％为小康；30％~40％属于相对富裕；20％~30％为富裕；20％以下为极其富裕。

## 四、城镇最低生活保障制度

（一）发展阶段

1.试点阶段（1993年6月—1995年5月）

1992年，上海率先研究对收入较低、生活困难的在职职工、退休职工、社会闲散人员实施生活保障问题。1993年6月，上海发布《关于本市城镇居民最低生活保障线的通知》，明确宣布从1993年6月1日起，在全市范围内实施最低生活保障制度，当年的最低生活标准为月人均120元，凡是实际生活水平低于这个标准的本市居民都可以向民政部门申领最低生活补助金。该文件的出台，表明上海率先建立了城市居民最低生活保障制度。到1995年上半年，已有上海、厦门、青岛、大连、福州、广州等6个大中城市相继建立了城市居民最低生活保障制度。

2.推广阶段（1995年5月—1997年8月）

1995年5月，民政部在厦门、青岛分别召开了全国城市最低生活保障线工作座谈会，号召将这项制度推向全国。在此期间，民政部对全国40多个大中城市的居民生活状况进行普查，对失业职工失业保险期满后不能重新就业进行社会救助的可行性进行调查论证。截至1997年5月，全国有206个城市建立了这项制度。

3.普及阶段（1997年8月—1999年年底）

1997年9月2日，国务院发布《国务院关于全国建立城市居民最低生活保障制度的通知》（国发〔1997〕29号），明确要求1997年年底以前，建立这项制度的城市要逐步完善，尚未建立这项制度的要抓紧做好准备工作；1998年年底以前，地级以上城市要建立起这项制度；1999年年底以前，县级市和县政府所在的镇要建立起这项制度。1999年9月28日，国务院正式颁布《城市居民最低生活保障条例》，1999年10月1日起施行。该条例的颁布，标志着我国城市居民最低生活保障制度的建设和管理开始进入法制化的轨道。至此，最低生活保障制度基本上在全国确立。截至1999年9月底，全国668个城市和1 638个县政府所在地的建制镇已经全部建立低保制度。

4.扩面阶段（1999年年底—2003年年底）

低保制度在全国推开后，人们首先关注的是“应保尽保”问题，为了确保“应保尽保”，我国扩大了低保制度的覆盖面。2001年11月12日，国务院办公厅发出《关于进一步加强城市居民最低生活保障工作的通知》（国发办〔2001〕87号），明确提出要全面落实城镇居民最低生活保障制度。

5.完善阶段（2003年年底至今）

从2004年起，完善城市低保制度的重点走向了“配套措施”和“分类救助”。民政部积极与其他相关的政府部门进行协商，总结、推广部分省、市的经验，着手探索和建立以城市低保制度为主体，以优惠政策和临时救助制度为补充，以医疗救助、教育救助、住房救助等相配套的综合性社会救助体系，争取为城市贫困居民解决更多的实际困难，使保障水平不断提高。

（二）主要内容

1.保障对象

从理论上讲，城市居民最低生活保障的对象应该是所有收入水平低于城市居民最低生活保障标准的公民。《城市居民最低生活保障条例》明确规定：“持有非农业户口的城市居民，凡共同生活的家庭成员人均收入低于当地城市居民最低生活保障标准的，均有从当地人民政府获得基本生活物质帮助的权利。”具体而言，家庭人均收入低于当地最低生活保障线的贫困人口包括：一是传统的“三无对象”（无固定收入、无劳动能力、无法定赡养人或抚养人）；二是失业保险期满未能重新就业、家庭人均收入低于最低生活保障标准的居民；三是家庭有人在职，但在领取工资或最低工资、退休金后，家庭人均收入仍少于当地最低生活标准的居民；四是因天灾人祸造成暂时生活困难的居民。

2.救助标准

《城市居民最低生活保障条例》规定：“城市居民最低生活保障标准，按照当地维持城市居民基本生活所必需的衣、食、住费用，并适当考虑水电燃煤（燃气）费用以及未成年人的义务教育费用确定。城市居民最低生活保障制度遵循保障城市居民基本生活的原则，坚持国家保障与社会帮扶相结合、鼓励劳动自救的方针。”在该条例中，之所以规定要按照“当地”的基本生活所必需的衣食住费用，是因为我国是个地域辽阔的国家，各地区之间的经济发展水平、人均收入和消费水平、物价水平的差距都比较大，特别是东部、中部、西部之间的地区差距更大，因此全国不可能有一个统一的最低生活标准，而必须根据各地的实际情况，根据各地的物价水平和生活必需品的价格确定各地的最低生活标准。整体而言，按照救助人群不同，其救助标准主要分为三类：第一，对传统的“三无”人员，按照城市居民最低生活保障标准全额享受；第二，对尚有一定收入的城市居民，按照家庭人均收入低于城市居民最低生活保障标准的差额享受；第三，城市居民最低生活保障标准，按照当地维持城市居民基本生活所必需的衣、食、住费用，并适当考虑水电燃煤（燃气）费用以及未成年人的义务教育费用确定。

3.资金来源

《城市居民最低生活保障条例》第五条规定：“城市居民最低生活保障所需资金，由地方政府列入财政预算，纳入社会救济专项资金支出项目，专项管理，专款专用。国家鼓励社会组织和个人为城市居民最低生活保障提供捐赠资助，所提供的捐赠资助，全部纳入当地最低生活保障资金。”由这项规定可以看出，财政资金和社会捐赠资助是城市居民最低生活保障制度资金来源的两个主要渠道，地方政府是城市居民最低生活保障资金的主要责任者。

从目前的情况来看，城市居民最低生活保障所需要的资金主要是由地方财政负担。这是因为：第一，公民在不能够维持其基本生活时有从国家和社会获得物质帮助的权利，这也是国家和社会维护人民群众生存权的具体体现，是国家应尽的责任和义务。因此，国家是第一责任者，国家应当承担对公民实施救助所需要的资金。第二，国家在关于中央和地方的财权、事权、责任等方面有明确的规定。国务院在《关于实行“划分收支、分级包干”财政管理体制的通知》中明确指出：抚恤和社会救济费，地方财政支出。此外，最低生活保障的资金虽然主要是由地方政府负担，但是，中央政府也承担一定的责任。国务院在《关于实行"划分收支、分级包干"财政管理体制的通知》中规定："凡是地方收入大于支出的地区，多余部分按规定的比例上缴；支出大于收入的地区，不足部分从工商税中按一定比例留给地方，收入仍然小于支出的，不足部分由中央财政给予定额补助。"

除此之外，社会捐赠也是城市居民最低生活保障制度保障资金的来源之一。它体现了中华民族"一方有难、八方支援"的优良传统。但是，目前由于存在渠道不畅、认识模糊等多种原因，社会捐助的数额还是非常小的。将来随着我国经济发展水平的进一步提高，随着人们的思想水平和素质的不断提高，社会捐助必然会成为最低生活保障资金的重要来源。

4.管理体制

城市居民最低生活保障制度实行地方人民政府负责制。县级以上地方各级人民政府民政部门具体负责本行政区域内城市居民最低生活保障的管理工作；城市居民最低生活保障所需资金，由地方人民政府列入财政预算，纳入社会救济专项资金支出项目，专项管理，专款专用；民政部门以及街道办事处和镇人民政府负责具体管理审批工作；居民委员会根据管理审批机关的委托，可以承担日常管理、服务工作。

5.申请程序

一般而言，城镇居民申请最低生活保障金需经过如下程序：①申请。社会成员根据现行法规、政策规定的最低生活保障，评估自己及共同生活的家庭成员的人均平均收入，如果低于法定标准并需要通过这一制度提供援助时，应当填写并向社会机构提交申请书，申请书应当填写清楚家庭人口、无劳动能力人口、工作人口及家庭收入和支出情况，以此作为申请救助的依据。②调查。社会救助机构在接到申请后，应当派工作人员，向申请家庭及其所在地区和工作者所在单位进行详细调查，以核实申请者的家庭情况和收入情况。③审核与批准。根据调查结果和核实后的情况，社会救助专门机构确定是否批准其申请报告。④发放保障金。经过社会救助机构批准后，向申请者发放最低生活保障金。

## 五、农村最低生活保障制度

（一）发展阶段

在城市居民最低生活保障制度改革的进程中，一些地区也开始了农村居民最低生活保障制度的探索。

1.单个试点阶段（1994年年初—1996年年底）

1994年山西省民政厅在阳泉市建立农村社会保障制度试点。在山西省民政厅的指导下，山西省阳泉市率先开始了建立农村社会保障制度的试点工作，同年6月，颁布实施了《阳泉市农村社会保障试行办法》。办法规定：县、乡、村根据各自经济发展的不同状况，确定基本生活保障线，对生活在基本保障线以下的贫困户，以户为单位建立档案，逐年核定实行救济，使其生活水平达到基本保障线。同年9月，山西省民政厅下发了《关于加快建立和完善农村社会保障制度的通知》，并转发了阳泉市的试行办法。1995年3月，山西省政府在阳泉市召开了农村社会保障制度建设现场会，开始向全省推广阳泉市的经验。

2.扩大试点阶段（1996年年底—2004年年底）

1996年年底民政部正式印发了《关于加快农村社会保障体系建设的意见》，提出各地要积极试点，稳步推进。凡是开展农村社会保障体系建设的地方，都应该把建立最低生活保障制度作为重点，即使标准低一点，也要把这项制度建立起来，明确将农村最低生活保障制度作为农村社会保障体系建设的工作重点，并且进一步制定了《农村社会保障体系建设指导方案》，对建立农村居民最低生活保障制度的一系列重要问题，如保障标准、保障资金、优惠措施等问题都做出了具体规定。自1997年开始，有条件的地区开始逐步建立农村居民最低生活保障制度。到2001年年底，全国有27个省、自治区、直辖市的2 037个县（市、区）建立了农村居民最低生活保障制度，占应建县（市、区）总数的81%，受助人口344万人，占农业人口的0.4%。

3.探索创新阶段（2004年年底—2006年年底）

2004年中共十六届四中全会以后，确立了构建社会主义和谐社会的战略目标，农村低保制度建设摆上了党和政府的议事日程。2005年11月，《中共中央关于制定国民经济和社会发展第十一个五年规划的建议》明确要求“有条件的地方要积极探索建立农村居民最低生活保障制度”。2006年12月中央农村工作会议明确提出，在全国范围建立农村最低生活保障制度，这意味着农村低保已基本完成试点探索的过程，进入发展的新阶段。截至2006年年底，全国共有2 133个县（市、区）建立了农村居民最低生活保障制度，已有1 509.1万（743.4万户）农村人口享受农村最低生活保障，人均补差33.2元/月。

4.全面推广阶段（2006年年底至今）

2007年国务院颁布了《国务院关于在全国建立农村最低生活保障制度的通知》，对农村最低生活保障工作做出了一些方向性、原则性的规范，这是迄今为止指导我国农村最低生活保障工作的最高文件。该文件明确提出，2007年在全国建立农村最低生活保障制度，将符合条件的农村贫困人口全部纳入保障范围，稳定、持久、有效地解决全国农村贫困人口的温饱问题。截至2007年6月底，全国农村低保对象达2 067.7万人，平均低保标准为年人均857元，最低的为600元（甘肃），最高的为2 560元（上海），月人均实际补助水平28元。

（二）主要内容

1.保障对象

一般而言，具有当地正式农业户口，共同生活的家庭成员年人均收入低于当地农村低保标准的人都可申请享受农村低保。与传统的社会救济制度相比，农村低保制度的保障对象有所扩大，除了“五保户”“特困户”外，还包括下列人员：家庭成员无劳动能力或基本丧失劳动能力的无劳动力户；家庭主要成员虽在劳动年龄段，但因严重残疾而丧失劳动能力，家庭生活困难者；家庭成员在劳动年龄段，因长年有病，基本丧失或大部分丧失劳动能力，家庭生活困难者；家庭主要成员因病、因灾死亡，其子女不到劳动年龄或是在校学生，生活特别困难者。

2.保障标准

确定最低生活保障标准是建立农村居民最低生活保障制度的关键环节。所确定的标准既要实事求是、合情合理，又必须能够真正解决贫困农民生活问题。这就要求在建立这项制度时必须充分考虑各种因素，要坚持低标准起步、动态管理、逐步提高。各地经济发展水平不同，保障标准也不尽相同，甚至有很大的差别。各地制定年人均保障标准的主要依据是：维持当地农村最低生活必需品的数量和物价；贫困对象年人均消费水平；当地农民人均收入；地方财政和集体经济的承受能力；当地物价水平。因此，一般而言，农村最低生活保障标准由县级以上地方人民政府按照能够维持当地农村居民全年基本生活所必需的吃饭、穿衣、用水、用电等费用确定。此外，最低生活保障金原则上还要按照申请人家庭年人均纯收入与保障标准的差额发放，也可以在核查申请人家庭收入的基础上，按照其家庭的困难程度和类别分档发放。

3.资金来源

建立和实施农村最低生活保障制度，关键问题是保障资金要落实到位，保障资金不能落实到位，制度制定得再好也难以实施，贫困农民就得不到实惠。由于中央财政没有该资金的专项预算科目，在实施最低生活保障制度时，主要是由地方财政即市、县财政和村集体分级负担。分级负担的比例是问题的关键，中央政府不做统一规定，由各地根据实际情况自行确定。因此，当前我国农村低保所需资金以市和区、县（市）财政筹集为主，除转移支付救济资金外，其余部分由市和区、县（市）财政各负担50%。农村特困户的转移支付救济资金与市和区、县（市）两级财政承担的配比资金统一使用。中央财政会对财政困难地区实施农村低保制度给予资金补助。农村低保资金必须纳入市和区、县（市）两级财政预算，区、县（市）和乡级财政要建立农村低保资金专户，实行专户管理，专款专用，不得挤占挪用。

4.管理体制

农村最低生活保障工作的管理体制可以概括为“党委领导、政府负责、民政管理、部门协助、社会参与”。

5.实施程序

农村最低生活保障的管理与城市最低生活保障基本相同，实施程序大体如下：由本人向村委会提出申请；提交村民代表会议评定，以村民小组为单位对申请贫困救助者进行评议，填写“社会保障金申请表”；基层组织审核，再经乡（镇）民政办公室审核把关；报县民政局批准确定是否救助及救助待遇，发给保障对象“社会保障金领取证”；张榜公布，接受群众监督。

## 六、我国城乡最低生活保障制度的发展现状

随着社会的不断发展进步，各项制度日益健全，并且管理水平和操作程序发展有序，我国逐渐制定出了符合我国发展现状又与国际相衔接的城乡最低保障体系，这不仅有利于我国社会的和谐稳定，缓解低保家庭的负担，保障他们的基本生活，还有利于减小贫富差距，也有利于经济体制的改革。

首先，由表11-1可知，城乡低保总数相对稳定，保障人数在7 000万左右，2000—2007年相对较少，2008—2014年基本稳定。虽然保障人数增加比较缓慢，但总的财政支出大幅增加，这说明我国对城乡低保人群的保障水平大幅度提高。同时，我们可以看

出，2000—2014年总体上低保范围在扩大，财政支出逐年增加，并且城乡最低生活保障制度的财政支出主要依靠中央的支出，中央的财政支出比例较大，地方财政也承担着较重的责任，资金不足导致不能按时发放或足额发放的情形时有发生。

表11-1　　2000—2014年城乡最低生活保障情况表

| 年份 | 城市低保人群（万人） | 农村低保人群（万人） | 中央财政负担低保经费（亿元） | 地方财政负担低保经费（亿元） |
|---|---|---|---|---|
| 2000年以前 | 281 | — | 4 | 16 |
| 2000 | 403 | — | 8 | 19 |
| 2001 | 1 171 | 23 | 19 | 407.8 |
| 2002 | 2 065 | 46 | 63 | 365.1 |
| 2003 | 2 247 | 92 | 58.5 | 488 |
| 2004 | 2 347 | 105 | 68 | 825.4 |
| 2005 | 2 347 | 112 | 124 | 1 509 |
| 2006 | 2 153.5 | 64 | 136 | 3 566 |
| 2007 | 2 272.1 | 160 | 117 | 4 284.3 |
| 2008 | 2 334.8 | 266 | 127.4 | 4 700 |
| 2009 | 2 347 | 359.1 | 123 | 5 214.0 |
| 2010 | 2 310.5 | 365.6 | 159.1 | 5 305.7 |
| 2011 | 2 276.8 | 502 | 157.9 | 5 344.5 |
| 2012 | 2 143.5 | 439.1 | 235.2 | 5 304.8 |
| 2013 | 2 085.9 | 545.6 | 211.1 | 304.6 |
| 2014 | 1 924.5 | 5 216.4 | 1 101.48 | — |

其次，低保制度的实际运行超出了其应有的功能，又没有其他专项的配套制度，严重地损害了低保制度的运行。低保制度相对来讲较为完善，但它发挥了很多不应由其承载的功能。比如，将教育救助、医疗救助等社会救助项目捆绑在低保之上，导致低保承载功能过多，出现“不能承受之重”，从而在实施中扭曲变形。

最后，做好低保工作，体现的不仅是一份良心，也体现了一种社会责任感。但是，有些人丝毫不在意，利用关系占用低保名额，给自己的家人、朋友，殊不知这样使那些真正需要帮助的人错失良机，生活每况愈下。除此之外，还有骗保的现象，诸如此类问题长期得不到解决，那么低收入人群的利益又拿什么给予保证呢？这不得不引起我们的深思。目前，很多有关低保资格认定、标准还存在着争议，这严重阻碍了低保政策的贯彻实施。我们在完善法律制度的同时，也要关注低保制度事后的监管工作，既做到有法可依，又能保证通过此项举措真正使低收入人群获得救济，改善生活条件，早日过上幸福安康的生活。我国的低保制度由于缺少经费和人员，动态监管还存在不到位的现象。社会救助从建立起就没有规定专门的工作经费。法律规定把钱给到正确的人，但是，因为没有工作人员下去专门核查，导致“应保未保”或“保非所保”现象存在。工作经费支持着社会救助的执行，法律中要明确经费问题和人员保障问题。

## 七、我国最低生活保障制度的完善措施

（一）加快最低生活保障的立法进程，在立法中确立生存权保障法理念

世界人权宣言申明，“人人有权享受为维持他本人和家属的健康和福利所需的生活水准”，如果不充分尊重人权，贫困就不会消除。而解决贫困问题最好的方法之一是建立最低生活保障制度。最低生活保障法理念，即生存权保障法理念的真正确立，对建立良好的法律制度具有关键性作用。我国最低生活保障制度问题的解决关键是制定法律，只有通过法律保障，制度才能有效运行。

（二）制定相关就业政策，使低保人员摆脱贫困，从而促进被保障人员的流动

最低生活保障制度的设立在满足贫困人员的基本生活水平的同时，还要转变救助理念，破除传统的思维模式，制定合理有效的就业政策，使被保障人员摆脱贫困，及时退保，从而使新的贫困人员的基本生活得到有效的保障，使保障机制和制度资源得到有效利用，使社会保障体系有序运行，同时也有利于缓解资金紧张，使资金得到充分利用。

（三）健全监督监管机制，提高相关人员素质，落实低保相关责任制度

对监管不到位的相关乡镇予以整改，整改不到位的，予以通报批评；对具体负责低保工作的人员开展业务培训，提高业务能力素质；制订走访计划，将明察暗访作为常态化工作机制来执行；主动邀请群众做监督员对低保工作进行监督，并对违规违纪人员进行更为严厉的问责。在必要的时候，法院在办理相关案件时可向有关部门提出检察建议、加强审批工作透明度、建立有效的监管机制等一系列提议。有效责任制度的建立可以震慑低保实施过程中的不当行为，对违反低保制度的人员应采取有效的惩罚措施，促进城乡低保制度有效运行。

（四）科学规范立法内容，明确低保标准和其他专项救助范围，使其更好地指导实践

相关法条应当对低保的标准做出明确的规定。虽然不能要求特别详细的规定，但要反映出最低生活保障制度的本质和理念，要有效地发挥其应有的作用，防止有名无实。低保制度是满足贫困人群的最基本的生活需要，而专项救济是根据其特殊性规定其标准。当前，如果一个人获得了低保，最低生活保障肯定会享有，除此之外专项救助也可以享有，这样还是有一定的合理性的，只有低保制度与其他专项救济制度有效地接轨才能使低保人员按照其自身的情况退保入保。

（五）建立合理的低保经费支出机制，充分保障社会救助资金的充足性和合理性

如果最低生活保障的标准交由更高一层管理者时，为了更好地管理可能需要各级政府协同管理，所以就有必要重新建立更合理、更适应制度标准的财政分担机制。这个机

制如果做到很合理，会对调动各级财政更加有利，也不会给各级财政带来一些繁重的事务，反而会更加照顾地方政府的经济发展状况。一般来讲，一个地方越富裕，地方财政低保经费支出就越多；而越贫穷的地方，地方财政低保经费支出就越少。

## 第四节 国外社会救助制度实践

### 一、美国的社会救助制度

在美国，如果一个家庭的年收入低于当年联邦政府规定的贫困标准线就有权获得由国家提供的社会救助，其贫困标准线则是依照家庭总收入和家庭规模两大主要因素制定的，并每年都由联邦政府重新测算和核定。贫困标准的统一与灵活保障了多数低收入家庭被纳入社会救助体系中，也使得美国社会救助工作开展得更为公平有效。

美国现行社会救助制度主要采取项目救助方式，即现金救助与非现金救助相结合。现金救助主要包含贫困家庭临时援助（TANF）和补充性保障收入（SSI）两个项目。其中贫困家庭临时援助项目的主要受益群体是单亲家庭或者父母双方中有一人长期失业或丧失劳动能力的家庭。补充性保障收入则是由政府向低收入或者无收入的65岁以上老人和伤残者提供现金援助，来保证他们基本生活需求的一种收入援助计划。非现金救助主要由医疗援助（medicaid）、食品券（food stamp）和住房补助（house relief）等项目组成。食品券是由政府向无收入或者低收入的老人、残障人士和失业者发放的一种只能在指定食品零售处使用购买食品的票券，其目的是使贫困者能获取基本食物维持生计。医疗援助是保障贫困者能享受基本医疗卫生服务的医疗支持项目，其受益群体分为绝对性救助群体，即政府规定必须救助的绝对贫困人群，以及选择性救助群体，即各州政府可自主决策选择救助的贫困群体。住房补助则是政府为了解决贫困人群住房短缺和居住条件低下问题而设立的救助计划，其主要采取租金补贴的方式来使低收入者获得更好的住房条件。

### 二、英国的社会救助制度

英国是世界上最早建立社会救助制度的国家之一，拥有完整的社会救助体系。英国的社会救助是为生活水平低于社会最低标准的贫困家庭而设立的，主要受益群体是低收入者、贫困的老年人以及失业者等，并且申请人需要经过严格的家庭经济调查，证明其收入水平符合受助标准，才可最终获取救助权益。英国以全国居民收入中位数（高于此收入的家庭数量与低于此收入的家庭数量相等）的60%划定贫困线。如果一个家庭的收入低于60%这个标准，那么该家庭就会被认定为贫困家庭。英国的贫困标准比国际标准高出10%，相对于中国来说也属于相对贫困，我国的贫困线是条活命线，属于绝对贫困。

除了相对较高的贫困标准，英国社会救助的项目体系也很完善。其主要的救助项目有低收入家庭生活救助、老年救助、残疾救助和失业救助等。低收入家庭生活救助的救助对象是家长有子女需要抚养并且有全日制的工作但收入仍然处于官方贫困线以下的家庭。老年救助主要是对年满80岁、无权享有养老金或只有少量养老金的老年人给予救助。失业救助是为那些领取失业保险金期满后仍继续失业的人设立的一种生活救助项目。残疾救助则包括残疾人的重残补贴、活动和保姆补贴。

## 三、德国的社会救助制度

第二次世界大战结束后，根据1949年5月制定的《德意志联邦共和国基本法》第1条第1款（“人的尊严不容侵犯。所有国家权力均有尊重与保护之义务”）以及第20条第1款（“德意志联邦共和国是民主的和社会（福利）的联邦制国家”）的宪法规范，联邦德国于1961年制定了《联邦社会救助法》(BSHG)，明确社会救助的首要任务是“确保受救助者享有符合人类尊严的生活”，并对社会救助做了一般原则性规定。1975年，绝育和计划生育救助也被列入《联邦社会救助法》。

20世纪80年代，随着德国失业率的攀升和收入不平等程度的提高，贫困人口开始增多，领取社会救助的总人数迅速膨胀，救助支出也急剧上涨。因此，从20世纪90年代起，日益放缓的经济发展速度难以支撑德国持续增长的福利开支，包括社会救助制度在内的社会保障制度进入改革时期。根据施罗德政府提出的社会救助改革方案，2005年1月1日起《联邦社会救助法》作为第12篇并入德国《社会法典》。此次改革的核心理念是拽紧“福利”与“工作”之间的联系纽带，从原来强调再分配和权利，转而强调社会融合以及权利和义务的平衡，个人在获得福利待遇时也要在能力范围内履行社会责任。

德国社会救助制度主要有社会救济、住房津贴、青年津贴、儿童津贴等项目。其中，社会救济是最低层次的保障，主要面向那些生活贫困的低收入群体持续发放，目的在于让那些陷入生存困境的群体通过接受救济能够维持一种符合人性尊严的基本生活。同时，政府也希望通过这种救助能够帮助贫困人群重返劳动力市场，获得自立的能力。社会救济的发放主要依靠地方政府，可以是现金形式，也可以是实物形式。它的内容可分为两类：一是生活救助，即向生活在贫困线以下的低收入者提供的生活补助，包括用于食物、住宿、衣物、个人卫生、家用器具、取暖以及满足日常生活需要的费用。值得指出的是，这里的最低生活保障不仅指物质生活，还包括必要的社会文化精神生活，尤其是对青少年成长比较重要的看戏、体育运动、旅游等活动。二是特别救助，即对公民特殊情况下出现的困难提供救济，包括教育救助、卫生预防救助、医疗救助、生育救助、高龄救助等，例如，为没有医疗保险的贫困者提供健康救助（包括预防性健康救助、疾病救助、计划生育、孕产救助等），对需要长期或特殊、重症护理的人提供救助等。

德国社会救助形成这种制度特征的背后有着深厚的历史文化传统作为支撑：保守而温和的国家专制主义使得政府怀有“父爱主义”情结，它很重视社会成员获得必要的福利等社会基本权利；天主教的宗教理念强调社会成员之间的连带关系以及家庭的重要性，主张“我为人人，人人为我”；教会倡导的慈善机构和各种民间互助组织也成为法定社会救助制度的有益补充。与此同时，德国社会在反思纳粹集权统治的背景下，普遍接受了英美式的自由主义传统，强调市场竞争机制的基础作用。

## 四、日本的社会救助制度

日本政府1946年10月实施的《生活保护法》规定，对所有贫困的国民，不论其陷入贫困的原因，只要在贫困线以下，根据其贫困程度都可由国家给予必要的社会救助，保障其最低生活需求。

而获取救助的条件主要有三个：第一，没有房子、汽车、存款、保险等（保险对日本人来说，属于最基本的生活保障）最基本的生活保障。要偿还住房贷款的人不能领取补贴金。第二，由于疾病等某些原因，无法工作。第三，没有可依靠的亲属。必须同时满足上述三个条件，才能得到政府的生活救济。

日本的最低生活保障制度主要采取两种形式：一种为现金形式（包括贷款），其中又包括七个方面，即生活救助、住宅救助、教育救助、医疗救助、谋生救助、分娩救助和丧葬救助；另一种则是实物和服务形式，如救助设施、医疗保护、助产等设施服务的提供。

## 五、国外社会救助的经验借鉴

虽然国外的社会救助不论发展历史还是国情状况都与我国截然不同，但其优秀改革理念和先进做法仍能为我国社会救助工作提供宝贵的借鉴经验和重要的启示启发。

（一）加强社会救助立法，确保各项救助工作有法可依

社会救助的法制建设不论是发达国家还是发展中国家都十分重视。例如，美国在1935年就颁布了历史上第一部《社会保障法》；英国更是早在1601年就颁布了世界上第一部《济贫法》；日本于1929年颁布《救济法》。其后美、英、日各国又经多次修改和补充，逐渐完善了本国的社会救助法制体系。我国虽然社会救助历史悠久，但在社会救助法方面长期缺位，社会救助法制体系并不健全。2014年2月21日，国务院颁布了《社会救助暂行办法》，这是我国第一部统筹各类社会救助制度的行政法规，具有深远历史意义和重大现实意义。但社会救助工作仍需以法治方式不断推进，建议尽快出台《社会救助法》，使社会救助工作纳入法制化轨道。并且目前国内很多地方都在合并实施城乡低保制度，而农村低保工作仅有《国务院关于在全国建立农村最低生活保障制度的通知》这一指导性文件作为政策依据，农村低保法制化建设滞后，建议尽快颁布《城乡居民最低生活保障条例》，规范城乡低保单项立法，提高法律层次。社会救助是一项保民生、促公平的基础性制度安排，要不断完善其法律体系，构建完整的社会救助法制体系，才可以切实维护困难群众生存权益，不断促进公平正义和社会稳定。

（二）政府救助与民间救助相结合，实现社会救助主体多元化

我国当今的经济水平决定了我国社会救助工作不能由国家和政府单独承担，如果社会救助工作完全依赖国家和政府的话，会引发国家财政以及政府履责负担过重、社会支出效率过低等问题，不利于社会救助工作的快速推进。美、英、日等国的社会救助经验也证明这种模式行不通。例如，美国社会救助实行政府与社会力量共同运作的方式，其健全的社会救助体系离不开其发达的慈善事业，如今美国政府与民间救助机构、慈善机构或从事社会救助的宗教团体形成了比较成熟的合作关系，共同承担社会救助责任；英

国曾通过《国民救助法》确立政府为社会救助中的核心主体，但最终因为政府负担过重导致财政危机，在政府无力包揽一切救助责任时，民间救助组织又成为其社会救助的重要主体。

社会力量参与社会救助，一是可以多方筹集救助资金，减轻国家财政负担，弥补政府力量的不足。二是社会力量参与救助具有灵活性，可以覆盖到政府社会救助覆盖不到的个案。因此，我国在《社会救助暂行办法》中首次以法律法规的形式提出鼓励社会力量参与社会救助工作，有力推动了我国社会救助社会化的进程。但政府救助与民间救助具体如何衔接，以更好地推动全国社会救助工作这一问题还需继续借鉴美、英等国的成功优秀经验以及在今后的实践中不断摸索和创新。

（三）转变社会救助理念，减少福利依赖，促进社会救助工作长效开展

转变社会救助理念，减少福利依赖，让贫困者自立，这是当今世界各国社会救助制度改革的一个重要趋势。例如，在美国，为了帮助受助者就业实现其自立发展，一方面通过税收减免以及再就业扶持等措施帮助失业人群再就业，另一方面通过一些强制性措施规定受助者要参加工作，比如规定成人领取福利者一般需要每周工作30个小时，如果受助者不遵守要求的话，政府是可以减少或终止其福利的。又如，日本早在2005年就设立了“自立援助项目”来帮助生活贫困者自立，还于2013年颁布了《生活贫困者自立支援法》。而我国社会救助仍然以提供物质资料为重点，为救助对象提供单一的资金和物质帮助，能力救助和精神救助则相当欠缺。这样的救助理念和方式难以从根本上解决我国贫困人群问题，并且很容易造成福利依赖和贫困的代际传递。政府应当在保障贫困者生存需要的同时适当满足其发展需求，一方面要帮助贫困者再就业，为其提供就业培训、就业咨询以及创业优惠政策，积极引导鼓励其再就业；另一方面可以通过加强社会救助制度与扶贫开发政策的有效衔接，因地制宜地发展当地经济的同时可以为贫困者提供大量就业岗位。除此之外，还可以借鉴日本的做法，对于通过自立发展退出救助范围的人给予一定奖励，来鼓励其早日就业，自强自立。

（四）在社会救助的过程中应对社会排斥高度重视

在当前社会救助过程中，有的地区对困难群体做出了“值得救助”和“不值得救助”的区分，进而形成了社会排斥，这造成了困难群体更多机会的丧失，甚至是基本能力的被剥夺；长期脱离社会主流，造成困难群体社会价值和责任感下降，甚至可能造成贫困问题恶化的后果。因此，在社会救助实施过程中，不能将政策目标仅仅局限于消极的补偿和救济，而应实施将消除物质贫困与消除社会贫困整合起来的发展性社会政策，即除了给予物质上的救助外，还要消除非物质的能力剥夺和社会排斥，通过实施社会政策来提高整个社会的人力资本，增强困难群体在经济、社会和文化等方面的能力，以求得整个社会在公平基础上效率的提高。

## 第五节　我国社会救助制度实践

当前我国社会救助体系的建设趋于完善，特别是地方上的社会救助制度实践也体现出不少特色之处。由于最低生活保障制度是整个社会救助体系的内核，不少地方城市尤

为重视最低生活保障制度的实践问题。有鉴于此，本节以上海、武汉、重庆的最低生活保障制度建设实践为例，详细阐述其建设的方法与经验，从而为我国其他地区的包括最低生活保障制度在内的社会救助制度改革与发展提供一定的借鉴。

## 一、社会救助的上海模式

上海于1993年6月1日最先建立了城镇居民最低生活保障制度，开启了我国城镇居民最低生活保障制度的先河。其社会救助的主要特点如下：

1.保障模式

上海的最低生活保障属于典型的分类保障模式，一部分由单位提供保障，这部分保障的人群是有固定工作单位的在职人员；另外一部分由政府提供保障，主要针对民政对象及无业人员，具体由民政部门负责组织实施，资金来源于市和区两级财政。截至2004年，已经参加上海市城镇最低生活保障的人群占全部城镇人口的3.88%。

2.保障标准

上海市最低生活保障标准不仅体现了显著的差异性，而且随着经济发展水平提高而不断调整。1993年最低生活保障制度刚建立之时，上海市城区和郊区的保障标准分别为150元、120元；经过一年之后，1994年城区和郊区的保障标准分别调整为215元和165元；之后随着全国标准的进一步提升，1999年上海市郊区的保障标准进一步上升为280元。

3.制度框架

上海市的社会保障制度经历了从复合式架构到单一式架构的转型。最低生活保障制度建立之初，上海市根据实际情况，发现物价上涨的速度远远高于保障标准的上调速度，同时发现部分老年人和重度残疾人主要在物质方面出现短缺，因此采取实物补助作为主要举措，具体根据被救助者的实际情况发放实物补助供应证，补助大米、食油、白糖等。但是鉴于实物发放存在较大困难，管理成本较高，因此上海市从1995年开始改发放实物为发放现金。1995年，上海市经过调研后发现，物价上涨依旧大幅度超过保障标准的上调幅度，加之国有体制转轨造成较多的失业下岗人员，且这部分失业工人没有申请救助，因此上海市政府在生活保障线之上又划定了一条低收入线，即对处于低收入线以下的群体补助实物，被救助对象凭卡每人每月定点换领粮食或食油。此后，随着实物补助政策的实施，出现了操作不灵活且管理成本高的弊端。1999年随着《城市居民最低生活保障条例》的出台，上海市将原有的两条线合二为一。凡是属于最低生活保障标准的被救助者，都可以按照最低生活保障制度的规定享受救助，并且每月还配有粮油等实物帮困。2004年，接受粮油帮困的被救助者人数为12.02万人，相较于2003年下降了0.96万人，全年累计粮油资金支出数额为3 762万元。

4.资金来源

上海市最低生活保障制度的资金来源经历了从政府和企业分担到全部由财政负担的转变。在最低生活保障制度建立之初，上海市的最低生活保障制度的资金来源于两个方面：一是没有固定工作单位的群体直接由民政部门予以解决；二是有正式工作的职工及其家属则由工作单位解决。此外，还有工作单位解决不了的贫困群众，则由主管部门提供救助；而主管部门也解决不了的，再由民政部门解决。根据不同的被救助对象，由不同的部门提供救助资金，属于典型的资金分摊模式，在全国产生了巨大影响。

但是该模式也存在固有的弊端，由于最低生活保障资金的很大一块来源是工作单位，而部分下岗职工或者退休职工的家庭困难是由所在的工作单位经济效益差引起的，而现在又需要经济效益差的企业来承担被救助者的最低生活保障，这明显是一个悖论。1999年10月《城市居民最低生活保障条例》实施后，上海市最终改变了资金分担模式，实现了最终由民政部门统一最低保障资金管理的“全民化”制度。

5.管理体制

当前上海市加强了法律制度和体制机制等方面的建设，逐步完善了整个社会救助体系。为保证最低生活保障制度纳入法制化的轨道，上海市于1997年先后出台《上海市社会救助办法》和《上海市社会救助实施细则》两个重要文件，进一步规范了整个社会救助体系。当前上海市大部分区县建立了街道、乡镇社会救助事务管理所，并且人员编制得到完善，完成事业单位法人登记。上海市社会救助事务中心已获市编委批准并正式组建。社会救助三级网络信息系统建设项目也被列入上海市政府实事工程项目。此外，为有效提升管理效率和降低管理成本，上海市通过“社区-区网络中心-市网络中心”实现联网，构成了“上海市社会救助计算机网络”，极大地方便了整个社会救助工作的开展。

## 二、社会救助的武汉模式

1996年3月1日，武汉市开始实施最低生活保障制度，也是全国最先实施最低生活保障制度的城市之一。武汉市的最低生活保障制度有以下特点：

1.保障范围

武汉市的最低生活保障制度包含了全体市民。武汉市出台的试行办法明确规定只要隶属武汉市的非农业户口的城市居民，无论是中央直属企业还是省属企业的职工及其家属，只要其人均收入水平未能达到最低生活标准的，均有权利申请社会救助。与此同时，武汉市为充分发挥最低生活保障制度作为社会保障体系中最后防线的作用，加强了与其他社会保障政策之间的衔接配套。在该思想的指导下，武汉市规定，凡是申请最低生活保障的家庭，其家庭成员中凡是符合相关社会保障政策补助的，都依据最低标准计算收入。例如，具有正式工作的在职职工按最低工资标准线，而失业人员按最低生活补助线，不足的部分按照差额补助法进行补助。

2.资金来源

武汉市最低生活保障资金全部来源于政府财政。在全国最早建立最低生活保障制度的城市中，仅有武汉和大连的社会救助资金全部由财政负担。在最低生活保障制度建立之初，其保障资金具体由武汉市民政局负责管理，一半来源于市级财政，另外一半来源于区级财政。最先武汉市按照总人口的1.2%计算贫困人口数量，其预算的保障资金总额为1 000万元，市、区财政各承担500万元。到1996年3月开始实际运行时，具备享受最低生活保障资格的城市居民仅占全市总人口的0.05%，而到1998年2月，这一比例也仅仅是增加到0.15%。这充分说明，武汉市的最低生活保障的资金预算额与实际支出额存在较大差距，出现了大量的财政拨款结余。

3.保障标准

武汉市的最低生活保障的标准开始较低，之后随着经济发展逐步提升。在制度建立之初，武汉市最初测算的最低保障数据为130元，在开始实施时，这一标准进一步下降为120元。之后，经过多次的调整后，1999年武汉市的最低保障标准才达到195元。

4.管理体制

武汉市在最低社会保障制度建立之初，极力完善体制机制并不断改革，但是存在改革不彻底的弊端，特别是在改革过程中，将一部分救助对象从最低保障制度中剔除出去。在救助对象的申请和批准方面，其权力掌握在居委会手中。由于居委会对整个辖区的居民情况较为熟悉，因此居委会作为救助对象的审批机构，有利于提高审批的精准性，不仅利于联系群众，又方便群众监督。但是，该做法也存在一定的弊端，如居委会由于缺乏专职的民政工作人员，因而对于贫困政策的掌控较差。

## 三、社会救助的重庆模式

重庆市作为全国最为年轻的直辖市，1996年7月1日开始实施最低生活保障制度，同样也是全国最先开展实施最低生活保障制度的城市之一。重庆市的最低生活保障制度有以下特点：

1.保障范围

覆盖全体城市居民。在吸取武汉模式的经验基础上，重庆市取消了对所有劳动年龄阶段居民的“一刀切”做法，按照整个家庭的实际收入来计算人均收入。在当时，重庆市政府通过走访基层社区，充分挖掘实际情况，然后向上级部门汇总，特别是重点调查了月收入在130元以下的贫困家庭，将整个重庆市被救助者的规模扩大到10万余人，其最低生活保障的经费也增加到1.2亿元。

2.保障标准

同武汉模式一样，重庆市也采取了从低标准逐步向高标准调整的策略。最低生活保障制度建立之初，1996年被救助者的人均最低保障标准为每月120元；两年之后，到1998年这一标准提高到130元；再经过一年后，这一标准又进一步提升到每月人均163元。

3.资金来源

重庆市最低社会保障的资金来源尽管有“三家抬”的说法，即政府、企业和社会三个方面共同承担，但要经济效益较差的企业负担一部分资金明显是不可能的，所以其资金来源于两家，但实际上最后的责任主体还是政府，所以重庆市的资金来源仍旧是政府财政。此外，由于当时的重庆市整体财政状况也较为困难，因此需要参照国际通行做法，以家计调查为基础的社会救助方式才是最有效的。有鉴于此，重庆市明确规定，需要救助的企业职工要到社区申请最低生活保障。

4.管理体制

重庆市为有效提高管理效率，专门建立了最低生活保障管理机构。同时，为最大限度发挥社会救助基金的作用。重庆市在市、区两级民政部门设立了城市最低生活保障管理处或科，实行分级管理的模式；选拔文化程度高、业务能力强且工作态度认真的专职管理人员，配备到每一个居委会，专门从事最低生活保障工作。

## 本章小结

社会救助制度是社会成员在陷入生存危机或无法维持最低限度的生活状况时，由国家和社会按照法定的程序和标准向其提供满足最低生活需求的物质和服务援助的社会保障制度。它是社会保障体系的重要组成部分，是社会稳定的最后一道“安全网”。社会救助具有目的的救治性、救助对象的特定性、救助方式的单向性、救助的无条件性、救助时限的短期性和贫困线划定的相对性等特征。政府作为社会救助制度的主体，要从相对贫困和绝对贫困两个方面了解社会救助的标准。社会救助制度内容包括自然灾害救助、农村贫困救助、城市贫困救助、失业救济和扶贫等。民政部门是社会救助制度的主要管理机构。社会救助的运行机制主要体现在社会救助基金的管理体制方面，而具体内容又包括社会救助基金的筹集、社会救助资金的投资运营、社会救助基金的分配和社会救助基金的监督等。社会救助基金的筹集主要分为国家财政拨款、社会筹集、信贷扶贫和国际援助四种主要渠道，特别是前两种作为主渠道。社会救助资金投资运营要遵循安全性、盈利性、流动性和分散性等原则，并且银行存款、政府债券、公司股票、委托投资和不动产投资是社会救助基金的主要投资选择方式。社会救助基金发放要遵循发放成员特定性、专款专用和重点使用原则，且无偿使用、有偿使用、分散使用和集中使用是社会救助基金的主要使用方式。社会救助基金的监管则主要分为上级部门的监督、审计部门监督和社会监督等三种主要的监督方式。最低生活保障制度是指当公民难以维持最低生活水平时，由国家和社会按照法定的程序和标准向其提供保障其最低生活需求的物质援助的一种社会保障制度。更具体地讲，最低生活保障制度是指国家对家庭收入低于当地政府公告的最低生活标准的人口给予一定的现金资助，以保障该家庭成员基本生活所需的社会保障制度。最低生活保障制度应遵循保障最低生活需求、普遍性、法制化、维护个人尊严和与当地实际生活水平相联系等原则。确定最低生活保障标准的方法主要分为生活需求法、国际贫困标准法、生活形态法和恩格尔系数法等四种方法。最低生活保障制度又分为城镇最低生活保障制度和农村最低生活保障制度，并且均经历了长期的发展完善历程。此外，当前我国城乡最低生活保障制度仍旧存在一些问题，需要采取措施进行不断完善。美国、德国、英国和日本等发达国家推行的社会救助制度的实践各异，其做法和经验对不断完善我国的社会救助制度提供了一定的借鉴。最低生活保障制度是整个社会救助体系的内核，上海、武汉、重庆的最低生活保障制度建设实践各具有地方特色，为我国其他地区的包括最低生活保障制度在内的社会救助制度改革与发展提供了一定的借鉴。

## 关键术语

社会救助（social assistance） 最低生活保障（minimum living security） 绝对贫

困（absolute poverty） 相对贫困（relative poverty） 运行机制（operating mechanism） 社会保障水平（social security level） 自然灾害（natural disasters） 失业救济（unemployment benefit） 扶贫（supporting the poor）

## 复习思考题

1.什么是社会救助制度？其主要特征包括哪些？

2.你是如何从绝对贫困和相对贫困两个方面理解社会救助的标准的？

3.我国社会救助体系包括哪些主要内容？

4.简述社会救助基金管理的原则。

5.社会救助基金的筹集包括哪些渠道？

6.简述社会救助基金投资运营的原则与方式。

7.社会救助基金的使用方式包括哪几种？

8.最低生活保障制度有哪些基本原则？

9.简述城镇最低生活保障制度的主要内容。

10.简述农村最低生活保障制度的主要内容。

11.论述国外社会救助制度的内容及其对我国的启示。

12.我国推行的最低生活保障制度主要有哪些特色的地方模式？

## 推荐阅读资料

1.何芳．“流浪儿”在美国［M］．上海：上海人民出版社，2013.

2.麦克斯帕登．侠盗罗宾汉［M］．周迈，译．杭州：浙江大学出版社，2014.

3.比文斯．劫富济贫：美国经济数据背后的真相［M］．喻海翔，罗康琳，译．北京：北京大学出版社，2014.

4.城市居民最低生活保障条例（1999年9月28日国务院第21次常务会议通过，自1999年10月1日起施行）.

青岛建立“阳光救助”工程

# 第十二章 社会福利制度



## 学习要点

通过本章的学习，系统掌握社会福利的概念、特征、基本内容、运行机制等知识体系，了解社会福利的主要模式、我国社会福利的发展，理解我国社会福利制度的改革以及适度普惠型社会福利制度的建设。

**案例引入**

**母婴设施建设进入“快车道”**

带小宝宝外出太麻烦，这让很多“宝妈”们出门前都会犹豫再三。近年来，随着二孩政策的全面放开，二孩妈妈也逐渐增多。出门在外，哺乳期要给孩子喂奶或者换尿布成了妈妈们外出的“小烦恼”，加快母婴设施的建设力度，满足婴幼儿家庭公共服务需求，已迫在眉睫。

（1）打造良好母婴服务环境。在便民利民的公共设施建设上，不只是为残障人士设立无障碍设施，母婴室建设也是公共设施建设的重要环节。随着社会文明程度不断提高，为怀孕期和哺乳期女性提供一个私密、干净、舒适、安全的公共休息场所，成了社会关注的热点。

让“宝妈”们出行不尴尬，国家以及各地方层面也先后出台多项政策，关爱生育家庭。据《慈善公益报》记者了解，国家卫计委2016年出台《关于加快推进母婴设施建设的指导意见》，明确了公共场所母婴设施配置推荐标准。同时规定，当年年底，公共场所应配置母婴设施的，配置率不低于50%。

自2016年1月1日全面放开“二孩”政策以来，两年多过去了，为加快推进母婴设施建设，全国各地结合当地经济实际，纷纷在公共场合建设母婴设施，满足群众对公共场所母婴设施的需求。

特别是今年以来，各地加快了母婴设施建设速度，以及财政投入力度。今年8月，北京市卫计委等15部门联合发文，加快推进母婴设施建设；上海市要求2018年年底公共场所母婴设施配置率达80%以上；黑龙江省发布母婴设施建设调研结果，公路客运站、机场等公共场所母婴设施配置率近9成。

（2）搭建贴心母婴服务平台，让社会更和谐、家庭更美满，为母婴打造“温馨之家”。在各地方母婴设施建设过程中，利用互联网为母婴提供服务成了亮点。日前，厦门“母婴室地图”上线。哺乳期的妈妈要给孩子喂奶或者换尿布，只要掏出手机，就可以搜到最近的母婴室。

据了解，厦门市公共场所母婴设施地图导航系统，利用GIS地图，将设施落图定位，提供设施导航服务。市民进入本系统后，可快速根据本人定位信息，查找离本人最近的母婴设施服务点。岛内外116间公共场所母婴室均一目了然，方便妈妈们快速准确地享受便捷的母婴设施服务。

无独有偶，在浙江义乌市，市总工会在学校、银行、医院等公共场所发起并建立了“妈咪暖心小屋”。

“宝宝每次来这里都很乖，她很喜欢玩母婴室里的滑梯。”9月初开学，在稠城第一小学的“妈咪暖心小屋”内，该校女教职工的两个刚会走路的孩子，在家长陪伴下正在开心地玩耍。据学校工会副主席朱健珍介绍，“母婴室的一边是书吧和茶水间，一边是洗手间，非常方便”。

像这样的“妈咪暖心小屋”，在义乌已建成使用43家，获得了“宝妈”们的一致好评。据了解，下一步，市总工会还将新增13家，以满足百姓对母婴设施的需求。

保障母婴权益，加大母婴设施建设力度，为母婴提供一个更好的休息环境，母婴室的设立与普及，不仅是响应国家全面“两孩”政策，也是民心工程，更是社会文明进步的表现。

资料来源　张迎迎. 母婴设施建设进入“快车道”[N]. 慈善公益报，2018-09-20.

讨论：1.社会福利的内容包括哪些方面？

2.本案例对母婴服务设施发展建设有何意义？

社会福利是一个复杂的系统，历来受到各国政府的重视，对于社会稳定和政权的稳定都具有非常重要的作用。为国民提供更多适度的福利也是现代各国政府追求的执政目标之一。

## 第一节　社会福利的概念、理念与模式

### 一、社会福利的界定

社会福利是现代文明社会广泛使用的概念，在不同的社会环境、不同的社会发展时期，其所包含的内容也存在差异，因此不同的学者对社会福利一词的理解和解释也不同，但大体上指的是社会全体成员的幸福状态。

（一）社会福利的含义

社会福利是由“社会”和“福利”两个单词组成的复合词。《辞海》认为“社会”是以一定的物质生产活动为基础而相互联系的人类生活共同体。汉语中的“福利”一词，最早出现在《后汉书·仲长统传》中，该文有“是使奸人擅无穷之福利，而善士挂不赦之罪辜”这样的句子，这里的福利是指幸福和利益。《现代汉语词典》对“福利”一词的解释是“生活上的利益，特指对职工生活（食、宿、医疗等）的照顾”。英语中“社会”（social）一词强调的是人与人的关系。英语中的“福利”（welfare）则是“well”和“fare”的合成词，“well”指“幸福”“安宁”，“fare”主要是指“状态”的意思，所以英语中的福利是指满意、安宁和合适的状态。社会福利（social welfare）一词最早见于1941年美国总统罗斯福与英国首相丘吉尔所签订的《大西洋宪章》和1945年签订的《联合宪章》。

美国1999年出版的《社会工作百科全书》认为：“社会福利是一个宽泛的和不准确的词，它经常被定义为旨在对认识到的社会问题做出反应，或旨在改善弱势群体的状况的‘有组织活动’‘政府干预、政策或项目’”，“社会福利可能最好被理解为一种关于一个公正社会的理念，这个社会为工作和人类的价值提供机会，为其成员提供合理程度的安全，使他们免受匮乏和暴力，促进公正和基于个人价值的评价系统，这一社会在经济上是富于生产性的和稳定的。这种社会福利的理念基于这样的假设：通过组织的治理，人类社会可以生产和提供这些东西，而因为这一理念是可行的，社会有道德责任实现这样的理念。”①

① 郑功成. 社会保障学［M］. 北京：中国劳动社会保障出版社，2005：360.

我国2009年出版的《中国大百科全书》(第19卷)认为“社会福利(social welfare)是由国家或社会为立法或政策范围内的所有公民或特定的社会群体普遍提供旨在保证一定生活水平和尽可能提高生活质量的资金和服务的社会保障制度。社会福利制度的目标比较宽泛，内容也比较庞杂，从一般意义上说，囊括了除社会保险、社会救助之外的其他所有的社会保障内容。根据享受社会福利的个人资格，中国公民可以社会成员的资格享受普遍的社会津贴，如城镇居民的粮食补贴和副食补贴；也可以地缘关系享受职业福利，如职工福利；还可以地缘关系享受社区服务，如农村的集体福利和城镇的社区服务。”①

从国内外众多关于社会福利的概念和理解中可以看出，社会福利有广义和狭义之分。广义的社会福利，一般又称为“大福利”，是泛指国家和社会在相应的福利思想指导下，为实现社会福利状态所做的各种政策和制度安排的总称。具体而言，广义的社会福利是指国家和社会为改善国民的物质文化生活条件，提高生活质量，依法向国民提供的各种津贴补助、公共设施和社会服务。它包括国家和社会举办的文化、教育事业，城乡居民和职工的住房、医疗、养老，城乡社区或企事业单位举办的各种公益事业等。广义的社会福利覆盖的对象是全体国民，提供的福利既包括物质生活方面，也包括精神生活方面。狭义的社会福利是指为帮助特殊的社会群体、医治社会病态而提供具体的社会服务与措施。具体而言，狭义的社会福利是社会保障体系中的一个组成部分，它往往是针对某些特定的社会群体而设立的福利性收入与服务保障，是指对生活能力较弱的儿童、老年人、单亲家庭、残疾人、慢性精神病人等的社会照顾和社会服务。②

本书认为社会福利是社会保障体系的重要组成部分，具体指国家、社区组织、企事业单位以及其他社会主体为全体或部分社会成员提供或组织实施的以满足人们基本生活需要和不断提高人们生活质量及幸福感为目的的具有福利性质的收入保障和服务保障。

（二）社会福利的特点

社会福利是社会保障系统的重要组成部分，但又不同于社会保障系统的其他系统，具有自身显著的特点：

1.实施主体的广泛性

社会福利的实施主体既包括国家，也包括各类社会组织。国家颁布相关法律对各项福利事业进行规范，比如我国先后颁布过《残疾人权益保障法》《老年人权益保障法》等若干部法律或法规；社会福利的资金来源主要是国家财政。同时，政府通过有关职能部门对社会福利事业实施监督与管理，并承担着相应的拨款补贴责任。但由于人们对社会福利服务的需求是多种多样的，社会福利在内容上又是非常广泛的，管理也非常复杂，所以社会福利的服务就不可能全部由国家来承担，只能通过政府举办的各种福利机构或者是非政府的社会福利团体来提供。所以，社会福利事业是需要充分利用社会各方力量来合力推动的社会保障事业，包括政府、非政府(NGO或NPO)，市场(个人付费的)、非市场(社区的志愿者，受助者家庭)。

① 中国大百科全书总编委. 中国大百科全书：第19卷［M］. 2版. 北京：中国大百科全书出版社，2009：386.
② 杨翠迎. 社会保障学［M］. 上海：复旦大学出版社，2015：370.

2.享受主体的普遍性

社会福利是面向全体公民建立的保障机制，只要是符合条件的公民都可以享受相关福利及其服务。虽然从具体的社会福利项目看，社会成员享有的社会福利项目或福利水平不可能一致，但总体上看社会福利是面向全体社会成员的社会保障事业，任何人都需要并且全都能够享受到一定的社会福利待遇。从社会福利的对象来看，它覆盖了从婴幼儿、儿童、少年、劳动者，到残疾人、老年人等的全体公民。如英国在第二次世界大战后推行的社会福利政策，就是面向每个公民的。有些社会福利的享受对象甚至推广到了在本国居住的外国公民。

3.供给方式的服务性

随着社会的发展、科技的进步，能够为人们提供的产品和服务越来越多，而人们的生活需求也是多种多样的，但社会的发展也加剧了人们对社会的依赖，需要国家和社会不仅提供资金，而且提供各种服务来满足需求。所以，国家作为社会福利的承办主体，兴办各种社会福利设施，提供各种社会服务，同时鼓励和依靠社会力量兴办各种福利项目，提供各种福利服务，如学校、公共住房、集体福利设施、养老院、儿童福利院、残疾人学校、福利工厂、社区服务机构等。这些设施是国家和社会实施相关社会福利政策的基本途径。

4.供给内容的丰富性

社会福利的内容涉及国民教育、住房、就业、养老、医疗、社区设施及服务等各个方面，在具体的服务方式上由于针对不同的对象而具有不同的服务内容，比如社会化的老年人福利、儿童福利、妇女福利、残疾人福利等，从而是社会保障体系中内容最复杂、项目最丰富的一个子系统。社会服务不仅要满足社会成员的物质需求，也要满足他们的精神需求。

5.保障方式的高层次性

社会福利在社会保障制度体系中具有较高的层次。社会福利除了保障服务对象一定的生活水平之外，还着力于在既定生活水平的基础上，尽力提高服务对象的生活质量。从某种意义上说，生活质量的提高往往更能体现社会福利的内涵。

## 二、社会福利的理念

社会福利理念即人们经过长期的理性思考及社会福利实践而形成的关于社会福利的系统思想观念。社会福利理念问题，是社会福利政策实践和理论研究无法回避的问题，它不仅制约着社会福利政策的具体实践，同时也决定着我们对社会福利政策的态度及理解。“科学理念的确立优先于制度的设计，合理的制度设计优先于技术方案的选择，是建设社会福利体系的一条基本逻辑。”[①]社会福利理念是指一个国家或地区在一个时期内社会福利制度的基本指导思想，它既受到社会历史发展状况的影响，更受到社会福利思想的影响。社会福利理念将影响社会福利制度的基本特征及主要内容。[②]

比较典型的西方社会福利理念的演变经历了自助到国家福利，再到自助、互助与国

① 郑功成. 中国社会保障改革与发展战略［M］. 北京：人民出版社，2011：11.
② 丁建定. 社会福利思想［M］. 2版. 武汉：华中科技大学出版社，2009：9.

家福利相结合的历史发展过程。

首先是自助的社会福利理念。从15世纪至19世纪中期，西方社会福利理念的基本特点表现为自助理念。这种理念认为资本主义尤其是工业化为每个人提供了充分的机会，个人理应依靠个人的努力为自己提供较好的生活与发展条件，个人的成败荣辱与自己的个人努力直接相关，个人生活中的各种问题主要是由于其自身的过错而不是社会的过错造成的。个人在工作、生活中的问题应该由个人去解决，是个人的责任而不是社会和国家的责任，社会福利应该依靠个人自助而不是依靠社会或者政府帮助。早期的这种自助福利理念使得西方国家直至19世纪末期的社会福利制度的实践都表现为主要依靠个人自助，所以家庭保障是这一时期社会保障的重要内容，社会慈善机构提供的各种救助是家庭保障的补充，国家保障主要是通过济贫制度等社会福利制度提供救济，而且接受济贫的被救济者要以牺牲部分政治权利为代价。

其次是国家福利理念。从19世纪末到20世纪70年代，西方社会福利理念的基本特点是国家福利理念，各国都强调社会福利的国家责任，当然各国的社会福利程度还是存在比较大的差异。这种理念认为，社会问题的出现主要是因为社会的原因，不是个人的原因，所以社会问题的解决主要应该是国家责任，社会福利需要国家予以保障而不是靠个人自助能够解决的。这一时期，西方国家社会福利实践都比较强调国家福利的重要地位和作用，国家福利成为西方国家福利制度的核心内容，从社会保险到社会救助，再到充分的公共福利与服务制度都非常完善。但是，由于西方国家社会福利不断扩张，社会津贴标准不断提高，最终的结果是导致“福利病”的出现并难以克服。

最后是自助、互助与国家保障相结合的社会福利理念。20世纪70年代以后，西方国家因为“福利病”，出现了各种问题，经过反思，形成了新的社会福利理念。新理念认为，社会问题的出现和加剧，既有社会的原因，也有个人的因素，这些问题的解决需要政府、社会和个人共同承担责任。所以，社会福利不仅应该依靠国家福利，也应该依靠社会的力量，还应该发挥个人自助的作用。国家、社会与个人共同责任理念已成为主导当代西方社会福利制度和政策的基本理念。在这样的理念作用下，西方社会福利制度的实践出现了明显变化，着力构建国家责任、社会责任与个人责任协调和平衡的社会福利制度，并以此为出发点对福利制度进行大规模改革，提高享受部分社会福利待遇的资格要求，降低部分社会福利津贴标准，提倡社会福利水平与社会经济协调发展的理念，鼓励建立多层次的社会福利制度，这些改革一定程度上消除了“福利病”的困境，对推进社会福利、社会经济与社会道德的协调发展起到了积极作用。

这里我们还需要论及的是积极的社会福利理念。积极的社会福利理念在中外福利史上长期存在，但并不系统，直到20世纪末才受到人们的重视。英国社会学家安东尼·吉登斯在反思西方福利国家“福利病”的过程中，提出了积极福利的概念。他认为理想的政府应该鼓励社会成员去追求幸福，而不是追逐个人福利。要把每个消极的概念都置换成积极的：变匮乏为自主，变疾病为健康，变无知为教育，变悲惨为幸福，变懒惰为创造。与福利国家相比，积极福利具有两个显著特点：一方面，相对于传统社会福利强调事后风险分配机制的设计，积极福利则更加重视事先预防方法的构建，从而达到降低社会成员出现社会风险的概率。吉登斯认为必须摆脱把预后关怀作为解决风险的主要手段以及对它的依赖。另一方面，相对于传统福利国家而言，积极福利认为福利的本质不仅是一个经济学范畴，而且还是一个心理学范畴，它不仅关乎社会成员的生存安全，同时也制约着社会成员尊严、自我实现、爱等内容的获得。因而，吉登斯认为积极福利不仅关注社会成员生存安全的满足，同时也重视社会成员心理利益的培育。在吉登斯看来，积极社会福利应由以下几方面内容构成：首先，积极福利目标是社会成员的成长和发展。也就是说，通过强化社会成员的自尊、信心等，使其能够主动、积极地应对社会风险带来的挑战，从而完成自我实现。其次，积极福利注重参与主体之间的合作。吉登斯认为积极的社会福利政策是个人、企业、国家以及其他参与主体共同的事业，要通过各个参与主体之间的通力合作来化解人类社会风险困扰。再次，积极福利重视社会成员精神状态的培育。积极福利以追求社会成员的幸福为目标，它不仅关心社会成员的物质财富供给，更重视对社会成员精神状态的培育。通过积极福利的实施，为社会成员心理发展提供有利的外部环境，推动社会成员全面幸福的实现。最后，积极福利强调风险管理。吉登斯认为福利国家面临的危机不是财务危机，而是风险管理危机，建立有效的风险管理机制不仅可以预防社会成员免受各种风险侵犯，同时也能减少社会资源的浪费。①

## 三、社会福利的模式

由于目前没有社会福利的模式分类的统一标准，不同学者从不同角度将社会福利模式分为很多种，如福利国家模式、斯堪的纳维亚模式、保守主义模式、自由民主主义模式、费边主义模式、马克思主义模式、社会民主主义模式等。这里我们主要介绍以下几种模式：

（一）剩余社会福利模式

剩余社会福利模式也称为补缺型福利模式，该模式认为市场和家庭是个人需求得以满足的自然渠道，国家的社会福利机构只有在个人和家庭这两种正常供给渠道遭受破坏时才暂时发挥作用，所以这种社会福利模式实际上是一种针对弱势群体的有限的、基于家计调查的福利服务。剩余型和制度型社会福利模式是20世纪60年代由社会学家沃伦斯基（Harold Wilensky）和莱博克斯（Charles Lebeaux）提出的。②

（二）制度型社会福利模式

制度型社会福利模式认为社会福利是工业社会正常的和第一线的危机预防系统，它强调社会福利优先解决普遍性的社会问题。这种模式以提供制度化的、针对全体人民的普遍福利为标志，以必要的补救性选择服务为补充，在现代工业社会中起着重要的作用。

（三）产业成就-绩效模式

该模式把社会福利界定为“经济的附属物”，主张社会资源应该按照“成绩、工作表现和生产力来分配”。在这种模式下，社会保障的存在主要是防范工业化的社会风险，是确保社会稳定并服务于国家产业结构优化和绩效提高的手段，社会福利机构也依

① 卢成会．由两极到中介：吉登斯对社会福利理念的反思与重构［J］．关东学刊，2016（11）．
② 郑功成．社会保障学［M］．北京：中国劳动社会保障出版社，2005：363．

附于工业社会的经济组织结构。这种模式体现了一定程度的权利义务对等的公平观。

（四）混合型社会福利模式

罗斯认为，社会福利是一种混合的社会安排的结果。在任何社会中，提供一种特定的服务有四种方式，关键是该项服务在生产环节中是否给予货币价值和在使用环节上是否货币化，这四种方式是：市场、政府、共同生活的住户和物物交换。每一种产出方式是可以相互替代的。因此，以政府力量为主导不等于国家垄断；混合的福利经济也不一定会导致福利总产出的减少。同样，尽管福利的分配系统可能不同，但如果供应的渠道是多样化的而不是单一的，社会福利总量就会是较大的。什么是最好的方式最终要通过政治的选择来决定。[①]

（五）发展型社会福利模式

卡恩（Karn，1962）和罗曼尼斯克因（Romanyskyn，1971）认为，应该从更为广泛的意义上来讨论社会福利，即发展型社会福利（developing welfare）。他们认为，发展型社会福利制度要求建立的是提高人们生活质量和满足人类发展的社会福利制度，而不仅仅是解决社会问题。而传统社会福利的观点，仅仅是将社会福利作为预防或矫正社会问题的制度。发展型社会福利模式把福利定位为人类永恒追求的目标。

## 第二节 社会福利的主要内容

社会福利的内容丰富、繁多，不同学者从不同的角度把纷繁复杂的社会福利分为不同的种类。从社会福利享受的对象看，完整的社会福利体系通常由老年人福利、妇女儿童福利、残疾人福利、青少年福利、教育福利、住房福利、员工福利等内容构成。

### 一、老年人社会福利

老年人福利是社会福利的重要组成部分。一般认为，老年人的特殊需求反映在物质和精神两个方面，包括经济需求、医疗保健需求、生活照料需求、心理需求和自我实现的需求，并随着社会因素和老年个体因素而发展变化。这些需求的满足即构成老年人福利制度的主要内容。

（一）老年人社会福利的内涵

老人一般用年龄进行界定，但在不同语境下老人的含义是有较大差别的。我国健康档案认为老人是指65岁及以上的人，需要实行老年人特殊管理，这与西方部分发达国家把65岁作为老年人的分界点是一致的；而世界卫生组织将老人定义为60周岁以上人群，与我国男职工及部分女职工退休及领取养老金的年龄一致。从我国的传统看，一般也将60岁作为判定老人的年龄界限。我国老年人口规模庞大，截至2017年年底，全国60周岁及以上老年人口24 090万人，占总人口的17.3%，其中65周岁及以上老年人口15 831万人，占总人口的11.4%。

老年人福利即老年人社会福利，是指国家和社会为了维护老年人健康、满足老年人

---

① 许林．社会保障学［M］．2版．北京：清华大学出版社，2012：165.

安稳的物质文化生活需要而提供的各种经济与服务措施的总称。从广义上看，老年人社会福利应包括老年社会保险（如养老保险、医疗保险等）、老年社会救助、老年社会福利服务等内容。但我们常说的老年人社会福利是狭义的，指老年社会福利津贴及相关服务。老年人社会福利的实施主体是国家（通过政府有关职能部门）和社会（通过社会福利事业相关团体），享受对象通常是达到一定年龄的老年人。

随着社会的发展，老年人的福利需求也在不断丰富发展，不同的老年人的福利需求也有所差别，但大体上包括以下几方面：

第一，经济保障需求。老年人必然会退出劳动领域，其收入会由此减少或中断，而生活仍要继续，但收入减少或中断会给生活带来一定的困扰，甚至产生突出的问题，从而使经济保障成为老年人安度晚年的必要保障。在各国，老年人的经济保障除来源于家庭或自己的积蓄外，社会化的保障主要来源于养老保险、老年救济及老年津贴等。部分老年人尚有工作能力，从而也产生通过自身劳动获得经济收入的需求。

第二，健康保障需求。老年人的生活需求通过养老保险满足之后，对健康的福利需求尤其强烈。老年人通常有恐老、怕病惧死的心理，所以在医疗保险之外，还希望通过社会福利得到更多的健康保证。

第三，情感保障需求。老年人多半会有孤独感，最希望得到来自于子女的孝顺、来自社会的关心和帮助等，同时也希望通过社会交往获得精神上的满足。

第四，服务保障需求。老年人的生理机能一般都会慢慢衰退，这种衰退到了一定的程度，老年人的生活自理能力会持续下降，会感到很多的生活不便，所以特别需要有相应的生活照料服务等。单独居住的老人，对生活照料服务的需求尤为迫切。

第五，其他保障需求。其他保障需求主要包括尊重的需求，邻里、家庭和睦的需求，环境安静的需求，参与娱乐及社会活动的需求，独身老人的求偶需求，部分老人因为知识和技能不适应社会的需要从而产生教育培训的需求等。

（二）老年人社会福利的内容

不同国家和地区，老年人社会福利内容存在很大的差别，就我国来看，具体包括：

1.老年人经济福利

在我国，凡是参加养老保险计划的老年人，达到法定年龄后都可以获得养老金收入（未参加养老保险的离退休职工可以获得离退休金），部分老年人还具有劳动收入及财产性收入。但由于离开了原有的工作岗位，相当部分的老人经济收入下降，购买所需物品和服务的能力也下降，特别是随着年龄的增高，老年人身体功能的下降，可能出现多种疾病并需要较高的医疗保健水平，从而导致开支不断增加，最终导致老年人生活质量下降，难以维持安稳的老年生活。在这种情况下，需要政府以现金支付的方式向老年人提供适当的经济福利，又叫“老年人津贴”或“补充保障收入”。老年津贴属于政府的转移支付，由政府定期向老年人支付，是老年社会福利体系的重要组成部分。老年津贴制度不受收入、财产和就业等条件限制，具有很强的社会公平效应。此外，“老年人社会补贴”以及针对高龄老人发放的“长寿补贴”等也属于老年经济福利的范畴。

2.老年人医疗保健福利

随着老年人身体机能的下降，容易患上各种急慢性疾病，如中风及其后遗症、糖尿病及其后遗症、风湿病、心血管病、耳疾、眼疾以及老年症等，不同程度地影响老年人的晚年生活质量。所以，政府和社会应该为老年人提供适当的保健福利，并针对患病的老年人提供治疗方面的福利，对于长期不能治愈的带病老人要让他们及时调整自己的状态、调适心理等，以保证提高带病生活质量，这需要建立并完善相应的“长期保健护理”机制。同时，政府及社会还应该为老年人提供定期体检、举办健康讲座及咨询服务等福利服务。

3.老年人社会福利服务

老年人社会福利服务属于服务类型的社会福利，主要满足老年人的日常生活照料、医疗护理及社会交往等需求。社会福利服务可分为机构养老服务和社区居家养老服务两种。

（1）机构养老服务。机构养老服务是以老人入住为条件，集中为老年人提供专业的综合性养老服务，通常有三种类型：第一类是面对生活能自理的老年人，主要提供一些辅助性服务，日常生活由老年人自行料理的老年公寓；第二类是面对能够自理或半自理的老年人，提供完整的照顾服务的社会福利院；第三类是面对生活不能自理或半自理的老年人，提供完全的生活照顾和医疗护理的老年护理院。三种类型的养老服务机构分工并不明显，如大多数福利院都是综合性的，可提供各类养老服务。民政部《2017年社会服务发展统计公报》提供的数据显示，在提供住宿的养老服务方面，全国各类养老服务机构和设施15.5万个，比上年增长10.6%，其中：注册登记的养老服务机构2.9万个，社区养老机构和设施4.3万个，社区互助型养老设施8.3万个；各类养老床位合计744.8万张，比上年增长2%（每千名老年人拥有养老床位30.9张），其中社区留宿和日间照料床位338.5万张。

（2）社区居家养老服务。居家养老服务是指政府和社会力量以社区为依托，以家庭为核心，为居家的老年人提供生活照料、家政服务、康复护理以及精神慰藉等服务的一种养老服务。居家养老服务具有投资少、成本低、服务广、收益大、收费低、见效快等特点，并可减轻养老机构的压力。我国《中国老龄事业发展“十二五”规划》提出，“十二五”期间，居家养老服务网络要覆盖所有的城市街道、社区和80%以上的乡镇、50%以上的农村社区。

4.老年人发展性福利

以老年人教育福利为核心的老年人发展性福利对于提高老年人知识水平、增进老年人身心健康、增强老年人参与社会的能力具有重要的作用。比如，通过举办老年大学，为老年人提供学习、培训教育的机会，老年人在这里可以根据自己的兴趣选择不同的学习内容，弥补自己年轻时候留下的遗憾，让自己的能力再一次得到发展；还可以根据需要对老年人进行健康保健知识的培训，提高老年人健康生活的意识，从而提高老年人的生活质量。部分老年人通过学习，增强了与社会交往沟通的能力，还能为社会做出更多的贡献。所以，老年人发展性福利一方面可以提高老年人的生活质量，另一方面也可以让有能力的老年人满足自我实现的需要。

## 二、妇女儿童社会福利

随着社会的不断进步，妇女儿童福利越来越受到社会的重视，联合国以及各国政府相继出台了众多的保护妇女儿童利益的公约或措施。妇女儿童的发展有利于丰富社会福利的内容，有利于社会未来的发展，没有儿童的健康成长就没有国家和社会的未来。

（一）妇女社会福利

1.妇女社会福利的含义

妇女是成年女子的通称。在政治、经济、文化、社会以及家庭等各方面，妇女都应该享有与男子平等的权利，这是现代国家和社会应该实现的目标。但由于妇女在生理、心理等方面与男子有明显的区别，且在某些方面处于弱势，要实现男女平等就必须在某些方面给予妇女更多的特殊利益，这些特殊利益是妇女社会福利的重要构成部分。

妇女社会福利是指国家和社会根据妇女生理和职业的特殊情况及相关利益需求而制定与实施的各项福利政策和社会福利服务事业。

2.妇女社会福利的内容

妇女社会福利一般包括除生育保险之外的妇女生育津贴、就业培训服务、福利设施服务等。

（1）妇女生育津贴

生育津贴是妇女最主要的特殊津贴，是指职业妇女因生育或流产离开工作岗位而中断收入时，依照相关法律法规在一定期限内按时支付的生活费用，某些国家也称生育现金补助。生育津贴的提供主要有两种方式：一是纳入专门的生育保险制度；二是纳入社会福利的范畴。生育津贴为女职工提供了一种有效的基本经济保障，能够在产假期间维持生育妇女与其所生婴儿的适当生活标准，以促进其平安健康。享受生育津贴是生育妇女的一项基本人权。

（2）妇女就业福利

妇女就业福利是妇女社会福利的重要组成部分，是妇女获取劳动收入，进而在经济上获得与男子平等的重要保障，是保护妇女及其下一代身心健康的必要措施。各国劳动等方面的立法都非常重视妇女就业权益的特殊保护。其主要内容包括：第一，保障妇女享有与男子平等的就业权。禁止招工、招聘中的性别歧视。第二，保障妇女享有与男子平等的就业服务权利。相关政府主管部门及各类职业介绍机构提供就业服务时，不得歧视妇女。第三，保障妇女特殊时期权益不受歧视或侵害。用人单位不得以结婚、怀孕、产假、哺乳等为由辞退女职工或者单方面解除劳动合同。

（3）妇女劳动权益的保护

妇女劳动权益的保护主要有以下方面：第一，妇女的“四期”特殊保护，主要指在妇女经期、孕期、产期和哺乳期等特殊生理期，不得安排其从事高空、低温、冷水、有毒有害等劳动；在孕期、哺乳期不得延长女职工的工作时间和安排其夜班劳动，并为其提供特殊保护设施；生育时享受一定天数的产假等。第二，男女同工同酬。同岗位的男女职工，只要付出等量劳动都可以获得同等的劳动报酬。不得降低怀孕、生育、哺乳期间女职工的基本工资。第三，妇女与男子晋职晋级、职务评定与职业培训权利平等；妇女享有与男子平等参与资本、技术等生产要素的分配权。

（4）福利设施与福利服务

世界各国都非常重视为全体女性提供福利设施和服务。提供良好的卫生保健服务，尤其是在妇女生产的关键时刻，有助于确保生产过程的安全。社会有责任通过政治、卫生和法律体制为生育妇女提供相关服务，为此，我国制定了《母婴保健法》。妇幼保健机构是实施《母婴保健法》、依法提供妇女保健服务和保证母亲健康的主渠道，如设立妇幼保健医院、妇产医院等。对于女职工较多的单位，都要求建设女职工卫生室、孕妇休息室、哺乳室、托儿所、幼儿园等设施来妥善解决女职工在生理卫生、哺乳、照料婴儿方面的困难。另外，妇女活动中心、咨询服务中心、健美中心、妇女用品专门店等都是为女性提供福利服务的场所。在许多国家和地区，还设有专门的妇女庇护所，为受虐妇女或遭遇特殊困难的妇女提供特殊救助。

（二）儿童社会福利

儿童无疑是社会成员中的弱势群体，又处在身心健康的成长期，需要获得特别的保护，国家和社会提供相应的福利可以极大地促进儿童的健康成长。

1.儿童社会福利的含义

对于儿童的界定，不同领域存在差别，联合国的《儿童权利公约》和我国的《未成年人保护法》等均规定0~18岁为儿童期，而医学界则是以0~14岁的儿童为儿科的研究对象。我们认为应该遵从联合国公约的规定，即使是15~18周岁的未成年人也应该和其他未成年人一样享有特殊的福利。

儿童社会福利的概念尚未统一。联合国《儿童权利宣言》认为："凡是以促进儿童身心健全发展与正常生活为目的的各种努力、事业及制度等均称为儿童福利。"《美国社会工作年鉴》则指出："儿童福利旨在谋求儿童愉快生活、健全发展，并有效地发掘其潜能，它包括对儿童提供直接福利服务，以及促进儿童健全发展有关的家庭和社区的福利服务。"①所以，一般认为儿童社会福利是指国家和社会在儿童权利理念指导下，为满足儿童安全、健康成长的基本需求提供的资金及服务。儿童社会福利有广义和狭义之分。狭义的儿童福利属于"补缺型"福利，是指国家和社会为特殊的儿童群体提供的满足其特殊需求的服务。特殊儿童群体一般指处于某种困境的儿童，为其提供的服务主要有救助、矫治、扶助等，以帮助这些儿童恢复缺失的功能。广义的儿童福利属于发展型福利，是指以全体儿童和家庭为对象所开展的以多种福利为内容的系统性的福利活动。现代社会发展变化十分迅速，每一个儿童和家庭都可能面临无法应对的问题，这就需要借助外力，需要国家和社会承担社会责任。

2.儿童社会福利的内容

（1）社会保护。由于儿童身心皆不成熟，对社会事物往往不能形成正确的判断，承受社会压力的能力也极为有限，为保证其健康成长，必须举社会之力予以保护。社会保护的主要内容有：①预防犯罪保护。根据相关法律要求，国家和社会各界要把预防未成年人犯罪置于重要位置。②司法保护。根据相关法律要求，各类执法、司法机关要切实

---

① 赵映诚，王春霞. 社会福利与社会救助［M］. 大连：东北财经大学出版社，2010.

履行职责，严厉打击拐卖儿童犯罪，保护未成年人利益不受侵害。③全民爱护。全社会都应该树立保护、尊重、教育未成年人的理念，关心和爱护未成年人的成长。④学校保护。儿童起码三分之一时间在学校度过，学校应该从有利于儿童健康成长的角度对儿童进行全方位保护，全面培养学生的能力。⑤用工保护。严禁用人单位招用童工；用人单位要对未成年工实施特殊保护。

（2）儿童教育福利。儿童的受教育权和发展权是儿童权利的重要组成部分。20世纪中叶以来，随着儿童权利意识的不断提高，“教育机会均等”“保证每个孩子都能享受到有效地促进其身心和谐发展的良好教育”成为一种社会需求。①儿童学前教育福利。很多国家根据《儿童权利公约》的精神与本国的情况，纷纷通过立法的形式确定学前教育的地位，一些发达国家甚至有将学前教育纳入义务教育的主张。②义务教育福利。接受义务教育既是儿童的基本权利也是他们的义务。我国相关法律法规明确规定义务教育实行免学杂费，对经济困难的学生还免教材费并对寄宿费进行补助。这些措施促进了儿童教育的发展。

（3）儿童文化福利。国家和社会应建立和完善适合儿童文化生活需要的场所和设施。鼓励各类社会主体、公民个人，开展多种形式有利于儿童健康成长的社会活动。博物馆、纪念馆、科技馆、文化馆、影剧院、体育场（所）、动物园等场所，应对儿童免费开放或优惠开放。鼓励新闻、出版、广播电视、文艺等单位和作家、科学家、艺术家等，创作或者提供有益于儿童健康成长的作品。出版专门以儿童为对象的图书、报刊音像制品等出版物，国家给予扶持等。

（4）儿童保健福利。保健福利主要包括：一是对儿童进行计划免疫措施。目前我国已经加大了儿童免疫的建设力度，可以为儿童提供多种免疫接种服务，有效促进了儿童的健康成长。二是加强儿童常规疾病的检查和保健。我国已经有多种类型的儿童常规疾病检查和保健服务。

（5）特殊儿童福利。相对于正常儿童而言，“特殊儿童”主要指残疾儿童、孤儿、弃婴弃儿和流浪的未成年人。他们除与普通儿童享受同等待遇外，还应该受到特殊的保护。但由于残疾儿童的身体残疾与普通残疾人具有类同性，故通常将残疾儿童福利归入残疾人福利范畴。各个国家都会有具体的部门负责特殊儿童的监护养育和安置工作。收养这些特殊儿童的社会福利设施有儿童福利院、康复中心、孤儿学校、儿童村等。此外，城市的社会福利院、农村敬老院以及优抚社会福利设施，也会收养部分孤儿和病残儿童。截至2017年年底，我国共有儿童收养救助服务机构663个，床位10.3万张，年末收留抚养各类人员5.9万人。其中儿童福利机构469个，床位9.5万张；未成年人救助保护中心194个，床位0.8万张，全年共救助流浪乞讨未成年人3.5万人次。

## 三、残疾人社会福利

由于残疾人的心理或生理残疾严重影响其生存和发展，所以国家和社会要为这一特殊群体提供必要的福利，使其权益得到保障。

（一）残疾人社会福利的含义

按照我国《残疾人保障法》的规定，残疾人是指在心理、生理、人体结构上，某种组织、功能丧失或者不正常，全部或者部分丧失以正常方式从事某种活动能力的人。残疾人的类别主要包括听力残疾、视力残疾、肢体残疾、言语残疾、智力残疾、精神残疾及多重残疾等七种。

残疾人社会福利是指国家为确保有残疾的公民在年老、疾病、缺乏劳动能力及退休、失业、失学等情况下能够获得基本的物质帮助，而根据社会、经济、文化发展水平，为残疾人提供相应的康复、医疗、教育、劳动就业、文化生活、社会环境等方面的保护措施的总称。残疾人社会福利主要包括残疾人社会救助以及残疾人养老保险、失业保险和医疗保险等；同时也包括国家和社会团体等兴办的各种社会福利事业、福利设施和福利服务，如残疾预防、残疾人康复、残疾人教育、残疾人就业以及残疾人文化娱乐等。[①]

（二）残疾人社会福利的内容

1.残疾预防

残疾预防是利国利民的大事，能够减少残疾人是国家和家庭的幸事。残疾预防是指采取有效措施避免出现生理、智力、精神或感官上有缺陷的人（也称初级预防）或者防止某人缺陷出现后造成永久性功能限制或残疾（也称二级预防）。残疾预防可以采取的措施有很多，如产前的胎儿健康检查、产后的婴幼儿保健、营养学教育、保健知识教育、地方病防治措施、传染病的免疫福利等。

2.残疾人康复

康复是残疾人入学、就业、全面参与社会生活的前提。残疾人康复是指借助康复设施、训练、教育、指导等手段，使残疾人达到、保持或者恢复正常的生理、感官、智力、精神以及社交功能的最佳水平的活动，具体包括医疗康复、心理康复、教育康复、职业康复、社区康复、社会康复等。国家和社会要为实现残疾人“人人享有康复服务”目标而努力。

3.残疾人教育

良好的教育是残疾人提高自身文化素质、形成参与社会的能力的基础。残疾人教育是国家为保障患有残疾的儿童、青年和成年人享有平等接受教育权利而提供的制度性安排，是现代国民教育体系的有机组成部分，主要包括学前教育、基础教育、高等教育、职业技术教育和成人教育等。

4.残疾人就业

就业是残疾人安身立命之本，也是残疾人享有的综合性福利，对提高残疾人的生活质量是不可或缺的。残疾人就业的方针是：分散与集中相结合，争取优惠和扶持保护措施，通过多层次、多渠道、多形式，使残疾人劳动就业逐步普及、稳定、合理。保障残疾人就业的福利措施一般包括两个方面：一是利用法律或政策手段保护残疾人的就业机会。世界各国都有相应的法律明确规定企业有义务雇用一定比例的残疾人。二是开展残疾人职业康复，提供残疾人职业咨询、职业评估、职业治疗、职业培训等福利服务。

---

① 杨翠迎. 社会保障学［M］. 上海：复旦大学出版社，2015.

5.残疾人文化体育生活

《关于残疾人的世界行动纲领》指出，会员国要确保残疾人有机会充分发展他们的各方面潜力，这就要求必须确保残疾人参与文化活动，必要时应提供特别帮助，如盲人点字印刷书籍、聋人助听器等。同时，许多国家都把残疾人体育的发展视为本国体育事业、经济发展水平与文明程度的标志，并予以高度重视。

6.残疾人无障碍环境

世界《残疾人机会均等标准规则》指出，各国应确认无障碍环境在社会各领域机会均等过程中的重要性。各国应该做到：采取行动方案，使物质环境实现无障碍；采取措施，在提供信息与交流方面实现无障碍。残疾人无障碍环境由人文环境和物质环境构成。人文环境体现了社会成员对残疾人的认同、接受与帮助等，现代社会需要构建残疾人可以无障碍参与社会交流，使残疾人得到充分尊重、关心的人文环境。物质环境无障碍要求城市道路、公共建筑物和居住区的规划、设计、建设应方便残疾人通行和使用，如城市道路应满足坐轮椅者、拄拐杖者通行和方便视力残疾者通行；建筑物应考虑在出入口、地面、电梯、扶手、厕所、房间、柜台等处设置残疾人可使用的相应设施和方便残疾人通行等。

在我国，残疾人社会福利是根据残疾人的家庭特征、就业能力特征等由不同的部门或机构来提供。截至2017年年底，在提供住宿的精神卫生服务方面，全国民政部门管理的智障与精神疾病服务机构共有242个，床位8.8万张。其中社会福利医院（精神病院）144个，床位数5.5万张，年末收留抚养各类人员4.7万人；复退军人精神病院98个，床位数3.3万张，年末收留抚养各类人员2.7万人。

## 第三节　社会福利的运行机制

社会福利的顺利实施需要一系列的制度保障。不同模式的社会福利制度，虽都经历了漫长的历史发展过程，但其管理运行的机制各有侧重。目前。我国社会主义市场经济体制已经基本建立，尤其需要尽快建立和完善与我国市场经济体制相适应的社会福利运行机制。

### 一、社会福利的责任主体

有学者认为我国的社会福利制度，改革开放后突出总体特征是中国特色社会主义市场经济条件下多元主义社会福利制度。可以暂时概括为社会-市场-国家组合型社会福利制度，之所以是暂时的，是因为我国的社会福利制度体系仍在构建之中。改革开放前，国家即社会，社会被国家覆盖，家庭也相当弱化，所以社会福利的责任主体单一，即国家。当前我国组合型社会福利制度，首先需要个人、家庭、用人单位与社区承担主要责任，其次是市场通过福利商品的交易，满足部分人的福利需求，而国家是最后出场和最后承担责任的责任主体。西方国家则不同，其福利多元主义的组合形式和福利责任承担的先后次序，基本上是“国家-社会-市场”，国家依然是最重要的福利责任主体，在社会福利制度建设中扮演主角，承担主要福利责任。社会力量和市场因素发挥配角和辅助者作用。[①]

社会福利责任主体承担着为社会提供福利的责任，从历史来看，家庭、政府（国家）、企业和慈善组织是社会福利的主要提供者。[②]

第一，家庭。家庭是人类历史上最早的福利提供者，在古代还可能是唯一的福利责任承担者。家庭作为一个共同体，能够基于亲情或感情而自愿提供福利，而且还可满足需求者的感情需要。

第二，政府（国家）。面对越来越快的社会发展速度，大多数家庭能够提供的有限福利显然不能面对越来越多的社会不确定性，社会福利需要强有力的提供者，国家及政府应该当仁不让。政府的主要责任就是制定完善的社会福利法律、法规和政策，构建与社会经济发展相适应的福利制度及管理机构，筹集福利资金等。

第三，企业。如果是福利企业，就能够为残疾人提供集中就业机会，直接参与社会福利事业。非福利企业可以通过慈善捐款、吸纳一定比例的残疾人就业等方式提供福利，也可以为企业内部职工提供福利。部分事业单位经费需要自筹，因此也可以为内部职工提供适当的福利。

第四，慈善组织。慈善组织，或称公益组织，是指依法成立并符合我国《慈善法》的以开展慈善活动为宗旨的非营利组织。按照国际通行的五要素定义法，非营利组织须具备组织性、民间性、利润不分配、自治性、自愿性五个要素。除这些要素外，慈善组织还需满足五个条件：一是以公共利益目的为宗旨；二是有特定的活动领域；三是非政治性；四是非传教性；五是非歧视性。我国于1994年成立了慈善机构——中华慈善总会。截至2018年9月5日，我国登记认定的慈善组织共计4 774个，其中具有公开募捐资格的1 293个，2017年共接收社会捐款754.2亿元，全年有582.8万人次困难群众受益。

## 二、社会福利资金的筹集

当前，我国已经形成多元福利制度，福利资金的筹集也逐步多元化。社会福利制度是靠社会福利资金支撑的，福利资金的筹集是福利制度可持续发展的重中之重。同时，应该加强福利资金的监管，要筹集、监管并重，杜绝资金占用、乱用。

（一）财政资金

财政资金是福利资金筹集的主要方式，即国家（政府）是社会福利资金的主要责任者。政府往往通过财政转移支付来施行社会福利，就是将一部分人的资源转移给福利获得者，从而实现社会福利目标。财政转移支付对社会福利的支持一般有显性和隐性两种方式，显性指政府通过税收等方式筹集资金，然后拨付给社会福利部门用于福利支出；隐性就是通过税收优惠（税收减免），让福利获得者从中受益。受经济发展水平的影响，我国显性的财政福利支出在国内生产总值中占比仍然偏低，说明我国的“福利度”还比较低。在隐性财政转移支付方面，我国各级政府通过多种政策支持社会福利机构的发展，凡是举办社会福利事业都可以不同程度地享有税收优惠。比如，举办福利企业可以减税，甚至可以免税；安置残疾人达到一定比例的企业也可以享受减税优惠；社会力

① 刘继同．中国现代社会福利发展阶段与制度体系研究［J］．社会工作，2017（5）．
② 汤秀丽．我国社会福利改革与研究［M］．北京：中国水利水电出版社，2015.

量兴办社会福利院、养老院、老年服务中心、老年公寓等福利性、非营利性的老年服务机构可以暂免征收企业所得税；对于社区服务项目中的福利性项目收入也可以减免所得税，从而降低服务成本和服务价格。

（二）慈善资金

《国民经济十三五规划纲要》指出，要“大力支持专业社会工作和慈善事业发展，健全经常性社会捐助机制。广泛动员社会力量开展社会救济和社会互助、志愿服务活动”。《民政事业发展第十三个五年规划》提出：“协调落实优惠政策和支持条件，广泛动员社会公众参与慈善活动。”“创新慈善载体，探索知识产权收益、技术、股权、有价证券等新型捐赠方式。积极发展慈善信托，协调制定慈善信托相关管理办法。”未来慈善资金的来源也将多元化。

慈善资金的筹集是慈善组织的首要任务，是慈善组织提供社会福利的物质保障。慈善资源募集可以面向政府、企业、团体和个人，具体资源包括现金、实物、劳务，还包括知识产权收益、技术、股权、有价证券等。

（三）福利彩票资金

福利彩票的发行也是福利资金的重要来源。《民政事业发展第十三个五年规划》提出：“强化福利彩票规范管理，保持安全运行和健康可持续发展。发挥政府和市场作用，不断完善激励约束、监督管理、市场调控等管理运行机制。”“持续推进责任福彩、阳光福彩和福彩文化建设，树立良好公益品牌形象。完善福利彩票公益金管理制度，加强规范管理，促进公开透明，提高使用效益，加强使用效果宣传。”2017年中国福利彩票销售2 169.8亿元，全年筹集福利彩票公益金631.1亿元，比上年增长6.7%。全年民政系统共支出彩票公益金275.2亿元，比上年增长2.6%，其中用于抚恤6.2亿元，用于社会福利173.6亿元，用于社会救助35.4亿元，用于自然灾害生活救助3.5亿元。彩票筹集的福利资金还可以加大支出力度。

## 三、社会福利的分配机制

社会福利的分配机制主要包括三个层次：第一次（初次）分配在市场和竞争中实现，其原则是效率优先；第二次分配以实现社会公平为目的，由政府主导，以税收和社会政策方式进行分配；第三次分配通过社会，按照自愿性原则实行公益捐赠，实现“富帮穷”。社会福利主要是通过第二次、第三次这种再分配的方式实现。

（一）再分配的实现途径

第二次分配的实现途径主要是国家税收和政府的公共服务。税收是国家财政收入和再分配资金的主要来源，通过税收调节收入分配是现代国家的一项重要职能。政府的公共服务是政府投入的、全民共享的社会服务，是第二次分配实现的重要途径。在教科文卫、交通、能源、安全以及基础设施的投入方面都可以切身感受到政府的公共服务。

第三次分配以慈善等公益性组织为主导，对社会资源和社会财富进行再分配。它主要通过企事业单位或其他组织以及公民个人财富的自愿、无偿转移来调节收入，增进弱势群体的社会福利。所以，现代社会中的第三次分配主要通过慈善组织作为中介来实现，不是捐赠者与受助者面对面实现的，能够有效地维护受助者的自尊，还可以提高援助的效率与福利服务的专业化水平。

（二）社会福利的传递机制[①]

社会福利的传递机制分为正式传递机制和非正式传递机制。前者指社会福利的主要责任者（政府、慈善组织、私人投资者等）将社会福利资源通过社会福利机构传递到社会福利对象手中的过程，以及该过程中各社会福利主体之间的相互关系。正式传递机制的整个过程较为复杂。后者主要是指家庭、社区、机关、企事业单位内小范围捐款临时机构以及做出自发性慈善行为的个人所提供的社会福利资源传递到社会福利对象手中的过程。

（三）政府购买社会福利服务的运行机制

社会福利服务的传递形式有政府包办一切服务项目逐渐向政府购买转型，是社会福利服务社会化、市场化发展的重要形式。政府购买福利服务的传递过程中主要涉及三方主体：福利购买者的政府（官方主体）、福利服务提供者即各类福利服务机构（民间主体，以非营利组织为主）、福利服务使用者即福利需求者和福利接受者。使用者向政府提出自己的福利诉求；政府则评估其需求，并向福利机构购买服务，提供政策与资金支持，同时评估与监督其服务；福利机构为福利需求者提供具体的福利服务，并接受福利使用者的服务监督，同时在服务中了解福利需求者的福利需求，并向福利购买者提交需求报告与服务方案。这种三角福利传递形式，有利于降低福利传递中的官僚主义影响，有助于福利机构提供个性化的福利服务，进而提供福利效率。

## 第四节　我国社会福利制度的改革

社会福利是社会矛盾的调节器，每一项社会福利计划的出台总是以缓和某些突出的社会矛盾为终极目标。它的任务是在国家财力允许的范围内，在既定生活水平的基础上，尽力提高被服务对象的生活质量。我国社会福利制度的发展和改革与我国社会主义制度的建立与发展、改革密不可分，也与我国历来重视民生制度的完善有关。

### 一、我国社会福利制度的建立

中华人民共和国成立后，为了更好地促进国民经济的恢复和发展，政府在建立劳动保险制度的同时，也开始了社会福利制度的创建。所以，我国福利制度的建立和完善几乎与社会主义建设同步进行。

（一）中华人民共和国成立初期的社会福利制度

20世纪50年代初期，我国即开始逐步建立社会福利制度，主要内容包括民政福利、企业职工福利和国家机关、事业单位福利，由此看来，福利制度的体系是比较成形的。

1951年8月，政府发布了《关于城市救济福利工作报告》，并由民政部门具体负责组织实施其条款，以无依无靠的城镇孤寡老人、孤儿或弃婴、残疾人等为保障对象。民政部门通过设立福利机构为孤老残幼人员提供保障。福利机构分为社会福利事业单位和

① 汤秀丽. 我国社会福利改革与研究［M］. 北京：中国水利水电出版社，2015.

社会福利企业两类，是提供福利的主要机构。民政部主管的福利只覆盖了城镇极少数特殊人群。1950年6月颁布的《工会法》、1953年劳动部公布的《中华人民共和国劳动保险条例实施细则修正草案》对企业职工的生活困难补贴、探亲补贴、取暖补贴做了规定，还规定企业应设立食堂、托儿所，所需费用由企业行政或资方负责。

1953—1956年，国务院及相关部委发布了一系列法规、政策，对国家机关、事业单位职工的冬季取暖、生活困难补助、职工住宅、上下班交通、职工家属医疗补助、生活必需品供应等问题做了全面的规定。由此，绝大多数企业职工以及国家机关和事业单位工作人员的福利需求按规定由其所在单位提供。企业职工的福利由劳动部负责和管理，而国家机关、事业单位工作人员的福利由政府人事部门负责。

（二）计划经济时期的社会福利制度

这一时期的社会福利主要包括职工福利、城市民政福利、教育及住房福利等。

首先，职工福利成为福利制度的核心。职工福利制度主要包括职工住宅、上下班交通、生活必需品供应、困难补助以及职工福利费用的来源和掌管使用等。期间还对过高的福利进行了适度降低，鼓励依靠群众集体办福利，提倡通过互济的办法解决职工生活中的部分困难。到1965年，政府又出台相关通知，规定福利费仍以解决工作人员及其家属生活困难为主，确有结余，可以补贴工作人员家属统筹医疗费用的超支和用于哺乳室、托儿所、幼儿园、少年之家、理发室、浴室的零星购置费的开支及慰问住院的患病工作人员少量慰问品的开支。1966—1976年，职工福利事业受到严重干扰，影响了职工的劳动积极性。直到改革开放后，职工福利制度才慢慢恢复。

其次，城市民政福利得以发展。城市民政福利主要有两种形式：一是各地民政部门建立了养老院、精神病人疗养院和儿童福利院等社会福利机构；二是明确了社会福利企业，主要以安置残疾人就业为主，可以享受国家政策的特别扶持。

最后，教育和住房分配成为福利。在教育方面，从小学到高中教育是免费的，高等教育不仅免交学费、住宿费等费用，而且学生还可以享受到能够解决吃饭问题的助学金。城市的学校，不管是教育系统办的还是单位办的，都是公立学校，经费由国家负责。农村一部分学校是政府主办的，但大部分中小学由农村集体主办，教师为民办教师，待遇较差。在福利分房方面，企业或者单位按照职工的工龄和年龄等条件以及家庭人口数目，采用无偿的实物福利分配模式为职工分配住房，但职工须缴纳极少的租金。另外，城镇居民还享有一定的粮油补贴，以保障其基本生活。

## 二、市场经济转轨时期的社会福利制度改革

改革前，我国的社会福利制度存在明显的不足，如福利对象范围较窄，制度僵化，不能调动职工的积极性，不能适应社会经济的发展等，所以必须改革。

一是改革职工福利。①进行工资改革，按照市场化的工资结构理清工资与福利的关系，即将职工福利性质的补助转化为工资，以提高职工收入的工资化、货币化程度。同时，把保险费用与福利费用严格分开，避免相互挤占、混淆不清。②实施企业福利社会化改革，让企业摆脱“企业办社会”的困境，提高企业的市场竞争力，企业福利逐步过渡到社会福利。③改革住房福利制度。20世纪80年代初推行“优惠售房”

试点，1989年推行住房商品化，1992年全国实行新房先卖后租、新房新租、有偿租房等改革举措，1998年年底，中央政府宣布停止企事业单位的福利分房，并建立住房公积金制度。

二是改革民政福利。①大力发展社会福利机构。1984年民政部提出了“三个转变”发展战略，即福利制度由救济型向福利型转变，由供养型向供养康复型转变，由封闭型向开放型转变。②改革福利企业。对福利企业实施市场化改造，以适应市场经济发展的需要，更好地解决残疾人就业问题。③社会福利资金筹集多元化。逐步打破国家和单位包办福利的现状，形成政府财政拨款、城乡集体单位投入、发行福利彩票、社会捐献以及服务收费的新格局，但国家财政仍是福利资金的重要来源。

三是把社区服务发展转变成为社会福利性行业。社区服务是实现社会福利的重要手段。为了规范和促进社区服务业的发展，民政部、国家计委等14部委于1993年联合发布了《关于加快发展社区服务业的意见》，对社区服务业的任务、社区服务业的统筹规划、政府对社区服务业的扶持、社区服务业发展资金筹措、社区服务价格体系的建立、社区服务业的管理等都做了原则性规定。

## 三、我国社会福利制度面临的挑战

我国社会福利制度的结构与发达的市场经济国家差别较大，不能完全适应市场经济发展的需要，面临较多挑战。

（一）经济变迁与劳动力供给变化的挑战

2010年我国经济总量上升到世界第二的位置，受全世界关注。但我国经济的发展也面临着减速与变革、增效的问题，因为国际经验告诉我们任何国家经济都不可能长期高速发展下去，要让经济发展进入“新常态”。“新常态”的经济发展有以下特征：一是经济增长从高速转变为中高速；二是经济发展结构不断优化升级，由透支人口红利、社会保障体系建设滞后性发展，逐步转变为遵循经济规律的科学发展、遵循自然规律的可持续发展和遵循社会规律的包容性发展；三是经济发展动力从要素驱动、投资驱动转向服务业发展及创新驱动。[①]这种经济转变对劳动力素质的要求较高，可能导致我国适应要求的劳动力不足。另外，因为人口老龄化，我国总的劳动人口暂呈缺乏之势，这要求改变我国现有的生育状况，提供更多生育福利。而且我国“用工荒”与“就业难”长期同时存在，经济转型也必将造成大量劳动力不适应新的要求，这需要相应的福利制度来解决。“大众创新，万众创业”也要求社会提供更多的教育福利，加强对创业者、就业者的教育。

（二）人口老龄化日益突出

人口老龄化是我国福利制度面临的突出问题。截至2017年年底，全国60周岁及以上老年人口24 090万人，占总人口的17.3%，比上年增长4.35%，其中65周岁以上老年人口15 831万人，比上年增长5.52%；享受高龄补贴的老年人2 682.2万人，比上年增长13.9%；享受护理补贴的老年人61.3万人，比上年增长51.5%；享受养老服务补贴的老

① 秦莉. 中国适度普惠型社会福利体系的模式选择［M］. 上海：上海交通大学出版社，2016.

年人354.4万人，比上年增长25.3%。从以上数据可以看出，我国老年人口规模巨大，且每年增长率仍然较高，养老福利面临很大挑战；同时，近年来我国享受高龄补贴、护理补贴、养老服务补贴的老年人快速增长，而且仍面临较长期限的高速增长，使我国现有社会福利体系面临不小的挑战。

（三）地区之间社会福利发展不平衡

长期以来，我国地区之间经济发展极不平衡，同一地区城乡之间经济也有明显差距。经济实力是税收等财政收入的主要支撑，经济发达地区的经济实力雄厚，财政收入多且增长较快；反之，经济发展较落后的地区，财政收入较少且增长缓慢，甚至负增长。比如，我国少数省份养老金支付都出现困难，更不要说去大力支持社会福利事业的发展。财政收入是各级政府社会福利支出的基础，所以，发达地区因经济实力雄厚，财政对社会福利事业发展的支持力度较大，社会福利事业发展较快，社会福利也较发达。近年来，我国政府加大了财政转移支付的力度，大力支持中西部地区经济的发展，也大力支持中西部地区社会福利事业的发展。民政部门也采取了相应的措施支持中西部地区社会福利事业的发展，例如，在福利资金安排方面，由民政部门管理的部级福利彩票公益金基本都投向中西部地区，以加快中西部地区社会福利事业的发展，缩小地区间社会福利水平以及社会福利设施及服务的差距。另外，为响应我国新农村建设的需要，福利彩票公益金的使用投向也向农村地区倾斜，提高农村社会福利水平，加强农村社会福利设施的建设。

（四）市场经济条件下，现有社会福利体系适应性减弱

随着我国市场经济发展的不断深入，现有社会福利体系的适应性在多方面都有减弱的趋势。

第一，在教育方面，我国大学由过去的助学金制改为现在的贷学金制，城市中小学和幼儿园学生费用增速也比较快、增幅巨大；在住房方面，由过去的福利分房改为现在的住房货币化、商品化。这样一来，上学和住房方面的负担几乎全部转移到了老百姓身上。但由于相关的工资制度和收入制度不配套，容易形成一系列的社会问题。所以，应加大教育福利和住房福利体系的完善，包括制定、修改提供适宜的教育津贴和住房津贴的法律法规，以减轻人们这方面的经济负担，最大限度地体现社会公平。

第二，中国人具有家庭成员相互照顾的家庭传统、邻里互助的社区传统、亲友帮扶的社交传统、单位保障的集体传统。如家庭成员中有老弱病残者，所有家庭成员会分担照顾责任；农村孤寡老人（“五保户”）可以长期得到邻居照顾；城乡社区中一家有难，众皆援手；当社会成员遭遇不幸或陷入困境时，亲友之间会施以援手；在各种组织或机构中，单位会通过相应的福利与服务来增进其成员的归属感与安全感，集体主义色彩浓厚。市场化改革与自由主义取向使这些传统受到了巨大冲击，注重个人自由而忽略集体主义、强调利己而漠视利他与公益的现象时有发生，特别是一些制度安排或政策中的歧视更导致了人群与人群之间在精神上的隔离，如本地人与外地人的心理隔离、城市人与农民工的心理隔离等。所以，中国的社会福利事业必须尊重中国人的需求，让中国人认同并接受。要实现这一点，社会福利体系建设需要和中国文化与传统优势紧密结合，福利制度安排与政策措施应当有利于维护和弘扬中华民族的优良传统。

第三，明确社会福利与社会救济的界限。社会福利的目标是人们在温饱问题基本解决的情况下，如何提高人们的物质和精神生活水平的问题；而社会救济解决的是人们的生存问题。在我国的社会福利服务项目中，有些项目属于社会救济范畴，比如城镇的“三无”人员，民政部门为其提供的生活保障属于社会救济，而不属于社会福利。另外，对于残疾人这个特殊群体的劳动就业、康复、接受特殊教育等问题由《残疾人保障法》做出专门规定，并由残疾人企业、康复机构、特殊教育学校等机构予以实施，也属于独特领域，不应纳入社会福利范畴。而对于“三无”残疾人，则应由社会救济机构为其提供保护与保障措施。

第四，社会福利社会化程度仍然偏低。我国社会福利社会化改革已经多年，但是企业和机关事业单位仍存在多种福利，不利于社会福利社会化的发展。社会福利社会化是指社会福利应当理解为国家、社会办社会福利，而不是企事业单位办所属职工福利。但是，社会福利社会化也不是政府“甩包袱”，不是社会福利“市场化”，即使社会福利社会化，政府也是社会福利的主要提供者和制度的支撑者，所以各地政府必须对社会福利社会化要有正确的认识，社会福利社会化是要提高社会福利运行的效率，是要政府、社会、个人共同办福利。

## 四、中国适度普惠型社会福利制度的建设

适度普惠型社会福利制度的建设已经成为我国社会制度建设的重要目标。自从2007年10月民政部提出构建适度普惠型社会福利以来，我国从中央到地方共同推进了适度普惠型社会福利体系的建设，逐渐改变了原有的社会福利体系。当然普惠型社会福利制度还有很多未确定因素需要研究讨论，如关于适度普惠型社会福利体系的价值观、体系结构与内容以及政策调整等方面并未形成广泛共识，所以，适度普惠型社会福利制度建设任重道远。

（一）适度普惠型社会福利制度的含义及特征

适度普惠型社会福利是由政府和社会基于本国（或当地）的经济和社会状况，向全体国民（居民）提供的、涵盖其基本生活主要方面的社会福利。“普惠”是指要建立起全体国民均能享受的普享式社会福利。“适度”包含两层含义：一是指社会福利的标准要符合经济发展水平的约束线；二是福利项目和福利内容的选择要符合人的需要层次，随着经济和民主进程的发展逐步涵盖城乡社会生活的各主要方面。①

适度普惠型社会福利制度具有以下特征：第一，具有普遍性、广泛性。适度普惠型社会福利是覆盖全体社会成员的福利，其目的是要提高全体国民的生活质量，不是针对少数老、弱、病、残等社会弱势群体的社会福利。第二，具有综合性、统一性。从类型看，适度普惠型社会福利包括现金福利、实物福利和服务福利三种类型，涉及国民生活的各个方面，主要包括社会救助、社会扶持、优抚安置、社区服务、社会工作服务、专项社会事务服务以及养老、健康、教育、就业、住房、环境等与基本生活紧密相关的各个领域，并向全体国民提供综合性、统一性的福利。第三，具有混合型、多元性特征。

---

① 邹小钢．中国社会保障创新与发展（上卷）［M］．北京：经济日报出版社，2015.

普惠型的社会福利是由多元主体提供福利支持的福利体系，政府、企业、社会组织、社会个体都将为国民提供社会福利，且是一种组合型的福利，是一种混合型的社会福利模式。第四，具有发展性、能力型特征。适度普惠型社会福利将随社会经济的不断发展而不断完善，有一个较长期的建设过程，且这种福利会越来越重视社会成员的人力资本投资，重视家庭成员的能力建设。①

（二）适度普惠型社会福利制度建设思路

适度普惠型社会福利制度建设已经成为我国21世纪的战略目标。我国适度普惠型社会福利制度从2010年开始实施，到2050年我国经济社会全面达到中等发达国家水平时为止，时间长达40余年。其发展进程包括三个阶段：①初级阶段。从2010年到2020年，我国全面实现小康水平，社会福利实现弱势群体全覆盖，福利水平随经济发展水平稳步增长。②中级阶段。从2020年到2030年，我国经济继续稳步增长，社会福利制度实现全体国民全覆盖，社会福利水平发展到较高层次。③高级阶段。从2030年到2050年，我国经济达到中等发达国家水平，届时将实现适度普惠型社会福利的完善和提升，并最终过渡到普惠型社会福利制度。在此阶段将在全国范围内建设成国民全覆盖、城乡一体化、项目全面化、形式多样化、主体多元化、制度完善化的高水平的适度普惠型社会福利制度。

（三）适度普惠型社会福利制度建设的措施

我国适度普惠型社会福利制度的战略目标要顺利实施，必须有相应的建设措施予以保障。这些措施应该包括：首先，要完善立法。我国社会福利立法缺失较为严重，主要由散见于针对不同类型的特殊人群的法律法规以及各类政策构成，如《残疾人保障法》《老年人权益保障法》《妇女儿童权益保障法》《青少年权益保障法》等。我国需要制定《社会福利法》以及针对特殊人群的《老年人福利法》《妇女儿童福利法》《残疾人福利法》等，并以此来构建我国较完善的福利法律体系，从而支撑我国适度普惠型社会福利制度的建设。其次，要明确国家、企业、社会和家庭的责任。国家是主要的责任承担者，但不是完全责任的承担者，企业、社会和家庭也需承担各自的责任。比如，企业对于职工福利的责任是企业社会责任的重要体现。国家需要承担包括立法在内的制度建设、财政福利资金的拨付与监管、福利绩效的评价考核等责任。

## 本章小结

社会福利的发展历史悠久，但进入近现代社会才得以快速发展。就社会福利与社会保障的关系的理解来看，中外存在很大差别，发达国家一般认为社会保障是社会福利的构成部分，而我国理论界虽有人认为社会保障是社会福利的组成部分，但在社会保障界，大部分学者认为社会福利是社会保障的组成部分，在我国的社会福利实践中，一直是把社会福利当成社会保障的一个部分。社会福利内容十分丰富，从不同角度可以将社会福利分为不同的类型，我们从社会福利享受的特殊群体出发可以将社会福利分为老年

① 秦莉．中国适度普惠型社会福利体系的建构研究［M］．上海：上海交通大学出版社，2016：137.

人福利、妇女福利、儿童福利、残疾人福利等。社会福利的运行机制复杂，主要包括责任主体、资金筹集、福利分配等，如果社会福利运行出现问题，福利效率将受到很大影响。中华人民共和国成立之后，对社会福利的发展非常重视，出台了一系列的发展措施；改革开放后，社会福利也需要同步进行改革才能适应我国市场经济快速发展导致的社会的极速变革；21世纪我国已经把适度普惠型社会福利制度的建设和发展列为战略目标，并有较完整的实现该目标的计划。

## 关键术语

福利（welfare） 社会福利（social welfare） 老年人福利（elderly welfare） 妇女福利（women's welfare） 儿童福利（child welfare） 残疾人福利（disability welfare） 福利改革（welfare reform） 适度普惠型社会福利（moderate universal social welfare）

## 复习思考题

1.简述社会福利的含义及特点。
2.简述社会福利的模式有哪些。
3.试述社会福利的主要内容。
4.简述社会福利的责任主体。
5.简述社会福利资金筹资的主要来源。
6.试述社会福利的分配机制。
7.试论我国社会福利体系面临的挑战。
8.试论我国适度普惠型社会福利制度的建设。

## 推荐阅读资料

[1] 胡薇. 中国社会福利体系转型中的国家责任研究 [M]. 北京：国家行政学院出版社，2017.

[2] 秦莉. 中国适度普惠型社会福利体系的构建研究 [M]. 上海：上海交通大学出版社，2016.

[3] 汤秀丽. 我国社会福利改革与研究 [M]. 北京：中国水利水电出版社，2015.

[4] 万国威. 我国社会福利制度的理论反思与战略转型 [J]. 中国行政管理，2016（1）.

[5] 刘继同.中国现代社会福利发展阶段与制度体系研究 [J]. 社会工作，2017（5）.

[6] 匡亚林. 社会福利引论——福利体制模式的类型化考察 [J]. 国家行政学院学报，2018（3）.

[7] 郑春荣，郑启南. 新世纪以来德国民众福利态度的变化及其影响因素分析 [J].

公共行政评论，2018（3）.

［8］王远．资本主义福利国家的危机与重建［J］．国外理论动态，2017（8）.

欧美国家福利理论对中国社会福利发展的意义

# 第十三章 军人社会保障制度



## 学习要点

通过本章的学习，掌握军人保障的基本内容及其制度框架，理解军人保障的内涵和特征，熟悉军人保障的基本项目类别，了解军人保障基金与军人保障基本项目之间的关系，把握军人保障制度的特殊性，明确军人保障在整个社会保障体系中的独特意义。

案例引入

**案例一**　　**军人配偶随军未就业可以参加社会保险吗？**

李先生是一名现役军人，其配偶王女士为非军人。经李先生所在部队批准，2014年，王女士随军但未就业，此前亦未参加过社会保险。那么，现在王女士可以在随军未就业期间参加社会保险吗？

要点分析：针对上述问题，国务院办公厅、中央军委办公厅为解除军人后顾之忧，激励军人安心服役，于2003年12月25日联合颁布了《中国人民解放军军人配偶随军未就业期间社会保险暂行办法》，于2004年1月1日正式施行。该办法明确规定，国家建立中国人民解放军（含中国人民武装警察部队）军人配偶随军未就业期间基本生活补贴制度和养老、医疗保险个人账户，并给予个人账户补贴。因此，随军配偶在未就业期间可以依法办理社会保险，享受社会保险待遇。

**案例二**　　**革命伤残军人的抚恤金是如何发放的？**

章明的父亲章华曾在战场受伤，被评定为特等革命伤残军人，退伍后被安排在某市低压电器一厂工作，并领取某区民政局发放的伤残抚恤金。章华因病去世后，该区民政局一直发放伤残抚恤金至年底（发放了全年）。章明现在大学求学，因没有生活来源，在章华病故后，多次向民政局提出要求享受病故军人家属定期抚恤金待遇。民政局书面答复章明，予以拒绝。章明提起诉讼，要求民政局履行法定职责，给其享受病故军人家属的定期抚恤金待遇。请问章明的要求是否合理？

要点分析：根据《军人抚恤优待条例》第十八条和民政部关于颁发《关于贯彻执行〈军人抚恤优待条例〉若干具体问题的解释》的通知第十四条的规定，革命伤残军人因病死亡的，除发给当月应领的伤残抚恤金外，另由民政部门增发6个月的定期抚恤金作为丧葬补助费，同时注销定期抚恤金领取证。因为上诉人的父亲属于退出现役后参加工作，属于领取伤残抚恤金的对象，根据民政部《关于贯彻执行〈军人抚恤优待条例〉若干具体问题的解释》的规定，章华去世后，其子女不能享受国家发放定期抚恤金的待遇。由此可见，章明申请享受定期抚恤金待遇不予批准的答复，并无不当。

## 第一节　军人保障的概念及特点

### 一、军人保障的概念

军人社会保障是国家社会保障体系中重要的组成部分，国际上比较通用的解释为国家和社会根据相关的法律法规规定，通过国民收入的再分配，对军人及其家属的基本权益进行全面保障的一种经济福利制度。军人社会保障的实施目的是维持军人一定的生活标准，保障军人的合法权益，提高军人在社会中的地位，增强军人的安全感和幸福感，稳定军心，进而保证社会的稳定和国家的稳定。这一概念包括以下几方面要点：

1.保障对象是军人及其家属

军人职业的特殊性使军人及其家属承担着与一般社会成员不同的风险。我国大部分军人的工作环境是非常艰苦的，他们甘于奉献，不求回报，但这给军人家属的随迁、调动和就业安置等活动带来诸多问题，因此把军人家属也纳入军人保障的范围是很有必要的。在法律规定中，目前军人保障的具体对象包括以下几类人员：现役军人及武警官兵；革命伤残军人；复员退伍军人；军人家属，也就是现役军人、武警官兵、复员退伍军人、革命烈士、因公牺牲军人和病故军人的家属，包括其父母、配偶、子女以及依靠军人生活的18周岁以下的弟妹、军人自幼曾依靠其抚养长大现在必须依靠军人生活的其他人员，亦可参照国家《军人抚恤优待条例》享受有关抚恤待遇。

2.保障主体是政府、军队和社会

对军人实施社会保障是国家的一种当然义务，必须通过立法对军人保障做出正式的、规范的制度安排，充分协调好政府、社会、军队等多方利益相关者，使军人保障的诸多项目在既定的轨道上运作。由于军人职业的特殊性，本人在履行职责时的付出和损失要大大高于从事一般职业的社会公民，因此有必要适当提高其保障待遇水平。军人职业的特殊性决定了政府在分担军人职业风险时应该担负主要责任，国家财政拨款是军人社会保障资金的主要来源；军队也要利用国防费用的再分配，依照军事法规对军人实施生活保障；社会提供保障资金主要是通过社会团体或公民个人自觉或自发地对军人及其家属给予援助，具有非规范性、民间性，是政府和军队保障的一种补充形式。

3.保障出发点是分担军人的职业风险

保卫国防和国家安全是军人的最高职责。军人具有劳动强度大、规范性和约束性强以及牺牲系数相对较高等特点，在从事军事活动时，面临着程度较高的职业风险和职业连带风险。军人的职业风险表现在履行职责时受到伤害、伤残、死亡等，可能导致其暂时或永久丧失劳动能力。同时，军人及其家庭也面临着军人的职业连带风险，军人退伍、失业、伤残或失去劳动能力等都会影响军人及其家庭的基本生活。建立军人保障制度可以有效地分担军人的职业风险和职业连带风险，这也是军人保障区别于其他社会保障的根本标志。

4.保障目标是维护军人的基本生活

虽说军人职业的特殊性可以使其享受的保障待遇水平相对高于一般社会成员，但社会保障的基本宗旨是保障社会成员基本生活的需要，同样军人社会保障水平也不能超越社会生产力发展的水平。建立军人保障制度，基本目标就是解决当军人暂时或永久失去劳动能力后的生活问题，由国家出面以立法形式保障军人在失去劳动能力或伤残、年老、退役后失业等不能维持最基本生活时，以给予保障资金的方式提供一定的经济补偿，目的是保障军人及其供养的家属基本生活不受影响。维护军人基本生活的保障目标是建立军人保障制度的根本目的，也是对军人保障水平的正确定位。

## 二、军人保障的特点

作为一项既相互独立又与其他社会保障制度相联系的一个子系统，军人保障具有自身的一些显著特征。

1.保障对象的特定性

军人保障以军人为保障对象，并惠及其主要家庭成员，它的保障对象是一个有别于一般社会保障对象的特殊保障群体。他们是为社会做出特殊贡献、受人尊敬、具有光荣身份的社会成员，因此这是一种有着严格职业身份限定的特殊保障制度。

2.保障目标的双重性

其他社会保障制度的目标是保证社会成员的基本生活并促进社会经济的稳定与发展，而军人保障制度的目标不仅是为了维持军人及其家庭的基本生活，更是为了稳定军心、巩固国防和稳定社会的双重目的。稳定军心、巩固国防是其直接目标，也是稳定社会的重要基础，这是其他社会保障子系统所不具备的。

3.保障内容的全面性

军人保障不像其他社会保障子系统那样，仅承担社会保障对象某一方面的生活保障项目，而是包括了保险、救助、福利等相关内容，承担着对军人提供全面保障的责任。例如，伤残、死亡抚恤制度与退休制度及军人保险就与一般社会保险的内容基本一致，军人精神病院、康复机构、光荣院、休养所以及义务兵邮资免费等实质上与社会福利性质一致，社区对军烈家属的某些援助就属于社会救助的性质，军人还实行免费医疗制度等。所以，军人保障是一个以特殊群体对象为划分标志的综合保障子系统。

4.保障待遇的优厚性

军人保障水平通常要高于一般社会成员的保障标准，这是由军人及其家属为国家和社会做出了较大贡献和牺牲所决定的。军事劳动是一种高强度、高风险、高奉献的社会劳动，往往是在艰苦地区、恶劣环境、特殊岗位上默默工作，甚至付出生命。在战时承担着牺牲生命的风险，在和平建设时期为完成急、难、险、重等任务也需付出很大的代价，因此他们应该得到较好的生活保障。在同等条件下，军人的生活应适当高于当地、当时居民的平均生活水平；保障标准也应该在一般成员的水平之上，这是由军人的特殊劳动和对社会做出的特殊贡献决定的，也是对军人合法权益的一种尊重。

5.保障功能的激励性

军人保障对于提高军队的吸引力、凝聚力、战斗力具有很强的激励作用，国家通过法定的军人保障，激励军人为国家无私奉献。同时军人保障也有利于解除军人的后顾之忧，使广大官兵安心在部队建功立业，也有利于将社会上的优秀青年吸引到军队中去，以适应军队现代化建设的需要。

6.保障管理的独立性

军人保障有相对独立的管理体制，是实行国家、社会、群众相结合以及军队和地方分工负责的管理体系，从中央到地方直至基层均设有专门的管理机构和比较完善的服务网络。军队政治部门主管少数军队离退休干部的养老、供养工作，民政部主管全国军人优待、抚恤、军人干部退休养老工作，中央军委相关部门负责现役军人福利待遇政策的制定工作。因此，现行军人保障体制是一种自成体系的管理系统。

## 第二节 国外的军人保障实践

很多国家，尤其是发达国家都已经建立了比较完善的军人社会保障体系。深入研究发达国家军人社会保障的经验，有助于我国军人社会保障制度的进一步改革和完善。本节主要从军人社会保障的几个方面来介绍国外军人社会保障的实践经验。

### 一、相关法律法规

在美国，有关军人社会地位和社会保障的法律法规非常齐全，构成了一整套完备的体系，包括1916年颁布的《国防法》、1944年颁布的《老兵权益法》、1951年颁布的《预备役法》、1958年颁布的《国防教育法》、1983年颁布的《退役军人紧急职业训练法》以及1984年接连出台的《蒙哥马利法》、《退役军人优先法》和《双重补偿法》，1991年颁布的《国防授权法》等。这些法律法规涵盖了美国军人从招募、任职、晋升到退役退休的各项权利，甚至还包括退役后的就业优先权，裁员时退役军人拥有保留工作的权利等。

俄罗斯有关军人社会保障的立法虽然不如美国完备翔实，但是也拥有专门针对军人社会保障的《军人地位与社会保障法》，其作为法律而非法规的地位就保证了俄罗斯的军人社会保障有法可依、有法可循。同时配套的还有专门的《2001—2005年军人和退役军人社会保障国家纲要》《曾服役和曾在内务机关服务的人员及其家属养老金保障法》《老战士法》《在国外、紧急状态和武装冲突地区服役军人补充保障法》等法律法规，有力地促进和监督了其军人社会保障制度的建设。

德国政府十分重视联邦军人的社会保障问题。在德国，规定军人社会保障的法律和财经问题的基本文件有《联邦德国宪法》，专门的《军人地位法》《军人服役期间保留其原有工作岗位法》以及规定德国军人薪金的《国家公务员报酬法》和《军人薪金法》等。

### 二、军人福利

美国的军人福利包括官兵福利、文职人员福利以及退役人员福利等几种。福利待遇包括生活补贴、伙食补贴、住房补贴、特殊津贴等。其中，生活补贴包括浮动住房补贴、交通费、差旅补贴、海外驻扎补助、家庭分居补助等30多项补贴。同时，美国的官兵还享受免费医疗、军内超级市场和军人服务社廉价购物、军人俱乐部免费娱乐、休假期间优惠搭乘交通工具等福利待遇。军人的物质生活和精神生活都得到了较高水平的保障。

俄罗斯军人福利在普京总统上台之后进行了一系列改革，其福利比叶利钦时期有了非常大的提升。现在，俄罗斯军人及其家属可以在任何军队医院接受免费的医疗，若当地没有军队医院，地方医院应无条件免费收治军人病人。同时，俄罗斯军人还拥有很优厚的住房保障。10年以上军龄的合同制军人可以无偿获得一块可继承的土地。军龄10~25年的自购（建）房的军人，国家给予75%~100%的无偿资金援助。同时，普京总统还要求大幅提高军人薪金。经过不断努力，从2010年起，俄罗斯军官收入超过公务员工资的60%～100%。

法国军人福利包括各种补贴、津贴、补助金和奖金。补贴和津贴主要依据军衔、家庭情况、服役地区以及职业类别等来确定。奖金包括月职业奖金、自愿服役鼓励金等。补助金主要指家庭补助金，只要是家里有一个小孩、领取特别累进工资的合同制军人，都可以领取非常丰厚的家庭补助金。法国军人的住房主要由国防部行政管理局的住房处负责，对于租房以及自己拥有住房的军人，每月都会发放市政公用建设使用费补助金，同时当地的社会保障机关也会提供租金优惠。

## 三、军人保险

美国的军人社会保险是其军人社会保障计划的重要组成部分。美国的军人保险项目繁多，覆盖面非常广泛，主要以人寿保险为主体，兼有其他战争风险保险、伤残保险、结算保险、教育捐赠保险、退保金额保险等。美国军人的人寿保险金额一般为50万美元，普通民众投保50万美元的人寿保险每月需要缴费140美元，但军人只需要缴纳不到普通民众20%的保险费，其余部分由国家和军队共同负担。

俄罗斯的军人保险是由国家拨款为每个军人设立的强制性人身保险。如果军人因公牺牲或者在服役期间因为受伤、患病而退役，可以分别领取相当于120个月或者60个月的工资的保险赔偿金。同时，俄罗斯的军人还可以根据自己的意愿选择其他保险险种，同样具有一定幅度的优惠。

法国的军人保险列入法国国家社会保险计划，由政府统一经办。法国还设立了专门负责军人保险工作的机构，保证所有军人都参加全国性的社会保险。法国的军人保险主要包括疾病、养老、伤残以及死亡四大类，军人个人缴费比例仅为7.85%。如果军人因公牺牲，其配偶或家人终身每月可领取527欧元的保险金。

## 四、军人优抚

在俄罗斯，服役期间牺牲的军人，其没有劳动能力的每个家庭成员都可以领取该军人薪金30%～40%的抚恤金。牺牲军人的家庭将享受部分免税待遇，包括自然人财产税、土地税以及私人交通工具税等。同时，该家庭还可以继续享受住房、煤气、水电等方面的优惠待遇。牺牲的军人家属除可以领取120个月工资额的人身保险赔偿金外，还可以得到国家25个月工资额的抚恤金。伤残军人除抚恤金外，还可以根据伤残等级享受5～75个月工资不等的补助金。

英、美等国也分别根据伤残等级确定了各自的抚恤金发放标准。可以确定的是，拥有了发放的抚恤金以及可以获得的保险赔偿金，伤残军人及其家庭都可以保证享受较高的生活水平。

## 五、军人退役和离退休安置

美国政府专设了“退伍军人事务部”，其在全国有57个办事机构，主要负责退役军人及其家属、遗属的安置管理工作。美国规定优秀的退伍军人可以优先获得文职工作，有重要贡献的军人在应聘政府工作时可以优先录用。同时，美国为退伍军人提供教育援助，包括提供免费的职业技能培训以及提供助学金帮助退伍军人进入高等院校学习。军人退伍后其家人可以享受到“军人家庭支援中心”的服务与帮助，包括提供子女入学、就业、医疗等方面的信息和帮助。

英国为做好退伍军人的再就业培训，专门组建了隶属教育部的国家干部培训学院，为退伍军人提供教育帮助。同时，英国还有一些如“退役军人就业安置协会”的社会组织参与帮助安置退役军人，这些社会组织会为退役军人提供就业培训以及一定的就业机会。

德国按照服役年限的不同在军人退役后每年发放相当于服役期间薪金的35%~75%，而且每年还会有2%左右的上调。同时，退役军官去世后，其遗属可领取退役军官原退役金60%的定期生活补助。在退役前一年内，德国军人可以在专设的职业培训机构进行职业培训，培训期间脱产带薪，待遇不变。很多企业都因为德军的铁血纪律等原因，争相招聘退役军人。德国退役军人很多都进入了大型企业工作。

## 第三节 我国的军人保障现状

我国现行的军人社会保障制度，是在长期的社会主义革命和建设的历史实践中形成的，它综合了国家社会保障主要子系统的基本内涵，构建了对军人及家属保障责任的项目体系，主要由军人保险、军人福利、军人优抚、军人退役和离退休安置等方面组成。

### 一、军人保险

2012年4月27日，中华人民共和国第十一届全国人民代表大会常务委员会第二十六次会议通过了《中华人民共和国军人保险法》，明确国家建立军人保险制度，于2012年7月1日起正式施行。

（一）军人保险的内涵及特征

1.军人保险的内涵

军人保险是指通过国家立法，设立专项保障基金，在军人遇到死亡、伤残、疾病、年老等风险，永久或暂时失去劳动能力时，以及因军人职业连带风险影响军人家庭生活时，给予军人及家属成员一定经济补偿的保险制度。作为军人保障体系的重要组成部分，军人保险具有分担风险、经济补偿、权益保障和促进社会稳定等重要作用。

为了更好地维护军人权益，减轻军人的后顾之忧，2015年8月中央军委批准《关于推进商业保险服务军队建设的指导意见》，从国家层面对商业保险服务军队建设做出制度安排，国家鼓励商业保险进军营，军人及其家庭成员参加商业保险免税。该指导意见的颁发，贯彻落实了党中央关于推动军民融合深度发展的战略部署，填补了国家政策空白，能够充分发挥商业保险对增强军事职业吸引力和军人使命感、荣誉感的重要作用，有利于更好地凝聚实现强军目标的军心士气。

2.军人保险的特征

（1）强制性。建立军人保险制度是国家行为，每个现役军人都必须依法参加军人保险并享受相应的保险待遇。

（2）补偿性。军人职业风险高、牺牲大、奉献大，军人的所得远远小于自己的付出，尤其是近年来入伍的独生子女越来越多，一旦发生伤亡、病残等情况，将给其家庭带来巨大的损失，因此需要通过军人保险制度给予一定的经济补偿。

（3）激励性。军人保险制度类别的设置体现了军队和军人的职业特性，保险待遇有利于激励军人安心服役。

（4）衔接性。军人是一个特殊的职业群体，大多数军人最终会退出现役，回到地方，因此军人保险制度在政策安排上注重军地相关保险制度的衔接。

（二）军人保险的主要类别

1.伤亡保险

军人伤亡保险是指国家通过法律规定，设立军人伤亡保险基金，对因战、因公死亡或者致残的现役军人，以及因病致残的义务兵给予一定经济补偿的军人保险制度。军人伤亡保险主要是针对军人职业的高风险性、高牺牲性而建立的，目的是加大国家和社会对伤亡军人及其家属的保障力度。军人伤亡保险是军队特有的保险项目，建立军人伤亡保险充分体现了军人的职业特点。军人伤亡保险所需资金由国家承担，个人不缴纳保险费。

享受军人伤亡保险待遇有以下两种情形：第一，军人因战、因公死亡的，按照认定的死亡性质和相应的保险金标准，给付军人死亡保险金。第二，军人因战、因公、因病致残的，按照评定的残疾等级和相应的保险金标准，给付军人残疾保险金。但是，若军人因故意犯罪、醉酒、吸毒、自残或者自杀和军事法规规定的其他情形死亡或者致残的，不享受军人伤亡保险待遇。已经评定残疾等级的因战、因公致残的军人退出现役参加工作后旧伤复发的，依法享受相应的工伤待遇。

2.退役养老保险

军人退役养老保险是指国家和军队依法设立退役养老保险基金，使军人在达到退休年龄后，从政府和社会得到一定的经济补偿、物质帮助和服务，以及在军人退役到地方后，能够享受国家规定的养老保险待遇的军人保险制度。这也是国家养老保险制度的重要内容。

退役养老保险管理有以下几种情形：第一，军人入伍前已经参加基本养老保险的，由地方社会保险经办机构和军队后勤（联勤）机关财务部门办理基本养老保险关系转移接续手续；第二，军人退出现役后参加职工基本养老保险的，由军队后勤（联勤）机关财务部门将军人退役养老保险关系和相应资金转入地方社会保险经办机构，地方社会保险经办机构办理相应的转移接续手续；第三，军人退出现役后参加新型农村社会养老保险或者城镇居民社会养老保险的，按照国家有关规定办理转移接续手续；第四，军人退出现役到公务员岗位或者参照公务员法管理的工作人员岗位的，以及现役军官、文职干部退出现役自主择业的，其养老保险办法按照国家有关规定执行。军人服现役年限与入伍前和退出现役后参加职工基本养老保险的缴费年限合并计算。

3.退役医疗保险

国家实行军人退役医疗保险制度，是指国家依法设立军人退役医疗保险基金，为军人建立退役医疗保险个人账户，对军人退出现役后的医疗费用给予一定补助的军人保险制度。参加军人退役医疗保险的军官、文职干部和士官应当缴纳军人退役医疗保险费，国家按照个人缴纳的军人退役医疗保险费的同等数额给予补助。义务兵和供给制学员不缴纳军人退役医疗保险费，国家按照规定的标准给予军人退役医疗保险补助。军人退役医疗保险个人缴费标准和国家补助标准，由中国人民解放军总后勤部会同国务院有关部门，按照国家规定的缴费比例、军人工资水平等因素确定。

退役医疗保险管理有以下几种情形：第一，军人入伍前已经参加基本医疗保险的，由地方社会保险经办机构和军队后勤（联勤）机关财务部门办理基本医疗保险关系转移接续手续；第二，军人退出现役后参加职工基本医疗保险的，由军队后勤（联勤）机关财务部门将军人退役医疗保险关系和相应资金转入地方社会保险经办机构，地方社会保险经办机构办理相应的转移接续手续；第三，军人退出现役后参加新型农村合作医疗或者城镇居民基本医疗保险的，按照国家有关规定办理。军人服现役年限视同职工基本医疗保险缴费年限，与入伍前和退出现役后参加职工基本医疗保险的缴费年限合并计算。

4.随军未就业的军人配偶保险

国家为随军未就业的军人配偶建立养老保险、医疗保险等相关政策，随军未就业的军人配偶参加保险，应当缴纳养老保险费和医疗保险费，国家给予相应的补助。随军未就业的军人配偶保险个人缴费标准和国家补助标准，按照国家有关规定执行。

随军未就业的军人配偶保险主要有以下几种情形：第一，随军未就业的军人配偶随军前已经参加社会保险的，由地方社会保险经办机构和军队后勤（联勤）机关财务部门办理保险关系转移接续手续；第二，随军未就业的军人配偶实现就业或者军人退出现役时，由军队后勤（联勤）机关财务部门将其养老保险、医疗保险关系和相应资金转入地方社会保险经办机构，地方社会保险经办机构办理相应的转移接续手续；第三，随军未就业的军人配偶达到国家规定的退休年龄时，按照国家有关规定确定退休地，由军队后勤（联勤）机关财务部门将其养老保险关系和相应资金转入退休地社会保险经办机构，享受相应的基本养老保险待遇。军人配偶在随军未就业期间的养老保险、医疗保险缴费年限与其在地方参加职工基本养老保险、职工基本医疗保险的缴费年限合并计算。此外，地方人民政府和有关部门应当为随军未就业的军人配偶提供就业指导、培训等方面的服务。

军人保险制度应当体现军人职业特点，与社会保险制度相衔接，与经济社会发展水平相适应。国家根据社会保险制度的发展，适时补充完善军人保险制度。

（三）军人保险与其他社会保险的关系

1.军人保险与其他社会保险的联系

军人保险与其他社会保险一起构成我国完备的社会保险体系。军人保险与其他社会保险子项目（养老保险、医疗保险等）的共同点在于举办的主体和实施的目的一样。举办的主体都是国家，目的都是解除社会成员的后顾之忧，提供相应的经济补偿。

2.军人保险与其他社会保险的区别

军人保险与其他社会保险子项目（养老保险、医疗保险等）在保障对象、保障程度上有明显不同。首先，对象不同。军人保险的对象是特定身份的军人及其直系亲属；其他社会保险的对象是特定身份的劳动者，也包括其供养的直系亲属。其次，保障水平不同。军人保险的保障待遇水平虽不能满足军人各方面的需要，但保障程度要高于社会平均保障水平，而其他社会保险则是以维持劳动者的基本生活需要为标准。

总之，军人保险制度是适应面向劳动者的社会保险制度的改革和满足军人对养老、医疗保障等需求而建立的。军人保险制度的建立能够促进军人部分保障项目走向规范化，并更好地维护军人的保障权益。

## 二、军人福利和军人救助

(一) 军人福利

军人福利是社会保障体系的组成部分，也是社会福利和军队福利工作的一项重要内容。

1.军人福利的含义

军人福利是国家、社会组织与军队为提高军人社会地位和物质待遇水平而提供的各种福利项目和福利设施，给予军人基本工资以外的各种补贴津贴、免费或减费的消费品或服务。其中，补贴津贴是对军人特殊劳动和特殊生活条件给予的补偿，津贴与军人劳动的绩效、劳苦、责任等直接相关，补贴则与军人生活条件、困难直接相关。免费或减费的消费品或服务，主要包括带薪休假、医疗住房优惠、交通优惠、家属随军生活补贴等内容。

2.军人福利的功能

军人福利主要包含三方面的功能。

(1) 保障功能。军人由于职业的特殊性，其个人和家庭都会出现不同形式的问题，有些是身体方面的，有些是精神方面的，有些是物质方面的。这些特殊需求的出现具有一定的随机性，很难以工资形式予以固定金额定期保障，这就需要在情况出现时，以量化为货币的福利费形式支付给军人，以充分保障其特殊需求。

(2) 激励功能。首先，军人福利是军人工资外的一种额外保障，通过针对个人的福利费补助，可以克服军人的特殊困难，让军人能够安心工作岗位，积极奉献。而且部分项目可以对军人的职业风险进行弥补，对机会成本进行承认和鼓励，突出军人的特殊贡献，提高军人的社会地位感，增强军人的工作积极性。其次，军人共同的福利费开支可以完善军人工作和学习的设施设备，改善军人生活的物质条件，对军人文化和业务素质的提高具有很大的推动作用。

(3) 调节功能。首先是整体调节功能。军人福利保障可以调节国家、军队和军人之间的利益关系。通过调节福利费规模，保证福利费增长与国家经济发展水平相适应，随着军队任务变化而变化，进而达到补偿军人和激励军人的目的，最终形成三者之间的协调统一。其次是调节军事劳动力配置问题。通过不同种类的福利费补助，给予特殊岗位、特殊任务的军人以特殊照顾，进一步引导军事人力流向，达到军事劳动力配置的均衡。而且可以从整体上将社会优秀人力资源吸引到部队中，补充部队的新鲜血液，推动部队的快速发展。

3.军人福利的项目

我国军人福利体系主要由社会补贴、职业福利、住房福利和其他军人福利事业等众多项目组成。

（1）社会补贴。该项目主要包括国家和地方政府对军粮供应、军服生产等的财政补贴。

（2）职业福利。该项目针对现役军人，主要包括各种生活福利待遇、集体福利设施和军人休假等。

（3）住房福利。该项目针对现役军官，包括建立住房公积金制度，或采取高房租、高补贴办法，使现役军官享受住房的高福利待遇。

（4）其他军人福利事业。该项目主要面向残疾军人、退伍军人和患有精神病的老年军人，为他们提供保健康复服务、收养服务、生活和护理服务等，如建立休养所、开办敬老院等形式。

（二）军人救助

1.军人救助的含义

军人救助是指国家、社会和军队向低收入军人家庭和遇到困难的军人家庭所给予的一种经济帮助和照顾。它是随机的，是救济或扶助部分，以回应个别成员及其家庭在生活和工作等方面的意外和特殊需要。

军人救助的主体主要是政府和社会。地方政府与社区应成为主要的责任主体，中央政府主要是制定相应的政策和法规，为地方政府落实保障提供依据。若遇到财力紧张或困难，也可通过中央财政的转移支付手段给予财力支持。军队也承担相应的保障职责，保障重点是对军人家庭因贫困或灾害等带来的生活困难给予一定补助。

2.军人救助的特征

军人救助制度既有一般社会救助制度的共性，也有其自身显著的特点，主要表现为以下两个方面：

（1）保障对象的特殊性。一般社会救助制度是一种面向全体社会成员的政策安排，不像其他社会保障制度那样有特定的条件限制，追求的是一种公平待遇，也不存在权利与义务的对象关系。任何人只要符合社会救助条件就可以享受这项制度所提供的相应保障。但军人救助制度的保障对象是有条件限制的，如对随军配偶提供的生活困难补助，只有经过批准随军并没有安排工作的干部配偶，才能享受这种待遇。

（2）保障水平的优厚性。一般社会救助制度保障的是陷入生存困境并最为迫切需要国家与社会救助的社会成员，其救助水平通常是整个社会保障系统中最低层次的，仅仅以维持社会成员最低生活需要为标准。但从军人救助的对象来分析，他们除了能够享受政府与社会提供的一般救助外，还同时可以享受军队对他们的适度生活保障，从而使军人的整体救助水平要相对高于一般社会成员的水平。这种安排体现了国家和社会对军人家庭生活的照顾，有利于军人安心服役，是保证国家和社会稳定的安全阀。

3.军人救助的发展目标

我国军人救助的发展目标是要逐步建立起与社会主义市场经济相适应，与国家社会保障机制改革相衔接，具有相对独立的管理体系、比较完善的运行机制、多渠道的资金来源、全方位的服务功能，实行统一政策、统一制度、统一标准、统一管理的军人救助制度。该制度要确立具体的、规范的救助项目，使救助的内容不断趋于稳定化，按照统一规定的条件和范围实施救助，确保制度运行的规范化、程序化，逐步减少贫困，从而满足需要救助的军人家庭的要求。

军人救助制度目标的实现必须遵循公平原则、无偿救助原则、与社会经济协调发展原则，采取分级负责制和官民相结合的办法。分级负责制有利于明确中央与地方各级政府的军人救助责任，使军人救助事业沿着良性态势发展，官民相结合需要充分调动全社会的积极性，大力发展包括慈善事业基金在内的各种公益性社会救助组织。

## 三、军人抚恤优待

军人抚恤优待是军人保障制度的重要组成部分，包括军人抚恤和军人优待两个方面。

（一）军人抚恤优待的含义

军人抚恤优待是国家以法定的形式，通过政府行为，以国家财政投入为主要资金来源，对那些保卫国家安全和维护国家利益做出牺牲和贡献的军人及其家属所实行的各种优待和抚恤的一种军人保障制度。这一含义可以从以下几方面理解：

1.军人抚恤优待的对象

中国人民解放军现役军人、服现役或者退出现役的残疾军人以及复员军人、退伍军人、烈士遗属、病故军人遗属、现役军人家属是抚恤优待对象。

2.军人抚恤优待的主体

抚恤优待军人是国家和社会的当然责任。政府有义务和责任解除军人的后顾之忧，保障他们及其家属的基本生活，以此激励军人保卫祖国、维护国家安全。国务院民政部门主管全国的军人抚恤优待工作；县级以上地方人民政府民政部门主管本行政区域内的军人抚恤优待工作。国家机关、社会团体、企业事业单位应当依法履行各自的军人抚恤优待责任和义务。

3.军人抚恤优待的水平

相对于其他保障对象而言，优抚对象对国家和社会的贡献和牺牲比较大，因此国家对他们所实施的保障标准比较高，保证其生活水平不低于一般保障对象的平均水平。

4.军人抚恤优待的方式

军人抚恤优待实行国家和社会相结合的方针，保障军人的抚恤优待与国民经济和社会发展相适应。全社会应当关怀、尊重抚恤优待对象，开展各种形式的拥军优属活动。国家鼓励社会组织和个人对军人抚恤优待事业提供捐助。

（二）军人抚恤优待的内容

国家和社会应当重视和加强军人的抚恤优待工作，落实抚恤优待政策和保障水平。军人抚恤优待的主要内容包括以下几个方面：

1.死亡抚恤

死亡抚恤是国家对因战、因公和因病死亡军人的家属提供一定的抚恤金，以保障他们基本生活的一种军人保障制度。死亡抚恤是军人抚恤优待保障中最基本的内容。

（1）死亡抚恤的对象。现役军人死亡被批准为烈士、被确认为因公牺牲或者病故的，其遗属按规定享受抚恤。

现役军人被批准为烈士的情况有：对敌作战死亡，或者对敌作战负伤在医疗终结前因伤死亡的；因执行任务遭敌人或者犯罪分子杀害，或者被俘、被捕后不屈遭敌人杀害或者被折磨致死的；为抢救和保护国家财产、人民生命财产或者执行反恐怖任务和处置突发事件死亡的；因执行军事演习、战备航行飞行、空降和导弹发射训练、试航试飞任务以及参加武器装备科研试验死亡的；在执行外交任务或者国际派遣的对外援助、维持国际和平任务中牺牲的；现役军人在执行对敌作战、边海防执勤或者抢险救灾任务中失踪，经法定程序宣告死亡的，按照烈士对待。

现役军人死亡被确认为因公牺牲的情况有：在执行任务中或者在上下班途中，由于意外事件死亡的；被认定为因战、因公致残后因旧伤复发死亡的；因患职业病死亡的；在执行任务中或者在工作岗位上因病猝然死亡，或者因医疗事故死亡的；现役军人在执行对敌作战、边海防执勤或者抢险救灾以外的其他任务中失踪，经法定程序宣告死亡的，按照因公牺牲对待。

（2）死亡抚恤的形式与待遇。根据抚恤的内容和性质的不同，死亡抚恤金分为一次性给付和定期给付两种形式。

一次性给付是具有褒扬和社会补偿性质的社会津贴。一次性抚恤金的发放范围是革命烈士、因公牺牲和病故军人的家属。抚恤金的发放标准是：革命烈士按牺牲时80个月的工资计发；因公牺牲的，按牺牲时40个月的工资计发；因病死亡的，按病故时20个月的工资计发。义务兵和月工资低于军队正排职军官工资标准的，都按军队正排职军官工资标准发给其家属一次性抚恤金。立功和获得荣誉称号的现役军人死亡后，一次性抚恤金分别按下列比例增发：被中华人民共和国主席或者中央军事委员会授予荣誉称号的，增发35%；被军区（方面军）授予荣誉称号的，增发30%；立一等功的，增发25%；立二等功的，增发15%；立三等功的，增发5%。对于多次获得荣誉称号或多次立功的，以其获得的最高荣誉称号或最高立功等级增发一次性抚恤金。对于虽在服役期间荣立功勋，但在退出现役后死亡的，不再增发一次性抚恤金。

定期抚恤金是带有救助性质的国家补助，具体对象包括父母、抚养人、配偶无劳动能力和生活收入的，或虽有一定生活收入，但不足以维持当地一般群众生活水平的；子女未满18周岁，或虽满18周岁因读书或伤残而无生活来源的；弟妹未满18周岁，且必须是依靠军人生前供养的。为了保障享受定期抚恤金人员的基本生活，定期抚恤金也随着物价和生活水平的提高而不断调整。对符合享受定期抚恤金条件的遗属，由县级人民政府的民政部门发给“定期抚恤金领取证”。

2.残疾抚恤

残疾抚恤是国家和社会对那些因保卫和建设祖国而负伤的革命伤残军人采取的具有生活保障性质的抚慰形式。

（1）残疾抚恤的对象。现役军人残疾被认定为因战致残、因公致残或者因病致残的，均享受残疾抚恤待遇。

残疾抚恤的类别主要包括在服役期间因战、因公致残退出现役的军人，在服役期间因病评定了残疾等级退出现役的残疾军人；因战、因公负伤时为行政编制的人民警察；因战、因公负伤时为公务员以及参照《中华人民共和国公务员法》管理的国家机关工作人员；因战、参加军事演习、军事训练和执行军事勤务致残的预备役人员、民兵、民工以及其他人员；为维护社会治安同违法犯罪分子进行斗争致残的人员；为抢救和保护国家财产、人民生命财产致残的人员；法律、行政法规规定应当由民政部门负责伤残抚恤的其他人员。

（2）伤残等级的评定。现役军人因战、因公致残，医疗终结后符合评定残疾等级条件的，应当评定残疾等级。

义务兵和初级士官因病致残符合评定残疾等级条件，本人（精神病患者由其利害关系人）提出申请的，也应当评定残疾等级。残疾的等级根据劳动功能障碍程度和生活自理障碍程度确定，由重到轻划分为一级至十级。残疾等级的具体评定标准由国务院民政部门、人力资源与社会保障部门、卫生部门会同军队有关部门规定。

因战、因公、因病致残性质的认定和残疾等级的评定权限也不同。对于义务兵和初级士官的残疾，现役军官、文职干部和中级以上士官的残疾，由军队军级以上单位卫生部门认定和评定；退出现役的军人和移交政府安置的军队离休、退休干部需要认定残疾性质和评定残疾等级的，由省级人民政府民政部门认定和评定。现役军人因战、因公致残，未及时评定残疾等级，退出现役后或者医疗终结满3年后，本人（精神病患者由其利害关系人）申请补办评定残疾等级，有档案记载或者有原始医疗证明的，可以评定残疾等级。现役军人被评定残疾等级后，在服现役期间或者退出现役后残疾情况发生严重恶化，原定残疾等级与残疾情况明显不符，本人（精神病患者由其利害关系人）申请调整残疾等级的，可以重新评定残疾等级。评定残疾等级，应当依据医疗卫生专家小组出具的残疾等级医学鉴定意见。残疾军人由认定残疾性质和评定残疾等级的机关发给“中华人民共和国残疾军人证”。

（3）残疾抚恤待遇。残疾军人的抚恤金标准应当参照全国职工平均工资水平确定。因战、因公致残，残疾等级被评定为一级至十级的，享受抚恤；因病致残，残疾等级被评定为一级至六级的，享受抚恤。残疾抚恤金的标准以及一级至十级残疾军人享受残疾抚恤金的具体办法，由国务院民政部门会同国务院财政部门规定。

因工作需要继续服现役的残疾军人，经军队军级以上单位批准，由所在部队按照规定发给残疾抚恤金。退出现役的残疾军人，按照残疾等级享受残疾抚恤金。残疾抚恤金由县级人民政府民政部门发给。县级以上地方人民政府对依靠残疾抚恤金生活仍有困难的残疾军人，可以增发残疾抚恤金或者采取其他方式予以补助，保障其生活不低于当地的平均生活水平。退出现役的一级至四级残疾军人，由国家供养终身。其中，对需要长年医疗或者独身一人不便分散安置的，经省级人民政府民政部门批准，可以集中供养。

（4）残疾军人遗属抚恤待遇。退出现役的因战、因公致残的残疾军人因旧伤复发死亡的，由县级人民政府民政部门按照因公牺牲军人的抚恤金标准发给其遗属一次性抚恤金，其遗属享受因公牺牲军人遗属抚恤待遇。退出现役的因战、因公、因病致残的残疾军人因病死亡的，对其遗属增发12个月的残疾抚恤金，作为丧葬补助费。其中，因战、因公致残的一级至四级残疾军人因病死亡的，其遗属享受病故军人遗属抚恤待遇。

3.军人优待

优待是国家和社会按照立法规定，对现役军人及家属提供保证一定生活水平和生活质量的资金和服务的军人保障项目。

（1）生活优待。义务兵服现役期间，其家庭由当地人民政府发给优待金或者给予其他优待，优待标准不低于当地平均生活水平。义务兵和初级士官入伍前是国家机关、社会团体、企业事业单位职工（含合同制人员）的，退出现役后允许复工复职，并享受不低于本单位同岗位（工种）、同工龄职工的各项待遇；服现役期间，其家属继续享受该单位职工家属的有关福利待遇。义务兵和初级士官入伍前的承包地（山、林）等，应当保留；服现役期间，除依照国家有关规定和承包合同的约定缴纳有关税费外，免除其他负担。义务兵从部队发出的平信，免费邮递。

（2）医疗待遇。国家对一级至六级残疾军人的医疗费用按照规定予以保障，由所在医疗保险统筹地区社会保险经办机构单独列账管理；七级至十级残疾军人旧伤复发的医疗费用，已经参加工伤保险的，由工伤保险基金支付，未参加工伤保险，有工作的由工作单位解决，没有工作的由当地县级以上地方人民政府负责解决；七级至十级残疾军人旧伤复发以外的医疗费用，未参加医疗保险且本人支付有困难的，由当地县级以上地方人民政府酌情给予补助；残疾军人、复员军人、带病回乡退伍军人以及因公牺牲军人遗属、病故军人遗属享受医疗优惠待遇，具体办法由省、自治区、直辖市人民政府规定；中央财政对抚恤优待对象人数较多的困难地区给予适当补助，用于帮助解决抚恤优待对象的医疗费用问题；在国家机关、社会团体、企事业单位工作的残疾军人，享受与所在单位工伤人员同等的生活福利和医疗待遇，所在单位不得因其残疾将其辞退、解聘或者解除劳动关系。

（3）交通及其他优待。现役军人凭有效证件、残疾军人凭“中华人民共和国残疾军人证”优先购票乘坐境内运行的火车、轮船、长途公共汽车以及民航班机；残疾军人享受减收正常票价50%的优待。现役军人凭有效证件乘坐市内公共汽车、电车和轨道交通工具享受优待，具体办法由有关城市人民政府规定。残疾军人凭“中华人民共和国残疾军人证”免费乘坐市内公共汽车、电车和轨道交通工具。现役军人、残疾军人凭有效证件参观游览公园、博物馆、名胜古迹享受优待，具体办法由公园、博物馆、名胜古迹管理单位所在地的县级以上地方人民政府规定。国家兴办优抚医院、光荣院，治疗或者集中供养孤老和生活不能自理的抚恤优待对象。另外，优待对象还享有优先批准参军、优先录取公务员、优先升学，以及有关税费减免等优待。

## 四、军人安置保障

军队承担的特殊使命需要军人保持旺盛的战斗力，军人不可能长期待在军营，“铁打的营盘流水的兵”就揭示了军人总是处于流动状态，大部分军人都有退出现役的时候，就需要对其进行安置。

（一）军人安置保障的含义与特点

1.军人安置保障的含义

军人安置保障是国家和社会依据立法规定，向退出现役的军人提供就业及其他安置所需的资金和服务，使之顺利重返并适应社会的一项军人保障制度。军人安置保障是国家因军人职业的特殊性，单独为军人提供的一项特殊安排制度，目的在于保障军人退出现役后的生活安全。

军人安置对象包括退伍义务兵、转业复员士官、复员干部以及伤病残士兵等。退役安置的内容主要有以下三个方面：一是就业介绍。这是退役安置最重要也是最关键的内容。二是教育和培训。提供教育优待和职业技能培训服务，是所有国家做好安置工作必不可少的重要手段。三是福利保障。一般包括政治待遇、退役（休）金、住房补助、医疗服务和基本生活待遇等内容。

2.军人安置保障的特点

（1）双重的从属性。退役安置应当服从国家经济建设与国防建设的需要，并使二者结合起来。所以，退役安置工作不仅是地方政府的任务，而且是国防建设的一部分，并通过国防的巩固来服务经济建设。

（2）范围的广泛性。退役安置因为是军人（包括伤病残军人）向社会普通公民的身份转化，必然涉及户籍、就业、上学、生产、生活和治病等诸多方面，必然涉及国家许多部门，而且军人的生活也联系着无数的家庭，这一特点决定了退役安置是政府的工作，需要各有关部门密切协作才能完成。

（3）政策的严肃性。退役安置政策牵动着军心、民心，直接关系到军心稳定及社会安宁。所以，安置政策的制定与执行，需要严肃认真，既要考虑国防建设，又要考虑国家的经济、社会发展情况，还要考虑退役军人的合法利益；同时，还应适应客观形势要求，积极稳妥地开拓创新。

（4）明显的时空性。退役安置有着较强的空间和时间效力。在国家制定的安置政策基础上，各地可以根据实际情况制订有关配套细则方案。在时间上，安置工作有非常强的时间性，年度工作阶段性明显，接收-安置，循环往复。

（二）军人安置保障的原则和形式

1.军人安置保障的原则

（1）“从哪里来，回哪里去”的原则。这是我国几十年退役安置工作的经验总结。1958年颁布的《关于处理义务兵退伍暂行规定》、1984年通过的《中华人民共和国兵役法》、1987年颁布的《退伍义务兵安置条例》，都明确规定退伍义务兵安置工作必须贯彻“从哪里来，回哪里去”的原则。可见，这不仅是我国安置工作从1958年以来一直遵循并行之有效的基本原则，而且是我国今后相当长一段时期里仍然要遵循的基本原则。

（2）妥善安置原则。军人退役后，在培养职业能力和改变生活方式方面，需要有一个过程。退役安置就是为完成这一过程创造必要的条件。为此，需要遵循妥善安置原则。这一原则要求与退役安置有关的各方面，包括军队、地方政府、机关团体企事业等接收单位，都要采取积极的态度妥善做好退伍安置工作，使退役军人尽快地实现就业，投入生产、生活，顺利地重返社会并适应社会生活。

（3）区别对待原则。根据不同退役性质区别对待。这一原则体现在具体工作中就是区别转业、退伍和复员等不同情况，采取不同的安置办法；根据在军队中的表现区别对待。为鼓励士兵献身国防，建功军营，对于在服现役期间立功受奖的退役士兵，安置时享受优待、优先和照顾是理所应当的。《中华人民共和国兵役法》和《退伍义务兵安置条例》等法规政策在这方面都有明确规定。退役士兵安置工作依据服役表现量化评分，确保服役时间长、贡献大的退役士兵得到优先安置，如农村义务兵荣获二等功以上奖励的，可以享受城镇退役士兵的安置政策。

2.军人安置保障的形式

军队士兵或干部退役后，转业到地方工作，是一项重要的军人保障制度。近年来，我国军人退役安置方式日趋多样化。

为了规范退役士兵安置工作，保障退役士兵的合法权益，国家建立以扶持就业为主，自主就业、安排工作、退休、供养等多种方式相结合的退役士兵安置制度，妥善安置退役士兵。退役士兵安置所需经费，由中央和地方各级人民政府共同负担。国家机关、社会团体、企业事业单位，都有接收安置退役士兵的义务，在招收录用工作人员或者聘用职工时，同等条件下应当优先招收录用退役士兵。退役士兵报考公务员、应聘事业单位职位的，在军队服现役经历视为基层工作经历。接收安置退役士兵的单位，按照国家规定享受优惠政策。

军队转业干部安置实行“计划分配”和“自主择业”相结合的双轨制。计划分配是工作和待遇“双落实”的安置办法。通过该方法安置的军转干部，由各地各级党委、政府负责安排相应工作和职务。自主择业是新的安置方法，以帮助就业为辅、待遇安排为主。通过该方法安置的军转干部，由政府协助就业，由安置地政府逐月发给退役金。目前，针对退役军官，除了少数人员直接退休，主要有两种出路：一是计划分配到机关或事业单位工作，大多限于中高级军官；二是军衔稍低且服役时间超过20年的团级或营级军官，可选择自主择业，每月可领取退役金。

而针对为数更多的退役士兵，除了执行传统的军人复员政策，中央政府还于2011年10月推出了退役军人“免费上大学”政策。2011年10月底，财政部、教育部等五部门出台《关于实施退役士兵教育资助政策的意见》，规定从2011年秋季学期开始，退役一年以上、考入全日制普通高等学校且属自主就业的退役士兵，可由中央财政给予最高不超过年人均6 000元的学费资助。

## 第四节 我国的军人保障改革

为吸引、鼓励军人安心部队，长期服役，世界各国大多通过制定比较完善的军人社会保障制度，提高军人的待遇，以此作为维系部队、鼓舞士气、调动积极性、激励军人献身国防的重要手段。目前，我国军人社会保障制度化建设还需进一步改革，无论是物质待遇还是精神激励，都应当朝着进一步公平合理的方向发展。

### 一、优化军人社会保障体系

（一）增设军人保险险种

现行的军人伤亡保险主要由国家财政支撑，个人承担少量缴费义务，因财力有限，保险赔付标准不高，保险范围不包括离退休人员和因疾病致残的军官、文职干部和士官，显然存在不合理因素。本书认为，可在保留军人伤亡保险、退役医疗保险制度的基础上，增设军人退役失业保险、女军人生育保险、特殊岗位保险等新险种。制定补充保险制度非常有必要，特别是在军人退役养老保险还未启动，商业保险还未涉及军队的情况下，如果能打破传统体制，将商业保险引入军队，将军人保险归之于社会，最大限度地分担军人群体的风险，也是一种值得研究和创新的可行办法。

（二）规范军人优抚制度

由于军人职业的特殊性，客观上难以避免会有一些伤、病、残人员。为了妥善安置伤、病、残人员，国家必须把立足点放在规范和统一社会优抚保障制度上。民政部门除提高抚恤标准外，还应根据我国经济发展水平，建立合理的抚恤标准增长机制，以法律形式明确伤残人员安置政策和安置渠道。对军人和军属，应从政策上给予一定的优待，要通过扶贫帮困、照顾有特殊困难的军烈属及伤残军人、开展节日慰问等多种拥军优属活动，调动群众参军、拥军的热情。

（三）实施多种军人退役安置途径

市场经济条件下就业形势日益严峻，在安置退役军人越来越困难的情况下，可根据本人自愿原则，结合当前军队和地方改革实际，可实行"多轨制"安置办法，即采取行政安置、自谋职业、发放退役金、发放退役补助金和退休安置等相结合的方法。鼓励符合自主择业条件的高学历、懂技术的军队干部凭借自己的能力，发挥技术优势找到合适的地方工作岗位。通过发放退役金，予以一定的经济补偿的办法安置部分军队二次就业干部，以减轻军队、地方的安置压力。

（四）实现军人福利货币化和社会化

目前我国军人福利水平与日益完善的市场相比，有许多不适应的地方。特别是随着国家福利政策由实物分配型向货币补偿型转换，也要求军人福利向规范化、货币化、社会化方向发展。因此，必须减少实物分配性福利的比例，可将原来对军官、士官的实物供应改为直接的货币化供应，将军人伙食费直接以货币形式发给个人；被装供给部分可以被装津贴和被装补助等方式发放；将住房补贴纳入工资范畴，提高军人工资的住房补贴含量，通过住房公积金、住房补贴和住房贷款等配套措施，提高军人购买商品房的支付能力等，逐步打破军队封闭式自成体系的福利保障格局，引入竞争机制，把军民通用性和社会性强、劳动资源丰富的服务项目推向社会，依托社会和市场提高军队福利保障的质量和水平。

## 二、推进军人社会保障法制化建设

军人社会保障制度的落实，需要有一整套法律规范为前提条件。由于我国至今没有将军人社会保障法作为一个独立的法律来进行研究和建设，致使军人社会保障法律法规不成体系。因此，迫切需要加强军人社会保障的法制建设和立法研究。

（一）健全和规范军人社会保障的法律体系

只有建立起了完备、规范的社会保障制度，才能规范社会保障机制。联系我军实际，由于原有的社会保障的相关法律规定零星分散、不成体系，在市场经济条件下落实起来困难重重。因此，立法应当成为我国军人社会保障体系构建的首要基础工作。首先，迫切需要以《宪法》和《国防法》为依据，起草一部《军人社会保障法》，规定军人社会保障的范围、管理体制和筹资方式、保障项目及待遇水平，明确国家、社会和军人本人应承担的责任和义务、军人应享受的权利及特殊待遇，规范军人社会保障法制建设的基本原则、方向以及目标。其次，以《军人社会保障法》为母法，制定出若干保证军人社会保险、军人福利、军人退役安置、社会优抚等政策顺利实施的专项配套的法规条例，如《军人社会保险条例》《军人福利条例》《军人退役条例》《军人社会保障监督条例》《军人保险赔偿条例》等，形成与《军人社会保障法》相配套的、完整的法律保障体系。

（二）健全和规范军人社会保障法律适用机构

我国军人社会保障主要由军队和地方共同承担，造成了管理主体的多元化。因此，国家、地方和军队应共同研究建立健全保护军人合法权益的机构。第一，在地方县以上法院成立专门保护军人合法权益的办事机构，协调处理军人社会保障中遇到的有关地方的涉法问题。第二，扩大军事法院的审判职能。现行的军事法院除受理军内刑事案件、部分军内经济纠纷案件外，对其他军内民事、行政纠纷案件没有管辖权。但现实生活中，军人社会保障又迫切需要通过军事行政诉讼来解决。因此，可在军事法院设立行政审判庭，受理军人社会保障遇到的各种尚未构成犯罪的问题。第三，发挥军队旅、团级单位的法律咨询站的作用。主要为军人在社会保障中遇到的一些疑难问题提供咨询服务，为军人处理涉法问题、保护自己合法权益当好参谋。

（三）加大执法力度

在加强立法建设的同时，还必须下大力气解决执法不严的问题，确保军人能够充分享有法律法规赋予的权利。尤其是各级政府和军队各级相关部门要自觉地加大执法力度，扎实地贯彻中央有关精神，落实国家关于军人优抚和退役安置等一系列制度；加强对执法人员的教育和训练，培养一支高素质、业务精、自觉执行法律和维护法律尊严的军人社会保障执法队伍，杜绝“知法犯法”“执法犯法”现象。

## 三、拓展军人社会保障筹资渠道

军人社会保障制度的实施，需要一定的财力作基础，建立稳定的军人社会保障资金筹集渠道，是构建军人社会保障筹资机制必须首先解决的问题。

（一）增加国家财政性基金

为提高军人的社会保障水平，国家必须加大经费的投入。根据发达国家经验，军人社会保障经费既要靠政府拨款，又要靠社会筹集。面对我国社会主义初级阶段的现实情况，国家应适当增加财政性基金投入，随着我国经济的发展和财政收入的增长，今后可逐渐加大向社会筹集的比例，也可通过国家宏观调控，进一步优化资源配置，调整出部分资金用于军人社会保障，以保证军人社会保障有充足的经费来源。

（二）征收军人社会保障基金和社会保障税

结合我国国情，借鉴地方和发达国家军人社会保障的有益做法，我国军人社会保障资金应该由国家、军队和军人三方共同负担比较理想，应该实行以国家财政拨款、军队自筹、个人缴纳为主体，社会捐助为补充的军人保障资金筹集方式。由国家和军队出资部分均属财政性基金，由个人承担部分保障基金和保障税部分是军人社会保障基金的新来源，也是征收的主要对象。但是，向军人征收社会保障税和费的额度一定要考虑他们的经济状况和家庭情况，相对控制在一个适度水平。由于我军一直实行的是低工资制，且军人收入水平又处于整个社会的平均层次之下，所以军人个人负担部分不宜过高，一般应略低于地方的征收标准，军人交纳社会保障税或费率，不应该超过总税或费率的一半。

（三）军人社会保障基金的积累运营

军人社会保障基金运营，是指军人保障基金管理机构将积累的军人保障基金部分地投入金融市场或不动产领域，来获取收益，以实现保障基金保值增值的活动。从我国金融市场和军人保险发展的实际情况出发，基金管理机构可将缴纳的保障费中扣除用于周转金和意外准备金以外的剩余积累资金用于中长期的投资。考虑到社会保障积累资金投放运营的安全性，依据国家和军队政策，将其存入银行或购买政府国债，以实现基金的积累运营和资金的保值增值，这部分收益可抵御通货膨胀的不利影响，有助于弥补军人社会保障基金的不足。

## 四、规范军人社会保障管理机制

科学高效的管理机制是建立与实施军人社会保障制度的组织保证。军人社会保障涉及面广，专业性、政策性强，保障基金安全要求高，为此，必须借鉴发达国家和我国社会保险体制改革的经验，遵循政事分离、集中统一的原则，建立起高效的军人社会保障管理机制。

（一）完善军人社会保障基金的职能机构

现行军人社会保障管理体制急需理顺，军队行政部门直接管理和经办军人保险，不仅造成了成本的上升，而且不能确保社会保障基金的安全、完整与高效，有可能出现挪用、滥用军人社会保障基金的问题。因此，必须统一军人社会保障管理体制，建立全军统一的管理机构负责制定军人保险政策、法规，并组织实施；军以下单位的军人保险工作可由本级财务部门负责。

（二）完善军人社会保障基金的监督制度

美、英、俄等国家军队设有专职监察部门，对军人社会保障的合法运作和军人待遇的执行情况进行监督，并且还利用出版物、广播和电视等媒体置军人福利待遇于媒体监督之下，减少产生灰色资金和福利待遇去向不明的机会。据此我军可以建立由政府和军队有关部门和军人代表参加的监督委员会，一方面加强对各保障项目落实情况和有关法规制度实施情况的监督，确保军人合法权益真正得到落实；另一方面尽快建立军人社会保障预算机制，加强对社会保障基金收支两条线的管理监督，委员会定期听取基金运营管理汇报，并有权委托审计部门对财务收支、资金运营情况进行定期审计，确保保障基金足额用于军人社会保障。

（三）建立军人社会保障基金的保值增值机制

在确保军人社会保障基金价值的前提下，采用投资方式使基金增值，是军人社会保障基金管理的一项内容。军人社会保障基金的保值增值，要通过各种投资活动来实现，必须遵循安全和收益的原则，国家和军队要建立合理的增长机制，避免出现军人社会保障水平的降低。国家在理顺国民经济发展与军人社会保障经费增长的关系的同时，应依据经济发展状况确定军人社会保障资金在财政支出中每年的递增比例，实行按比例拨款，建立和形成正常增长调整机制。军人社会保障基金管理机构要严格执行国家政策和军队的财务管理规定，在运营上可将基金用于购买国家债券或存入银行，利用利息实现增值，国家也可依据现实情况进行经济干预，对保障基金实行保值储蓄。

当前，我国军队必须抓住国家社会保障体制改革的有利时机，借鉴发达国家军队成功经验，结合我国国情和军情，不断加快军人社会保障的法制化、社会化、货币化进程。要加强立法研究，加紧制定《军人社会保障法》，并分步骤逐渐完善军人社会保障体系和法律体系。特别是完善军人社会保险制度，要在不断充实目前已实施的军人伤亡保险、退役医疗保险的基础上，尽快启动军人退役养老保险，增设军人退役失业保险、女军人生育保险、特殊保险和其他商业性保险等补充保险制度，填补商业保险没有涉及军队领域的空白，逐步形成基本保障与补充保障相结合的新体系。国家财政也要逐步提高对军人社会保障支出的比例，扩大军人社会保障的覆盖面，提高军人社会保障水平，逐渐完善与社会主义市场经济相适应、相配套的军人社会保障制度。

## 本章小结

军人保障是一种能够涵盖军人多种风险的综合性保障制度。它是从国家根本利益出发而制定的一项特殊社会政策，是国家社会保障体系的重要组成部分。其保障对象是军人及其家属，保障主体是政府、军队和社会，保障出发点是分担军人的职业风险，保障目标是维护军人的基本生活，保障项目直接关系广大军人的切身利益。作为既相互独立又与其他社会保障制度相联系的一个子系统，军人保障具有自身的一些显著特征，包括保障对象的特定性、保障目标的双重性、保障内容的全面性、保障待遇的优厚性、保障功能的激励性和保障管理的相对独立性等。军人保障是一个项目相当丰富的系统，包括军人保险、军人安置保障、军人抚恤优待、军人福利、军人救助等内容，每个项目都有特定的对象，每项待遇也有特定条件。军人保障项目不仅要适应社会经济发展变化，有效解除军人的后顾之忧，也要与其他社会保障子系统的改革与发展相互协调。

## 关键术语

军人保障（military security） 军人保险（military insurance） 抚恤优待（pension benefits） 死亡抚恤（death pension） 军人优待（military benefits） 军人福利（military welfare） 军人救助（military assistance） 军人安置（military placement）

## 复习思考题

1. 军人保障的含义和特征是什么？

2.军人保障的项目主要有哪些?

3.比较军人抚恤与工伤保险的异同。

4.怎么做好军人保险与其他社会保险的衔接?

5.作为一名在校大学生，你认为军人保障还需要关注哪些方面，从而更加有利于吸引大学生参军?

## 推荐阅读资料

中华人民共和国军人保险法（2012年4月27日第十一届全国人民代表大会常务委员会第二十六次会议通过，自2012年7月1日起施行）.

我国军人保险保障体系基本形成

退役士兵就业安置工作

# 第十四章 社会保障管理服务制度



## 学习要点

通过本章的学习，全面了解社会保障管理服务概念，掌握社会保障管理服务模式，认识我国社会保障管理服务现存问题和我国社会保障管理服务的承载状况，熟知世界主要国家社会保障管理服务模式及类型，认识和分析世界社会保障管理服务模式发展趋势。

案例引入

**社保经办服务体系的三项改革**

长期以来，由于历史条件和发展阶段等原因，社会保障制度“重政策、轻管理”和“重投入、轻服务”的现象一直存在。

目前，全国经办人员数量相对应的各个险种参保人次的人均负荷比一路攀升，从2000年的1∶2 757（即一个经办人员对应2 757参保人次），提高到2012年的1∶9 692。到2020年之前，即使按1∶9 692的负荷比来测算，全国经办系统也需要40万人。这已经是一个接近极限的负荷比，如果降到2009年的1∶6 359，全国经办机构就要超过55万人。

从“人均服务费用”来看，全国每个参保人平均只有8.88元。剔除经办人员工资这个刚性支出，人均服务费用就会降到4元，再剔除房屋水电等基本办公费用，剩下的费用还不够每年邮寄一封挂号信。并且各省之间很不平衡，有些地区标准更低，而且越往基层，人均服务费用越低，市、县两级预算内经费缺口达8%～14%。

从“经办人员经费支出”看，2012年全国经办系统的人员经费支出总计为80.36亿元。按17.2万的实有人数计算，年人均支出46 673元。越往基层，人员经费支出水平越低，办公条件越差，县（区）每月仅为3 189元，低于全国3 889元的平均水平，70%的经办人员平均收入低于全国城镇在岗职工的平均收入水平，而正是这个群体，他们站在社保经办的第一线。根据党的十八届三中全会提出的全面深化改革的总体要求，在借鉴国际经验的基础上，在2020年之前建议完成如下改革议程：

社保经办服务系统的人员编制应实行动态配比制。根据国际惯例的最高限和国内相关机构的研究成果，结合中国社保经办体系的服务质量现状和有关方面的承受能力，建议将全国范围的社保经办体系平均负荷比设定为1∶6 300。这样，全国经办系统的人员编制在52万～58万人。这个规模基本可以满足2020年社会保险全覆盖时的最低标准，确保服务质量不滑坡。国际比较的数据是：美国基本养老保险的负荷比大约为1∶3 000，俄罗斯为1∶800，荷兰是1∶1 622，奥地利是1∶808，智利是1∶1 457，乌拉圭是1∶2 968。

资料来源 郑秉文. 社保经办服务体系的三项改革议程［J］. 中国社会保障，2014（2）：16.

讨论：谈谈你对我国目前社会保障经办服务改革的认识。

## 第一节 社会保障管理服务概述

### 一、社会保障管理服务的概念

社会保障管理服务（social security administration）是指为了实现社会保障目标，由国家和政府成立专门的社会保障机构或基金会，组织专业人员，对各项社会保障事务进行计划、组织、协调、控制和监督的过程，最终满足居民对各项社会保障服务的需求。社会保障管理作为政府的一项基本社会管理职能，是政府提供公共服务和公共产品的社会事务和社会政策管理。

社会保障管理服务，又可称社保管理服务，是为确保社会保险、城乡居民养老保险、城镇居民基本医疗保险、新型农村合作医疗保险和城乡低保制度顺利运行，将经济补偿和保障服务顺利送达保障对象，所实行的所有公共管理和公共服务活动的总称。其有以下特征：

（1）有四大管理服务职能：一是传统的经办服务职能，即包括业务咨询、关系维护、资格核定、资金筹集、待遇审查、待遇给付等在内的业务管理；二是管理服务机构内部运行管理和行政管理，即人员、资金、运行管理；三是政策执行和政策解读管理，即对中央政府社会保障发展政策制定相应的执行政策和解释政策；四是信息管理，即参保者基本信息、保障关系、权益记录等信息的录入、维护、挖掘、开发功能。管理服务不包括政策制定、违法惩处和执法，但包含执行政策、解释政策和监管；不包括基金保值增值和营运管理，但包含基金收缴和发放的日常管理。

（2）管理服务相结合是管办分离基础上的职能整合。管办分离是指社会保障管理服务职能（即“办”）与社会保障立法、执法、司法、政策制定、基金营运管理职能（即“管”）分开；管理服务整合是将社会保障管理服务机构管理职能和服务职能融为一体，而不是将运行管理与业务管理割裂。管理服务一体化并不与管办分离矛盾，而是将传统的行政部门管理职能划归经办服务机构后形成的职能整合。

（3）社会保障管理服务既是“管理”，又是“服务”，但最终还是“服务”，管理是实现服务的一种形式。管理活动是为实现服务而实行的直接管理活动。与之相近的常用词汇有“社会保险管理服务”“社会保险经办管理服务”“社会保险经办服务”，相较而言社会保障管理服务包含了后面三个词汇，涵盖了部分行政管理、内部运行管理职能，以及经办服务机构和第三方服务机构为公众直接提供服务的过程。

## 二、社会保障管理服务主体

（一）管理服务机构类型

第一是决策机构（行政管理机构）。这一层次的社会保障管理机构往往由政府有关行政主管部门担任，与相关部门一起制定社会保障的有关法律、法规、政策，编制社会保障的发展规划、预算和决算计划，并对重大社会保障问题进行决策。同时，对其他社会保障管理机构进行指导和监督。

第二是具体业务实施机构（经办机构）。这一层次的社会保障管理机构通常根据不同的社会保障管理模式，可以由政府主管部门下属的事业部门或者独立的法人单位来担任。该机构执行政府主管部门制定的社会保障方针、政策，落实各项实施方案，具体负责社会保障基金的征收、核算和支付等工作。另外，该机构除了对社会保障决策机构负责以外，还要对社会保障基金运行机构的工作进行监督和指导。

第三是基金运行机构。这一层次的社会保障管理机构既可以由社会保障基金理事会担任，也可以由私营基金管理公司担任。它的主要职能是对社会保障基金中的积累资金进行统一运行，以便达到保值、增值，从而使得社会保障制度更好地发挥作用。基金运行机构在决策机构和具体业务实施机构的指导下开展工作，并接受它们的监督和检查。

第四是监督机构。这一层次的社会保障管理机构通常由政府领导下的社会保障监督委员会（监事会）或者由具有独立法人资格的监督机构来担任。它的主要职责是对上述三个机构的工作情况进行监督，重点是监督具体业务实施机构和基金运行机构对各项社会保障方针、政策、法律的执行情况，以及社会保障基金的征收、运行、支出和管理状况。监督机构的组成成员应该包括政府主管部门的负责人、各方面的专家和公众代表，并且监督机构具有一定的相对独立性，从而能够真正发挥其作用。

（二）管理服务机构的职能

社会保障经办管理机构的职能是指在社会保障管理事务中所承担的职责，这种职责随着社会、经济等因素的发展而不断发生变化。实施社会保障的最终目标是为广大公民提供社会保障服务，因此，社会保障经办管理机构的最基本职能就是如何更好地实现这种服务职能。而社会保障管理的信息化，使社会保障经办管理机构充分发挥这种服务职能成为可能。

社会保障经办管理机构的服务职能主要体现在社会保障经办管理机构之间的互动、与参保单位之间的互动以及与广大受保人之间的互动这三个方面。

第一，社会保障经办管理机构之间的互动，是指上、下级管理机构，不同地方管理机构以及与行政部门之间的事务活动关系。其主要内容包括社会保障法律、法规、政策系统，社会保障公文系统，社会保障行政管理系统，社会保障管理机构办公系统，社会保障工作人员培训和就业培训系统，以及社会保障业绩评价系统等事务的上传下行和下行上管等关系。

第二，社会保障经办管理机构与参保单位之间的互动，包括参保单位对社会保障经办管理机构的活动和社会保障经办管理机构对参保单位的活动这两个方面。参保单位对社会保障经办管理机构的活动主要是指参保单位根据规定向社会保障经办管理机构缴纳各种社会保障费（税）。社会保障经办管理机构对参保单位的活动主要是指社会保障经办管理机构向参保单位发布各种社会保障方针、政策、法规，以及向参保单位提供各种相关的咨询服务。

第三，社会保障经办管理机构与广大受保人之间的互动，包括社会保障经办管理机构对受保人的活动和受保人对社会保障经办管理机构的活动这两个方面。前者实际上是社会保障经办管理机构向广大受保人提供各种社会保障服务，其中为受保人提供各种信息服务是其主要内容。应该让广大受保人了解社会保障政策、规定，了解缴纳社会保障费（税）、领取社会保障待遇的具体手续和条件，以及社会保障主管部门的基本信息等。后者是指受保人个人向社会保障经办管理机构缴纳各种社会保障费（税），咨询和了解各种社会保障信息，具体包括就业信息、介绍及培训服务以及医疗服务和养老保险服务等。

## 三、社会保障管理服务模式

（一）政府集中管理模式

政府集中管理模式是把社会保险项目、社会救助项目、社会福利和其他社会保障项目全部统一在一个管理体系内，建立统一的社会保障管理机构，集中对社会保障各项目基金筹集、基金运营、待遇给付及监督等实施集中管理的方式。在实行统一管理模式的国家，一般从中央到地方都设立专门的社会保障行政管理机构和业务机构，配置专职的工作人员。

政府集中管理模式具有以下几个特征：①社会保障决策权统一集中在中央；②社会保障预算权统一集中在中央；③政府间的社会保障联系是一种直接的双重联系，即地方各级政府不仅要在横向上对同级政府负责，还要在纵向上服从中央政府的指令，同时地方社会保障收支规模与基本结构要由中央政府决定。

政府集中管理模式有明显的优点，主要体现在：①社会保障的统一规划、统一实施、统一监督，避免政出多门和多头管理所产生的诸多利益冲突，使社会保障功能更有效地发挥；②有利于社会保障各项目之间、社会保障运行机制各环节之间的协调和社会保障基金的集中管理，并在一定范围内调剂使用，形成规模效益，真正发挥社会保障的互济功能；③有利于社会保障管理和企业机构精兵简政，降低管理成本，控制管理费用；④对社会保障业务和基金的集中管理，有利于增强透明度，便于加强社会监督。

政府集中管理模式也有其局限性，主要体现在：①在某些情况下，社会保障项目的专业化管理要求与政府业务主管部门往往难以协调，进而影响实施效果；②以国家行政管理为主，受行政干预较多。日本、俄罗斯、意大利、希腊、捷克、泰国、印度等单部门管理的国家均实行政府集中管理模式。

（二）政府分散管理模式

分散管理模式是不同的社会保障项目由不同的政府部门管理，各自建立一套社会保障执行机构、资金运营机构及监督机构，各社会保障项目之间相互独立，资金不能相互融通使用。

政府分散管理模式具有以下特征：①各级政府及社会保障部门事权独立；②各级政府社会保障部门社会保障预算独立；③政府间的社会保障联系是间接的。政府将社会保障事务委托给社会保障经办机构管理，只对社会保障进行监督，并根据各类保障项目的财务状况进行必要的平衡。

政府分散管理模式具有明显的优点，主要体现在：①各管理机构具有较大的自主性，能根据自己所管理的社会保障项目特点制定详细、周全的管理法规，较灵活地适应社会保障发展的需要；②管理的独立性强，能根据客观实际，及时调整保障项目和内容，较灵活地适应社会生活的需要。

政府分散管理模式的局限性在于：①管理机构多，管理成本高；②因机构庞杂和相互独立导致工作的反复，给被保障人和保障机构管理增添许多难题。德国社会保障制度实行以政府直接管理为主，以自治性的协会管理为补充的管理体制，是一种典型的政府分散管理模式。

（三）自治性分散管理模式

自治性分散管理模式是指由政府指定若干中央政府部门负责监督，由自治性的各种全国性协会在法律规定范围内管理各项保障业务。在这种模式下，中央政府虽然制定有关社会保障事业的政策和方针，但都仅仅是指导性的，各地可以根据本地的实际情况制定具体的政策、法规等，地方享有较多的自治权，并在社会保障事务方面具有决策和决定的权力。

这种模式的优点在于可以照顾到各地的具体实际情况，采取的措施比较有针对性和可行性，往往也比较有效。

这种模式的缺点在于全国没有统一的社会保障制度，在各地公民之间会产生社会保障待遇支付等方面的不公平，而且也容易阻碍劳动力在全国范围内的正常流动。从一定意义上说，自治性分散管理模式是政府管理模式的一种，因为各国均存在一定程度上的政府管理，单纯意义上的社会保障自治管理的国家是不存在的。以法国为例，法国现代社会保障制度是以行业为单位，以保障为原则，实行各行业保障计划相对独立的分散管理模式。法国的社会保障制度分为普遍制度、农业保障制度、特殊保障制度和非工资收入者保障制度四大类。其管理模式，除了普遍制度实行的是合伙制以外，其余三种均实行互助制，法国的这四种保障制度由上千个具有私人性质的基金会支撑，它们按各自的性质，分别隶属于几十个全国性的基金会，这些基金会按其业务性质分别隶属于2～3个政府部门领导。

（四）集散结合管理模式

集散结合管理模式是指将社会保障共性较强的项目集中起来，实行统一管理，而将特殊性较强的项目单列，由统一的社会部门分散管理。根据社会保障项目的不同，把集中统一管理和分散自主管理有机地结合起来。其优势是既能体现社会保障社会化、一体化的要求，又能兼顾个别项目的特殊要求，有利于调动各方面的积极性，提高工作效率，降低管理成本，更好地促进社会经济发展。

可以认为，集散结合管理模式兼具政府集中管理模式和政府分散管理模式的优点。当然，这种模式的顺利实施需要较为有利的内部条件和外部环境。目前，美国和日本等国采用这种管理模式。

## 第二节　我国社会保障管理服务的发展变迁

### 一、管理服务社会化探索阶段

社会保障管理服务社会化最初是以适应市场化的用工制度，顺利剥离国有企业承担的社会职能，解决企业运行困难为出发点而建立的社会保险管理运行机制。社会保险的管理机构是中华总工会和全国各级工会，1978年国务院颁布《国务院关于安置老弱病残干部的暂行办法》和《国务院关于工人退休、退职的暂行办法》后，离退休工作走上正轨。1978年劳动总局恢复工作，次年设置保险福利司，地方参照中央设立对接部门，与工会系统共同构成了社会保障管理组织结构；1982年劳动人事部成立，负责统筹全国社会保险行政管理工作，经办服务工作仍在企业；1986年首次提出建立独立于企业的社会保险行政管理机构，全国各地相继成立社会保险经办管理机构；1987年《关于设立各级退休费用统筹管理委员会的通知》，明确了各级退休费用的管理办事机构是劳动人事部门；1988年劳动人事部一分为二，社会保险行政管理机构相应变为两套，社会保险管理服务划归劳动部，机关事业单位保险划归人事部；1989年中央统一命名经办管理机构为社会保险事业管理局，统管社会保险经办服务，该时期为社会保险社会化管理奠定了组织基础并提供了经费支持，虽到1989年退休职工的管理服务仍由企业提供，但已开始了“逐步向社会化管理过渡”的历程。

## 二、全面社会化管理服务阶段

管办分离的管理体制、统一规范的经办管理、社会保险信息化建设成为本阶段社会保障社会化管理的主要特征。20世纪80年代开始劳动行政部门主管企业职工社会保险，下属事业单位负责经办服务，这在1991年《国务院关于企业职工养老保险制度改革的决定》中得到确认，并于1993年、1994年和1996年多次重申；经过1992—1998年多次组织机构重组和分工后，自此形成了从中央到地方劳动人社保障行政管理部门实施行政管理，下属事业单位负责经办管理的管理体制和组织体系。1997年劳动部颁布《社会保险业务管理程序》，统一了社会保险基金管理和业务流程；1999年《社会保险费征缴暂行条例》《社会保险登记管理暂行办法》《社会保险费申报缴纳管理暂行办法》颁布，为社会保险业务统一提供了政策依据；2000年《关于印发城镇职工基本医疗保险业务管理规定的通知》发布，经办服务业务进入了真正的统一规范时代。

1989年我国启动了社会保险信息建设规划，1997年开发了“劳动和社会保险统计管理信息系统”（SMIS），1998年各地相继建立信息管理中心，利用磁卡记录社会保障信息，但即便如此，地区间的信息系统建设标准各异，信息整合和交互应用仍然困难重重。

## 三、提升管理服务能力阶段

随着社会保险制度的全覆盖，服务人数不断增长，在“管理上移，服务下沉”的基本思想指导下，社会保险管理服务基层平台、管理服务标准化、信息化建设和便携性成为服务能力提升的重点。2003年劳保部社会保险事业管理中心发布《关于搞好街道社区劳动报账平台建设的通知》，开启了社保管理服务基层平台建设工作。2010年人保部提出基层平台建设的两阶段目标：第一阶段是2010—2012年，在全国街道、乡镇和社区、行政村建立劳动就业社会保障公共服务平台和网络，促进公共就业、社会保障、劳动关系协调、劳动争议调解和劳动保障监察；第二阶段是2013—2015年，全面推行社保一卡通，基本实现基层劳动就业社会保障公共服务的规范化、专业化、信息化、网络化，城乡居民可就近享受社保公共服务。自2009年开始，国家先后出台了《城镇职工基本养老保险关系转移接续暂行办法》（2009）、《流动就业人员基本医疗保障关系转移接续暂行办法》（2009）、《关于开展城镇企业职工基本养老保险关系转移接续系统建设和应用工作的通知》（2010）、《关于在部分地区先行启用基本医疗保险关系转移接续系统工作的通知》（2011）、《关于军人退役养老保险关系转移接续有关问题的通知》（2012）等文件，进一步理清了社会保险关系转续渠道。

### 四、城乡统筹、公平持续的管理服务阶段

自“十二五”规划将社会保障列为基本公共服务以来，城乡统筹、“公平、可持续、共享”成为社保管理服务发展目标。党的十六大关于“增强公平性、适应流动性、保证可持续性”的社会保障发展思路，党的十八大关于“健全社会保障经办管理体制，建立更加便民快捷的服务体系”，就指明了经办服务和服务管理的改革方向；而十八届三中全会要求“建立更加公平可持续的社会保障制度”“实现城乡居民在制度上的公平和公共资源上的共享”，则进一步明确了社会保障“公平、可持续、共享”的管理服务目标；“十三五”规划要求在“全覆盖”基础上，理清权责，高效运行，建立更加公平、更加持续的社会保障制度。为此，国家近年来一直以城乡医疗养老保险为突破口，整合城乡保险制度，缩小城乡差距，通过提升农村社会保障管理服务能力，进一步提升社会保障制度的公平性和可持续性。2003年、2007年国家实施新型农村合作医疗制度和城镇居民医疗保险制度，隶属卫生部管理，2015年发布《国务院关于整合城乡居民基本医疗保险制度的意见》，2016年起医保逐步划归人社部管理；2009年国家推广新型农村养老保险制度，2011年城镇居民养老保险制度铺开，2014年建立城乡居民基本养老保险制度，由人社部统管；2012年养老保险并轨提上日程，2015年双轨制正式启动结束流程，并轨后机关事业单位保险纳入人社部管理。

## 第三节　社会保障管理服务模式的发展趋势

不同于我国社会保障管理服务运行，国外社会保障管理体系基本是独立运行体系，管理机构与经办机构是统一的，按照主体来分可以分为政府直接主导管理的“统一”管理模式，政府监管、社会自治的“自治式”管理模式，以及私人机构运营的“公司制”管理模式三种。其中统一经办模式以美国、日本、韩国为代表；自治式的经办模式以法国、德国、荷兰、葡萄牙等欧洲国家为代表；公司制则以智利、秘鲁、墨西哥、乌拉圭、哥斯达黎加等拉美国家为代表。

由于政治、经济、文化、历史背景和民族传统等的不同，各国社会保障经办管理体制和社会保障经办机构的设置存在很大差异。按照集中程度来分，可以分为集中管理模式，即将社会保险及其他社会福利项目、保障项目统一在一个管理体系内，统一管理服务机构，集中运营社保基金；分散管理模式，即不同社保项目由不同部门管理，相对封闭地建立管理服务机构、管理服务制度和基金运营规则；集散结合的管理模式，即结合集中管理和分散管理的各自特点，将同质性强的社保项目集中管理，将特殊项目分散管理的方式。其中英国、新加坡为集中管理模式的代表，德国为分散管理的代表，美国、日本和我国都属于集散结合的管理模式。

统一式、自治式和公司制经办服务模式比较见表14-1。

在过去的20多年中，全球养老金有74个国家提高了缴费率，50个国家提高了退休年龄，63个国家调低了养老金福利待遇，发展和变化是养老保险恒定不变的主题。同样，统一式、自治式和公司制三种经办服务模式也处于不断发展变迁之中，在全球老龄

表14-1　　统一式、自治式和公司制经办服务模式比较

<table>
<tr><th>经办模式</th><th>国家</th><th colspan="2">管理模式</th><th>管理对象</th><th>经费来源</th><th>人员编制</th><th>机构性质</th></tr>
<tr><td rowspan="3">统一式</td><td>美</td><td rowspan="3">集中管理</td><td rowspan="3">垂直管理</td><td>老遗残保险</td><td>老遗残信托基金</td><td>政府雇员</td><td>政府机构</td></tr>
<tr><td>日</td><td>公共年金</td><td>政府拨付</td><td>私人雇员</td><td rowspan="2">公共机构</td></tr>
<tr><td>韩</td><td>国民年金</td><td>国民年金</td><td>非政府雇员</td></tr>
<tr><td rowspan="3">自治式</td><td>德</td><td rowspan="3">分散管理</td><td rowspan="3">垂直管理</td><td>社会保险项目</td><td rowspan="3">社会保险基金</td><td rowspan="3">私人雇员</td><td>公法法人</td></tr>
<tr><td>法</td><td>不同制度下的保障项目</td><td>私法法人</td></tr>
<tr><td>荷兰</td><td>社会保险项目</td><td>法人机构</td></tr>
<tr><td>公司制</td><td>拉美国家</td><td>分散管理</td><td>垂直管理</td><td>养老金</td><td>养老基金</td><td>私人雇员</td><td>法人机构</td></tr>
<tr><td>公司制转变为统一式</td><td>玻利维亚、阿根廷</td><td>集中管理</td><td>垂直管理</td><td>养老金</td><td>—</td><td>—</td><td>—</td></tr>
</table>

资料来源　郑秉文. 中国养老金发展报告（2013）——社保经办服务体系改革［M］. 北京：经济管理出版社，2013（12）：158-184.

化、经济衰退的大背景下，任何模式下的经办管理服务都有相同的变化方向：一是降低成本、追求绩效。美国通过业务驱动集成经办服务系统，不断优化经办业务流程，降低服务成本，提高管理绩效；日本的经办服务机构从政府社会保险厅到日本年金机构和日本健康保险协会，经办服务人员从政府雇员到非政府雇员，人力考核从年功序列到能力和业务，都追求压缩成本，提高效率。各国尽量控制经办服务经费，荷兰实行浮动费率制，也是为了追求更低的成本和更高的绩效。二是业务集中、权力集中。拉美养老金经办管理在市场竞争的基础上逐步集中。1992—1993年，墨西哥基金管理公司有22家，经过不断的兼并，公司数量基本稳定在6家，市场竞争驱使经办业务向竞争能力强的公司集中；2013年，洪都拉斯、玻利维亚、萨尔瓦多和巴拿马基金管理公司数量都在3家以内，墨西哥、智利管理公司数量较多，分别是12家和6家。同样，作为统一式管理典范的美国，社会保险经办服务管理权力不断向上集中，信息管理权、项目决策权、业务监管权、人员管理权都在联邦政府手中，州政府只能掌握残疾鉴定权力；2016年NSC和NCC合并后，信息管理权限再次向上集中。三是市场力量不断深入。不论是统一式还是公司制，经办服务都感受到了市场强大的力量。美国OASDI将非核心业务委托给商业机构，日本年金机构直接将部分业务外包，荷兰的经办服务聘用临时人员和信息技术业务外包，都是市场不断深入的证据；而完全在市场基础上运作的公司制经办服务更是如此，拉美国家养老基金管理公司佣金制度、销售人员、利润来源等均是市场作用的结果。四是信息化的应用。新型的沟通方式和电信技术的应用为经办服务提供了丰富的渠道，用户可以通过网站、下载APP、电话、邮件、电子邮件等方式咨询，极大地降低了双方的经办服务成本。2015年第一季度智利养老金服务咨询业务比上一季度增长了10%，其中电话咨询增长最快，达到12%，其次是Presencial渠道和网络，各占比

约为5%，而邮政渠道下降了21%。

## 一、统一经办模式发展趋势

统一经办模式都采用集中垂直管理，管理对象基本都为国民基本社会保险项目，经办服务机构运行费用源于管理保险项目基金。美国社会保障总署是政府机构，其行政长官由总统任命、参议院批准；美国社会保险经办服务机构人员为联邦政府雇员，在社会保障总署的分支机构和办事处工作，还存在一定数量的州政府雇员从事残疾鉴定工作。而日、韩两国则不同，两国经办服务机构属于非政府公共机构，日本经办服务人员属于私人雇员，韩国经办服务人员则属于政府雇员。日本年金机构负责公共年金的经办服务，健康保险协会向中小企业雇员提供健康保险经办服务。虽然通过人事制度改革，日本将原有政府雇员制度变为雇佣制度，将公务员式的年功序列考评制度转变为以能力、工作业绩为指标的绩效管理体制，但经办服务机构的运行经费源于政府统一拨付。同时，日本经办服务机构还将通知和申请、电话咨询、缴费征收等经办业务部分外包，以提高经办效率、提升服务质量。韩国国民年金公司受健康、福利和家庭事务部委托承担全国国民年金的业务经办，它并不是政府机构，而是独立的公共法人机构，但其雇员是政府雇员，董事长由总统任命。国民年金公司的主要职能是管理和保存参保人参保记录、保费征缴、待遇确定和待遇支付、鼓励改善计划、向参保者贷款及其他事项。

即便是各国经办服务发展目标相似，但不同管理模式下的经办服务体系改革的侧重点有所不同。以美国为代表的统一式经办服务体系，着重缩减服务机构规模，增加基层业务机构的承载能力。从机构服务个数来看，美国SSA外派办事机构在不断缩减，州办事处从54个缩减为52个，服务机构个数从2008年的1 298个缩减到2013年的1 245个，年均缩减率约为0.8%；但向参保者直接递送服务的基层经办机构社会保障卡中心数量却在上升，从2008年的8个上升到了2013年的14个，公众需求是SSA组织变迁的动力，服务下沉是美国经办服务机构改革的一大方向。公众需要的是更加便捷和直接的服务，而不光是机构与机构之间的规制和约束。

## 二、自治经办模式发展趋势

自治式的经办服务机构以分散垂直管理为主。经办服务机构享有高度的自治权，财务独立、运行独立；通过契约的方式与政府实现合作，政府部门监督，经办服务机构负责办理；经办成本均来源于基金。机构是与政府和工会、雇主和雇员、社会和国家之间力量均衡的结果，经办服务机构数量相对较多，能够形成一定程度上的竞争。其中，德国按照保障的内容划分经办机构，如养老保险经办机构、医疗保险经办机构、失业保险经办机构等。德国的社会保险经办机构并不永久存在，存在兼并和重组现象，在竞争下，经办效率低、经办服务差的机构会被率先淘汰。法国则按照社会保险制度划分经办服务机构，不同的制度覆盖的人群不同，因而经办服务机构的服务对象也有所差异。经办管理机构采用董事会管理方式，董事会成员由雇主、雇员和政府代表组成；运行经费由社会保险机构中央管理局统一拨付，但最终源于各项社会保险基金。荷兰社保银行是独立于政府之外的法人机构，受社会事务与就业部监督；内部实行董事会管理，董事会成员源于政府、雇主和雇员三方。尤为特别的是，荷兰社保银行运行费由保险项目共同分担，在不同的参保人数和工作量的情况下，管理运行经费提取的数额是不同的。

自治式的经办服务模式以增强政府监管力度、强化政府权力和对经办服务机构的约束力为侧重。荷兰社会保障事务部的行政主管部门是社会事务和就业部；SVB受劳动和收入中心以及市政府当局的联合监管，但真正负责的部门是社会部所属的劳动和收入调查局。监管部门虽然不直接参与SVB的运作，但政府方是SVB董事会成员的重要一方，承担着政府显性权力彰显的功能；同时政府方还可以通过影响咨询委员会成员的立场，使得SVB朝着对政府有利，或者按照政府意志方向前进；根据对现实的判断，政府通过正式法规要求SVB进行整顿和变革。如2011年3月15日荷兰卫生部、福利和体育部、保健研究所联合颁布《无健康保险调查法》，要求SVB建立长期护理和追踪管理工作机制，纠正SVB长期无视无保险人群的做法；2014年多部委联合行动，要求SVB参加虚假参保和不公平竞争排查活动，在联合各机构的基础上，适时审核社会保险参保信息，确保企业和个人的公平竞争环境。虽然不能像政府直属的管理机构那样便利，但自治式的经办服务体系也不可能完全超越政府允准的范围，并且政府力量有进一步加强的趋势。

## 三、公司制经办模式发展趋势

公司制经办模式建立在个人账户完全积累制下，政府负责监管，基金管理公司履行征收缴费、间隔账户、投资管理、待遇发放等职能。公司治理模式下的社会保险经办机构面对严峻的市场竞争，不断有基金管理公司在优胜劣汰的规则下被兼并和淘汰，经办服务市场保持着动态平衡。拉美国家公司制的经办服务机构经费主要源于各自运营业务，固定佣金和可变佣金是经费的主要源头。可变佣金有三种来源：一是从缴费中提取的佣金，为工资的百分比，收缴养老金越多则佣金越多；二是从管理的资产中提取；三是从缴费和资产两个途径提取。值得注意的是，公司制的经办服务机构为吸引更多的资金进入，会存在很多非业务经办人员，如大量的销售者，推高了经办服务管理成本，这并不会提高经办服务质量，而仅仅是经办服务机构生存和经营的手段。因此，并不是每个拉美国家政府都完全放开经办服务机构竞争。玻利维亚的养老金公司是政府控制下的寡头垄断公司，2010年后的65号法令取消了公司制的经办管理形式，将社会保障基金管理重归国有。阿根廷早在2008年也采取了同样的做法，社会保险经办服务回归国有可能是拉美地区经办服务未来的发展趋势。

公司制模式的经办服务机构正逐步回归统一式的国家管理。2008年金融危机给拉美公司制的养老基金管理带来了巨大的冲击，市场化运作下的养老基金大幅缩水，部分国家迫于形势不得不将养老金再次国有化。2008年12月阿根廷实施26425号法令，取消了个人账户制度，将基金公司管理的养老金收归国有；2010年12月10日玻利维亚实施65号法令，取消基金管理公司，成立一个社会保障基金的政府管理机构（GSS），相应地，公司制的社会保险经办服务也不复存在。即便是智利、墨西哥、秘鲁等国家的公司制经办管理模式持续运行，政府也更多地对其提出了约束和要求。2013年10月乌拉圭向议会提交法案，修订社会保障制度，提出养老金管理新规，降低管理人员佣金提取比例，根据AFPA成员的数量和工作配额，将基金自动分配给市场中佣金更低的基金管理经理运营。政府要求AFPA改进服务流程和服务内容，更多地关爱成员，而不是单纯地追求效益。除去阿根廷和玻利维亚等回归统一式管理模式的社会保障制度外，降低管理佣金和费用，多支柱的保险体系和谨慎支出公共养老金是公司制不得不选择的改革方向。

## 本章小结

社会保障管理服务是指为了实现社会保障目标，由国家和政府成立专门的社会保障机构或基金会，组织专业人员，对各项社会保障事务进行计划、组织、协调、控制和监督的过程，最终满足居民对各项社会保障服务的需求。社会保障管理作为政府的一项基本社会管理职能，是由政府提供公共服务和公共产品的社会事务和社会政策管理。社会保障管理按照集中程度分有四种：政府集中管理模式、政府分散管理模式、自治性管理模式和集散结合管理模式；按照管理主体来分，可以分为政府统一管理模式、分散自治管理模式和私营公司制管理模式。我国社会保障管理服务大趋势是回归到中央集中垂直管理模式中来，但在目前情况下仍面临以下困难：中央实际控制力偏弱、社会和市场参与力量薄弱、管理体制不统一、管理服务机构负荷压力大。政府统一管理模式、分散自治管理模式和私营公司制管理模式在各自调整过程中呈现出相同的特点：降低成本、追求绩效；业务集中、权力集中；市场力量不断深入。

## 关键术语

社会保障管理服务（social security management service）　社会保障管理模式（social security management model）　社会保障管理体制（social security management system）　经办管理（handling management）　垂直管理（vertical management）　分散管理（decentralized management）

## 复习思考题

1.什么叫社会保障管理服务？有何特征？
2.社会保障管理服务有哪几种模式？
3.我国社会保障管理服务发展演变经历了哪些阶段？
4.简述我国社会保障管理服务存在的现实问题及破解策略。
5.简述世界社会保障管理服务模式的发展趋势。

## 推荐阅读资料

[1] 周云飞，龚忆莼，沈敏祺. 从标准化试点到标准化示范 [J]. 中国社会保障，

2016（2）.

［2］苏东辉. 提高社会保障经办机构管理服务能力问题的探讨［J］. 劳动保障世界，2018（23）.

［3］孟昭喜，唐霁松. 社会保险标准化工作指南［M］. 北京：中国劳动社会保障出版社，2012.

**加快健全社保经办服务标准化体系**

# 主要参考文献

［1］杨立雄．社会救助研究［M］．北京：经济日报出版社，2018.

［2］许琳．社会保障学［M］．3版．北京：清华大学出版社，2018.

［3］钱燕娜．中国特色军人社会保障制度措施完善研究［J］．东方教育，2017（21）.

［4］李珍．社会保障理论［M］．4版．北京：中国劳动社会保障出版社，2017.

［5］高和荣．走过一甲子：中国社会保障制度的反思及愿景［J］．社会政策研究，2017（2）.

［6］李芳凡，杨超柏．试论生育保险与医疗保险的合并［J］．卫生经济研究，2017（5）.

［7］戴睿琦，罗娟．生育保险和基本医疗保险合并实施的可行性分析［J］．上海工程技术大学学报，2017（12）.

［8］卢纯佶，程琳敏．对生育保险与基本医疗保险合并实施的思考［J］．中国劳动，2017（3）.

［9］赵曼．社会保障［M］．北京：科学出版社，2017.

［10］International Labour Organization. World Social Protection Report 2017-19［EB/OL］．［2018-11-29］．http：//www.ilo.int/wcmsp5/groups/public/---dgreports/---dcomm/---publ/documents/publication/wcms_604882.pdf.

［11］周建文．失有所助：失业保险［M］．北京：中国民主法制出版社，2016.

［12］温海红．社会保障学［M］．2版．北京：对外经济贸易大学出版社，2016.

［13］尹蔚民．中国社会保障的主要成就和基本经验［J］．中国社会保障，2016（12）.

［14］秦立建．社会保障学——理论·制度·实践［M］．北京：高等教育出版社，2016.

［15］郑功成．中国社会保障："十二五"回顾与"十三五"展望［J］．社会政策研究，2016（1）.

［16］张琪．社会保障学［M］．北京：高等教育出版社，2016.

[17] ISSA. ISSA Guidelines Prevention of Occupational Risks Extended Edition. 2016

[18] 秦莉. 中国适度普惠型社会福利体系的构建研究 [M]. 上海：上海交通大学出版社，2016.

[19] 杨翠迎. 社会保障学 [M]. 上海：复旦大学出版社，2015.

[20] 王治坤. 中国社会救助发展报告（2013）[M]. 北京：中国社会出版社，2015.

[21] 黄慧珍. 当代中国社会救助权问题研究 [M]. 北京：中央编译出版社，2015.

[22] 汤秀丽. 我国社会福利改革与研究 [M]. 北京：中国水利水电出版社，2015.

[23] 张开云. 社会保障学导论 [M]. 2版. 北京：科学出版社，2015.

[24] 沈水根. 中国城镇职工失业保险问题研究 [M]. 北京：中国书籍出版社，2015.

[25] 潘锦棠. 社会保障学 [M]. 2版. 大连：东北财经大学出版社，2015.

[26] 赵曼. 社会保障学 [M]. 2版. 北京：高等教育出版社，2014.

[27] 李玲. 新医改的进展和展望 [J]. 2014年春季CMRC中国经济观察，2014（4）.

[28] 胡晓义. 加快建成覆盖城乡居民的社会保障体系 [J]. 中国人口科学，2014（1）.

[29] 何文炯，杨一心，王璐莎. 中国生育保障制度改革研究 [J]. 浙江大学学报：人文社会科学版，2014（7）.

[30] 穆怀中. 社会保障国际比较 [M]. 3版. 北京：中国劳动社会保障出版社，2014.

[31] 孟昭喜，傅志明. 中国社会保险管理服务发展报告（1978—2013）[M]. 北京：中国劳动社会保障出版社，2014.

[32] 邹小钢. 中国社会保障创新与发展（上）[M]. 北京：经济日报出版社，2014.

[33] 郑功成. 社会保障研究 [M]. 北京：中国劳动社会保障出版社，2013.

[34] 钱宁. 现代社会福利思想 [M]. 2版. 北京：高等教育出版社，2013.

[35] International Labour Organization. Strengthening the Role of Employment Injury Schemes to Help Prevent Occupational Accidents and Diseases [EB/OL]. [2018-12-28]. http://ilo.ch/wcmsp5/groups/public/---ed_protect/---protrav/---safework/documents/publication/wcms_214022.pdf.

[36] 郑秉文. 中国养老金发展报告2013——社保经办服务体系改革 [M]. 北京：经济管理出版社，2013.

[37] 叶响裙. 论我国社会保障管理体制的改革与完善 [J]. 中国行政管理，2013（8）.

[38] 宋士云，吕磊. 中国社会保障管理体制变迁研究：1949—2010 [J]. 贵州财经学院学报，2012（2）.

[39] 陈元刚. 社会保障学教程 [M]. 重庆：重庆大学出版社，2012.

[40] 孙光德，董克用. 社会保障概论 [M]. 北京：中国人民大学出版社，2012.

[41] 李广宇. 军人社会保障的国际经验及对我国的启示 [J]. 上海保险，2012（9）.

[42] ILO. XIX World Congress on Safety and Health at Work - Introductory Report: Global Trends and Challenges in Occupational Safety and Health [R]. 2011-09-12.

[43] 郑功成. 中国社会保障改革与发展战略：医疗保障卷 [M]. 北京：人民出版社，2011.

[44] 李元春. 国外失业保险的历史与改革路径：政治经济学视角 [M]. 北京：中

国财政经济出版社，2011.

［45］梁君林，汪朝霞：社会保障理论［M］. 合肥：合肥工业大学出版社，2011.

［46］郑秉文，李焕哲. “荷兰社保银行”的真面目原来是社保经办机构！［J］. 中国社会保障，2011（5）.

［47］郑秉文，于环，高庆波. 新中国60年社会保障制度回顾［J］. 当代中国史研究，2010（2）.

［48］李德刚，周佳. 对我国养老保障制度公平性问题的思考［J］. 中国社会保障，2010（5）.

［49］何文炯. 社会养老保障制度要增加公平性和合理性［J］. 经济纵横，2010（9）.

［50］郑功成. 中国社会保障改革与未来发展［J］. 中国人民大学学报，2010（5）.

［51］盖锐，杨光. 社会保障学［M］. 北京：清华大学出版社，2009.

［52］德鲁克. 养老金革命［M］. 刘伟，译.上海：东方出版社，2009.

［53］胡晓义. 走向和谐：中国社会保障发展60年［M］. 北京：中国劳动社会保障出版社，2009.

［54］郑功成. 中国社会保障论［M］. 北京：中国劳动社会保障出版社，2009.

［55］ROFMAN R，FAJNZYLBER E，HERRERA G. Reforming the Pension Reforms: The Recent Initiatives and Actions on Pensions in Argentina and Chile. Social protection and labor discussion paper，No. 0831. World Bank，May 2008.

［56］林熙，林义. 国际养老保险基金投资管理的新趋势［J］. 保险职业学院学报，2008（1）.

［57］顾昕. 走向全民医保：中国新医改的战略与战术［M］. 北京：中国劳动社会保障出版社，2008.

［58］贝克尔. 人类行为的经济分析［M］. 王业宇，陈琪，译.上海：上海三联书店，上海人民出版社，2008.

［59］曾庆敏. 老年人权益保障与社会发展［M］. 北京：社会科学文献出版社，2008.

［60］王超，齐飞. 中国社会救助概论［M］. 徐州：中国矿业大学出版社，2007.

［61］韩大伟，等. 建立21世纪的养老金体系［M］. 北京：经济科学出版社，2007.

［62］谢元态. 社会保障学［M］. 南昌：江西科学技术出版社，2007.

［63］郑功成. 社会保障［M］. 北京：高等教育出版社，2007.

［64］杜乐勋. 中国医疗卫生发展报告［M］. 北京：社会科学文献出版社，2006.

［65］林毓铭. 社会保障管理体制［M］. 北京：社会科学文献出版社，2006.

［66］郑功成. 社会保障学［M］. 北京：中国劳动社会保障出版社，2005.

［67］杨黔云. 论影响现代社会保障制度发展的因素［J］. 学术探索，2005.

［68］林义. 养老基金与资本市场互动的制度分析［J］. 财经科学，2005（4）.

［69］国务院发展研究中心课题组. 对中国医疗卫生体制改革的评价与建议［EB/OL］.（2015-08-19）. http://chinaps.cass.cn/zhtjj/dzgylwstzdggdplyjy/201506/t20150623_2363619.shtml.

［70］乌日图. 医疗保障制度的国际比较［M］. 北京：化学工业出版社，2004.

[71] 吴中宇. 社会保障学 [M]. 武汉：华中科技大学出版社，2004.

[72] 郑秉文. DC型积累制社保基金的优势与投资策略 [J]. 中国社会科学院研究生院学报，2004（1）.

[73] 郑秉文. DB型现收现付制社保基金的危机与投资理念 [J]. 世界经济，2003（1）.

[74] 艾斯平-安德森. 福利资本主义的三个世界 [M]. 郑秉文，译. 北京：法律出版社，2003.

[75] 威廉姆森. 养老保险比较分析 [M]. 赵陵，等，译. 北京：法律出版社，2003.

[76] 丁康. 社会保险法制建设研究 [M]. 武汉：武汉大学出版社，2003.

[77] 时正新. 中国社会救助体系研究 [M]. 北京：中国社会科学出版社，2002.

[78] 吉列恩，等. 全球养老保障——改革与发展 [M]. 杨燕绥，等，译. 北京：中国劳动社会保障出版社，2002.

[79] 魏加宁. 养老保险与金融市场 [M]. 北京：中国金融出版社，2002.

[80] 赵人伟. 关于中国社会保障体制的改革思考 [J]. 经济学动态，2001.

[81] 郑功成. 社会保障学——理念、制度、实践与思辨 [M]. 北京：商务印书馆，2000.

[82] 耿志民. 养老保险基金与资本市场 [M]. 北京：经济管理出版社，2000.

[83] 董克用，王燕. 养老保险 [M]. 北京：中国人民大学出版社，2000.

[84] 郭树清. 养老保险基金的筹集与隐性债务的补偿 [J]. 经济社会体制比较，2000（5）.

[85] 袁志刚，宋铮. 人口年龄结构、养老保险制度与最优储蓄率 [J]. 经济研究，2000（11）.

[86] 袁志刚. 从宏观经济学看养老保险体系 [N]. 中国劳动保障报，2000-10-19.

[87] 史柏年. 中国社会养老保险制度研究 [M]. 北京：经济管理出版社，1999.

[88] 李绍光. 养老金制度与资本市场 [M]. 北京：中国发展出版社，1998.